《长白山学术文库》编委会

主　任　邴　正

副主任　于　强　胡维革

委　员（按姓氏笔画排序）

　　　　　王胜今　刘信君　孙正聿　吴振武

　　　　　宋冬林　张屹山　张晶昱　张福贵

　　　　　邵汉明　周光辉　郑文东　柳海民

　　　　　韩东育　蔡立东

长白山学术文库
The Academic Library of Changbai Mountain

第一辑

黑格尔哲学统观

邹化政 著

吉林人民出版社

出 品 人：常　宏
选题策划：吴文阁　赵　岩
统　　筹：李相梅　孟广霞
责任编辑：葛　琳
装帧设计：尤　蕾

图书在版编目（CIP）数据

黑格尔哲学统观 / 邹化政著. -- 长春：吉林人民出版社，2022.8

（长白山学术文库. 第一辑）

ISBN 978-7-206-18165-8

Ⅰ.①黑… Ⅱ.①邹… Ⅲ.①黑格尔(Hegel, Georg Wilhelm Friedrich 1770-1831)—哲学思想—研究 Ⅳ.①B516.35

中国版本图书馆CIP数据核字(2021)第115975号

黑格尔哲学统观
HEIGE'ER ZHEXUE TONGGUAN

著　　者：邹化政
出版发行：吉林人民出版社
　　　　　（长春市人民大街7548号 邮政编码：130022）
咨询电话：0431-85378007
印　　刷：长春第二新华印刷有限责任公司
开　　本：710mm×1000mm　1/16
印　　张：22
字　　数：320千字
标准书号：ISBN 978-7-206-18165-8
版　　次：2022年8月第1版
印　　次：2022年8月第1次印刷
定　　价：89.80元

如发现印装质量问题，影响阅读，请与出版社联系调换。

与大师们学海重逢

2020年7月，雨后天凉、清风送爽的一天，我与其他专家学者应邀出席吉林人民出版社组织的座谈会，讨论编辑出版《长白山学术文库》事宜。短短一年后，《长白山学术文库》首批的书稿清样摆在案前：《哲学与主体自我意识》《中国奴隶社会史》《中国文学》等。这套书的作者包括高清海、金景芳、杨公骥等。承蒙错爱，吉林人民出版社总编辑吴文阁先生盛情邀请我，为《长白山学术文库》作序。寅夜秉笔，阅卷思人，心潮澎湃，思绪万千！

《长白山学术文库》的作者都是新中国成立70多年来吉林省人文社会科学研究的学术代表人物。他们在国内久负盛名，影响深远。高清海先生是国内首批博士生导师，首届国务院学位委员会学科评议组成员，我国著名哲学家，优秀的教育家。金景芳先生是吉林大学教授，国内首批博士生导师，国务院古籍整理出版规划小组顾问、著名历史学家、文献学家、易学大师、国学大师。杨公骥先生是东北师范大学教授，国内首批博士生导师，首届国务院学位委员会学科评议组成员。此外，其他作者也都是国内各领域知名学者、专家、大家。

首批书稿的作者分属新中国成立前后两代学人。金景芳、林志纯、杨公骥等先生出生于清末民初，在民国时代完成教育并开始学术研究，新中国成立后即成为吉林省中国古代思想史、世界史和文学研究的开拓者与代表性学者。邹化政、高清海等先生均生于民国，新中国成立后完成教育，改革开放后在全国产生学术影响，成为西方哲学史、马克思主义哲学等领域的开拓者或代表性专家学者。他们的学术轨迹，集中体现了吉林省人文社会科学从开拓开创、历经坎坷到繁荣发展的辉煌历程。

首批出版的这些著作，都是他们学术思想的代表作，研究领域涉及马克思主义理论、哲学、文学、历史学、经济学、地理学和民族学，研究视域从世界、中国到东北地方，研究对象从思想、历史到田野，充分展示了吉林学人博大的学术视野、精深的学术素养和脚踏实地的治学态度。高清海先生的《哲学与主体自我意识》，根据改革开放的时代变革，运用马克思主义哲学的精神，对哲学与人的主体自我意识的关系、内在逻辑与发展趋势、时代精神与思维方式变革进行了系统阐述，是国内研究哲学变革的开拓性与代表性著作。邹化政先生的《黑格尔哲学统观》，首次以人的存在和意识还原了绝对理念和绝对精神在黑格尔哲学中的本来含义，提出绝对理念作为黑格尔哲学的本体，是有关世界本质和规律的辩证法，是一个共相和精神活动性，其逻辑先在性就是黑格尔说明世界的原则，充分肯定了黑格尔的辩证法思想的深刻性。杨公骥先生的《中国文学》，运用马克思主义历史唯物主义和马克思主义文艺理论，研究了从中国原始社会到春秋战国时期的文学发展进程，探索了中国文学发生发展的规律和特点。

这些学者，或是我的授业恩师，或曾对我耳提面命，或曾学坛相会共同切磋，或久仰盛名与其传人为友。高清海先生是我的硕士生导师和博士生导师,我追随他求学治学凡26年。作为身边弟子,几近朝夕相处,情同父子。先生教诲,于今犹记:"治学为人,其道一也!"从本科到研究生,一直聆听邹化政先生教授德国古典哲学。邹先生是山东海阳人,身材高大,头发蓬乱,不修边幅。他嗓音洪亮,一口浓浓的胶东话,把"人"读成"印",把"黑格尔"读成"赫哥儿"。他讲课总是富有激情,讲到激动时,常常伴有板书,且十分用力,粉笔经常被折断。因其激动,难免字迹潦草,以至于难以分辨。放下粉笔,他又因激动,手臂不停地挥舞,以至于头上、襟前,挂满粉笔尘末,弄得灰头土脸。他是我所遇到的老师中,讲课最投入、最富激情的人。做学生时,曾听过金景芳先生的报告,金老治学严谨,记忆力超强,诸多古籍,如数家珍,信手拈来,一字不差。1997年金老九五寿辰时,我代表学校出席致贺。金老嗓音洪亮,高声宣布:"我还要看到21世纪!"他真的看到了21世纪的来临。作为东北人,我对东北史感兴趣,拜读过张博泉先生的著作,并登门求教过。张博泉先生一口浓重的辽宁口音,"嫩江在通古斯语族读音就是青噻儿(色)的河"。受他的中华一体论启发,我从文化社会学的角度提出了文化复合论的理论。

我曾长期担任吉林省社会科学院院长和吉林省社会科学联合会党组书记,与田子馥、林志纯、孙中田、陈才、富育光诸先生多有交往。1987年,吉林省召开专家咨询会议,时任省长王忠禹出席,我作为青年学者代表亦出席。就在那次会上,陈才先生建议,根据有关边界条约,中国拥有图们江通海航行权,应以此为契机,推动图们江流域及东北亚国际合作开发。他的建议引起吉林省委、省政府和国务院的高度重视。这些学者中，只有杨公骥先生无缘谋面。大三暑假，我因发表过短篇小说，参加了长春市作家协会组织的青年作家创作班，在班上结识了东北师大中文系78级的青年女作家杨若木，还是我的中学师姐。从此，我们成为常有联系的好朋友。她是杨公骥先生的女儿，所以，我与杨公骥先生也算间接有缘吧！

星光璀璨，往事如烟。斯人虽去，雁过留声。这些学者的音容笑貌，历历在目。彼此交往，恍如昨日。为作此序，重温名著，如晤其人，百感交集！感谢吉林人民出版社在庆祝中国共产党成立100周年的喜庆之际，支持学术，承传经典，编辑出版《长白山学术文库》，延续吉林文脉，弘扬学术精神。吉林人文荟萃，还有更多的学术著作有待汇集，期待第二批、第三批，乃至更多的著作入库出版。希望把吉林当今在世的学者，在哲学和社会科学领域更年轻、更有建树的专家作品出版面世，更体现时代意义和特征。

吉人有文，鸿著成林。

2021年6月28日晨

邹化政

　　吉林大学哲学学科奠基人之一、哲学史家、哲学家。先后就读于东北行政学院和中国人民大学，中国人民大学研究生班毕业后回东北人民大学（吉林大学前身）哲学教研室任教，历任助教、讲师、副教授、教授等职。发表了《〈人类理解论〉研究》《黑格尔哲学统观》等重要学术著作和一系列论文，奠定了他在国内哲学史界的重要地位，特别是在德国古典哲学研究中独树一帜、卓有建树。

目 录

导 论 ·· 1

第一章 黑格尔说明世界的原则 ·· 8

第二章 黑格尔说明世界的原则
　　　——一个逻辑先在性 ·· 32

第三章 黑格尔的哲学体系
　　　——一个逻辑先在性的体系 ··· 71

第四章 论黑格尔的唯心主义 ·· 111

第五章 黑格尔的唯心主义与人类的意识原理 ································· 170

第六章 黑格尔的意识原理与德国古典哲学的先驱 ··························· 226

第七章 马克思主义哲学与思维规律 ··· 280

导 论

如果我们用←→的符号，代表对立统一，则整个黑格尔哲学的体系，可以列成右表：

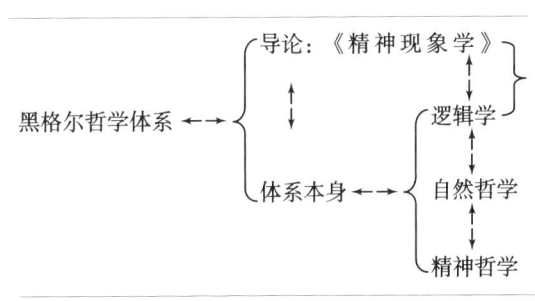

在《精神现象学》中，黑格尔从意识和意识的感官对象（包括人体在内）出发，揭示了人类认识的各个逻辑阶段，在最后达到了绝对的知识。在绝对的知识中，人们认识到，包括人类社会在内的整个世界就是意识或自我，意识或自我也就是整个世界这样一个主客统一性。所以在黑格尔看来，人的本质就是这样一个主客统一性的自我意识。黑格尔所谓世界作为意识的对象，是与意识和自我统一不可分的，是意识或自我投射出的外化现象，而意识或自我在其这种外化现实中认识其自身，这就是人作为自我意识的实在性。自我意识的完成，就是绝对知识的主客统一性。就这个主客体统一性的内在原理而言（纯粹而普遍的），便是黑格尔逻辑学的对象；就这个主客统一性的内在原理的现实表现而言，这又构成了黑格尔的《自然哲学》和《精神哲学》的对象；自然哲学，是以这个主客统一性的原理中的客观性这一环节所外化成的自然为对象；精神哲学，是以这个主客统一性的原理中的主观性这一环节所表现的人的精神为对象，而人的精神，就是自然的本质作为精神的自我意识。自我意识，是与意识的对象——"自然"统一不可分的。

黑格尔的《逻辑学》不同于形式逻辑，它是一种与真理的内容不可分的逻辑。这样一种逻辑，它的基本性质是什么呢？

黑格尔的逻辑学，首先是关于思维规律的逻辑科学，但同时它又是黑格尔的认识论和本体论、宇宙论，后者亦即是黑格尔的世界观。在黑格尔看来，逻辑学、认识论和世界观，这本是三位一体的一个东西。为什么说这三者是一个东西呢？因为在黑格尔看来，思维规律就是思维把握对象是什么的规律，而把握对象是什么的规律，同时就是在把握对象自身的规定性，此二者的统一，就是一般的认识。所以逻辑学作为有关思维把握对象是什么的规律的科学，同时就是一般认识的科学，是认识论。但逻辑学与认识论的这种统一，表现的是一种普遍的认识，而普遍的认识，却又表现的是世界上各种事物在其区别与联系中的普遍规定性或普遍规律性，所以，普遍的认识作为普遍的真理体系，就是世界观。这种关系可以列成左表：

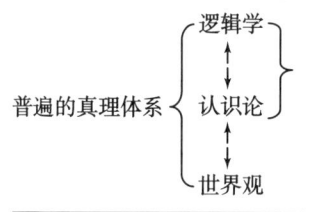

在左表中，逻辑学与世界观是两个相互对立的理论，一为关于思维规律的学说，一为关于存在的学说，二者以认识论为中介便形成一个对立统一体。关于存在的学说，同时就是关于思维规律的学说。这二者的统一，是完全建立在黑格尔所谓"思维与存在的同一性"学说的基础之上的。黑格尔的思维与存在的同一性学说，来自对康德先验逻辑的改造。康德的先验逻辑的基本思想是认为，思维有其把握感官对象的如何思想的先天规律。这种先天规律的体系，为人的认识所表现，便是范畴，因此范畴是一些纯粹的普遍概念。各种特殊的概念，则是范畴作为普遍概念体现在各种感官对象中的特殊表现。康德所谓范畴的先天性，并不是说范畴作为普遍的概念是先天的，而是说精神概念是表现思维的先天规律的。思维的先天规律，是思维把握感官对象的思想规律，所以在把握对象形成经验认识的过程中，这种如何思想的规律便作为一种先验的知识因素体现在人的各种经验认识之中。我们通过反思，从经验中把这些先验的知识因素概括出来，它们便表现为一些纯粹的普遍概念——范畴。所以范畴作为认识是后天的。但这种后天知识，[①]却表现的是体现在经验中的先天因素——思维把握对象的如何思想的先天规律，范畴是不能从感官对象的感觉内容中现成地被发现的。康德认为，思维的先天规律，虽然是把握感官对象的如何思想的规律，不过它本身却只是思维的主观逻辑方式，它本身并不表现以物自体为基础的感官对象的固有规定性。这就是说，表现思维规律的范畴，无关于对象自身的规定性，而只与思维有关。因为，在康德看来，如果它表现以物自体为基础的感官对象的固有规定性，便会出现如下一系列矛盾：

第一个矛盾。如果思维规律表现对象所固有的规定性，那么表现思维规律的范畴便不是经验中的先天因素，而是从以物自体为基础的感官对象的感觉内容里概括出来的经验因素了。但如像因果性，实体—属性等范畴，却既不能从有关对象的感觉内容里被发现出来，也不能从逻辑上论证出它们在对象中的客观性。

第二个矛盾。但是，如果假定思维本来就是与对象的存在有同一性的，从而范畴既表现思维的先天规律，同时也表现感官对象自身的规定性，那么，除了理性不能证实范畴在对象中的客观性的疑难之外，还有另外一个更大的疑难：思维的规律为什么恰好与存在的规律相一致？这便是一个难以解决的思维和存在的同一性问题。

思维与存在的同一性问题，有两个方面：一是思维在感官对象的制约

---

① 这种说法，并不与康德从形式逻辑的判断分类中导出范畴表相矛盾，因为康德认为从经验中抽绎范畴，须有一指导原则：经验的不同方式是判断，而判断的分类，是经验的不同方式的理想整体。这里所谓"经验"，不是休谟所谓感官印象意义上的经验，它已经是先天因素与后天因素的结合体，因而从经验的不同判断方式的理想整体中，可以导出思维的先天因素——范畴表。

下，按其固有规律把握对象所形成的概念，是否表现对象自身的规定性；一是如果概念表现对象自身的规定性，这就是说范畴表现对象自身的规定性，因为范畴是各种概念的普遍性，于是，在这里问题便在于思维规律为什么能恰好与存在的规律相一致？显而易见，问题的这一方面包含前一方面，二者的统一就是整个哲学基本问题的第二方面的实在内容。

第三个矛盾。如果思维规律，表现对象所固有的规定性，这就是说范畴既表现物自体，也表现物自体呈现出来的人的感官对象之为现象的规律性，但康德认为，根据前两个矛盾看，这是不可能的，它和思维规律的先天性相矛盾。由此康德最后得出结论，物自体是不可知的，它表现为人的感官现象的规律性，也是不可知的，所以，思维规律的先天性，决不表现对象自身的规定性。

这些矛盾也适用于康德的感觉论。在那里矛盾表现为先天的时空直观形式，与设想感觉世界自身有时空性的矛盾。

总之，康德认为，要坚持思维规律的先天性，就不能坚持思维与存在的内在统一性。康德的思维方法是知性的；知性的思维方法的实质是：它在区别是与不是的逻辑规定时，只坚持二者的区别性，看不到二者在区别性、对立性中的统一性。或者反过来说也是一样，它在坚持是或不是什么自身的同一性时，这同一性只是"是"或"不是"各自孤立的统一性，看不到二者各自在自身中包含对方的区别性。所以，范畴作为纯粹的普遍概念，要是表现思维规律的先天性，它在这同一性中，便决不包含同时也表现以物自体为基础的感官对象的规定性的内在区别性；以物自体为基础的感官对象的规定性作为客观性，它在这统一性中，也决不包含同时也是思维规律的先天性的区别性在内，从而两个各自孤立的同一性，便又是两个各自孤立的区别性，在二者之间没有相互转化为对方的统一性。

黑格尔在把知性思维方法，提高为一种唯心主义的辩证思维方法的基础上，改造了康德的先验逻辑。

黑格尔认为，康德的物自体只是一个抽象的思想，思维在把握对象的如何思想的规律性中，既然必然要设定物自体的概念，那么说物自体不可知便是一个自相矛盾：物自体不可知，又怎能想到物自体的概念呢？知道有物自体的存在，便是对物自体有所知了。那么，什么是黑格尔所谓的物自体呢？黑格尔在其精神现象学的意识论和逻辑学的本质论中，都表达了这样一种思想：物自体既然是一个抽象的思想，那么它便是纯粹的思维本身，但这个纯粹的思维，不是人的思维，而是作为一切感官对象的内在本质的思维。在黑格尔看来，世界的本质只是一个普遍的精神活动性，它的内在本性便是作为一个客观理性的思维活动性。什么是作为一个客观理性的思维活动性呢？既然世界的本质是一个普遍的精神活动性，则这精神活动性便具有表现为世界的多样性——包括人在内的一切感官对象或现象的逻辑规定在内。它在其这种逻辑规定中，便是一个绝对的概念：所谓作为客观理性的思维活动性，便是这个绝对概念呈现其包括人在内的世界多样性的活动性。那么，人的思维活动与这个绝对概念的关系又是什么呢？黑格尔认为，人的思维活动是这个绝对概念在其世界多样性的现象表现中的自我意识。这个自我意识以现象表现之为感官对象的内在普遍本质——绝对概念为基础，这是思维以它自身为对象，所以它把握感官对象的如何思想的固有规律，便必然与感官对象是什么的规定性，亦即感官对象的内在本质——绝对概念的规定性相一致。范畴既表现思维的固有规律，也表现对象的本质作为普遍概念的规定性。

所以，范畴对康德来说，只表现人的思维的主观逻辑方式，而对黑格尔来说，它既是表现人的思维的主观逻辑方式，也表现对象的本质作为概念的规定性。二者的统一作为一个普遍的主客统一性，便是真理本身。黑格尔的逻辑学，便是研究一般的真理是什么的逻辑结构。这个普遍的主客统一性，便是黑格尔所谓思维与存在的统一性。黑格尔所谓思维与存在的同一性，包含两个方面的内在统一：一个方面是客观性的不同环节的统一——感官对象与其内在本质作为概念的统一性；另一个方面是这个统一性与人的思维规律的内在统一。这个内容，也可列成下表：

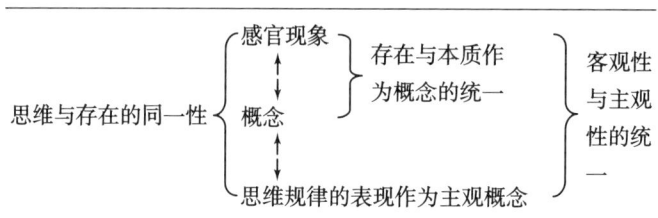

上表中所谓概念，都是指普遍概念说的，它的不同环节，就是一些范畴。思维与存在既然是统一的，则人的思维便在存在的本质作为思维、作为概念中有其内在的根据。这就是说，在存在的本质作为思维、作为概念的本源中，原来就具有能够表现为人的思维的主观性这样一种环节。人的如何思想的规律，便是表现这一环节的道理或规律。人的思维与存在的统一性，就是这一环节与其客观性一环节——存在的本质作为概念一环节的统一。因此，存在的本质作为思维，作为概念本身，便是一个主客统一性，便是一个自我意识的原理，它的现实表现，便是人的思维对包括人在内的一切的思维对象，乃至对人的思维本身的认识或反思。逻辑学的对象，就是在人的如何思维规律中，去把握存在的本质作为概念之为一个主客统一性的内容整体。由于前者与后者，亦即思维与存在是统一的，所以这种认识是完全可能的。

有一种观点认为：黑格尔否定了康德思维规律先天说，这种说法是不妥当的。黑格尔同意康德这样一种思想：在人的认识中有不是来自感觉内容的先验因素——范畴，范畴表现思维把握对象的如何思想的固有规律。但黑格尔认为思维先天规律与对象的规律是一致的，因而范畴同时也表现对象的固有规定性。这二者之所以能够恰好一致，就因为人的如何思想的先天规律，只不过是对象的本质作为概念的自我意识的规律。黑格尔虽然不用思维的先天规律的提法，但他却代之以"思维的自身规定"的提法。在这里，不要把思维规律与认识混为一谈。认识的发展，从错误的到正确的，从原始人的到现代人的，都要以思维与感性的普遍关系为根据，亦即都是建立在思维把握感官对象的如何思想的规律的基础上的。思维规律不可能由认识来造成，只能通过认识的发展来认识，我们对范畴的认识及其发展，就是表现这种认识和发展。所以思维规律也不能混同于思维方法，思维方法是对认识了的思维规律的运用，同时也是对认识了的对象的固有规定性的运用。唯因如此，黑格尔说，正确的思维方法，是在科学中运动着的内容本身。

从前面的说明，便可以看到黑格尔的思维与存在的同一论，是唯心主义的，因而黑格尔的逻辑学、认识论、世界观三位一体的学说，也是唯心主义的。我们必须批判黑格尔这个基本观念的唯心主义，同时也要在辩证唯物主义的基础上吸取其中合理的思想，才能学好马克思主义的哲学。因为马克思主义的哲学作为迄今为止的最科学的哲学，其中包含了黑格尔逻辑学这个基本观念的合理思想在内。为了全面地理解黑格尔逻辑学中的这个基本观念和原则，我们还要分别从不同的方面，对它加以阐明，并力图对它做出符合马克思主义精神实质的论述。黑格尔《逻辑学》一书的精神，可以归结为对他这一基本观念及其不同方面的体现的科学阐明。所以，在我们的论述中，我们要以黑格尔《逻辑学》这一基本观念的论述为基础，旁及黑格尔其他的哲学部门。

第一章　黑格尔说明世界的原则

　　黑格尔的逻辑学以思维与存在的同一性为出发点，所以，黑格尔的逻辑学便归结为关于各种事物同作为事物的本质的学说。这种学说，必须同时就是思维的科学。这种关系，可以这样来表述：思维的活动必有思维的对象，而思维的活动就是规定对象的本质是什么的规定活动，关于这种规定的学说，必然既是关于事物本质的学说，也是思维自身的学说。这样的逻辑学，不是形式逻辑，而是一种与一般真理内容相统一的真理逻辑。形式逻辑不涉及真理的内容，而只涉及真理的逻辑形式。

　　真理的逻辑，便是说明世界的一切事物同作为事物的世界观。要理解说明世界之为何物的本质，我们在这里必须提出这样一个问题来研究，即什么是说明世界的原则？这个问题涉及一个贯通整个黑格尔逻辑学乃至他的整个哲学体系的基本观念。只有理解了这个基本观念，才能真正理解黑格尔的思维与存在的同一性，理解他所谓逻辑学、认识论、世界观三位一体的同一性。

　　所谓说明世界，也就是说明各种各样事物同作为事物的统一性。要说明这种统一性，首先便要确定世界多样性的统一基础——世界的本源或本体是什么。在哲学史上，大多数哲学家都把世界本源或本体设想为先于世界而存在的自身存在着的现实性，设想为一个作为事物最后或最高原因的现实存在物。这种设想的基本形式有以下两种：

1. 经验论的。世界的本源或本体，在世界过程的因果链锁之内，它是一种原始存在物，如水，火，原子之类。

2. 唯理论的。世界的本源或本体，不在世界过程的因果链锁之内，它是超时空、超感性的，在时间上先于世界的自身存在，如柏拉图早期理念论所谓的理念，神或上帝，莱布尼茨的单子，等等。柏拉图的晚期理念论，虽然已从不同理念的结合上，实现了理念与事物的同一，但这个统一性作为事物的实在性，仍不能与事物的存在相统一，为了达到事物的存在，仍需要一种物质的基质，理念外在于物质的基质，还是自身存在的理念界。唯有近代的斯宾诺莎把本体作为实体放入自然界作为样态总和里去了。不过，他把样态看成只有否定的现象意义，只有在否定样态中，才有实体在其属性的无限性中的肯定，这便又有了实体外在于样态存在的自身存在的倾向了。

世界本源或本体在这两种形式中，都是自身存在的现实性，于是便有两个矛盾产生。一个矛盾是，凡属自身存在的现实性，都得有其所以可能的原理或规律性，但自身存在的本体，由于是本体所以它绝对排斥这种原理或规律性的实在性，从而本体自身存在的现实性，便是一个需要理解但又不能再加理解的神秘。另外一个矛盾是，本体既为自身存在的现实性，它便是无待于其他的自身圆满，这样为什么它还要产生一个现象界，便没有它所以必须如此的根据。

所以，设想本体是自身存在的现实性，是与本体的概念相矛盾的。

分而言之，经验论的本体，从根本上便不符合本体的概念：水、火、原子乃至像现代物理所谓的基本粒子等等，即使它们是原始的存在物，它们也与其他存在物一样，都是一些特殊的现象，当它们变成其他存在物时，便再不是它自身的实在性了。这样的观点是把本体经验化了。唯理论的本体，虽然避免了本体的经验化的缺点，但它作为超时空、超感性的自身存在着的实在性，完全与经验相脱离，它到底是什么，便无法被人所知道。唯理论的本体在深思之下导向近代的怀疑主义、不可知论。休谟所谓因果联系的不可知性，是与本体的不可知性相联系的，因为现象是本体的表现，只有在理解了本体是什么,它如何表现为它的现象界的内在规定性时,才能够理解现象之间的因果联系是什么。康德哲学对唯理论的本体的不可知性,论证得最为集中和突出。这种论证,简直是达到了不可反驳的顶峰。只要你坚持本体是超感性、超经验的自身存在的现实性你就不能驳倒康德的论证。因此,本体在这种论证中,便微微含笑,向哲学家们提出这样一个谜语:

我存在,但我又不是自身存在;

我不脱离经验,但我又不是在经验中的原始存在物:

我不自身存在而又存在——

谁能猜到我这个谜底,

康德的不可知论便要完蛋了。

黑格尔在康德哲学中,认出了这个谜语,并在总结全部哲学、科学发展的基础上,对这个谜语做出了初步的回答,提出了与过去哲学完全不同的说明世界的原则。过去的哲学,由于总是把本体肯定为自身存在的现实性,而与其他非本体的事物同时存在,所以说明世界的世界观,便分裂为如下几个部分:

1. 说明既适用于有限事物,也适用最高本体存在的一些普遍规定,亦即范畴的理论,这便是所谓的本体论。

2. 运用本体论说明最高本体存在的理论,而当认为人心也是一个有限的心灵本体时,还有说明有限心灵本体的理论。

3. 在前二者的基础上,说明整个宇宙过程的理论,亦即所谓的宇宙论。

这些划分,在唯物主义那里并不是完全适用的。因为唯物主义一般都直接从经验论的本体论出发,而进入说明各种事物和宇宙过程的问题。有限心灵实体的问题,对唯物主义来说是不存在的。但其余的问题,对唯物主义来说也都适用。一般地说,这些划分明显地出现在二元论和唯心主义的哲学体系中。

显而易见,把统一的世界观划分为这样一些部分,是根本不能完成一种逻辑学、认识论、世界观三位一体的学说的。这里存在的基本问题,是在于这种划分是把关于范畴的学说,与关于最高本体的学说相割裂了,将它们看成了两个问题。康德哲学对他以前哲学的批判,也是从这种划分出发的,只是康德认为最高本体是不可知的,不能用范畴去把握最高本体的实在性,同时康德又认为用范畴去把握宇宙过程的总体问题,便要陷入二律背反的矛盾。对统一的世界观这种划分,把范畴问题与最高本体的问题割裂为二,完全起因于设想本体是自身存在的现实性。

黑格尔继费希特、谢林之后,完成了对本体观念的一个划时代的变革。黑格尔的整个哲学体系,都在表达这样一个基本观念:本体不是一个自身存在的现实性,它只是一个贯通在宇宙体系或存在过程中的一个共相,一个在表现包括人的精神现象在内的统一基础——它存在,但它的存在不是别的,整个宇宙的存在过程,便是它的自身存在的现实性。本体不能在它抽象自身中就是存在,本体自身与它的存在,是在二者相互区别中的一个同一性,是本体自身作为本质,与宇宙存在过程中的一切事物作为现象的对立统一,是无限性与有限性的统一。因此把握本体自身存在的现实性,便不能只用相互对立的一个方面的范畴如本质、无限性等,来陈述它的真理性,而只能用两个对立方面的不同范畴的对立统一如本质与现象、无限与有限、内在与外在的对立统一等,来陈述它的真理性。相反,在宇宙存在过程中的一切有限事物,也不是在本体之外存在,它在本体之中并是本体的表现,从而把握它们的自身存在的现实性,也不能只用相互对立的一个方面的范畴如现象、有限性等,来陈述它们的真理性。同样也只能用两个对立方面的不同范畴的对立统一如现象与本质、有限与无限、外在与内在的对立统一等,来陈述它们的真理性。这样,黑格尔便猜到了"本体存在,但又不是自身存在;本体不是脱离经验,但又不是经验中的原始存在物"的谜底。这个谜底的内在实质是一个本体作为本质与各种感官对象作为现象的对立统一问题。这个统一性,可写成下列关系式:

本体作为本质⟷各种感官对象作为现象。

这种双向关系表明,本体是各种感官对象的内在根据,各种感官对象,亦即宇宙存在的各种事物是本体的自身存在的现实性。

显而易见，如果设想本体是抽象自身存在的现实性，它便与各种有限事物的存在，相互外在，这便难以实现世界统一性中的本质与现象的内在统一。

黑格尔猜到了康德哲学所提出的那个谜语的谜底以后，进而又看到本体作为贯通在宇宙存在过程中的一切事物的本质，就其单纯的自身说，它诚然是一个没有任何现实规定性的普遍共相，这共相不是属性的共相，而是作为一切不同事物的共同质料、共同本源的共相。但本体作为这样一种共相，既是万物的本源，那么它便必须有何以能显现为世界多样性的内在规定性，从而本体作为共相，不是一个抽象的"共相是共相"的同一性，而必须是一个在其这种同一性中，同时又是一个能够包容万物、显现万物的区别性，就这区别性的普遍性来说，它不是别的，它就是传统本体论所谓那些范畴所表现出的规定性。因此，本体在其这种内在的规定性中，与这种规定性相统一，它就是一个普遍的规律的体系，是一个中国哲学所谓的道或理。这个道或理在黑格尔看来就是一个以思维活动性为本体的概念。黑格尔所谓事物的本质作为概念，内在含有本体作为事物的本质就是一个以本体为基础的规律体系，一个道或理的基本含义在内。在这章从此以后的论述，我们主要取其这种含义而论之。所谓道或理，就是事物的道理或规律的意思。毕达哥拉斯所谓数是万物的本质，就是说数理是万物的本质；柏拉图说理念是万物的本质，就是说一般道理或规律性是万物的本质，亚里士多德所谓形式是事物能动本源，也是这个意思。数、理念、形式之为事物的本质，都是说它们是使事物之所以成为事物的道理和规律。但是这些哲学家所谓的道或理，都是与形成万物的共同质料——本体相割裂的，因而便都陷入形成事物的质料与其道或理（规律）相分离的二元论。黑格尔在哲学史上，第一个从高度的逻辑论证上，实现了本体与道理或规律的内在统一。他的逻辑学表明：道理或规律，便是本体所固有的内在规定性、区别性。范畴的客观性，便是以这种规定性、区别性为内容的。本体自身与其这种固有内容的内在统一，便是一个作为规律体系的道或理的实在性。道或理是不能与它的质料基础相分离的。这个观念的真理性，可以用物理学中的任何方程式来证明：例如在狭义相对论中，有这样一个方程式：$E=mC^2$。这个方程式表明任何事物的一个道理，即任何物体都有等于 mC^2 那么多的固有能量，但这个道理就是能量、质量、光速这些质料因素的固有关系。如果我们从哲学上考虑到任何物体的一切特性，都可归结为能量与质量的统一，而这统一体的放射，又都是电磁波——以光速而运动的光量子，则这三者在物体中的内在统一基础，便是贯通其中的本体了，从而 $E=mC^2$ 这个道理，归根到底便是本体在其特定规定性中互为一个道或理的实在性。如果我们用普遍性的范畴，来表现这个公式，它便变成：力的能动性(包含任何能动性在内) = 质或属性(质量是物性) × 某物运动的速度这样一个普遍的形式的道或理了。这个普遍的道或理，作为体现在 $E=mC^2$ 公式中的一个普遍性，对一切事物的物性来说，具有普遍的有效性，只要 $E=mC^2$ 的公式，对一切物体是普遍有效的。任何事物的物性，都是力的能动性的表现，而这种表现都具有相对稳定的稳定性、排他性，质量便是这种稳定性、排他性的一种形式。至于光速也是某物运动的速度，也在表现其为某物运动的普遍性。这样，这个在普遍形式中的道或理，在与本体相统一中，便是本体在其一定普遍规定性中，作为一个道或理的实在性了。

黑格尔在哲学史上对本体概念做了这样的重大变革之后，同时也便对本体作为本质与万事万物作为现象的统一，做了重大的变革。在黑格尔看来，本质与现象的统一，不是抽象的本质与现象的统一，而是本质作为一个规律的体系，作为一个道或理的实在性与现象多样性的内在统一。只有这样，本质才能包容现象的多样性，才能作为现象多样性的内在根据，呈现其自身为世界多样性的自身存在的现实性。

世界的多样性作为本体的自身存在的现实性，便是本质作为一个规律体系，作为一个道或理的自身存在的现实性。

黑格尔所谓世界的多样性作为现象，包括从自然的无机物到有生命物，从有生命物到人，从人到人的精神过程。这些多样性的存在，在直接性中作为一般的感官对象，还不能说它们就是现象；它们只不过是在"有"或"是"什么的形式中的直接实在性而已。既然这在"有"或"是"什么形式中的直接实在性，就是本体作为道或理的存在形式，那么二者就是一个不可分割的统一体。因此，在黑格尔看来，本体作为一个规律体系，作为一个道或理，其内在逻辑结构，便必须是一个不同环节的内在统一体。

这个本体之为道或理的统一体，首先便要分为两个基本的方面，一是在"有"或"是"什么的形式中的直接实在性的道或理，一是本体作为道或理自身，亦即为我们的思维或普遍概念所把握的道或理（在黑格尔看来，本体作为道或理，本来就是概念，但我们只取其道或理的一般含义）。在这两个对立面之间，有一个居间的环节，那就是在"有"或"是"什么的形式中的直接实在性，向其内在本质反射的环节。从认识上说，也就是从直接实在性反思其本质——间接实在性的环节。在这一环节中，直接性与间接性便始终相互不可分，相互映现，从而形成如映象与本质、本质自身的反思规定作为根据和现象、内在与外在、在实体关系中的原因与结果等等的相对规定性。这样直到在交互作用的规定中，达到直接实在性的道或理，就是其本质——本体作为道或理的实在性；本体作为道或理的实在性，也就是直接实在性的道或理的统一体。这个统一体就是本体作为道或理的全体内容本身。这是一个新的直接性。这个新的直接性，是以"有"或"是"什么的直接实在性为中介，但这是它的自身中介，因为后者原是在前者的本源或基础上显现出来的。这个新的直接性，在黑格尔的思维与存在的同一性的唯心主义观点看来，它便是概念。根据本体作为道或理这样的逻辑结构，黑格尔的《逻辑学》便分为有论，本质论和概念论。从这三个领域的区分中，我们又可以看出它其中包含有直接适用于一切现象的普遍环节：黑格尔《逻辑学》中的有论、本质论，以及概念论中从主观性到客观性的部分内容，都是属于这个环节范围之内的。

但在黑格尔看来，无机的自然是道或理的外化，它在本质上虽然是道或理，不过它对此没有任何自觉的表现。无机的自然只是潜在的道或理。自然一旦进入生命现象的范围，生命现象便对其为道或理的实在性，有了初级形式的自觉，这表现在生命实现其自身的选择、同化作用上。这样，自觉性在人那里，便充分体现为本体作为道或理的自我意识，达到了顶点。人有自己的精神现象，产生了人的思维对其感性对象的认识，并在认识中实现一切事物相对于人而言的好和坏的选择关系，这便表现为人对真实的认识和对善的认识，这二者的统一，通过人的活动达到主观性与本体在事物中作为道或理的统一，便达到了本体作为道或理的主客两个方面的统一性。所以，在本体作为道或理中，不但具有表现一切物体作为客体的道或理，并且也包含着它在其客体中的自我意识的道或理在内。本体作为道或理的这一方面，便表现为生命现象的自我实现和人的认识。黑格尔《逻辑学》"概念论"中的从主观性到客观性的进展，表达的便是本体作为道或理自身的总体性，及外化为各种存在物作为客体的道或理，而概念论中的理念论，则是论述本体作为道或理在其表现为客体中的自我意识的道或理。这两个方面的统一，便构成本体作为适用于一切现象的道或理中的不同内在环节的区别。这些环节的内容，可列成下表：

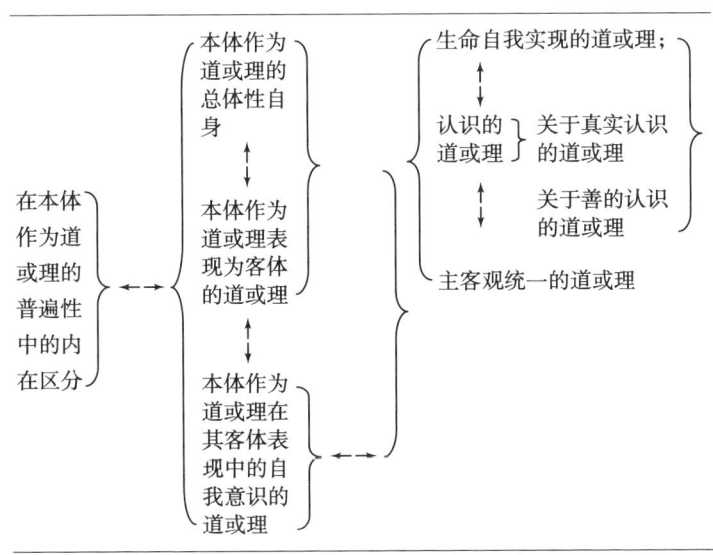

在上表中，本体作为道或理在其客体表现中的自我意识的道或理，既然是本体在道或理中作为客体认识它本身的道或理，它便必然要在其逻辑性格上，和本体作为客体的道或理相一致，二者作为两个道或理，亦即二者作为主客两个方面的规律性，必然是在相互区别中的一个主客对立统一的同一性，这个同一性通过人的实践活动而被表现出来。

本体之为道或理作为这样一个主客两个方面的统一性，便是本体作为一个规律性的体系，作为一个道或理的全体性。这个全体性，内在地便包含了前面所谓本体作为道或理的，适用于一切现象的普遍环节在内。后者是前者的普遍基础，前者是后者的自身区别的规定性，二者的统一，便是本体作为道或理的整个逻辑结构。在这个逻辑结构中，内在地便包含了人的精神现象的根据在内，包含了黑格尔所谓思维与存在的同一性的根据在内。

这样一来，黑格尔把传统世界观中的本体论——研究适用于一切事物的规定性或范畴的学说，与其关于最高本体的学说，宇宙整个过程的学说，人的精神的学说，完全内在地统一起来了。这些学说都统一在本体作为一个规律体系，一个道或理的实在性之中了。只有实现了这样一个统一性之后，才有可能完成一种逻辑学、认识论、世界观三位一体的理论体系。所以，黑格尔所说的逻辑学之为描述本体作为道或理的理论体系，便必然是：

第一，它描述了世界各种事物在其相互区别与联系中同作为事物的统一本质。这个统一本质又有两个方面，一方面是一切事物作为单纯事实的本质，另一方面是一切事物在对人的关系中之为好或坏的统一本质。前者是事实判断，后者是价值判断，这二者的内在统一，便是一切事物同作为事物的统一本质。就这统一本质之被区分为精神现象与物质现象的不同本质的相互关系而言，它又描述了这种关系之为一个主客统一体。

第二，这样描述了一切事物同为事物的本质，及其区分为精神现象与物质现象在其相互关系中的主客统一性，同时也便描述了各种真理体系同为真理体系的普遍性。真理体系的普遍性，便是事实判断与价值判断的内在统一。

第三，这个有关各种真理体系的普遍性的理论体系，同时也是关于思维规律，思维的自身规定的逻辑理论体系，因为普遍的真理体系，表现一切事物的普遍本质的规定性，而这种规定性是由思维做出来的。它同时是思维规定对象的规律性。在本体作为道或理的实在性中，便包含了这样同一性的根据在内。在黑格尔看来，思维规律不能单指思维单纯规定事实的规律，它也包含它如何规定一切事物在对人的关系中的好和坏的规律性。

一般地说，黑格尔的逻辑学，就是以世界上各种事物同为事物的统一本质为对象，以本体作为道或理的实在性为对象的。但是以此为对象，也就是在以普遍的纯粹思维为对象。什么是普遍的纯粹思维？这就是思维规定各种事物同为事物的统一本质的活动，亦即是在规定本体作为道或理是什么的活动。而且，思维活动也是本体作为道或理的现实表现之一，它的本质，也就是本体作为道或理的实在性，这是黑格尔思维与存在的同一性学说中的基本内容。但就世界上各种事物同作为事物的统一本质，被区分为精神现象与物质现象的不同本质的相互关系而言，由于这种关系是一个主客统一性，所以它是本体自我意识的原理。本体在其这种自我意识的原理中，便既是客体，又是主体。本体在其客体中同时又是主体的实在性，这便是本体的自我意识原理，便是真理之所以为真理，它包含一切事物同为事物的统一本质在内，由此便可以说《逻辑学》是以本体的自我意识原理为对象了。

黑格尔逻辑学这样一种理论体系的根本点，便是它在哲学史上第一次提出了一个完全不同于以前哲学的说明世界的原则。这个原则，严格地说，从费希特、谢林以来便已经开始了。但远远没有完成，它只有在黑格尔那里，才彻底被坚持住，并且最后被完成了。在黑格尔看来，说明世界的原则，既不在于在世界存在过程中的时间因果链锁中寻求一个原始存在物，一个最后原因，也不在于设想这个最后原因是先于世界而存在的，是时间上在先的超时空的存在物。带有时间关系的因果关系，并不是合理地说明世界的原则。这种说明世界的原则，必然要歪曲本体概念，把握不住本体的实质。本体既然是世界存在过程中一切事物的本体，它便必然不是在时间之中或时间之外的存在物，而只能是贯通在一切事物之中的。因此，本体作为一个规律体系或一个道或理的实在性，是内在于一切存在事物中的普遍本质，这个原则，才是真正说明世界的原则。只有从这个原则的固有内容中，才能揭示出世界一切事物在其区别与联系中同作为事物的必然性与合理性。所谓说明世界，就是说明世界所以那样存在的根据，而这根据就是世界所以那样存在的、以其本体为基础的道理或规律。从世界各种事物在其区别与联系中同作为存在出发，由浅而深地揭示出存在的内在本质，揭示出这本质直到存在的道或理，揭示出本质即为这样一个道或理的实在性，而这实在性的存在，即为世界各种事物同为事物的存在，这便说明了世界所以那样存在的必然性与合理性了。说明世界的原则，不是在时间关系中的先后因果性，而是无时间先后关系的一个贯通一切时间关系中的普遍原理。这便是贯通黑格尔逻辑学和他的整个哲学体系一切方面的一个基本观念。

正是在这个原则的前提下，黑格尔才提出了他那个"凡是合乎理性的东西都是现实的，凡是现实的东西都是合乎理性的"著名命题。这个著名的命题，是黑格尔在其《法哲学原理》的序言里提出的。在那里，黑格尔写道："哲学是探究理性东西的，正因为如此，它是了解现在的东西和现实的东西的，而不是提供某种彼岸的东西，神才知道彼岸的东西在哪里，或者也可以说（其实我们都能说的），这种彼岸的东西就是在片面的空虚的推论那种错误里面。"[①] 黑格尔说了这些话后，便提出那个著名的命题，接着又写道："每一个天真意识都像哲学一样怀着这种信念。哲学正是从这一信念出发来考察不论是精神世界或是自然界的。如果反思、感情或主观意识的任何形态把现在看作空虚的东西，于是就超脱现在，以为这样便可知道更好的东西，那么，这种主观意识是存在于真空中的，又因为它只

---

① 黑格尔：《法哲学原理》，商务印书馆1961年版序言，第10页。

有在现在中才是现实的,所以它本身是完全空虚的。"①黑格尔在其《小逻辑》的导言中,又提出了这个命题,并且对它阐明说:"这两句简单的话,曾经引起许多人的诧异和反对,甚至有些认为没有哲学,特别是没有宗教的修养为耻辱的人,也对此说持异议。这里,我们无须引用宗教来做例证,因为宗教上关于神圣世界宰治的学说,实在太确定地道出我这两句话的意旨了。就此说的哲学意义而言,稍有教养的人,应该知道上帝不仅是现实的,是最现实的,是唯一真正地现实的,而且从逻辑的观点看来,就定在一般说来,一部分是现象,仅有一部分是现实。"②根据黑格尔所以提出这个命题的针对性,和他对这个命题的注解,这个命题所埋藏于其中的合理意义是什么?

黑格尔提出这个著名的,并且常遭受到误解(说这命题是为当时的德国现实做辩护的)的命题是针对康德哲学及其在当时德国广泛流行的这样一种点观点和后果发出的,这种观点认为:理性概念,或如康德所谓生自理性的理念,仅仅是一种主观思想,它虽然指向本体界,但它却并不能使我们进入本体界而对本体界有任何认识,我们只能停留在有关现象界的经验认识中,不能超越现象界一步。显而易见,这种观点是以承认最高本体是独立于现实世界之外的自身存在的现实性为基础的,这是传统唯理派哲学一贯的立场。康德的本体不可知论,就其历史的意义说,只不过是揭示出了这种立场不合理性,表明了这种立场势必要导出两个相互不能过渡的世界:一为现实的现象界,一为不可超越的彼岸世界——本体界。这种表白所引起的后果便是,从康德哲学广泛流行所引起的反动一面,由于不能像黑格尔那样看到了在康德哲学中有关本体观念的那个谜语,不理解康德观点表明了传统本体观念的不合理性,却只意识到了两个世界的对立,便在坚持本体界可为理性所知的立场上,认为哲学研究的不是现实的东西,而是彼岸的本体界,要从那里吸取或提出高于现实的理想性。这便必然把

---

① 黑格尔:《法哲学原理》,商务印书馆1961年版序言,第11页。
② 黑格尔:《小逻辑》,商务印书馆1980年版,第44页。

哲学导向脱离现实世界的空谈和主观主义。面临这种情况，黑格尔既要克服康德的不可知论，又要反对这种脱离现实世界的空谈和主观主义。康德的实践理性、道德意志，即使在费希特、谢林那里，也永远伴随一个达不到的彼岸世界：彼岸世界之不可达，在费希特那里，表现为理智的自我永远要克服非我的恶性无限进展，意识不到二者的对立统一；而在谢林那里，彼岸世界又是一个超脱理智的自我作为主观理性，与非我作为客观理性的相互对立的绝对。绝对不能逻辑地被把握，只能诉诸模仿艺术创造方法的理智直观。所有这些，同样也必然把哲学导向脱离现实的主观主义中去。黑格尔提出那个著名的命题，便把他所想要完成的历史任务，毕其功于一役了，所谓合乎理性的东西，就是一切合乎道理、合乎规律的必然的东西，这必然的东西就其普遍基础而言，就是合乎本体作为道或理的普遍逻辑本性的东西，而这样的东西的自身存在，就是现实，它不在现实之外，所谓现实的东西，它的直接性虽然是现象，但在现象中被显现的现实东西，却恰恰就是合乎理性的东西之为合乎道理，合乎规律的必然东西，是合乎本体作为道或理的普遍逻辑本性的东西。黑格尔说，上帝是唯一现实的，但是黑格尔所谓的上帝，不是在现实世界之外的一个存在，而是内在于现实世界之中的一个宰治世界的普遍规律体系，一个精神本体作为道或理的实在性——如果认为上帝是世界的最高本体，则如果他的骨和肉，他的神圣的血液，不作为世界各种事物的共同质料基础，而进入现实世界之中，他又怎能是现实世界的最高本体呢？所以上帝在其现实世界的自身存在中，就是一部分为现象，一部分为现象所显现的现实内容的对立统一体。

　　黑格尔在其《小逻辑》的导言中，又对他那个命题做了这样的解释："在日常生活中，任何幻想、错觉、罪恶以及一切坏东西、一切腐败幻灭的存在，尽管人们都随便把它们叫作现实。但是，甚至在平常的感觉里，也会觉得一个偶然的存在不配享受现实的美名。因为所谓偶然的存在，只是一个没有什么价值的、可能的存在，亦即可有可无的东西。"这里，黑格尔又涉及了他那个命题的另外一个意义。我们前面所说的，只是就本体作为道或理的适用于一切现象的普遍性那一环节说的。就人的精神现象也是本体作为道或理的一种现实表现而言，则凡属幻想、错误、罪恶以及一切坏东西，也都在本体作为道或理中有其存在的根据，从而在这些现象中也在显现本体作为道或理的现实内容。唯因如此，黑格尔唯心主义所谓的上帝与基督教或一般一元化的宗教所谓的神或上帝大不相同：后者的神或上帝，只有善的本性，是善的理想化身，而恶则由所谓恶神或魔鬼来负荷——神或上帝与恶神或魔鬼绝对互相对立；前者则认为神或上帝作为本体是善、恶的对立统一体，它既是善的神圣，同时它又是魔鬼撒旦，二者的对立统一即存在于神或上帝之为本体作为道或理的自我意识的规定性中。这个规定性在其现实表现中，便有可能表现为人的精神现象及其对象化其自身的活动中的一切幻想、错误、罪恶的不合理性。在最广泛的一般逻辑的意义上说，这些现象作为单纯事实，它们也是符合理性的，也是作为单纯事实的现实性。但这种现实性，对本体作为道或理的自我意识的规定性在其现实表现中理应与本体作为道或理相符合而言，它们是属于应当的对立面——不应当，而不应当便是不真和伦理上所谓的恶，便是"没有什么价值的、可能的存在，亦即可有可无的东西"，不是在人的日常生活中从主流上说是必然的东西，因而它们便"不配享受现实的美名"。从它们作为不应当而不配享受现实的美名说，它们便是不符合理性的东西，不符合本体作为道或理的自我意识那一规定性的本性的东西，这是从价值判断上说的，不是从单纯事实的判断上说的，前者的范围较窄于后者，后者包容在前者之中，是前者的一种内在区分。在黑格尔看来，本体作为道或理的自我意识那一规定性的实现，必然要产生应当的对立面——不应当，本恶之性是它不可避免的一个环节，应当是在克服不应当的对立斗争中，而实现其自身的现实性的。

无论从哪一方面看，"凡是合乎理性的东西都是现实的，凡是现实的都是合乎理性的"这一命题，都最为集中地表现了黑格尔所提出的那个说明世界的新原则。马克思、恩格斯对黑格尔的唯物主义改造，只是改造了黑格尔这个说明世界的原则中的唯心主义基础，而不是抛弃了这个原则本身。辩证唯物主义的原理，是贯通在世界一切现象中那个统一的、普遍的物质性的原理，而不是在世界之中或之外的某种存在的原理，就是这一事实的证明。

在黑格尔提出的说明世界的新原则中，本体不再是一个理应对它加以理解而又不能理解的神秘了；无论就各种事物说，还是就世界多样性的整体说，只要它的各种可感性质不是一些外在的集合或堆积，而是相互制约的内在统一整体，则这统一性便必须有一个贯通其中的统一基础。而这统一基础作为本体的最高普遍性，是再没有制约它所以可能的任何问题存在了。至于要问这个最高的作为本体的普遍性是什么，则多样性的事物同为事物及其在相互区别与联系中的一切规定性，就其最后根源说，便都是出自这个本体的普遍性的自身规定性，它这种自身规定性的内在统一，便可以回答它自身是什么的实在性——它是什么？它是一个普遍的规律体系，一个道或理。天地一本也，万物一理也；本与理的内在统一，就是本体作为道或理。道或理在中国《老子》一书中，始终是一个不能用逻辑规定明确说出的不可言说之物，所以它说：

    道可道，非常道；名可名，非常名——
      无名为天地之始，
      有名为万物之母。

但在黑格尔所提出的说明世界的原则中，本体作为道或理，却变成完全可以用逻辑规定来说出的可被言说之物了。因此，上面《老子》一书上的一段话，便必须转化为：

      道可道，是常道；
      名可名，是常名——
      无名为道本的普遍性自身，
      有名为道本普遍性自身的规定性。

本体这样既不脱离经验的现实世界，又不是这个现实世界中的任何具体事物，它是超经验的普遍性，又在经验世界的一切事物中。一切事物之所以为事物的全部内容，全部规定性，包括人的思维、人的认识的规定性在内，便全都反归为这个本体自身的规定性，于是本体成为包容一切的无限大：大曰逝，逝曰反——在这个反中不可知的本体，便转化为在原则上可以被认识、被规定的本体了。被认识、被规定了的本体，便是一个为普遍的科学原理——哲学原理所呈现着的规律体系，一个本体作为道或理的实在性。但这个实在性，就其内容而言，它是一个是其自身又非其自身的含有否定性的自身矛盾，所以它的存在便在它的否定性中，显现为世界各种事物的存在过程。这就是说，本体不是在其抽象自身中的一个自身存在，它作为世界的本源，只具有表现为世界多样化的现象过程的必然根据，它所表现出的现象过程就是它自身存在的现实性。斯宾诺莎提出本体的肯定就是否定的辩证观点，黑格尔则把它加以颠倒，更为深刻地提出本体的否定同样也是本体的肯定，是它自身存在的肯定。本体只有在它这个否定性中，它才成其为世界的统一基础——一个能够表现出世界多样性的统一本源。黑格尔的说明世界的原则，不仅消除了设想本体是自身存在的神秘性，不仅指明了本体要表现出一个现象界的必然性，而且更重要的是，它为克服形形色色的怀疑主义，不可知论，从理论上奠定了一个初步的逻辑基础。黑格尔的说明世界的原则，亦即黑格尔的本体作为万物内在所固有的道或理的观念，是黑格尔辩证法的内在本源和基础，抛开了这个内在本源和基础，也就没有辩证法的来源了。只知道黑格尔哲学的合理核心是辩证法，却对这个辩证法的本源和基础一无所知，便难以理解唯物辩证法与黑格尔唯心辩证法的关系，而不理解这种关系，又很难懂得什么是辩证法。辩证法的根源是起源于合理的本体观念的必然性——合理的本体观念只能是辩证的，辩证法就是合理的本体观念的展开。

只有黑格尔所提出的说明世界的原则，才是正确的说明世界的原则，虽然这个原则又为它的唯心主义所歪曲。但通过这种歪曲的折光，我们仍然可以看到其中所包含的一般合理意义。

我们已经说过，经验论的本体概念把本体感性化、经验化了，而唯理论的本体概念虽然避免了这个缺点，但它保留本体自身是存在的现实性的观念，这便必然导向本体不可知的怀疑主义和不可知论。这种本体不可知的疑难，还导向了另外一种说明世界的原则。这种说明世界的原则，虽然也承认共相是世界的基础，但它所谓的共相，是各种事物同为事物自身，在这种观点看来，宇宙存在过程在其广度上和深度上动变着、相互作用着的一切事物总和，便是一切，无论在现实事物之中或之外，都不存在本体的实在性，一切的事物同作为一般的物体，或者再加上贯通其中的真空，就是宇宙存在过程的实体性。这样一种说明世界的原则，实质上仍然停留在现象上，而没有深入到世界的本质。故此，我们称其为现象论的原则。它在西方现代哲学中，是所谓分析学派各种支流和实用主义的一个核心。它好像仅仅是实证主义举起"反形而上学"（这里所谓形而上学是指以本体概念为基础的传统哲学）的大旗之后的产物，实则它早在近代哲学中便有了它的古典表现形式了。然而，物体也好，真空也好，都不是最终的东西，而是现实的存在物，它们都必须有其阐明其自身所以可能的原理，而这原理却不能再是物体或真空。物理学是一门阐明与真空相联系的一切宏观物与微观物的一般原理的科学，它虽然不愿采用任何超越事实的本体观念，但它的发展却表明，正确的本体观念对它是不可缺少的。

先就一般的物体而论，凡属物体都在它可能的形象中，是种种性质和形体、能量、质量、硬度、颜色、运动、温度、发声、气味、味道等等的集合体。如果这些性质不是外在的堆积，而是相互制约的内在统一整体，那么仅从逻辑上便可断言，这个整体的统一性，不能以什么也没有的虚无为本源，为基础，它必须有一个贯通其中的共同质料基础，也就是本体。这里所谓本体，当然不能是原子、电子之类的微观物，因为它们也是属于一般物体的范畴之内的。物理学所做的第一步工作，就是它与化学、生理学携手合作，把颜色、温度（热的度量）、声音、气味、味道等物性，都归结为光波、分子运动、空气和水分子震动及某种微粒，对人的视觉、听觉、嗅觉、味觉的一些关系。于是剩下的绝对属于物体的，便只是形体、能量、质量、硬度、运动及其数量了。这便与哲学史上哲学家区分物体性质为第一质与第二质的观点，完全相符合。物理学最初把物体看成与光波完全不同的东西。但以实验为基础的物理学的发展表明，光波是电磁波。爱因斯坦的光电效应的理论，指明光波作为电磁波具有微粒（微观物）的性质，爱因斯坦称其为光量子。光量子的能量为 $E=hv$，动量为 $P=h/\lambda$，它没有静止质量，只有运动着的电磁质量，它一旦静止便为其他物体所吸收。光量子是物，也是波，它是物、波二象性的对立统一体。而德布罗意进一步提出任何物体的运动，大至一个行星、一块石头，小至一粒灰尘或一个电子，都伴随有所谓"物质波"，其波长为 $\lambda=\dfrac{h}{mv}$，这种物质波以后被实验所证实。这样一来，一切物体，从宏观物到微观物，包括没有静止质量的光量子在内，便都是物波二象性的对立统一体。物理学的发展，越来越揭示出多样性的物理现象的内在统一，使它由繁而简：第二性质归结为第一性质，第一性质的多样性，又全都可归结为一切物体同作为物、波二象性的对立统一体的能量与质量的属性。爱因斯坦揭示出质量与能量的不可分割的内在统一的规律，这规律的方程式如下：

$E=mC^2$，

$m=\dfrac{E}{C^2}$。

根据这种方程式，任何物体都有 $E=mC^2$ 那么多的能量，而有那么多的能量，同时便必然有 $m=\dfrac{E}{C^2}$ 那么多的质量，这便是爱因斯坦质量——能量相互对应规律。如果上式中的 m 等于零，则 E 等于零，这情形是意味着什么呢？它意味着这样一种物体，它只能有运动质量，没有静止质量，因而便没有在静止状态中的静能或原能，这种物体，便是如像光量子之类的物体。这样物体的能量便用 $E=hv$ 的公式来表示。

以前的物理学，只知道两种能：动能和位能。而爱因斯坦揭示出物体所固有的静能。我们可以说物体的一切第一属性，都来源于它所具有的能量与质量的内在统一。物体所可能具有的形体性,是物体内容的实有性的广延形式,这形式在其各部分相连续的吸引中,为它所固有的能量所支持。与物体所固有的能量相对应,它便必有等于$\frac{E}{C^2}$那么多的质量,而质量是惯性,是对外来作用的阻力或排斥,物体的硬度,便是这种阻力或排斥的表现。如果物体在运动,则物体便必须取得克服其质量作为惯性的能量,但在运动中的物体的能量一旦增加,它的质量也必然相应的增加。设物体的原能是E,增加的能是E^0,则增加的质量便为$\frac{E^0}{C^2}$,因而这时物体的能量为$E+E^0$,相应地其质量也便为$m+\frac{E^2}{C^2}$。物体的运动属性,也是能作为动能E^0与其质量内在统一的表现。如果$E+E^0$的能量只表示运动着的物体作为物象一面的能量,此外它还有波象一面的实在性,则二者的统一,其能量便理应为$E+E^0+\lambda V$。物体的波象一面,也是能量的表现。这时物体增加的质量,便不仅是$m+\frac{E^2}{C^2}$,而应是$\frac{E^0+hV}{C^2}$。在以前的物理学中,质量是一个常数,但爱因斯坦指明,并且也为实验所证实,m不是一个常数,它随运动的变化而变化。

现在,面临的问题是最后一个关键了。如果物体的一切第一性质,包括它的形体性、波象性在内,都以能量与质量的内在统一为基础,那么这个统一性的统一基础是什么呢?是什么在表现为质量与能量的内在统一的全体性呢?这个问题,也可以用另外的形式提出来;如果物体之为物象一面,本身是一种性质,则它与其波象性一面的内在统一的统一基础是什么呢?这个统一性与前一个统一性,互相联系,前者是内容,后者是形式,二者的统一,不能以绝对的空无为基础。只要质量与能量,物象性与波象性不是外在的集合体,而是内在的统一体,它们便不能停止在其本身中,成为质量与能量、物象性与波象性等等的多元论,而必须有一个一元论的统一基础,贯通在它们之中。这个一元论的统一基础,便是本体,就其能表现为质量与能量、物象性与波象性的内在统一的自身规定性说,这本体便是一个能够这样来表现它自身的规律体系,一个道或理。于是以一般的物体为不变的基础，设想其他的一切性质都为物体所具有的现象论，不但要消灭在目前这个必然性的结论中，而且实质上它早已消灭在物理学发展中的现代科学内容里了。

仅就一般的物体而论，现象论不能成为说明世界的原则。

再就一般的真空而论，爱因斯坦的广义相对论表明，宇宙天体之间的太空作为真空，是与天体的运动不可分的，它的性质，完全由天体的运动所决定。太空作为真空，不是像欧几里得几何所设想的那样，是一个到处均匀的理想空间，而是一个不均匀的空间。这个不均匀性，便表现为一个弯曲的空间，它越接近天体，它的弯曲性或曲率也便越大——非欧氏的几何学，在爱因斯坦广义相对论的理论中，找到了适合于它的客观实在性。这种客观实在性，纵横在各种运动着的天体之间，与它们成为一个内在统一的整体，便是爱因斯坦所谓的引力场。太空作为真空之为弯曲的空间，即为连接各个天体之间的引力场。太空作为真空与天体不可分，则它便与天体内部不同深度上的微观世界之间的真空不可分，二者的统一，是贯通微观世界的同一个真空。因此，爱因斯坦的空间理论，亦即他的与天体不可分的、弯曲空间作为引力场的理论，也同样适用于微观世界。在宏观世界中，真空作为弯曲的空间，作为引力场，与天体不可分，则在微观世界中，它便与微观客体不可分。物理学的科学实验表明，微观世界的电磁场可以设法隔绝，但引力场是无论如何也隔绝不了的，它是贯通一切微观客体的一部分，是纵横它们之间、之中的真空部分。于是普遍地说，真空作为弯曲的空间，作为引力场，贯通和纵横一切宏观物与微观物同作为物体之间，同时与它们统一不可分，而且其弯曲的性质，决定于物体的存在形态。所谓电磁场、核场等其他的场，无非是微观客体在其动态中的与其真空之间的相互作用，并通过这种相互作用为中介，体现不同微观客体之间的相互作用而已。这种相互作用的形式，已为现代量子力学的量子场论所研究，所描述。

现在面临的问题是，真空作为欧几里得几何学的理想均匀空间，我们完全可以设想它是仅作为物体容积的、外在的绝对空虚空间；但它作为弯曲的、不均匀的空间，却无论如何不能是绝对空虚空间。绝对空虚，在其三维的广延之量中必然是到处一样，到处均匀的。但如果它不均匀、不一样，而表现为不同弯曲程度或曲率的区别性，那它就必然不是绝对空虚，而是一种实有性在其三维的扩延之量中的表现形式。这种表现形式既与物体不可分，既为物体的存在状态所决定，那它在这种统一性中，便必然与物体的空间形式相同，是一个实有性在三维的扩延之量中的不同表现形式，二者是在其相互连续性中的一个中断性、区别性。现在我们就要问，贯通这个中断性、区别中的那个连续性的实有性或实在，又是什么呢？绝对空虚既然被排除，那么它便只能是一个统一的本体，一个本体作为能够在其三维的扩延之量中表现为这种中断性、区别性的规律体系，一个本体能够这样来表现其身的道或理。这个道或理这样表现其自身，它便在其现实表现中又获得了一维的时间特性。爱因斯坦用四维的时空连续性，来描述一切物理现象，但要彻底地、合理地解释一切物理现象，还需要借助于本体概念。这是现代物理学在其发展趋势中的一个不可避免的结论。物理学一味要探求宇宙间各种现象的终极实在，但它却只立足于经验，排斥哲学上的本体概念，这是一个自相矛盾的概念。这个自相矛盾，现已暴露无遗：现代物理学深入实在的巨大发展表明，本体概念对它是绝对不可缺少的。

这样，不仅就物体而论，即就真空与物体的相互关系而论，所谓物体与真空相互外在，宇宙的存在过程，只是在真空的空间中的广度上、深度上一些动变着的物体形态总和，此外便什么也不是，也没有的现象论观点，同样也不足以为说明世界的原则。

如果现象论者认为，我们前面所说的本体作为道或理的实在性，只是一种说明物理现象多样性的物理本体，但宇宙除了物体和真空以外，还有人的精神现象，而人的精神现象，是用单纯的物理过程说明不了的，从而至少在这一点上，多元论还是可以保留的——未来在哲学上的胜利是多元论，而不是一元论。对此我回答说，现代的生理学和心理学表明，一定的精神现象总是对应一定脑神经运动的物理现象，二者也是一个不可分割的统一整体，如果物理现象不能作为根据说明精神现象，这统一性也必定如黑格尔所设想的那样，它在本体作为道或理中有其存在的根据——本体既是一个表现物理现象的本体，也是一个能够表现精神现象的本体，只是我们需要改造黑格尔所谓本体作为道或理的唯心主义实质。我们可以说，这种统一精神现象与物理现象的一元论思想，早在柏拉图的后期理念论中，便已经开其端绪了。柏拉图的后期理念论，上升为一些普遍范畴的辩证联系：理念作为一，不但与多相统一，与个体事物作为非存在的现象相统一，而且它也与人的认识——精神现象相统一，在理念作为"一"中，包含认识的理念这一环节在内。只是柏拉图没有认识到，这样的具体理念作为事物的本质——道或理，在其存在的直接性中，就是个体事物，人的精神现象的存在了。因此，柏拉图为了说明从理念到个体事物（包括人在内）的过渡，仍在理念之外设定了一种纯粹无规定性的物质基础的存在。从而他的晚期的理念论所谓统一一切的具体理念，仍是在个体事物之外的一个自身存在的实在性。黑格尔的说明世界的原则，实质上是在实体就是主体这一观点的基础上，对柏拉图晚期理念论的一种彻底一元化了的唯心主义的改造和发展。马克思和恩格斯所创立的辩证唯物论，既与现象论无关，也与黑格尔以前的那种说明世界的原则无关，而只与对黑格尔的说明世界原则的唯物主义改造相关：在这个改造里，也便内在地包含了黑格尔以前的说明世界原则的那种唯物主义形式的合理内核在内了。所以，在肯定了世界上各种事物是不依人意识为转移的客观实在之后，只用现象论的观点，抛弃本体概念，只把这客观实在描述为在时空的一切动变着的物体形态总和，把物质本体混同于它的存在形态，这是不符合马克思、恩格斯所创立的辩证唯物论的精神实质的。恩格斯在其《自然辩证法》一书指出，物质是一个抽象，我们在经验中只能认识物质的不同存在形态，而不能认识物质本身，他是把物质本体自身与其现实的存在形态，加以区别了的。恩格斯在这书中又提到，世界上一切都是在变化着的，只有物质及其运动和运动的规律是不变的：物质运动的绝对性，同时又是一个物质及其运动规律的绝对不变性，二者在对立中又是内在的统一——物质本体作为一个能够显现万物的规律体系，一个道或理的永恒性、不变性，在其现实性中便显现为一个绝对的宇宙存在过程的动变性。这二者的统一，是辩证唯物论之所以具有辩证性的统一本源、内在基础。

本体作为一个规律体系，一个道或理的实在性，其所以在现实世界中必然存在，就因为科学的发展揭示出，无论就物体的不同物性说，就物体与真空的关系说，还是就此二者相联系与精神现象的关系说，一切的区别性，全部都在总体中是一个不可分割的内在统一体，而只要这种内在统一性不是绝对空无的表现，它就必得是一个本体作为道或理的表现。总之，统观哲学史上说明世界的原则，现在便有以下三种：

1. 以本体作为自身存在着的现实性的基础的说明世界的原则；

2. 现象论的说明世界的原则——这种说明世界的原则，在现代西方哲学中，发展为许多非常烦琐而复杂的哲学流派；

3. 黑格尔的内在于世界过程中的本体作为一个规律体系，一个道或理的说明世界的原则。

在这三个说明世界的原则中，黑格尔的原则，除了它的唯心主义之外，是唯一合理的和辩证的说明世界的原则。只有在这个原则中，传统的世界观所分裂的几个部门，才能内在地统一起来，表现为逻辑学、认识论、世界观三位一体的理论体系；也只有在这个原则中，才能把世界存在过程的动变性，与其内在统一本质的绝对不变性、永恒性内在地统一起来。黑格尔的原则，在其最普遍、最抽象的形态上展开为黑格尔的《逻辑学》，它不但必然要阐明认识之为把握客观真实的问题，而且必然要阐明认识之为把握善、恶的价值问题——认识必然是这二者的统一。认识之为人的一种现象，其道理必然就是，在认识单纯事实中去认识一切事物相对于人而言的普遍善、恶规定（广泛意义上的好、坏规定），认识就是出自人的生命这样一种内在的冲动性。如果我们能把黑格尔的美学，同他的《逻辑学》

统一起来看，我们还可以看到，在其《逻辑学》中，也理应必然要阐明一切事物相对于人而言的普遍美、丑的价值规定问题。在最广泛的意义上说，认识就是思维对存在的关系，这种关系首先就是思维把握存在的规定活动，而其结果则表现为"我思"或"我意识到"。在人的"我思"或"我意识到"中，人不但意识到事实自身是什么，而且还意识到事实之为好坏、美丑的逻辑规定，后者也既是一切事物相对于人而言的普遍逻辑规定、普遍的道或理，又是思维把握对象的普遍规定活动的规律。存在的规定性，存在的道或理，并不能单纯归结为存在作为单纯的事实本身是什么的问题，在这个基础上还有它何以是好或坏、美或丑的价值规定的问题。与此相适应，思维把握对象的普遍规定活动的规律，也并不能只是归结为把握存在作为单纯事实是什么的规定活动，在这个基础上还有它把握存在之为好或坏，美或丑的规定活动，前一规定活动，并不能说明后一规定活动，尤其思维把握存在之为美或丑的规定活动，更有其不同于前者的特定规律。这样，本体作为道或理的规定性，就其客观性而言，便可最后归结为真、善、美三个规定活动的内在统一，此者与前者的统一作为普遍的主客统一性，就是本体作为道或理的总体性。黑格尔说明世界的原则，不但能体现逻辑、认识论、世界观三者的内在统一，能体现动变性与永恒性的对立统一，而且在这种统一性的内容中，还能体现真、善、美的内在统一，实现伦理学之为真、善、美学问的古老理想。要知道哲学不但是一切事实科学的理论基础，而且也是伦理道德和美学的理论基础，哲学作为后者不同于它作为前者，虽然两者的对立统一，都在表现一种最为普遍的存在规律。这种规律，是属于前面所谓本体作为道或理的普遍性那一环节的。

第二章　黑格尔说明世界的原则
——一个逻辑先在性

　　本体作为道或理，既是内在于世界存在过程的一切事物之中，是这一切事物作为一个统一整体的普遍本质，那么它对世界的存在而言，便不是时间上的先在性，而只能是一个逻辑上的先在性。黑格尔所提出的说明世界的原则，就其实质说，就是一个逻辑先在性的原则，它展开为一个哲学体系，在向人严肃而系统地表明，说明世界不能用本体之为时间先在性的原则去说明，而只能用本体之为逻辑先在性的原则去说明。所谓说明世界乃至事物的"说明"，本质上只能是一个逻辑先在性，而不能是一个时间先在性，这是贯穿黑格尔《逻辑学》乃至他的整个哲学体系的一个基本观念。理解黑格尔的失败，往往就失败在不理解黑格尔的这个基本观念上，而把黑格尔的哲学体系事物化、现象化，认为它是在描述一种在时间上的实在发展过程，而不是在陈述实在发展过程的内在原理。不理解黑格尔这个基本观念，便不可能理解一切科学的本质，更不用说理解哲学的本质、马克思主义哲学的本质了。有一种观点认为，离开现实的时间关系，便不能理解发展，便不能说明发展。形成这种观点的原因之一，就在于不理解发展的原理对于实在的发展过程来说只能是一个逻辑先在性，不能是一个在实在的时间关系中的时间先在性。马克思的整个《资本论》，不是描述资本主义的实在发生、发展的现象，而是在描述这一现象的内在原理。这个原理体系，也同样是一个逻辑的先在性。用逻辑先在性去说明事物，早已是科学所以成为科学的普遍事实了，黑格尔只是把这一事实的普遍哲学内容提炼出来，使它第一次成为从哲学上说明世界的原则而已。人们说黑格尔哲学中的合理思想之一，就是他的哲学表现了逻辑的东西与历史的东西相一致的思想。但是如果否认或不理解黑格尔说明世界的逻辑先在性的思想，又怎能去理解他的这一合理思想呢？在不理解逻辑先在性的观念的前提下，去理解所谓逻辑与历史的一致性，便要把这一致性直接地历史化、经验化了。

我们常听到人们解释逻辑与历史的统一性说：历史从哪里开始，逻辑的东西便从哪里开始，历史的东西是逻辑的东西的现实基础；否则便是黑格尔的唯心主义。这种提法，是否值得再深入地考虑一下？因为它把两者的关系弄颠倒了。逻辑的东西，是反映了历史的东西的内在本质和内在规律，所以就事实本身而论，只能是逻辑的东西从那里开始。历史的东西就从那里开始，而才有其表现自身的内在本源。否则便是本末倒置。例如资本主义产生、发展中的逻辑的东西的开端，是商品的价值规律，所以它的产生、发展的历史，就要从那里为本源，为基础而显现其自身。如果人们的那种观点还有一定意义的话，这只能就人的认识而言：人的认识，当然要从实际出发，从历史出发，但这个出发点还不等于就是逻辑的东西——只站在这个出发点上，还一点没有认识、没有逻辑，它又何能谈得到是逻辑的东西的出发点呢？逻辑的东西的出发点，必须其本身就是逻辑的。如果人们说，我们是指历史的东西，是认识本身的逻辑的出发点，这又只不过是说，认识要从事实的东西、历史的东西出发而已。这个认识本身的逻辑在表明，唯因事实的东西、历史的东西，还不是逻辑的东西，所以认识必须由此达到对象的本质，然后以此为新的起点，实现认识之为从抽象到具体的逻辑过程，并且只有这个过程，才在真正表明事实的东西、历史的东西与逻辑的东西之间的固有关系；表现在人认识中的逻辑的东西，是表现在人认识中的事实的东西、历史的东西（此者也只能通过认识对人的显现）的内在本源、内在基础。只准说"历史的东西从那里开始，逻辑的东西就从那里开始"，而不准说"逻辑的东西从那里开始，历史的东西就从那里开始"，割裂二者的辩证统一性，这便是一种经验论的知性观点。这种知性观点，是不符合马克思主义的。它之所以广为流传，就因为许多人只知有时间上的先在性，不知此外还有逻辑上的先在性。所谓逻辑的东西从哪里开始，历史的东西就从那里开始的那个"开始"，不是一个时间上的先在性，而是一个逻辑上的先在性。用前者又看后者，当然命题必然就是前黑格尔式的唯心主义命题了，只是它与黑格尔的唯心主义，却毫无关系。

用时间先在性的观点，去理解黑格尔哲学，尤其是他的《逻辑学》，必然要歪曲其中的合理内核，歪曲黑格尔的辩证法。而歪曲了黑格尔的合理内核、歪曲了黑格尔的辩证法，便必然要歪曲马克思主义的精神实质。

逻辑先在性的观念，对于理解黑格尔哲学，对于正确掌握马克思主义哲学的精神实质，是这样的重要，以至于缺少了它，便必然对二者产生曲解。所以我们必须对这个概念详加说明。

所谓逻辑的先在性，就是逻辑的东西的先在性，什么是逻辑的东西呢？就认识说，逻辑的东西就是理论化、概念化了的经验事实、历史事实；就这种认识所反映的客观内容说，逻辑的东西就是本质化、规律化、道理化了的事物的直接存在过程。就这二者在内容上的同一性说，什么是逻辑的东西的先在性呢？所谓逻辑的东西的先在性就是说，不仅逻辑的东西是为事物存在过程内在所固有的内在本质或基础，而且它必须要在认识上先行被确定，然后才能由此导出对事物的科学说明。因此，逻辑的东西对事物的直接存在过程说，有如前提与结论的关系，它是逻辑上在先的，而不是时间上在先的——逻辑的东西，不是现实的存在过程，它又怎能是时间在先呢？它又怎能作为时间关系而存在呢？这就是所谓逻辑先在性这一概念的基本内涵。

为了阐明逻辑先在性这一概念的丰富内容，我们只要运用黑格尔哲学中的合理思想，阐明如下一个命题，一切便可了如指掌。这个命题是：

事物**存在**着。

天地间任何一种事物的存在，就其普遍性说，都可称为"事物存在着"。所谓"事物存在着"，就是事物的直接现实性。在这现实性中。按照黑格尔的观点，事物与存在虽然在对立统一中是不可分的，但就二者在统一性中的区别性一面来看，事物又是不同于存在的。单就事物自身而言，它脱离它存在着的规定性，便只是一个以本体为基础的、使事物所以成其为事物的规律性，一个尺度，一个道或理。在这个道或理中，包含如下一些环节的统一：

1. 本体作为事物本质的自身同一性。
2. 本体作为事物本质所以能表现事物多样性的内在区别性。
3. 在这本体作为本质的自身区别性中，事物本身作为一个实在性，是有限的，超过了界限它便转化为他物。

事物本身是实在性。这个实在性作为这三方面的统一性，是一个尺度，一个规律性，一个道或理。在这个道或理中，便包含了它在其规定性中表现为前后相续的时间关系、发展关系的道或理在内，但它却不是作为实在性的时间关系，现成地存在于事物的实在性中，而只是作为它的一个逻辑环节，包含在事物作为实在性的道或理的一定逻辑层次中。这一点是研究黑格尔《逻辑学》的人，必须要深刻去理解的一点。不然的话，就会产生这样的误解：认为黑格尔从纯有过渡到限有之后，限有就是一个在空间、时间中存在的现实性，从而当黑格尔谈到某物转化为他物，以及从一种尺度向另一种尺度过渡时，就会认为黑格尔说的是在实在时间关系中的现实发展过程。实际上，所有这一切，对黑格尔说，说的只是事物的实在性作为一个道或理所以能表现为时空关系以及时间上前后发展关系的道理或规律，它们都是一个道或理中的一些逻辑环节。事物自身的实在性，还只在自身中，还不存在，它又怎能具有在存在中的时空关系和前后发展的时间过程呢？这便涉及对黑格尔说，什么是存在的问题。

存在总是事物的存在，因而事物在其存在的直接性中，便是"事物存在着"的直接现实性。什么是事物的存在呢？在黑格尔看来，事物的存在是：第一，事物必须进入时间、空间关系，在时空关系中占有一定的位置，黑格尔认为时空关系，是事物的本质作为概念的高度外在化，更为抽象地说，亦即事物的本质作为道或理的高度外在化；第二，唯因事物的存在，是事物的本质作为道或理的高度外在化，所以它必须能成为人的感性的知觉对象。这二者的统一便是所谓事物的存在。这样，时空关系是事物的存在之为存在所具有的属性，在单纯的事物实在性作为道或理中，怎能有时空关系、前后相继的时间过程存在呢？如果这样，事物就是还未存在便已经存在了。这是庄子所谓"今日适越而昔至"，其为谬误也，便无过于此矣！

事物的存在，也是事物的规定性之一。按照黑格尔的意见，存在是事物的最外层的规定性。但这里问题却是，事物之为一个规律性、一个尺度、一个道或理的实在性，是怎样进入它的时空关系的存在呢？对这个问题，黑格尔虽然没有详细的演绎，却有极为精彩而深刻的概括说明。黑格尔的道或理，不脱离各种事物同为事物的共同质料基础——本体，我们一开始便指明，本体在黑格尔看来，就是包容一切物理现象、精神现象及思维着他们的主客两个方面于自身的一个普遍的精神活动性。本体在其呈现事物的道或理中所设定那些有关事物的全部条件总和具备了，事物便必然进入其时空关系的存在：事物存在，是因为事物存在；因为事物存在，所以事物存在。这样一来，存在本身也便可作为一个逻辑规定，一个有关事物存在的道理，包容在事物的本体之为一个道或理的实在性中，成为它的固有环节之一了。事物在其存在中，表现为空间上、时间上的各种事物的相互区别与联系，事物的物性，便是一事物对他物的固有关系：事物在其时空关系的存在中，便是一些以本体为基础的各种物性的总和，而它们在其时空关系的存在中，如果不是同时并存，便是前后相继，这便是事物的本体作为道或理的现象界。当黑格尔对事物的存在进行描述时，他不是在描述事物的现实存在过程，而是在描述存在之所以为存在的逻辑规定或道理，描述事物的本质性作为道或理的实在性的固有逻辑环节。这个逻辑环节直接涉及了时空关系，但它却是作为有关事物存在的规律性或道理而被描述的，这仍然是属于本体作为道或理的一个逻辑先在性的范围之内的规定。一般地说，黑格尔的辩证法，从他的《精神现象学》到他的《逻辑学》，从他的《逻辑学》到他的《自然哲学》；从他的《自然哲学》到他的《精神哲学》，全是有关逻辑先在性的辩证法，全是有关事物存在过程的内在原理的辩证法，而非有关事物直接存在过程的辩证法。我们如果停在对事物直接存在过程的描述、综合上，就没有理论的辩证法了。理论的辩证法是以物质本体为基础的概念间的运动、发展，如果否认概念的相互转化和辩证发展，而用从事实到事实的一般经验概括来代替辩证法，那无疑是辩证法的死亡。

"事物存在着"这一命题，表现的是事物存在的直接现实性。但这直接现实性，却在显现着事物的本质作为道或理的实在性，简直可以说"事物存在着"，就是这个道或理存在着，这便是事物存在作为现象与其本质的对立统一。这个统一性，才是黑格尔所谓真正的现实性或实在。现实性或实在，综合了"事物存在着"的本质作为道或理的全部客观内容在内。因此，现实性或实在便在其直接性中，展开为事物的本质作为抽象的可能性与偶然性的对立——事物的本质在自身的抽象同一性中，是一个一切都可从中发生的抽象可能性，而这个抽象可能性，就其直接的现实性说，却又只不过是一个偶然性而已。抽象的可能性，说明不了为什么恰恰这一事物存在，而另一事物不存在。但从事物存在的直接现实性所显现的事物本质作为道或理的具体内容来看，却又扬弃了抽象可能性与偶然性的对立，而表现为黑格尔所谓真正的现实性或实在与必然性的统一——真正的现实性或实在就是必然性，在必然性中，事物存在的本质作为道或理的全部内容，完全与事物存在的直接性相合一，从而事物存在的本质便作为具体有各种物性的实体，表现为实体与物性的关系、因果关系、交互作用。

事物存在的实在性在其直接性中，就是它的一切物性的总和。但总和以本体之为事物的本质作为事物内在的实体性为根基，事物的存在或存在着的事物，就是实体与物性的统一。在这内在统一体中，实体首先是原因，而物性是结果，但实体作为原因，在物性作为结果中，并没有丧失其自身，物性作为结果只是它的自身规定，而这规定又可作为原因产生新的结果。从此以后，在时间上的前后相继中，从因至果，从果到因，便可以无限进展。在这里，我们不要忘记黑格尔所谓物性，是一事物对其他事物所固有的关系。因此物性的现实性，便是一事物对其他事物的相互作用的统一性，物性作为这样一个统一性，才成为产生结果的原因性。结果无论在那一事物身上，又成为新的物性，新的物性又可照样成为原因，产生新的结果。黑格尔认为如果从时间的前后相继中，无论从因到果，还是从果到因，都可以无限进展下去。这种进展，黑格尔认为是一种恶性的进展，是知性的一种片面观点的表现。这种片面性的根本缺陷在于只有逝，没有反：原因消失于结果中，结果作为新的原因又消失于新的结果之中。黑格尔辩证地指出，全面的看法便应该是在逝中有反：原因消失在结果中，但结果同时又反归于原因，是原因的自身规定，它规定它自身为结果，是原因自身作为结果而存在。黑格尔认为，在反中，时间上的一切无限因果进展，都可最后反归为本体做实体的本体因，是这本体因的自身规定。从这里，黑格尔便转入交互作用的范畴。黑格尔认为，因果关系只有在实体关系的交互作用范畴里，才能从其实质上得到理解和说明。

在现实世界中存在的本体作为实体，是第一个实体，实体显现物性，它在与物性的对立统一中，就是独立存在的事物，这便出现所谓第二实体，第二实体在与他物的关系中，相互作用中，反作用于其中的第一实体，使这第一实体产生其新的效果，这新的效果，就是通常所谓第二实体作为一个存在的事物在与其他事物的关系中、相互作用中所产生的继起状态或效果。但这是非常表面的看法，如果从事物存在的实体统一性上看，这新的效果，并不是由第二实体作为存在的事物直接产生的，而是由其中的第一实体，第一本源，在第二实体作为存在的事物的反作用下产生的。例如认为人的大脑在对外物关系中的神经运动，产生意识的现象，这是非常泛浅的看法，实则大脑的神经运动，这是贯通其中的实体的存在形态，因而意识现象的产生，这正是由于这种存在形态反作用于其中的实体，由实体自身产生的。这是一个非常深刻的看法，一切在时间中的前后相继、同时并存的因果作用，都可归结为这里所谓第二实体作为存在的事物，反作用于其中的第一实体的表现。不过，进一步看，所谓第二实体作为存在的事物，它本身是第一实体的表现，它对第一实体的反作用，全为第一实体在其自身规定中的自身制约，所以事物存在过程中的因果关系的直接性，全可反归为贯通其中的本体存在作为实体这种自身制约的道或理。在这里，事物的存在过程便与其本质——本体作为实体之为道或理的存在，完全在对立统一中，合二为一了。这个合二为一就是：

事物的存在过程是本体作为实体之为道或理的存在。

黑格尔正是从这里转入《逻辑学》所谓概念论的。黑格尔所谓概念，就是为思维的主观活动所显现着的事物存在的本质——本体作为实体之为道或理的实在性，在黑格尔看来，这个实在性在与思维的同一性中，也就是概念。关于这一点，我们将在谈到"黑格尔的唯心主义"时，再行考虑。现在我们只需看到，上式的合二为一，也就是事物的存在过程与其内在本质作为概念的合二为一。

显而易见，黑格尔关于达到这个合二为一的逻辑进展，无论怎样涉及时间关系，涉及因果关系，他也都不是在描述实在的时间关系，描述实在的因果关系，而只是描述必然包含于本体作为道或理的实在性中的、有关这方面的道理或一些逻辑环节。黑格尔的《逻辑学》是从各种感官对象同为感官对象的抽象或普遍性——"纯有"开始的。他从这个开端过渡到限有，从限有过渡到量，从量过渡到尺度。所有这些过渡既是逻辑的，也是有关"事物存在着"这一命题的逻辑规定，但当从尺度中的反思而进入《逻辑学》中所谓本质的领域时，尺度或包含在尺度中的全部逻辑规定，便在本体作为事物的本质的否定性中，反归为本体作为本质自身的内在规定性了。前面有关事物实在性自身之为道或理的三项规定，便已经把这方面的内容概括其中了。现在我们必须根据此后的陈述，接着第三项，再继续增加以下几项：

4. 事物实在性自身之为道或理的实在性，过渡为事物存在的道或理。
5. 存在之为存在的一般规律或道理。
6. 事物的存在过程，即为本体作为实体的道或理的存在过程。

这六项内容的统一，便几乎道出了"事物存在着"这一命题的全部内容，除此而外，便只有它相对于思维而言的主客统一的规定，还没有提到。这个内容作为"事物存在着"的道或理，对于"事物存在着"的直接现实而言，它是一个逻辑先在性，而不可能是一个时间上的先在性。有人认为，逻辑先在性观点与设想事物存在过程的发展变化的观点是对立的。这种说法是不能令人接受的。实际上，在事物发展变化过程中，包含着制约它发展变化的原理和规律性，而这个原理和规律性本来就是一个逻辑先在性。可见，逻辑先在性的概念正是从规律性上说明了事物发展变化。既然如此，逻辑先在性的概念，又怎能与发展、变化的观念相矛盾呢？逻辑先在性并不排除变化、发展，而是说明变化、发展的原理：逻辑先在性中包含有说明变化、发展之为何物的真理在内，也包含有时空关系的道理和因果关系的道理在内，但这些道理，就其自身说，却不能直接就是在时间中的存在。

所谓逻辑在先的那个先在性，并不是一个抽象的不动的普遍性，它是在现实事物存在过程中那个活动性本身，是这个活动性本身的逻辑结构，因而也就是本体作为道或理那个具体共相的逻辑结构。这个逻辑结构在与人的思维规律的同一性中，就是所谓的逻辑的东西。逻辑的东西是逻辑在先的，这就是说现实存在的东西，历史的东西，必然要以逻辑的东西为基础，而是显现逻辑的东西的现象过程，从而这二者在其相互关系中，必然是完全相互一致的。这种相互一致性，可以从以下几个方面来看：

逻辑的东西以什么为本源、为基础，现实的东西、历史的东西也便以什么为本源、为基础，这就是说，逻辑的东西从那里开始，历史的东西也便从那里开始。

例1：就各种事物同为事物的普遍性而言，它的道或理以本体为本源、为基础，则这本体便是各种事物及其存在过程的普遍本源、普遍基础；各种不同事物及其存在过程的本体作为实体，本质上是"一"，它们都从这个"一"里发端而表现在这个"一"的实在性。

这个一又怎能表现为事物的多样性呢？黑格尔虽然没有对这个问题做直接的具体说明，但我们从黑格尔所谓质、量相互关系的辩证法里，可以体会出这样一个道理来。本体自身作为"一"，是一个没有任何规定性的实有之"点"，这个点在客观世界中无论从其广度上还是从其深度上说，都是无所不在的，它作为这样一个高度的抽象的客观意义，即在于此。这个点作为表现天地万物的道或理，首先在它的数量规定。从道理上说，它在其强弱之量的不同数量等级上便要产生质的差异，以及这些质的差异在其不同的各种形式上的关系体又形成一些更复杂的质的差异。所有这些质的差异形成一种在尺度上、道理上的一系列质量统一交错线，质本身是在这线上的一些点。本体这种和其质的差异相联系的量，就是本体作为实有之"点"的内涵之量。本体作为实有之点在其内涵之量中的质的差异，进而在其三维的扩延之量和一维的持续之量中，便表现为一个时空体系中的多样性的事物存在。这种量就是本体的外延之量；本体的外延之量便是它的时空存在形式。其中任何一个事物在与其他事物相互作用中的动变，一旦超越了它的质量交错点的界限，便过渡为他物。这种从一质到另一质的变化过程，归根到底可归结为本体作为一实有之"点"在其不同等级上的内涵之量与外延之量的统一性中的表现。这是本体的自身广延性，这个自身广延性也就是本体的存在属性。本质所固有的不同等级的精神属性，在这种自身广延的存在属性的制约下，也服从其不同等级上的内涵之量与外延之量的统一性表现为质的差异的规律，从而呈现出各种事物不同等级的精神现象——从原始的感应性到刺激感应性，从刺激感应性到感觉，从感觉到意识的不同精神现象的阶梯。

这就是以本体为逻辑起点的一切事物如何被显现的逻辑过程。这个过程一旦具体被解证出之后,一切唯心主义便不能成立了。因为所谓精神活动性作为活动,并不像黑格尔所设想的那样,是一个穷根到底的本体,精神活动性必须有负荷者,而这负荷者在它的自身广延的存在属性中,只能是一个物质本体,而精神活动性只是它的一种属性,是它在其存在属性中所具有的一种不同等级上的自我觉态的性能。

例2:资本主义的道或理,要以人的等价原理为基础,而人的等价原理的商品历史形式,则表现为商品关系的等价原理。因此,具体说,资本主义的道或理,要以人的商品关系的等价原理的本源为基础。这便决定了资本主义的历史过程始终以商品关系的等价原理为本原、为基础,而整个人类社会的历史过程,也便要始终以人的等价原理为本源、为基础。

在马克思主义的发展道路上,面临这样一个重大问题,即人作为自然人与其作为社会人的内在统一问题。在这个问题上,人们一贯把人作为社会人的实在性看成是本质、本源,而把人作为自然人的实在性看成是从属于前者的一个低级的环节。所谓自然的人只是生物学上的人,而人的本质不能归结为生物学上的人。但是人作为生物学上的人[①],却是两脚立地的实在的物,人作为社会的人,却是这种物的物性——人性表现其自身的存在形式;所谓社会的人,只不过是在个体相互需要的需要——活动交换中的生物学上的人——自然人而已。我们不能只在人作为社会人的直接现实中,看到了具体性,却看不到这种具体性在人作为自然人中的起源或本源。事实上,在人作为自然人的道或理中,内在地包含着人把自己表现为社会人的环节在内,这两个方面是相对立统一的,但前者却必须是一个逻辑先在性。以至于我们可以说:

人作为社会人的存在⟵⟶人作为自然人之为一道或理的现实性。

在这里,我们且对自然人及其为一道或理的概念,略做一简要说明。

[①] 生物学上的人亦即自然人。自然人的定义是:在其一切服从自然科学的规律的属性、活动中的人,就是自然人。人作为自然人不等于天然的人,这只是自然人的一种生理上的天生的条件,而自然人则是整个人的逻辑结构中的一个逻辑先在基础。

马克思在《资本论》中谈到人的劳动过程时写道："劳动首先是人与自然之间的一个过程,在这个过程中人由他自己的活动,来引起,来调节,来统治人与自然之间的物质变换。人以一种自然力的资格,与自然物质相对立。"① 马克思所说的"人以一种自然力的资格,与自然物质相对立",显然指的是人作为血肉之躯的身——心统一体一切内力在的总和说的,从而这一切内在力量总和的主体——人作为一种血肉之躯的身——心统一体,就是人作为自然人的实在性。在马克思看来,劳动过程作为人与自然之间的物质变换,还不是人的社会性。他说:"劳动过程,我们只把它表现为它的简单的抽象要素时,是一种有目的地产生使用价值,使自然物适用于满足人类需要的活动,是人与自然间的物质变换的一般条件,是人类生活的永久的自然条件,所以和人类生活的各种形态无关,在人类生活的各种形态上都是适用的。"② 这里马克思谈的全是自然人及其自然性的问题。劳动过程正是自然人的自然性的外在表现。这种事实并不排斥自然人及其需要和其他本质力量,只有在人的社会历史实践中才能得到发展,因而在这个意义上可以说这是社会的产物,但却不能由此使自然人及其自然性变成社会性。因为它们仍在服从自然规律。自然人就是服从自然规律的人的作为身——心统一体的实在性,这个实在性并不能自身存在,它只有借助其本质力量和活动,才使自身呈现为社会人的现实存在。自然人的实在性在自己的实践活动中,把自己表现为社会人的存在。所以,自然人作为身——心统一体的实在性,实际上是自然人以其活动为中介使自身呈现为社会人的现实存在的一个规律性,一个道或理,一个人类社会的逻辑先在基础或主体。只是就这个主体的本质属性说,才可以说,人的本质在于其社会性。但人的社会性又脱离不了人的物质变换的自然内容,它是这种自然内容所固有的社会变换,前者是后者的实体,后者是这种实体的本质属性。所以马克思把物化的价值关系的负荷者——价值,作为价值实体归结为人类劳

---

① 马克思:《资本论》第1卷第5章,人民出版社1953年版,第191—192页。
② 马克思:《资本论》第1卷第5章,人民出版社1953年版,第200页。

动在自然物中的对象化，价值关系则是它的社会性——社会变换，而社会变换作为价值变换，是价值实体的本质属性。

总之，人作为社会人的现实性，是自然人以其自然性为基础的自身存在。

马克思正是就人的现实性才说，人的本质是其一切社会关系的总和，在这一命题中，人的本质是主辞，一切社会关系的总和是谓辞，而二者是由"是"联系起来的同一性，是在区别性中的对立统一。正确而科学地理解马克思这一命题，它的意思只能是：人作为自然人的道或理的现实性，就是人作为社会人的一切社会关系的总和。整个人类历史的逻辑东西的本源、基础，是人作为自然人的逻辑先在性，所以整个人类的历史的东西，也必须而且也必然以此为本源、为基础。我们解释历史，不能脱离历史本身的逻辑基础，否则，会走向历史观上的形而上学，把历史看成个人与个人、集团与集团之间的简单否定，而看不到这些现象中包含的逻辑必然性。

马克思主义在社会历史观上的伟大变革，从而在哲学上的伟大变革，正是批判了历史观上的形而上学和唯心主义[①]。这个伟大变革的主要意义有下列几点：

1. 马克思、恩格斯在哲学史上第一次把人的自然性与人的社会性内在地统一起来了：人的社会性，只是人在其相互需要中的需要——活动交换。

[①] 马克思说："蒲鲁东先生从社会的角度进行的考察，把那些恰恰表示着一定的社会关系或经济的形式规定性的区别忽略掉，抽象掉了。这就像有人说：从社会的角度来看，并不存在奴隶和公民；两者都是人。其实相反在社会之外他们才是人。是奴隶或是公民，这是 A 这个人和 B 这个人的一定的社会存在方式。"（《马克思恩格斯全集》第 47 卷 173 页）。正因为奴隶或公民是不同个人同为人的一定的社会存在方式，所以人是这一定社会存在方式的逻辑先在因素，因而马克思在分析资本主义生产方式的规律时，就要从中抽出人、人的劳动，劳动的二重性等等普遍因素，进行考察。因为任何社会都是人创造的，其根据在于人。因此，历史唯物主义的出发点是社会和社会关系的总和，并不排斥在研究它时，要考察、研究它所包含的人这个逻辑先在的基本因素。抽象的人性论、人道主义的缺点就在于它否认自然与社会的统一，否认人的自然性和社会性的对立统一，它脱离社会而把人看成自身存在的现实性，鼓吹这样一种人的抽象自由。

这种需要——活动变换，起源于人作为自然人那个逻辑先在性的、不同于非人动物的生存需要。

2. 在人这个逻辑的先在性的、不同于非人动物的生存需要中，物质需要是首要的，它的实现便表现为人作为一种自然力量作用于自然的生产力：马克思在《资本论》中把这一过程——劳动过程，看成是人的社会生产实践的自然内容，因为它服从人作为自然人与其外界自然之间的物理交换的自然规律。这种过程产生、发展人的新的需要，这种表面上时间前后的因果关系的实质却是，如果这种过程的内在实体性，压根儿不是人的生存需要，它就不会产生、发展人的新的需要，从而新的需要仍然是人的生存需要在实现它自身的活动的制约下的自身发展。在马克思、恩格斯看来，这一过程的发展，始终是起源于人作为自然人的生存需要的发展，它不但是满足人的日益发展的物质需要的自然基础，而且也是满足人的日益发展的精神需要的自然基础。

3. 这一过程作为人的生存基本需要，同时内在地必然产生需要的需要——人的相互需要的需要——活动交换，这便是人的社会性。这种社会性与人作用于自然的劳动过程的对立统一，才是马克思、恩格斯所谓的社会生产实践。在马克思、恩格斯看来，人的社会生产实践是整个人类社会发展的社会基础。但这个社会基础，仍然是人作为自然人这一能动主体的现实性，它不可能取消后者作为能动主体的地位，使其自身变成宰治人的主体。现在的问题是在于：需要的需要，亦即人的社会性作为个体之间相互需要的需要——活动交换，其原则或规律是什么和由什么决定的呢？什么是这原则或规律的本源或基础呢？对于这个问题，马克思、恩格斯虽然没有从人的自然本性上，做出明确的规定，但回答已是包括在他们所谓生产力决定生产关系，以及马克思的《资本论》的价值和剩余价值学说的实质之中了。人作用于自然界的生产力，是人与自然之间的物理交换，它服从人对自然规律的运用，而这运用水平的高低，表现为生产力技术水平的高低。从这方面看，人的相互需要的需要——活动变换，亦即人在生产中的相互制约的生产关系，诚然必须要与生产力发展的技术水平相适合，但二者的统一作为社会生产实践，是人作为自然人的规定性，是人作为自然人满足其生存需要的一种需要：个体在其相互需要的需要——活动交换中实现其改造自然的劳动过程，正是为了从这相互需要的需要——活动变换的社会性中取得其生存需要的生活资料。因此，个体间相互需要的需要——活动交换的基本原则，必然就是个体的活动同为人的活动的等价关系。这等价关系可以有不同的表现形式：如果它不是个人作为群体的一个平均数而起作用的平均主义的等价关系，它就是个体作为个体而起作用的非平均主义的等价关系，而等价关系的最高理想，便是不计个体活动贡献多少，而只讲个体同作为人，都有充分满足其需要的平等权的等价关系。到底等价关系的那种形式被选择，这又取决于人们为生产力的发展水平所制约的必然心理动态。个体间的相互需要的需要——活动交换，必须在人为其生产力发展水平制约下所必然要选择的等价关系形式的基础上，同时又要适合生产力发展的技术水平的条件下形成起来。这样形成起来的个体间相互需要的需要——活动交换，便是不同的生产关系的具体历史形态。迄今为止，除了原始共产主义社会是平均主义的等价关系起作用之外，余者包括社会主义在内，都是非平均主义的等价关系在起作用，只不过社会主义旨在取消这种等价关系所可能产生的一切剥削关系而已。马克思、恩格斯预想的共产主义社会的各尽所能，按需分配的原则，便是人的等价关系的最高理想性的实现。马克思、恩格斯继承了英国古典政治经济学的优秀成果，把商品关系由物的关系，还原为人与人之间的关系，从而商品的等价关系，就是表现人的非平均主义的等价关系。如果说这种人的等价关系，在商品生产的条件下，表现为商品交换的等价关系，那么，它在自然经济条件下，也自有其自然经济的表现形式：一个家庭劳动所得，恰恰是与一个家庭所对象化出去的劳动量、经营管理的技巧、生产资金的积累，相称相等的。如果说剩余价值的生产，是以价值规律的等价关系，亦即劳动力转化为商品的等价关系为基础，而且正如《资本论》所指出的那样，一切的剥削关系都是剩余劳动的占有；那么，这种剩余劳动的占有，在自然经济的条件下，也必然是在非平均主义的等价关系的自然经济形式的基础上内在地形成起来的：大批没有生产资料的人，不得不把自己的整个人格，物化为从属于他人的可被使用的效能，去向只有生产资料的人交换其所必要的生活资料，而这必要的生活资料量，也与劳动力转化为商品的价值那样，恰恰等于维持其生存需要和种族延续的最低限额。不但如此，完全人格从属的这种人化物的等价关系，在古代希腊、罗马那里还可以形成以奴隶剥削为基础的商品关系。

如果我们从历史的源头上，去追溯剥削关系的最初起源，我们便可看到，仅仅有社会内部非平均主义的等价关系起作用，还是不足以说明问题的，我们必须要引入另外一种等价关系，这就是不同的原始社会体相互为敌的、强力是公理的等价关系：相互为敌的双方的命运，完全与双方的强力总和相对称——强力总和是一个胜值，便取得胜值；是个败值，便取得败值，不能怨天怨地，只能怪自己无能为力。当生产力的发展水平还不能够提供剩余生产物的时候，战败一方的人对战胜一方的人是无用的，只有杀之，食之而已。只有当生产力的发展水平能够提供剩余生产物的时候，便如恩格斯在其《反杜林论》一书第二编中所说的那样，人才是有了可被奴役的使用价值。同时，也正如恩格斯在那里所说的那样，只有在这个时候，战俘才能转化奴为隶，以至于我们还可以补充说，此后才能开始所谓一社会体对另一社会体的"征服"，并把征服的广大人民转化为大批的人格从属的被剥削者。所以，从剥削关系产生的最初的历史源头上看，只有在不同社会体相互为敌的、强力是公理的等价关系起作用的前提下，才能在社会内部的非平均主义的等价关系的基础上，形成最初普遍化的、人化物的、人格从属的等价关系，亦即才能形成普遍的剥削关系。剥削关系，无论从哪方面看，都是一种等价关系，否则，它便不会正大光明地行之于人类历史发展中的光天化日之下。因此，这使我们完全有理由就剥剥关系而言，提出如下命题：

唯因剥削关系以人的等价关系为基础，所以它才能作为一个历史的合理性而成为历史的必然；唯因它作为一个历史合理性而成为历史必然，所以它只能而且必然以人的等价关系为基础。

在马克思主义以前的哲学（黑格尔是唯一的例外）中，哲学家们只知空谈人同作为人的等价性、平等性，将它坚持于抽象的自身关系的同一性中，却不知这个同一性里的具体内容，不知这个具体内容包含有它的自身否定，而它在它的自身否定中仍然是它自身——它的自身否定，同时也是它的自身肯定：这个等价性、平等性，也是不等价、不平等本身。总之，在人类历史的发展中，人在其生产力发展水平的制约下，基于人性上的必然所选择的等价关系的形式，是人的相互需要的需要——活动交换的基本原则。这个基本原则，在必须适应生产力发展的技术水平所要求的社会功能的自身制约中，就表现为生产关系的具体历史形式。这种在具体历史形式中的生产关系，与一定生产力的内在统一，便是生产方式。人的生产方式的发展是整个人类社会发展的社会基础，这便是人作为自然人呈现其历史现象的道或理。马克思、恩格斯在历史上第一次发现了人作为自然人呈现、创造其社会历史现象的道或理。马克思、恩格斯从来没有否定人作为自然人之为一个社会历史本源的本质地位，更没有将它降低为从属于人的社会性的一个低级环节。马克思、恩格斯只是说，人的自然性同时就是一个社会性，人作为自然人的现实性，就是人作为社会人的实在性。

4. 人作为自然人呈现、创造其社会历史现象的道或理，对于它所要阐明的社会历史现象说，是一个逻辑先在性：马克思主义并不是在记载社会历史现象的事实，而是阐明这事实的科学原理——只要是科学原理，就只能是一个逻辑先在性。这个逻辑先在性作为逻辑的东西，人作为自然人是它的起点和本源，它的一切其余的东西，都只是人作为自然人必有其所"是"那个"是"的逻辑规定，人的社会性也只是这"是"的一个逻辑环节。唯因如此，有关人的现实的东西、历史的东西，在任何时候都是以人作为自然人的实在性为源头，从那里发端、发展的。从表面的因果关系看来，原始公有制先行于前，私有制是从原始公有制发展中作为结果，从中直接产生的；但是原始公有制的发展只是人作为自然人的自然规定，从而私有制仍是人作为自然人在其这种自身规定的制约下，由其内在的本性而产生的。这样，马克思、恩格斯对哲学的伟大发现，最后便可归结为他们在真正实现了人的自然性与社会性的内在统一的前提下，通过人作为自然人呈现其社会历史现象的道或理，实现了社会、历史与自然的内在统一，并在这个基础上实现了一种对黑格尔辩证法加以根本改造的，足以把人的社会历史现象包容其中的统一的唯物主义。旧唯物主义强调了人是自然的一部分，但它无论如何却不能把这个部分、同人的社会性、人的社会历史现象内在地统一起来。其所以不能，原因就在于它只停留在人作为自然人的抽象自然本性上，看不到这个自然本性同时是一个社会性而具有呈现其社会历史现象的道或理，却只简单地把人的社会，看成是个体作为一些各自孤立的原子式的个人实现其自然本性的外在工具：社会只是一些个人利益的集合体。如果我们现在又反其道而行之，认为人的自然性只不过是从属于这社会性的一个必要条件，把人作为自然人的实在性，把人的自然性，说成是社会性作为自身目的实现其自身的外在工具，这便走向了另一个极端。这样一来，人的社会性的起源，便难以说明了人的社会性变成高高在上的目的因，它凭借着人作为自然人的质料而实现其自身，人的两脚立地的具有精神的血肉之躯，变成无足轻重的东西。可见，这种观点也没有达到对人的自然性与社会性的辩证说明，即没有达到二者的对立统一。它是与马克思、恩格斯所谓生产力决定生产关系的原理相矛盾的。诚然，生产力在任何时候，都是社会的生产力。但所谓"社会生产力"那个社会性，还得由生产力本身来决定。生产力表现为人作为一种自然力量与自然的关系，如果这种关系是人作为自然人的一个规定性，而人的生产关系又要由它来决定，那么，人作为自然人的自然性在人的社会关系中的地位如何，便十分清楚了。如果生产力是生产关系的内容，那么这内容只能来自人作为自然人的自然本性——生存需要，从而人的自然性，便是人的社会性的内容。

既然人的自然性是人的社会性的内在根据，那么，那种认为人的自然性质变为社会性，从而不能再把人的社会性还原为人的自然性的观点，就等于承认了形式是内容的质变，而非是内容的表现。这显然是错误的。

资本主义生产过程的逻辑的东西，它的起点是价值的法则，但这是一个相对的起点。这个到点，又要归结为人作为自然人的起点。不过人作为自然人，仍然是一个相对起点：人作为自然人的存在，同其他自然物一样，都是物，都是贯通万物那个本体之为一个道或理的一个自身存在的现实性。人作为自然人的以其本体为基础的道或理，诚然与其他自然物的道或理不同，但就其本体自身说，它与其他自然物是同一个本体，二者服从同一个本体作为道或理的制约。这个本体便是物质。于是本体作为物质，便是人类整个社会历史过程的逻辑的东西的绝对起点。物质是这个逻辑的东西的绝对起点，它也便是人类整个现实的东西、历史的东西的绝对起点。只是这个绝对起点是一个逻辑的先在性，而不是一个先于人的历史现实而存在的时间的先在性。

在这里，我们复归（Ⅰ）的简单结论。

（Ⅱ）本体是逻辑的东西的绝对起点。在这个以本体为基础的逻辑的东西里，它作为一个逻辑整体的各个逻辑环节的关系是怎样的，这关系在现实的东西、历史的东西里的体现也便是怎样的。在逻辑的东西里，何者为根本，何者为非根本，在现实的东西、历史的东西里，也便以何者为根本，以何者为非根本。决不能设想，在逻辑的东西里是根本的东西，在现实的东西、历史的东西里竟会变成非根本的东西。反过来说，也是一样。特别是我们要提到，在逻辑的东西里，包含本体呈现其在时空关系中的事物存在的道或理在内，包含事物存在之在其时空关系中的前后相继的不同变化状态的道或理在内。因此，在逻辑的东西里，何者在道或理上是时间在先的，何者在道理上是时间在后的，在现实的、历史的东西里，也必然相应的表现为何者时间在先，何者时间在后，我们决不能设想，在逻辑的东西里，从道理上说是时间在先或在后的东西，竟会在现实的东西、历史的东西里变成时间在后或在先的东西。这种不一致性，是根本不可能的。并且，在复杂的现象里，它的逻辑先在基础，是不同环节的统一，这些环节从发生学的观点看来，又可能是不同历史环节的时间关系；后者与前者的统一，也是一种逻辑与历史的统一性。这种统一性，也是逻辑先在的内在环节，那是显而易见的。

在这里，我们要指明，以本体为基础的逻辑的东西，在其各种逻辑环节中是一个内在统一体整体，我们可以从其任一环节开始，符合逻辑地达到它的整体性。夫道也者，四通八达，无不通也。因此，不可以仅根据一著作的形式安排，去判断它是否贯彻了逻辑的东西与历史的东西相互一致的原则，我们只能就其内容的各个环节的关系上，来做这种判断。前一种判断是一种形式主义。这种形式主义，最近在我国和日本引起这样的一种观点：马克思的《资本论》并没有贯彻逻辑的东西与历史的东西相互一致的原则，这种一致性，只是黑格尔的唯心主义，它对马克思主义说，是理应被抛弃的东西。人们援引原始资本主义积累先行于前，而《资本论》一卷却放在最后；借贷资本是最早的资本，而《资本论》却放在第三卷等事例，来说明马克思并没有贯彻逻辑与历史的一致原则。这种观点暴露了这些人并不知道什么是逻辑与历史的一致原则。这些人大概也是把这个一致的原则，设想为理应是历史从那里开始，逻辑便从那里开始，而黑格尔却使历史服从逻辑，所以这是唯心主义。关于这是不是唯心主义的问题，我们暂且不谈。现在我们只想指明，历史所从而开始的东西，也是存在的现实性，从而历史从那里开始，逻辑便从那里开始的观点，便取消了逻辑，导向从历史到历史的记载或堆积。由此人们便认为逻辑的东西毕竟不同于历史的东西，在二者之间不可能存在相互对应的一致性，只有黑格尔那种使历史服从于逻辑的唯心主义，才能设想二者之间相互对应的一致性。这是人们提出问题的内在实质。现在的问题在于，谁都承认马克思的《资本论》，体现的不是唯心主义，那么到底《资本论》是否体现了逻辑与历史的一致性呢？

譬如说就人们所举出的《资本论》第一卷，把资本主义原始积累放在最后论述这一事例而言，即使从形式安排上来看，它不符合历史的顺序，马克思也并没有把时间上在先的东西，说成是时间在后的东西；从内容的逻辑联系来看，它仍然是与历史一致的。如果进一步来看，即使从形式安排来看，它也既符合逻辑，也与历史相一致。历史的东西只有在显示出它是一种什么本质之后，才能由它自身向人提出这种本质是怎样开始发生的问题。历史在对人的关系中如何被认识的逻辑，与它如何对人而显现的先后顺序是一致的。《资本论》一卷，是以资本主义生产过程的本质为对象，它只有在揭示出资本主义生产过程的本质是什么之后，才能提出这种本质是如何开始或发生的问题。历史的自在性，与它如何对人而显现出的问题的先后顺序是有差别的，但这里的问题仅涉及后者的先后关系。至于谈到借贷资本是最早的资本，而《资本论》却放在第三卷论述的问题，这更与人们提出的问题，风马牛不相及。《资本论》研究的对象是资本主义所谓"资本"，从而它研究的借贷资本，也是资本主义所谓"借贷资本"。《资本论》的整个逻辑结构是：①资本主义的生产过程；②资本主义的商品流通过程；③前二者的统一，资本主义生产的总过程，这里旨在揭示在总过程中剩余价值表现为利润、利息、地租的不同形式。按照在逻辑的东西里，何者为根本，何者为非根本，在现实的东西、历史的东西里也便以何者为根本、何者为非根本的一致性或原则来看，这个逻辑结构无论就其形式说，还是就其内容说，都是与资本主义作为一个历史现实相一致的。剩余价值的生产是资本主义生产的本质，是根本的东西，它的商品流通过程是非根本的东西，是以剩余价值的生产过程为基础的。但是它却不是外在于这个生产过程的东西，它是这个生产过程的自身现实，二者的统一，正好就是资本主义生产的总过程。只有在这个过程的具体性里，剩余价值才能表现为利润、利息、地租的不同形式，这正是论述资本主义的借贷资本的适当地方。如果要联系到逻辑与资本主义借贷资本如何从早期借贷资本发生的一致性，也只有在这个地方，才能加以体现，而马克思也的确在这个地方，概括地实现了这一点。于是我们看到，整个《资本论》是在贯彻逻辑的东西与历史的东西相一致的原则,同时我们也看到了在唯物主义这里,也是历史服从逻辑——道或理的逻辑先在性,而非逻辑——道或理的逻辑先在性服从历史:你不能用历史去说明逻辑——道或理的逻辑先在性,而只能用道或理的逻辑先在性,去说明历史。

这就说明,逻辑与历史相一致的原则本身,还不是黑格尔的唯心主义。

(Ⅲ)我们在前面提到,那种认为历史的东西从那里开始,逻辑的东西也便从那里开始的观点,如果还有一点意义的话,那只是相对于认识而言的。认识当然要从现实的东西、历史的东西开始。在那里,我们是把认识与本体作为道或理的实在性对立起来说的。唯因如此,那种说法还不到家,还未穷尽问题的根本。现在我们又要进一步说,认识在本体作为道或理的实在性中有其内在的根据,这根据便表现为认识的道或理或认识规律。在黑格尔看来,认识只是本体作为道或理在其表现为自然的自身存在中的自我意识。如果把自然作为一个统一整体来把握,这一点同样也适用于唯物主义。物质作为道或理的实在性,在其表现为自然界的整体性中,在人那一点上出现了它的自我意识。认识就是在认识自然界的道或理中,去认识有关人自己的道或理,认识是一般关于真实的认识与关于善的认识的内在统一。人的认识,首先是作为包括人在内的自然的道或理的自我意识,然后它才能与自然相对立,分化为有关人自己的道或理的自我意识,如果我们称前一个自我意识为大我,则后一个自我意识便是小我——大我包容小我,小我以大我为前提、为根据,所谓天人合一的精神境界,就其合理的内容说,无非是说,人与自然、小我与大我相合一的精神境界而已。正是在这种小我与大我的统一性中,认识表现为制约人活动起来的内在目的性,并通过人的活动对象化其自身为人的社会历史过程,而人的社会历史过程与自然的统一,便组成此后人的全部认识对象。就认识在本体中有其彻底的根据说,本体作为道或理的实在性,便不仅有其客观性的环节,而且也有其主观性的环节,它是主客两个方面的道或理的内在统一。本体作为道或理之为这样一个主客统一性,就是这个道或理的全体性。我们必须明确，黑格尔的《逻辑学》并不是在描述人的认识发展过程，而只是旨在描述本体作为这样一个道或理的全体性。关于前者，黑格尔早已在《精神现象学》中完成了。这个全体性作为整个逻辑的东西，就其与现实的东西、历史的东西的关系而言，又有如下的规定性。

在逻辑的东西里，自然和人的认识之为这个逻辑的东西的现实表现，或者说，作为它的自身存在的现实性，是居首位的。二者对人的社会存在而言是逻辑上在先的，则在现实的东西、历史的东西里，自然和人的认识也是居先的，并且对人的社会存在而言也是逻辑在先的。显而易见，自然是本体作为道或理的直接存在着的现实性：没有自然，没有在自然中的自然人，没有人作为自然人的认识，也就不可能有人的社会生活过程，不可能有人的社会存在。

在逻辑的东西里，人的认识的道理，表现为在对真实的认识的前提下，而必走向有关自然对人、人对人的关系的善的认识，并在这种认识的内在推动下，使人走向创造其为社会生活的存在过程，使人作为自然人的逻辑先在性，呈现其自身为社会人的存在；那么，在现实的东西里、历史的东西里，也必然要以这样一个过程为其内在基础。不管是什么时代，在现实的东西里、历史的东西里存在着的自然人，都必然在其已被创造了的社会存在条件的制约下，在进行这样一种认识过程。这样一种认识过程，是被创造了的社会存在得以延续和发展的基本条件，它是后者得以存在的基本原则。我们不能设想在逻辑的东西里情理是如此，而在现实的东西里、历史的东西里却恰恰相反：人得先有一社会存在，有一个社会实践，然后才能由它决定人的认识，产生人的认识。别说人的社会存在、人的社会实践，就是简单的条件反射，简单的动物群，也得有刺激感应性、感觉活动的能动性体现其中。①

---

① 人们说，人首先是在实践着，然后才在认识着。但马克思说的却是："在一个学究教授看来，人对自然的关系首先并不是实践的即以活动为基础的关系，而是理论的关系……。"（《马克思恩格斯全集》第19卷第405页）大概理论反思还不等于整个认识。

这样，本体作为道或理的实在性，在其自然的自身存在中，通过人和人的认识环节，又获得了其表现为人的社会生活过程的一种现实性。本体作为道或理的实在性，当它作为人而存在时，也就是作为人的社会生活过程而存在。在黑格尔看来，人和人的社会生活过程，只是本体作为道或理的实在性，在其自然的自身存在中的自我意识及其再度的客观化、对象化。从这以后，这个自我意识的对象，便是自然、人、人的精神和社会——人的精神和社会作为认识的对象，在黑格尔看来，这在本质上是本体作为道或理的主观性一环节的自身存在的对象化。

在逻辑的东西里，认识的对象，必须是现实的东西，必须是它的存在过程，因为这是本体作为道或理的实在性的自身存在，没有它这自身存在，就是无存在，而无存在当然不能成为认识的对象，亦即不能成为它的自我意识的对象。因此，在逻辑的东西里的有关认识的道或理，首先就是思维对存在的关系，就是思维必须从现实的东西、历史的东西出发。认识要从现实的、历史的东西出发的规定，这还指的不是实在的认识过程，它本身就是作为道或理中的有关认识的一个道或理，一个规律性。其次，既然认识是本体作为道或理之为一个主客统一性的自我意识，则认识必须从现实的东西、历史的东西出发，它便基于认识的本性，必然领向深入对象本质的认识，领向对象本质与对象存在的内在统一的认识，亦即领向对象的本质之为一个本体作为道或理的具体性的认识，不管认识的对象是客观的存在物，还是认识本身和社会生活，都是本体作为道或理的主观性一环节的自我意识。在黑格尔看来，人的存在，就是这个道或理的主观性一环节的存在。这一有关认识的道或理，和前一有关认识的道或理的内在统一，就是认识自身内部过程的道或理的全体性。认识内部过程的逻辑是如此，则在人认识的现实性里，在认识的历史的东西里，也必然贯穿或表现着这样一个认识过程在内。从具体到抽象，然后在从抽象到具体的认识过程，以不同的形式、不同的程度体现在一切认识过程里。我们可以说，离开这一些，就没有认识，没有人对认识的运用和预言。

在逻辑的东西里，对真实的认识和善的认识是统一的，后者寓在前者之中，以前者为基础，并且善的认识作为人的目的性，必然导向人的实践活动。从道理上说，在人的实践活动中，目的性的实现，便不仅表明善的认识与真的认识的统一，与自然中的本体作为道或理是同一的，而且也表明这个道或理的客观性一环节与其主观性一环节之间的统一性。因此，认识必须在实践中确证它的客观真理性，而这个客观真理性之为一个在认识中的主客统一性，正就是支配或主宰认识的本体作为道或理之为一个主客统一性的实在性本身。认识确证其自身的真理性的道理是如此，它的逻辑是如此则在认识的现实性里，在认识的历史的东西里，它也必然自发或自觉的凭借实践的活动，而确证其自身的真理。这种真理的确证性，长时期天然地、自发地运行于人的发展史中，却不为人所自觉，康德仅在人的道德实践中，达到以道德实践确证人是理性本质的自觉，黑格尔则在真、善相统一的全面认识中，唯心主义地达到以一般的实践确证认识的真理性的自觉。这种自觉，以后被马克思、恩格斯唯物主义地改造为实践作为检验真理标准的学说。

总之，在逻辑的东西里，认识的本质、发生和发展，以及确证其自身的真理性是怎样的，在人认识的现实性里，在认识的历史的东西里，它的本质、产生和发展，以及确证其自身的真理性的尺度，也便是怎样的，后者只是前者的现实表现。

（Ⅰ）项与（Ⅱ）项说的是逻辑与现实、历史相一致的普遍性，而在（Ⅲ）项所阐明的，则是这个普遍性在主客关系中的表现形式。但这个普遍性，却必须由主客关系中的逻辑与现实、历史相一致的表现形式里抽绎而得，它内在地包含其中，是它的一个基本环节。因为这个普遍性，原是通过人的认识才对人显现出来的。

在人的认识的真理性中，表达了本体作为道或理之为一个主客统一性的实在性，它也便由此表现了这个主客统一性的逻辑与其现实性、历史性的一致性。本体作为道或理之为一个主客统一的整体，它的自身存在的现实性，便是自然、人、人的认识和人的为其认识所制约的社会生活，后者是前者的自身表现，所以它作为现实的东西、历史的东西，必然同前者作为逻辑的东西相一致。这便是贯穿黑格尔整个《逻辑学》乃至整个哲学体系的所谓逻辑与现实、历史相一致的思想实质。黑格尔使现实、历史服从逻辑，强调逻辑是它的内在本质，并不是说逻辑学直接就是现实、历史的内在本质，而是说逻辑学表达的是本体作为道或理之为一个主客统一性的逻辑结构，这个逻辑结构必然是现实、历史的内在本质，因为在黑格尔看来，现实、历史只是统一的本质作为道或理之为一个主客统一性的自身存在的现实性，所以后者就是前者自身的实在内容或本质。要责难黑格尔，只应责难这个实在内容或本质，在黑格尔看来就是概念，从而在概念中的本质自身，就是一个贯通概念一切规定的思维活动性。但这一点，并不影响这所谓概念不是人在现实中的概念，而是既为客观事物的本质，也为认识的本质制约的一切现实存在的一个道或理，一个以精神本体为基础的规律体系。在黑格尔看来，不是我们按人的认识发展阶段性和认识的内容，外在地对这个道或理的内容加以安排，然后它才能与包括认识在内的一切现实的东西、历史的东西相一致，而是前者在其为真理的前提下，原就是本体作为道或理之为一个主客统一性的固有逻辑结构的表现，而这表现还要取决于这逻辑结构本身，它本身原来就是与一切现实的东西、历史的东西相一致的。

这便可以充分看到，黑格尔的逻辑的东西与现实的东西、历史的东西相一致的思想，完全包含在他的本体作为道或理是一个逻辑先在性的观念里，是以这个观念为基础的。没有他的逻辑先在性的观念，便没有他的逻辑与现实、历史相一致的思想。如果本体作为道或理的实在性，是一个先于世界而存在的时间先在性，则它便是一个自身存在的现实性。这样一个现实性，理应是外在于现实世界、历史的完美天国，它自身并没有必须使它显现为现实世界和历史的内在矛盾或根据，这样便很难完成如黑格尔《逻辑学》所说的那样一种本质与现象的内在统一。没有这个内在统一，便很难说到逻辑与现实、历史的一致性的内在必然性。但是黑格尔的《逻辑学》，乃至他的整个体系，却都在力图表达这样一种内在必然性，这种内在的必然性，只能以他的逻辑先在性的观念为基础。

一般地说，逻辑先在性是一切科学的本质。任何科学在达到成熟阶段时，它的一切内容，都必然对它们所要说明的事实说，是一些逻辑先在性。在我们日常经验中的因果关系，在其普遍的形式上，可用："乙为甲所产生，因而甲在时间上先行于乙"的命题来表达。在这命题里的甲，既可以是一个单一的作为原因的事实，又可以是好多作为原因的不同事实的总和。用这种日常经验中的因果关系去把握对象，只是说明对象的一种极其肤浅、极其初步的认识阶段。在这个阶段上，我们只不过意识到甲事实产生乙事实而已。至于从甲到乙的内在联系是什么，我们还空无所知。这种在高度的外在事实中所透露出来的一事物可以为另一事物所产生的道理，在黑格尔的《逻辑学》中，以更富有内容的形式，早已包含在"存在或有论"中的不同尺度的过程之中了。为了理解甲产生乙的内在联系是什么，便必须把甲与乙作为一个统一的存在过程，而去揭示这种统一过程的不同深度的本质和规律。但这样被揭示出的不同深度的本质或规律，便必然会转化为一种说明这种统一过程的逻辑先在性，它不能像作为原因的事实那样，是一个时间上的先在性，因为这里已完全摆脱了事实的外观，而进入了它的道或理、它的规律性的领域里去了。这样被揭示的本质或规律，有怎样的深度，我们对所谓因果关系的理解，也便有怎样的深度——甲产生乙的因果关系的实在内容，存在于二者作为一个统一过程的内在本质或规律之中。例如使一种元素或化学物与另一种元素或化学物相化合而产生反应的因果关系的内容，就存在于它们在这统一过程中的化合与分解的电性规律之中。甲产生乙的因果关系的最后实质，必然归结为在这一统一过程中的本体作为实体的实体关系：从表面上看是甲产生乙，实则是实体在其作为甲的自身制约中，必然要由它本身表现为乙。所以，黑格尔把因果关系，放在他的《逻辑学》"本质论"中的"实体关系"里来论述。只有这样，才能揭示因果关系中的最后实质。并且,也只有这样,才能达到因果关系的最后实质与其直接表现——甲产生乙的内在统一的具体性。

从科学的发展史看,首先欧几里得几何学,开始变为成熟的科学。因而它的内容便完全是一些逻辑先在性。例如所谓点的集合产生线,线的集合产生面,面的集合产生体的过程,这说的不是一种在时间关系中的实际进程,而是在形体中的不同基本环节的逻辑关系。点是形体的内在基础,它在形体中无所不在,形体只是点的三维扩延之量的表现形式,点对这个表现形式说,是它必有的逻辑在先的内容。线是点的集合是说,点是线的逻辑先在性,线是点的一维扩延之量的表现形式,点也在线中无所不在;面是线的集合是说,线是面的逻辑先在性,面是点的二维扩延之量的表现形式,线在面中无所不在,也就是点在面中无所不在;体是面的集合是说,面是体的逻辑先在性,体是点的三维扩延之量的表现形式,面在体中无所不在,也就是点在体中无所不在——这种点、线、面、体的集合关系,是任何形体之所以为形体的普遍道理或规律,它对一切实在的形体性说,是说明这实在形体性的内在实质的逻辑先在性。

继欧几里得几何学之后,物理学从伽利略起,便不再用日常经验中的因果关系说明物理对象,而是代之以定量的物理方程。定量的物理方程,总是一种与常项相伴随的一种自变量的函数关系,它是说明一定的事实的一定道理或规律,因而对它所要说明的事实说,便是一个逻辑先在性。自此以后,物理学的发展,便使它的理论内容,全是一些物理方程的逻辑先在性。如像物理学中的

$$\frac{vmc^2}{\lambda} 、 v\frac{mc^2}{\sqrt{1-\frac{v^2}{c^2}}} 、 \frac{E}{\sqrt{c=\frac{v^2}{c^2}}} 、 m^2c 、 E=hV 、 \frac{h}{\gamma}$$

等等,全是揭示一定物理事实的一定道理或规律,你不能说这些关系是先于它要说明的物理事实而存在,但它们却是一些说明与其相对应的物理事实的必须先行确立的逻辑先在性。就现代的各种科学而论,不但是物理学,化学也是如此,而且生物学乃至一些社会科学也开始从单纯列举一些先行

的事实做原因去说明事实的水平，进入说明事实的内在本质或规律的逻辑先在性的领域里去了。当然，物理学、化学，特别是数学，现在仍然是在这方面的典型科学。

总之，各种具体科学，就其所应有的科学内容而言，只能是一些各种说明其对象的逻辑先在性。黑格尔在哲学上的逻辑先在性，便是这各种逻辑先在性的普遍性及其深入到本环节的更加深化。这种深化使各种逻辑先在性的普遍性，变成不是现象论的，而是本体论的。黑格尔把传统本体论有关适用于一切事物的范畴论与世界最高本体及其宇宙过程的学说合二为一，使有限事物与无限事物合而为一，使范畴之为以概念把握事物逻辑形式与世界的本体之为一个道或理合二为一，由此形成一种既是统一的本体论或世界观，又是认识论和逻辑学的理论体系。

开始我们说，逻辑学、认识论、世界观三位一体的思想，是黑格尔《逻辑学》的基本观念，而这个基本观念以黑格尔的思维与存在的同一性为基础。以后，我们又说以本体作为内在于一切事物之中的道或理（包括精神现象、社会现象在内），来作为说明世界的原则，是黑格尔的基本观念，由此又导出逻辑先在性的思想，是黑格尔的基本观念这真是基本观念何其多，好像何为基本弄不清了。

事实上，这里只有一个基本观念，但这一个基本观念，有其自己的不同深度。逻辑学、认识论、世界观三位一体的基本观念，就其实质说，就是黑格尔的思维与存在的同一性的观念。黑格尔所谓思维与存在的统一性，暂且抛开其唯心主义的性质不谈，仅就其内在深处所蕴含的普遍意义而言，只不过是说事物与它的本质——本体作为道或理的实在性相统一；而人用以把握事物本质，认识事物本质的思维规律，也与事物的本质——本体作为道或理的实在性相统一，它只不过是事物本质——本体作为道或理之为一个主客统一性的主观性一环节的现实表现。所谓逻辑学、认识论、世界观三位一体的统一性，就是说这三者是一个真理性的普遍思想体系，而这个普遍思想体系，是在表现事物的本质——本体作为道或理之为一个主客统一性的规律体系。但是在这里问题又在于谁在表现呢？就是说，真理性的普遍思想体系作为这个规律体系的表现，是由谁在进行这种表现呢？这只能回答说，人的思维。事物的本质，只有在人的思维的现实性中，才能作为真理性的普遍思想体系对人而显现。如果人的思维与存在本质——本体作为道或理的实在性，没有相互统一的同一性，它所形成的普遍思想体系，又如何能是后者的表现呢？在这种条件下，便如同在康德那里的情形一样，逻辑学与认识论是可以统一起来的，但这个统一却不能进一步与表现事物本质的世界观相统一。然而思维与存在这种同一性，无论就人的思维的普遍概念表现说，还是就这种概念表现在本体作为道或理的实在性中的根据说，其与本体作为道或理的客观性一环节的同一性，却又必须以黑格尔的说明世界的原则为根基——本体不能是一个外在于世界之外的一个自身存在的主客统一性，而只能是一个内在于世界一切现象——自然、人、人的精神和人的社会生活之中的一个普遍基础，一个以本体为道本的主客统一性的道或理，而后者则就是它的自身存在的现实性。如果不是这样，则当人的精神作为思维，以自然、人、人的精神和人的社会生活为反思的对象时，它便不能直接与这些对象的内在本质之为客观性和主观性的道或理相统一，不能与这些对象在其内在统一整体中的本质之为一个主客统一性的道或理相统一，并为它所制约而表现自身。在这时，这些对象作为一些有限的事物，便仅仅是现象，它们在其整体中作为一个主客统一性，也仅仅是现象，这样，人在反思这一切对象的思维作为包括人的精神的自身反思在内的一个主客观性，同样也仅仅是现象，思维与对象的统一同作为现象，便必须间接地以世界之外的一个本体作为道或理之为一个主客统一性为根据，并为它所制约了。人的思维必须间接地与这个存在于世界之外的最高本体相统一，并为它所制约，而不能与事物的内在本质相统一了。这便已经失掉了黑格尔的所谓思维与存在的统一性的原意，使他的所谓同一性不能成立了。并且，这样一来，统一的世界观，便又要分裂为传统哲学那种所谓一些不能合二为一的部分，逻辑学、认识论、世界观三者，在一个有关本质的学说中加以统一的大业，便根本不能实现。因此，黑格尔所谓思维与存在的同一性，如果必须以黑格尔的说明世界的原则为根基，则这个根基同时就其实质说，必须是一个逻辑先在性。上面所说的一系列关系，可以写成如下的关系推论式：

逻辑学、认识论、世界观三位统一的基本观念→黑格尔所谓思维与存在相统一的基本观念→黑格尔说明世界的基本原则的基本观念→逻辑先在性的基本观念。

所以，逻辑学、认识论、世界观三位一体的基本观念→一个逻辑先在性的基本观念。

逻辑学、认识论、世界观三位一体的基本观念，最后便归结为逻辑先在性的基本观念，二者是对立统一的一个基本观念。

一般地说，宇宙的一切存在过程作为一般现实性，作为一般事物，都是根据于本体的，都是本体以自身作为质料而显现出来的。既然如此，那么事物的规定，一事物变成另一事物的变化规律，以及精神与物质的相互区别而又相互联系的规定——一句话，为我们所经验，所推知的宇宙一切存在过程的普遍规律、等级不同的层次规律、主客关系的规律等等，都是作为共相的本体制约其自身呈现宇宙一切存在过程的自身规定，本体作为共相在它的这种自身规定中的自身制约，便是本体作为共相含蕴一切特定殊相的绝对规律体系的道或理。一般说来，黑格尔的哲学体系是对作为绝对原理的本体的逻辑陈述，而不是直接对事物实在过程的陈述。它陈述的是本体的本质界，是本质界与现实的直接性（现象）之间的逻辑关系，而不是现象的直接过程，所以，它的性格是逻辑的，而不是存在的。将黑格尔哲学体系理解为是对一个自身就存在的宇宙精神的实在发展过程的陈述，这便把黑格尔哲学体系的内容现象化和事物化了，把逻辑过程现象化为实在过程的直接性了。在这个直接性里，一个不合理的起点——没有现实性的现实性，非事物存在的事物存在，被强加在黑格尔的哲学体系上。诚然，制约宇宙一切存在过程的道或理的种种环节的逻辑关系，在事物的存在过程中，表现为事物及其变化的规律，逻辑的东西和现实或历史的东西是同一的。但唯因二者是同一的，我们才能通过逻辑而认识到现实和历史的实质。如果单纯停在历史的直接性上，那么，逻辑与历史的同一就会被歪曲，从而也就无法理解历史的实质了，例如，一种事物在量变积累中质变为另一事物的规律，它的现实过程，是一个时间上有先后的过程，但在它纯粹的逻辑形态上，我们却无须涉及这种时间上的先后过程，而只需说，这种事物的质是它的界限，超越界限，它就变成别的事物便可以了。并且，这种事物的个别存在过程的一旦结束，它便不存在了，但制约这种存在过程的那种规律作为尺度的规定，却是永恒的实在，存在过程只是这永恒的实在的显现。问它在哪里存在，回答只能是：它在贯通宇宙一切存在过程的本体里，作为它的固有规定，作为它制约这种存在过程所以可能的规律而存在。显而易见，不理解逻辑的东西的真理，也便不可能对事物的规律做出这样的认识。

可见，如果把黑格尔哲学体系的内容现象化、事物化，就不可能对黑格尔哲学体系做出正确的评价，从而也就难以彻底改造黑格尔哲学，吸取它的合理内核，却很容易陷入肤浅的改造和表面的吸取。

这种把哲学现象化、把本体事物化的观点，实质上是一种取消哲学本质的取消主义。他们往往以尊重科学或尊重经验为名，反对哲学本体论，反对思辨，反对哲学概念的推演。这种取消主义在西方的表现是实证主义，它们的集中口号是否定传统意义上的形而上学。

"形而上学"一词，有两种意义。一种是我们通常说的和辩证法相对立的形而上学。一种是由亚里士多德提出的传统意义上的形而上学。前一种意义的形而上学与黑格尔所说的抽象的知性相似。而所谓传统形而上学，实际上是传统上所谓以超经验的本体论为基础的哲学本身。可以说，哲学之为哲学的本质，全在于这种哲学所研究的对象上，取消了它，也就等于取消了哲学。所谓"形而上学"是这样一门学问，它超越知觉事实的感性内容，以在感性内容中现成找不到的超感性内容为对象。这个对象的客观的整体内容是逐步被揭示出来的。以前的很长时期内，哲学曾仅仅把这种超感性对象局限在世界的统一本质、心灵的本质等问题上。亚里士多德的《形而上学》，虽以研究事物存在过程的原因为对象，但他没有意识到他的四因说所涉及的内容都是超感性的，都是与他所谓的不动的推动者——神一样，永远不能在经验的感性内容里现成找到的。中世纪的经院哲学以基督教所谓的上帝为世界的最高本质，它开始运用亚里士多德提出的一些范畴如可能、现实和实体等等来规定上帝的实在性。但它也没有充分地意识到，这些范畴无论是被用到日常事物上，还是运用到上帝身上，都是超感性的，都是在经验的感性内容中不能现成找到的。近代哲学上的经验主义，认为一切运用到日常事物上去的范畴，都来自经验的感性内容。但他们在"实体"范畴的解释上遇到了困难，因为人们一看便知，实体范畴是决不会从感性中抽出来的。这样，经验主义者还想坚持其原则的话，只能断言实体不可知。近代哲学的唯理主义，像古代苏格拉底、柏拉图一样，清楚地意识到了从单纯的感性内容出发决不能达到任何必然性知识，甚至难以达到人的自我意识，事物的统一性、因果性等规定，是不能在人的经验的感性内容中现成找到的，而在人们知觉到的经验现象中，却包含了这些规定在内。据此，近代的唯理主义和柏拉图一样，认为知识是与人的先天认识能力相联系的。柏拉图认为知识是对这个能力的固有知识的回忆，现代的唯理主义则认为知识是统一性、因果性等规定作为这种能力的先天观念对感性事实的理解作用的结果。休谟把经验主义原则贯彻到底，正确地指出，人民决不能在经验的感性内容中了解到因果性究竟是什么；但他同时又指出，理性也不能证实因果关系的客观性。康德把因果性的这种超感性性质进一步扩大到一切范畴上去。他明确地指出，我们运用在日常事物上的一切规定——范畴，也和世界的时空统一性、因果统一性和世界的统一本质及心理过程的统一本质等实在性一样，都是超感性的。所有这些超感性的实在性，便是传统所谓"形而上学"的对象。其中一部分范畴如因果性等等，一直被人的日常经验和具体科学自觉或不自觉地运用着，从而被体现到日常知识和科学定律里去了。另外一些如世界的统一本质等等，则一直被日常经验和科学自觉不自觉地作为自己的前提假定着。由此可见，形而上学也如同其他科学一样，是一门实在的科学，并且这科学不是别的，它恰恰就是哲学本身。因为哲学活动的开始正是其他科学的终点。哲学开始于其他科学不过问而也不能过问的那个汇合点上，这个汇合点正是使其他科学所以可能的那些超感性对象。要打倒"形而上学"，实质上等于要打倒哲学，或把哲学只归结为方法论乃至语义的分析。黑格尔以他的辩证法与抽象知性相对立，其目的不是取消形而上学，而是要以新的辩证方法重新建设"形而上学"，保卫"形而上学"。"形而上学"的科学内容本身恰恰只能是辩证法的，以至于可以说，形而上学的科学内容本身就是辩证法本身。

康德割裂了这些超感性对象的内在统一性，造成这种割裂的原因在于他不能以感性与超感性的内在统一观点去回答休谟所提出的问题。一方面，康德正确地将质、量、实体与属性、因果性等规定看作是思维的先天规律，指出思维必然在感性时空形式的制约下，以这样的规律去综合感性产生认识。另一方面，他又把思维的这种先天规律仅仅看成思维的主观逻辑方式，认为这种主观逻辑方式不表现感性对象的客观内容，因而思维与存在之间没有同一性。但他又认为，人们的认识总要追求经验的最高统一性，也就是必然追求超越经验的超验对象，康德把这些对象称为理念，以此与范畴相区别。康德认为，范畴虽然也是超感性的，但它只表现思维作为一个悟性的自发性的先天规律，而不表现任何对象的实在性。理念则不同，一它表现超越一切经验的对象的实在性，但这些对象的实在性是人类理性所无法认识的。实际上，在我们看来，如果能够承认范畴的客观性，从思维与存在的同一性观点去看问题，范畴在本质上也就是理念。例如实体——属性——范畴，是一切物体的普遍规定，一切物体的广延与运动，都归结为它们的内在主体——实体在其属性中的自身制约，这就是说，实体的范畴不表现别的，它表现的只是宇宙存在过程的最高根据——一个在多样性中的统一实体。而属性则是它以自身为质料呈现宇宙存在过程多样性的机能。在这个前提下，所谓因果范畴、交互作用范畴，便是实体自身呈现多样性那种机能贯穿在一切事物过程中的表现。形相的诸范畴，便是实体作为多样性的内在主体的性能、因果性、交互作用等基本规定的变形。实体的这些基本规定作为单纯的内在性是潜在的和可能的，作为由内在性能转化为外在性则是现实的，而作为外在性与内在性的统一是必然的。质的诸范畴，便是这些基本规定在现实各种事物里的直接表现，可把它归结为可感性质的范畴，因而质的诸范畴，便是表明作为超感性规定的实体的基本规定与感性的汇合点，这个汇合点本身是超感性的，但又与感性相联系。一切经验对象的感性内容，是感性的，但就它们都归为实体——属性的外在表现来说，它们是不能从经验的感性内容里现成被发现的，所以又是超感性的。至于康德所谓量的范畴，从实质上说，表现为必然是实体自身的数量，实体在其一数量规定中把自己表现为宇宙存在过程的多样性，它的数量便又表现为事物的内在之量与外在之量（存在的数量）的统一。剩下的问题便是，实体可被设想为精神实体与物质实体两种，但如果宇宙存在过程是一个统一体，那么它的统一基础必然是一元的，不可能是二元的，从而所谓精神实体，必须就是那个呈现其自身为宇宙存在过程的实体自身，宇宙存在过程的精神现象只能是这个实体在其外在现实中的自我意识，不管是从唯心主义立场上去规定这个自我意识过程，还是从唯物主义立场上去规定这个自我意识过程。总之，站在思维与存在同一性观点看问题，可知：康德范畴表不仅表现的是思维的先天规律，而且同时表现的是康德所谓内外感现象的自在基础的内在普遍规定，虽然从这种观点看问题，思维与存在同一性本身成了一个难以被阐明的问题。也许就是由于这个缘故，康德才放弃了这种看问题的立场和方法。但是，难以被阐明并不等于不可能被阐明，因为它的方向是正确的。

由于康德哲学中出现了先验过超验、范畴与理念的绝对对立，所以康德由此断定传统的"形而上学"是不可能的，可能的只是一种现象主义的内在形而上学，也就是关于思维与范畴综合感性而又不超越感性的一种先天综合原理的理论。康德称其为先验哲学。

在当时，从唯物主义立场出发去说明思维先天规律与存在规律的同一，虽然方向是正确的，但难度也是最大的：它不仅要说明思维与感性的统一，而且还要说明与这个统一相对应有一个被它所反映的独立存在的宇宙过程——自然的实在性。在说明了这个实在性的存在进而把它的统一本质归结为物质实体之后，还要说明这个物质实体怎样产生精神现象。正因为有这些难点，当时哲学家才认为唯物主义难以成立，而倾向于唯心主义地解释思维与存在的统一性。黑格尔站在近代唯心主义立场上，继承了康德有关先天思维规律的合理思想，用唯心主义前提下的思维与存在的统一性，克服了康德哲学中的先验与超验、范畴与理念的对立。黑格尔认识到，传统形而上学所研究的超感性对象是一个范畴体系，而这范畴体系不仅是思维的先天规律，是思维把握感性对象的先天逻辑方式，而且也是作为存在的感性对象的内在本质，唯因作为存在的感性对象的内在本质是思维，所以，在这里的思维与存在的同一性就是思维规定在其自身外化的现实（感性对象）中意识到它自身。可见，范畴体系既表现思维作为人的精神现象的内在本质，也表现感性对象作为存在的内在本质。因此，范畴体系就表现了思维与存在的同一，这就是哲学作为"形而上学"的固有科学内容。这样一个概念间相互联系的范畴体系，也就是整个宇宙过程的内在原理的辩证法。黑格尔叫绝对理念。所以我们说，黑格尔的哲学体系在唯心主义形式里全面地体现了"形而上学"也全面地体现了辩证法本身。

辩证法与传统形而上学这种不可分割的统一性，作为黑格尔哲学体系中的一个最为基本的合理核心，迄今为止，很少为黑格尔以后的哲学家所认识。在黑格尔哲学解体之后，盛行于西方哲学中的各种反"形而上学"的思潮，其根源便在于此。

由于传统的形而上学本质上应该是和辩证法统一的，所以历史上一切反辩证法的知性形而上学观点都把矛头指向传统形而上学。这种观点和传统形而上学的合理观点相反，认为世界上所有实在的东西都是现象或个体物,如果说有本体的话,那么这个本体也是一个作为其他现象原因的、时间上先于其他现象而存在的另一种现象。可见,它没有超脱现象的领域而进入本质的境界。在这种观点指导下,它们将黑格尔哲学体系事物化,现象化,说黑格尔的宇宙精神是先天地而自身存在的东西,它在抽象的自身存在中经历了一个纯粹的逻辑发展阶段,发展为绝对理念。然后再外化为自然。进而这种知性观点认为,黑格尔的绝对理念作为宇宙存在过程的最后本体,是反辩证法的设定,因为这样一来,宇宙存在过程就其本质说,就是永恒不变的东西了。据此,黑格尔的宇宙精神作为绝对理念,是一个自身存在的永恒不变的本体,它在外化自然之后,自然虽然呈现变化过程,但它毕竟是不实在的假象,而宇宙存在的实在性仍然是一个自身存在的永恒不变性——宇宙精神作为绝对理念的一个自身存在的不变性。然而宇宙存在过程的本质却是处在永恒的变化过程之中的;在宇宙存在过程的体系里,没有什么东西是不能变化的;并且,除了在宇宙存在过程的体系内部的自身因果链锁之外,并没有超越体系之外的其他原因存在。传统的旧哲学,假定宇宙的存在过程有其最终不变的本体,这在本质上是形而上学的——最终不变的本体是一个反辩证法的不合理的概念。黑格尔的绝对理念,仍在以不同的形式保留最终不变的永恒的本体的概念,所以它是黑格尔哲学体系中的糟粕,是黑格尔辩证法的不彻底性,是黑格尔哲学体系中的形而上学性。

这就是抽象知性或反辩证法的形而上学对黑格尔的理解和评价。在这里,它已经把作为哲学基本对象的传统意义上的形而上学完全斥为反辩证法的形而上学了。

实际上,哲学区别于经验科学的本性,就在于以经验中的超感性因素为对象,这些超感性因素必以实体或本体为核心而形成一个有机联系的辩证关系的全体。这个全体在康德那里被片面表达为思维使人的经验和经验对象所以可能的基本原理;而黑格尔则进一步把它全面化,认为思维使经验或经验对象所以可能的基本原理,同时在客观上也就是经验或经验对象内在所固有的基本原理。这样一种主客统一、思维与对象的统一的基本原理，就是黑格尔的绝对理念。但黑格尔的绝对理念虽然克服了康德的不可知论，但也同时抛弃了康德唯物主义因素，所以唯物主义必须在承认黑格尔绝对理念合理性的基础上从唯心主义黑格尔的立场再回到康德的唯物主义立场，承认人的一切经验或经验对象的总和以物自体为基础，从而承认黑格尔所提出的绝对理念的真理性，即在于它是人的以物自体为基础的一切经验或经验对象总和内在所固有的基本原理。在这个前提下，剩下的问题便在于纠正康德所谓的物自体的不可知论。承认物自体并不是不可知的，人心所呈现的一切经验或经验对象的总和，正就是包含人在内的那个物自体的反映，所以，使人的经验或经验对象所以可能的基本原理，作为人的经验或经验对象内在所固有的基本原理，便不能不是一个主客统一体：它首先是人的一切精神现象的基本原理，同时它又在表现物自体界作为自然界内在固有的基本原理——这便是真正唯物主义所说的思维与存在的同一性。并且，这个同一性的内容作为主客统一的基本原理，它本身不是别的，正就是传统的"形而上学"所一贯要力图表达的对象。这个对象作为规律，不能现成地在感性内容中发现，它是超感性的逻辑先在性。可见，反对和抛弃传统意义上的形而上学，否定哲学的超感性对象，也就等于取消了哲学的真正对象，等于否定了哲学区别于经验科学的本质特征，以致使哲学混同于经验科学。

　　康德《纯粹理性批判》一书的"先验辩证论"之所以得出传统形而上学是不可能的结论，就在于它仍然坚持本体是自身存在的现实性这样一个观点。然而在康德的同一书的"先验分析论"中，他却以思维的先天规律——实体——属性、因果性、交互作用性等范畴，实现了它对感官现象的外在综合，并且承认这个能动的综合性是使人的经验或经验对象所以可能的基本原理。如果我们改造康德学说，把康德的综合放在思维的先天规律与感性现象内在规律具有天然同一性的基础之上，那么外在的综合就会变成思维能动性按其固有规律超越感官现象界的直接性而理解其内在性的综合活动。这样一来，思维综合感性的先天规律，正好表现的是本体作为普遍的共相呈现多样性的感官现象的固有原理或规律。就感官现象是为人心所呈现而言，它的固有原理或规律，便不能不首先是人心的固有原理或规律。一般地说，康德所谓的现象界，便是黑格尔哲学所指向的对象界，二者的范围完全是相称相等的。黑格尔的世界可知论的范围并未超越康德所谓可知的现象界。黑格尔不同于康德者，唯在于他把康德所谓不可知的上帝——世界的最高本体看成了不能自身存在的共相，看成了内在于人心的共同基础，认为这个共同基础就是最高的类，就是具有自身规定的思维或概念。这种概念内含殊相于自身之中，而把自己呈现为康德所谓的内外感的现象界。所以康德所说的内外感上的现象界，在黑格尔看来则是人心作为本体或实体的共相或类——思维或概念的外在表现。人心作为本体或实体的共相或类，又在其外在表现中直观自身，由此它又表现为理智的思维活动。由于这是自我意识，所以思维必然以与现象界内在逻辑规定相同的逻辑方式（如实体性、因果性、交互作用性等）去理解、去把握一切现象的实在性。这便是黑格尔所说的思维与存在的同一性。这个同一性作为绝对理念，正是人心作为本体或实体的共相或类——思维或概念，呈现其包括对人显现着的自然在内的普遍精神现象界的绝对原理。黑格尔唯心主义地改造了康德《纯粹理性批判》一书中的"先验分析论"和"先验辩证论"思想，使二者合而为一；他使"先验辩证论"中的不可知的最高本体——上帝，由自身存在的现实性转化为作为人心内在共同基础的一个共相：他使"先验分析论"中表现人思维的先天规律的实体范畴与这个共相相合一，其余的范畴便都变成了这个共相作为实体的自身规定，进而他又把康德所谓的思维的范畴规律综合感性的综合原理看成是这个共相作为实体在其外化现象中意识其自身的自我意识的主观性；于是主观性与客观性的统一作为绝对理念，便构成了作为世界本质的唯心辩证法体系，这个辩证法体系作为一切超感性因素的辩证统一体，也就是以唯心主义形式实现出来的传统形而上学的固有内容。黑格尔辩证法的这种唯心主义性质，只有到了马克思主义产生以后，才得到了彻底的克服。

第三章　黑格尔的哲学体系
——一个逻辑先在性的体系

我们必须从逻辑先在性的观念出发，去理解黑格尔整个哲学体系。

从逻辑先在性的观点出发，诚然，黑格尔的《精神现象学》是以人类达到绝对认识的历史过程为对象，但它阐明的不是这一历史过程的外在现象，而是阐明了它的内在本质、内在原理，因而这内在本质、内在原理，对它所要说明的那一历史过程的外在现象来说，是一个逻辑先在性。

黑格尔所谓的绝对认识，不是我们所谓"绝对真理"那个意义上的绝对认识，而是指本体作为道或理之为一个主客统一性本身，是一个包容一切的绝对性，对它是什么及其与现实、历史的内在统一性的认识，便是绝对认识。这样的绝认识，是以绝对为对象的认识，不是最后穷尽一切的认识。

这个绝对认识，就其最为一般、最为抽象形态上的整体性说，便成为黑格尔《逻辑学》的对象。黑格尔的《逻辑学》，既不以现实事物的存在过程为对象，也不以人的认识发展为对象，而只是以绝对认识之为表现世界统一性的本体的道或理为对象。既然世界是自然现象，精神现象及其对象化或客观化其自身（人的社会生活）的种种历史现象的总和，而在这总和中人的精神现象本质上是思维的主观性，它在对其一切客观对象的关系上是一个主客统一的现实性，那么它的内在本质——以本体为基础的道或理，最后也必然被归结为一个有关主客统一性的道或理。这个道或理，在与世界各种事物的总和之为一个主客统一关系的现实性相统一中，便是黑格尔所谓绝对理念，黑格尔的绝对理念，并不是现实的观念或精神，而只是一个精神本体——贯通世界存在过程的一个精神活动性在其外在自然中的自我意识的道或理。

从逻辑先在性的观念出发，我们便可理解到，黑格尔并不是说绝对理念先于自然而存在，然后它才外化为自然。他是说就世界上一切事物存在的直接性说，它们都是自然的存在物，人就其直接存在说也是一种自然物的存在，人的认识和人的社会生活只是人作为自然人的规定性；而这一切自然物存在过程的普遍本质就是本体作为道或理的实在性，自然则是这实在性的外化现象。本体的外化现象，是它的自身存在的直接性。在《逻辑学》中，黑格尔早已阐明了本体作为道或理表现为自然的外化，甚至绝对理念与其存在的直接性相统一，就是自然。所以黑格尔说："正是当理念把自身建立为纯概念及其实在的绝对**统一**，从而使自身凝为**有**的直接性时，理念便作为这种形式的总体——**自然**。但这种规定并不是一个**已变成的有**和**过渡**，正如上面所说，主观概念在其整体中将变为**客观性**，**主观目的**也将变为**生命**。"① 黑格尔所谓主观概念，就是事物的本质——道或理作为概念在人思维中的纯粹表现。它所指的仍然是事物的本质——道或理作为概念的实在性。黑格尔认为这种作为事物本源的概念，在其普遍性、特殊性、个体性相统一的直接性中，便是客体之所以为客体的道理本身。黑格尔所谓主观目的，是指客体在其外在表现的相互机械作用中，通过他所谓化学性的中介表明这仍是客体作为概念表现其自身的目的性，在人思维中的纯粹表现，它所指的仍然是客体作为概念的自身表现的内在目的性。黑格尔认为这种自身表现，在无机的自然中，仍表现为物理的物质作用，而只有在生命的现象中，自身表现的内在目的性，才开始以事物的本质之为概念的精神性表现出来，这是客体作为生命现象的道理本身。所有这些有关客体和生命的道理，都是有关绝对理念在其直接性的"有"的形式中便就是"自

---

① 黑格尔：《逻辑学》下卷，商务印书馆1977年版，第552页。

然"的道理。绝对理念作为自然的道理,构成黑格尔《自然哲学》的对象。黑格尔的《自然哲学》,并不是要从一个先于自然而存在的绝对理念中演绎出实际存在的自然过程来,而是要从绝对理念在其直接性的"有"的形式中就是自然的道理中演绎出这个道理的具体性来。或者从认识上说,黑格尔要从绝对理念的存在就是自然的思想,演绎出关于自然存在过程的具体思想。诚然黑格尔的《自然哲学》归根到底是以自然的存在过程为对象的,但它却是在论述这一存在过程的规律和原理。而这规律和原理对它们要说明的自然存在过程来说,同样也是一个逻辑先在性。

然而自然过程,仅仅是绝对理念外化为物质的自身存在。黑格尔的外在化的概念,在这里的意义等于"异化"的概念。意思是说,本体作为精神活动性或纯思维,本是精神的东西,但它在其"有"的存在形式中,却异化为与其自身不同的东西——自然的物质存在。除此之外,绝对理念还有另一个基本环节,那就是它在异化为自然的自身存在中,超越异化的界限,回归为直观其自身,反思其自身的精神活动——以自我为核心的思维活动,自然就是绝对理念这种直观其自身,反思其自身的最初对象。这个最初的对象,对于思维它的主观性来说,是逻辑上在先的,不是时间上在先的。这个主观性在绝对理念中,又是一个以同一精神本体为基础的主观性的道理或规律:黑格尔的绝对理念,单纯从万有总和的观点看,它是贯通万有的一个道或理,但如果从万有之类分为物质现象与精神现象的相对关系,其本身是一个主客关系来看,绝对理念便是贯通这个主客关系的道或理——绝对理念作为这样一个道或理,它本质上便是一个自我意识的原理。绝对理念是一个自我意识的原理,就是说绝对理念不仅有其外化为自然的自身存在的环节,也有其与这个环节息息相通的意识其自身的主观性的内在环节。这个环节与前一环节在其对立的统一性中,便可以说客观性中的实体性,也就是主观性中的主体性。绝对理念这个主观性的环节外化其自身的现实性,从自然一面看,就是人,从精神在其外化自然中的回归一面看,就是人的直观自然、反思自然的思维。这种直观、反思的表现就是包含低于意识的环节在内的人的意识,而人的意识本质上是个人作为一般人的自我意识,这个自我意识本质上又是绝对理念的自我意识,绝对理念的自我意识作为一般人的自我意识。必然包含人在认识自然中认识其自身的指向活动的实践环节在内,于是人的自我意识作为主观精神便客观化、对象化为人的社会生活的客观精神,从而人的思维便获得了不是单纯自然的第二性的认识对象。黑格尔谈到人的能动性的,并不是说他这种能动性,完全归结为人的自我意识,而不承认人的实际的实践活动。黑格尔只是说,人在本质上就是自我意识,而这个自我意识的本质,又是绝对理念的自我意识,人的实践活动是从属于这个自我意识的内在环节。黑格尔不仅用人的实践活动,证实一般的主客统一性,而且他也指明人的自我意识作为主观精神,当客观化、对象化为人的社会生活的客观现实时,客观现实的必然性,便往往相对于人而言好像异化为一种与自己相脱离的力量。这里又遇到了黑格尔所谓"异化"概念的一种更为具体的意义。黑格尔认为,只有在人类实践的发展中,通过人的认识,人才能在异化中克服异化,达到主客的对立统一性。总之,包括人类实践——社会生活过程在内的人的自我意识,作为绝对理念的自我意识的过程,便构成黑格尔《精神哲学》的对象。黑格尔的《精神哲学》,诚然是以人的意识作为绝对理念的自我意识的发展过程为对象,但我们必须记住,它是在揭示这个发展过程的道理或规律,而这道理或规律,对它所要解释、说明的实在发展过程说,同样也是一个逻辑的先在性。

严格地说,《精神哲学》的内容,在其抽象的、普遍的形态上,如同《自然哲学》的内容一样,已包含在《逻辑学》之为绝对理念的学说之中了。从《逻辑学》中的生命理念,到认识之为真的理念与善的理念的内在统一,以及这个统一作为一个主客统一性的道理或规律。也就是在《精神哲学》中所要具体化的道理或规律。在这里,我们以全面性的形式,再说一遍——黑格尔不是说,绝对理念先于世界而存在,他要以绝对理念这样一个时间先在性中,演绎出自然来,然后以自然中的人为中介,再演绎出人的实在的自我意识和人的社会生活过程来。如果说《自然哲学》的内容，只是绝对理念的自身存在就是自然那个道理或规律的具体化，或者说是那样一种思想的具体化；那么，所谓《精神哲学》的内容，也只是《逻辑学》中所谓人的意识，也就是绝对理念在其外在自然中的自我意识那个道理或规律的具体化，或者说是那样一种思想的具体化——黑格尔的《精神哲学》，是从绝对理念那个前提中的绝对理念的自我意识（就其现实性说，就是人的意识的那个道理或规律）来演绎这个道理或规律的具体性，或者说是从那样一种思想前提演绎它的具体形态。《逻辑学》《自然哲学》《精神哲学》的关系，完全不是一种时间上的先后关系，而是一种哲学科学体系的逻辑关系。这个科学的体系在《精神哲学》中表达了它自己的终点。

《精神哲学》是以人的自然意识作为绝对理念的自我意识的发展过程为对象，它旨在揭示这个发展过程的道理或规律。这个道理或规律就是：个人作为人的精神，是主观精神，而主观精神本质上就是个人的思维在其规定对象（首先是自然，然后是人的社会生活过程）的规定活动中表现出来的个人的意识或认识，这种主观精神，在与作为它自身的客观化、对象化的客观精神（人的社会生活过程）相对立的矛盾发展中，必然要达到主观精神就是客观精神的对立统一的最高意识形式——绝对精神。人的社会生活过程作为客观精神，本来就是主观精神作为个人的意识或认识，在其认识自然中，同时意识到人实现人的道或理（包括个人们作为自然人互为对象的认识在内）的客观化、对象化，而这种认识就是《逻辑学》所谓善的认识理念（道理或规律）的现实化。但善的认识理念包含真的认识理念在内，二者的统一通过人的实践，正好表明这个统一性，表达了绝对理念之为一个"自然"的本质作为概念总体在其外化自然的自身存在中认识其自身的主客统一性的道或理。所以，人的主观精神在其制约人的实践中，客观化、对象化为客观精神——人的社会生活过程，这便是在客观化、对象化善的认识理念的同时，也在客观化、对象化真的认识理念。因此，主观精神与客观精神的对立统一，亦即所谓的绝对精神，便体现了主观精神与客观精神作为人的社会生活的统一，而且也通过社会与自然的统一，体现了主观精神与自然的统一，体现了主观精神作为思维者的自我，与整个世界的本质（也是精神、思维）的统一：我是整个世界，整个世界也是我的最高精神境界。这个最高精神境界，便是绝对精神。在黑格尔看来，人的本质就是自我意识。这个自我意识，首先表现为人在认识自然中去认识自己、实现自己的小我的自我意识，然后它在绝对精神的最高精神境界中，实现了绝对理念——本体作为一个主客统一性的道或理之为一个自我意识原理的自身存在的大我。绝对精神就是绝对理念的自我存在着的现实性或表现。

　　黑格尔的上帝，就是黑格尔的绝对理念。这个上帝不是一个在世界之外自身存在的绝对圆满性，而仅仅是一个世界在其物理现象与精神现象的关系中即为一个主客统一关系的道或理。它的存在，必须首先是自然，然后是人的主观精神作为它在其自然的自身存在中的自我意识的发展过程；当它在这个发展过程中达到它自身的自我意识——绝对精神时，它已经饱受风霜，满身是血迹斑斑的战斗残痕，受尽人世间的沧桑辛酸了。绝对理念是一个逻辑先在性，但同时它也是逻辑最后的人的最高精神境界——绝对精神的最高精神境界，便是它全面的自身存在的现实性。

　　黑格尔的哲学体系表明，自然、人、人的精神和社会生活作为统一整体的绝对原理——绝对精神作为绝对理念的自身存在着的现实性，就是他说明世界的最后的最高原则，黑格尔的辩证法，是与他的最高原则分不开的。在《逻辑学》中，否认了绝对理念的合理意义（即本体作为道或理之为一个主客统一性的合理意义），也便否认了黑格尔的辩证法，否认了他的唯心辩证法的合理意义。因为，如果包罗万象的整个世界存在过程，在其统一性中不外是一个精神现象的物质现象的主客关系的统一体，那么这个统一体的内在基础，便必得是一个本体作为一个主客统一性的道或理，一个这样的规律体系。而这个道或理，这个规律体系不同环节的对立统一的辩证法，便是在《逻辑学》中的辩证法。同样，在黑格尔整个哲学体系中，否认了绝对精神的合理意义，也便没有整个黑格尔哲学始终一贯的辩证法。因为，如果世界的本体作为道或理是一个主客统一性的总体，则它在现实性中便必然要表现其自身，本质的东西，不可能没有它的自身表现。既然人的意识作为主观精神，是这个主客统一性的道或理的主观性环节的现实表现，既然这种现实表现只是本体作为道或理在其自然的自身存在中的自我意识的现实性，则这个道或理作为一个自我意识的原理，它便必然要在其这种自身现实性中表现其自身，实现其自身——这就是人的绝对精神的最高精神境界。绝对精神的合理意义，是在于它在坚持世界本质的可知性的前提下，表明它作为这个可知性的整体，就是人能意识到人与其社会的统一，并通过这统一意识到人与自然的统一，意识到这个统一的内在基础，是与人的本质合二为一的一个本体作为道或理的主客统一性的实在性——人是不能离开主客关系而存在的。它的道或理，是人自己的道或理。人的绝对精神的最高境界，无论在哪种形式中，都是人的理想性的不可穷尽的内在源泉。反对天人合一的境界，不知取其精华而唯物之，是不可能使人有远大高尚的胸怀的。

  黑格尔的辩证法与他的哲学体系是内在统一的，黑格尔的方法与他的理论也是有机地联系在一起的。黑格尔的哲学体系本身便是黑格尔的辩证法。离开了黑格尔哲学体系，难以存在黑格尔的辩证法。或者说，离开了黑格尔的哲学体系，辩证法的抽象公式虽然还可以存留下来，但其中内容的具体形态却不见了。辩证法的公式，据黑格尔的理解就是："精神的运动，从单纯性中给予自己以规定性，又从这个规定性给自己以自身同一性，因此，精神的运动就是概念的内在发展：它乃是认识的绝对方法，也是内容本身的灵魂。——我认为，只有沿着这条自己构成自己的道路，哲学才能构成为客观的、论证的科学。"[①] 精神的运动，唯因是概念的内在发展，所以它不是事物存在的实在过程，而是宇宙一切存在过程的内在原理——精神的不同环节的辩证关系，是一种逻辑上的发展过程。这种逻辑上的发

---

① 黑格尔：《逻辑学》上卷，商务印书馆1977年版，第5页。

展，作为黑格尔所说的"认识的绝对方法"，其普遍实质就是：从这种精神性的一个规定（譬如抽象的精神自身，便是它的一个规定），到它的另一个规定，便是一个否定，这是第一个否定；但这个否定是第一个规定的自身否定，因而它在否定中又恢复自身，把在第一个否定中出现的第二个规定，作为自己的自身规定、自身制约，与自己相综合、相统一了，这是第二个否定，是否定的否定，在否定之否定里，便达到了精神自身的一个具体规定的全体性，一个自己与自己相关的圆圈。这个全体性、这个圆圈作为精神的一个规定，又形成一个新的起点，从而区别又内在地发生，形成一个新的否定之否定的过程，如此一直前进到精神本体的整体规定为止。一般地说，黑格尔的辩证法，便是关于本体作为一个精神本体在自己的全体规定中自身规定、自身制约的辩证法——自身规定、自身制约，是黑格尔辩证法的基本规定。黑格尔的辩证法作为认识方法，同时又是内容本身的灵魂，因为认识方法所指向的对象，便是精神本体作为一个绝对原理及在其外在现实中显现自身的内容整体。黑格尔是以这内容整体所固有的逻辑关系为自己把握内容的认识方法的。而且，抽去黑格尔的唯心主义不论，真正的辩证法，真正的认识方法，也只有是关于本体自身的辩证法。所谓事物存在过程的辩证法，在黑格尔看来只是本体辩证法的现象或直接性。黑格尔的哲学体系，不是别的，恰恰就是他的辩证法和认识方法在具体形态中的展开。

只要我们能真正理解到在黑格尔哲学中的方法与理论的统一，辩证法与体系的统一，我们便可以看到，绝对理念在绝对精神这个终点上恢复到其自身，这一点不单纯是人为地、主观地创造体系的需要，而是体系的辩证本性的固有需要，是黑格尔辩证法固有本性的必然逻辑。既然宇宙精神作为绝对理念，是支配宇宙一切存在过程的内在原理，是这一切存在过程之为现象的内在本质，那么，这个内在原理就不能不在这一切存在过程的总和中显现它自身，并且把这一切存在过程的总和作为它的自身规定复归于它自身的实在性。这个复归不是别的，正是黑格尔辩证法的具体体现，就是说,正是黑格尔辩证法基本规定——自身规定、自身制约的思想的体现。具体一点说,既然宇宙的存在过程从总体性上说,只不过是包括人在内的自然现象与人的精神现象的对立统一体,那么制约这个对立统一体的绝对原理,对黑格尔说亦即绝对理念,就不能不在这对立统一体中显现其自身,进而表现为人的主观精神以及在这个主观精神基础上所出现的人的社会生活。人在自己主观的精神和社会生活中完全意识到绝对理念这个本质性的东西,这就是黑格尔所说的绝对精神,它的最高形式是哲学。绝对精神作为绝对理念的现实,它所显现的内容无非就是绝对理念这个主客统一性,因而绝对精神作为绝对理念在现实中的一个规定,便又回归到绝对理念这个起点上来了。起点与终点相合一,这原是宇宙精神这个支配宇宙一切存在过程的绝对原理所固有的辩证法:从现象上看,辩证法好像是以事物存在过程为主体的,但从本质上看,全部现象都可归为本体,所以辩证法本应是以本体为最后的主体的辩证法——这本体是精神,是宇宙精神这个共相。所以对黑格尔来说,辩证法是宇宙精神作为贯通一切宇宙存在过程的共相所固有的辩证法。它必然是一个起点与终点相合一的同一性。没有这个同一性,就没有黑格尔的唯心辩证法。或者一般地说,没有本体在其现实过程中与其自身相合一的同一性或复归,也便没有以本体为主体的辩证法,因为这种同一性正是辩证法的内在本质。

辩证法的这种内在本质,可以从宇宙存在过程的整体性本身里看出来。宇宙的一切存在过程,虽然是无限的,但这无限性的类分,却只能是精神的与非精神的两大类。而这两种现象,在相互关系中,便表现为主观与客观两个方面的对立统一体的存在过程:宇宙存在过程,从总体上说来,无非就是这样一个主客统一体的存在过程的无限进展。虽然,在这主客关系之外,它又可以表现为精神现象的无限性加非精神现象的无限性这样一个单纯无限的总和,但从唯物主义的立场看来,这个单纯相加的无限性的总和的内在逻辑,也要归结为一种唯物主义所说的主客两个方面的对立统一体。只要宇宙的一切存在过程,就内在逻辑关系说最后可以归结为主客两个方面的对立统一体,则制约它的内在原理也必是一个在总体上的有关主客统一的原理;只要支配宇宙的一切存在过程的内在原理总体上是一个主客统一的原理,则这个原理便必在其宇宙存在过程的现实性中显现其自身,从而主客统一的内在原理便必然显现为人的精神与其客观世界的对立统一的同一性。在这个同一性中,制约宇宙存在过程的内在原理便在其现实表现中与自身合一了。这便是一个逻辑上的起点与其终点相合一的客观辩证法。这个客观辩证法,既可表现在唯心主义的形式里,也可表现在唯物主义的形式里。黑格尔的唯心主义辩证法便是这种客观辩证法内在本质的一种唯心表现形式。

这便可以看到,表现在黑格尔唯心主义辩证法中的起点与终点相合一的辩证思想,不仅是黑格尔辩证法的内在本质,而且也应是全部客观辩证法所固有的本质。

黑格尔的辩证法作为唯心主义的辩证法,具有与神学相合一的内在性质,是神学的人本化在哲学上的表达。但这一点并不影响他的唯心辩证法的内核,表现了客观世界本体的辩证法。费尔巴哈在批判黑格尔时,看到了黑格尔的哲学体系就是他的唯心主义辩证法本身,也理解到了黑格尔唯心主义辩证法的神学性质,但遗憾的是费尔巴哈并没有深刻地把握到这种辩证法的思辨中所包含的合理性,所以他在抛弃黑格尔唯心主义的同时,也抛弃了它内在的合理性,抛弃了本体的辩证法。费尔巴哈的思维方法本质上是和旧唯物主义一致的,它们都认为本体是一种现实存在的东西。费尔巴哈也正是在这种思维方式的指导下,通过对黑格尔的批判,得出了唯物主义的结论。这就决定了费尔巴哈所恢复的唯物主义只能是传统那种经验论的唯物主义。这种唯物主义只把宇宙存在过程归结为一些物体或物体运动形态的总和,而看不到这个总和中贯穿着的逻辑先在的本体的规律性。

费尔巴哈对黑格尔哲学体系的神学性质进行了全面分析。他指出:

第一,黑格尔哲学从绝对理念出发,也就是从神出发、从上帝出发。

第二,黑格尔从神出发,从上帝出发,通过绝对理念外化为自然的概念，达到了对自然的肯定。然而这个肯定是一个假肯定。

第三，黑格尔又在一个否定之否定中，在一个绝对理念从外化自然里恢复其为精神的自我意识的概念中，否定了自然的独立性使自然的实在性又复归为绝对理念的实在性。

据此，费尔巴哈用他的本体必然是现实存在的观点做指导，对黑格尔批判道：黑格尔自称绝对理念是本质、是主体，但它又不能自身存在，它必须在其外化里通过自然的个体事物而存在，这便说明绝对理念实际上不是本质，不是主体。真正的本质、主体是感性存在，是自然的个体事物。而所谓绝对理念（或绝对概念）只不过是在表现自然的个体事物中的一定方面而已。在费尔巴哈看来，绝对理念如果是本质，是主体，它就必须能自身存在；然而事实上它不能自身存在，所以它就不会是本质和主体。相反，能自身存在的东西只有自然的个体事物的总和，所以作为本质、主体的东西只能是感官的确定性——感性存在。费尔巴哈由此便完全抛弃了支配宇宙存在过程的本质必在宇宙存在过程现象里显现自身的辩证法，抛弃了逻辑的起点与终点相合一的辩证法，而仅仅达到了一种片面的经验主义或现象主义的唯物主义。在马克思主义看来，否定和扬弃黑格尔辩证法的神学和唯心主义性质，这是必需的，但这不等于要否定黑格尔辩证法的合理性，也不等于否定和抛弃逻辑的起点与终点相合一的辩证观点，因为这观点对唯物主义来说也是必要的。

如果我们不是站在逻辑先在的基点上去看待黑格尔，那么我们就很容易把黑格尔的起点与终点相合一的思想看成一种形而上学的东西，好像在这里黑格尔否定了自然界、人类历史的无限发展，承认自己的哲学达到了最终的真理。

这种对黑格尔的评价实际上是一种对黑格尔的误解，而这种误解恰恰基于这样一个观点，这种观点认为宇宙的实在性仅仅在于事物、现象的无穷流变过程，而人们认识的真理性也在于如实地描述这种现象过程。我们前面说过，这种观点的缺陷在于它仅站在现象界看问题，而看不到世界的本质的辩证法。

　　宇宙的存在过程诚然是无限的，但只要这无限过程是有内在联系的，是有内在统一性的，那么在它之中必然贯通着一个统一的基础。这个统一基础作为本体在呈现宇宙存在过程的无限多样性，所以它显然是一个以自身为基础、为质料而表现此种多样性的绝对规律或原理。这是一个逻辑的必然性，不是一个事实的必然性。断定有这样一个绝对规律性，并不等于说我们对它的全部内容细节都完全知道了，从而不等于宣布说我们达到了最后的绝对真理。

　　这个绝对原理的内容必然是一个普遍性与特殊性的统一体。它的普遍性一面的内容就是呈现在宇宙存在过程中的一切事物（包括精神现象在内）里面的那些普遍规定，这些普遍规定的概念表现就是一些普遍性最大的范畴。正是基于这一点，黑格尔把康德的范畴表再加细分，并把它们理解为他所谓作为思维活动性的绝对原理的自身规定。在康德那里，思维活动性只是人的主观的统觉活动。范畴的规定作为它的先天思维规律，也只是人心的一种综合感性表象而使之成为客观的经验对象的综合原理。黑格尔完全同意康德这个综合原理的思想，但黑格尔不是仅仅把它看成人的主观性，而是又进一步把它本体化了。在黑格尔看来，康德所谓宇宙的最高根据——上帝，不是一个自身存在的现实性，而只是人心的内在普遍本质。据此，黑格尔认为，思维活动性首先不是人的主观活动，而是人心呈现宇宙存在过程（包括人作为自然人在内）的感性表象的活动，从而思维活动性的普遍规定——范畴规律，就成了人心呈现其感官表象的内在原理的普遍规定。人心在它以此为基础所呈现的感性表现中意识它自身，所以它呈现其感性表象的内在普遍规定，便又出现为人的综合、把握其感性表象的主观统觉方式。这便是黑格尔所谓的思维与存在的同一性。在这个同一性里，人心作为主客两个方面的内在统一，是一个绝对原理，而康德所谓的范畴则是这个绝对原理的普遍内容、普遍规定。我们以后将证明，黑格尔所谓宇宙存在过程或自然，只是人心所呈现的感性世界，而不是在人心之外的自在世界。黑格尔哲学体系从未涉及过在人心之外独立存在的自然界，因为黑格尔作为近代唯心主义的最大代表，是不会承认这样一个自然界的客观性的。

就绝对原理的特殊性一面而言，诚然由于宇宙存在过程的无限性，绝对原理的特殊内容也是无限的。但是宇宙存在过程的无限性，仅就其包括人在内的客观性一面看，它的类分，便不超出无机界、无机界对有机界和有机界三类。可见，无限的客观性包含在有限类分的概念里。而这种有限类分与人的精神现象相对立，便出现为宇宙存在过程的无限多样性的两大类分：主观的精神现象与客观的非精神现象——宇宙存在过程的无限性，包容在主观、客观这有限类分的概念里。有限的类分包容实际存在过程中的无限性，因而它本身既是有限的，又是无限的，是有限性与无限性的统一。因此，主观与客观的对立统一，正好就是支配无限的宇宙存在过程的绝对原理的全体性。这个全体性的基本内容是一个有限性，而这有限性却包容无限性，因而它本身同样是一个无限性，是一个无限性复归于有限性的对立统一。黑格尔正是基于这种辩证法，才从他的《精神现象学》的进展中得出了宇宙存在过程的内在原理是主客统一的绝对理念的结论。宣布这样一个绝对原理的实在性，不等于宣布把宇宙存在过程的无限性都认识完了，甚至不等于宣布对绝对原理本身的认识已达到完善之境了。黑格尔只宣布他提出了绝对理念的概念，从而他的哲学体系体现了绝对理念的实在性，但他从未说过，宇宙存在过程的无限多样性细节都被他认识完了，更没有说绝对理念的实在性在他那里已经达到了最后的完善的地步。

最后，就绝对理念之为一个绝对原理的现实性——宇宙的存在过程而言，它的客观性在主观性中达到了与主观性的统一，从而表现为人的认识。诚然，这个认识过程是无限的，但这一点并不排斥认识的无限性可归结为这样一个有限性的普遍规定：认识表现客观的存在过程，并且在认识的发展中，认识的主观性迟早要意识到它与客观性的统一，从而在客观性中认识到它自己，在它自己中认识到客观性，进而达到主客统一的意识境界。

主客统一是贯通在意识过程中的普遍性。这个普遍性仍可表现为无限多样的认识过程。在主客统一的最高意识境界中，人们只是认识到了思维或意识规律的普遍原理——主客统一的原理，进而宣布这一原理是支配一切意识过程的绝对原理。但这绝不等于宣布现实认识的终结。因为绝对原理作为思维规律恰恰要在现实认识的无限性中表现出来，那么，宣布思维规律的实在性正是要肯定认识发展的无限过程，而不是否定。正是基于这样一点，黑格尔从近代唯心主义立场出发，形成了他的绝对唯心主义体系。他认为，上帝作为一思维活动性的绝对理念——绝对原理，是人心内在的普遍本质，它在人心所呈现的感性世界（即它的外化）中认识自己，实现自己（呈现为人的伦理世界）：最初，它只把感性世界的对象以及伦理的世界，理解为异己的东西，从而对象则表现为异化的对象。然后它在异化中逐渐认识到对象的本质就是我，我就是对象的内在本质这样一种主客统一的意识境界。这种意识境界的意识便是绝对精神。绝对精神作为绝对理念这个主客统一原理的现实表现，在显现绝对理念本身，所以它可复归为绝对理念的实在性。但这一点并不排斥这个起点与终点的合一可以表现在无限多样的认识过程中，黑格尔也没有说他的哲学体系已把无限的认识过程进行完了，从而达到了包容一切的绝对真理。黑格尔只是从逻辑上揭示了绝对理念、绝对精神及其相互关系一般地应该是什么，二者的统一作为人的认识的普遍本质，为什么一定要在人的认识中表现自身这样一个逻辑必然性。

所谓绝对精神，并不是说人在这种境界中是穷知一切，人的认识达到了最后穷尽了一切的完善境界。它的基本意义只是说，绝对精神作为人的最高精神境界，只是世界的本体作为道或理之为一个主客统一性的自身存在的现实性，这个现实性并不排除它在多样化的事物中可以有无限的表现，从而并不排除人为了坚持这境界的实在性要不断进步，不断扩大眼界和加深认识。一个原则的合理性，不但不排除无限性，而且它的展开就是一个无限性，这是它的本性。在黑格尔自己那里，绝对精神就有从低级到高级的三种基本形式：艺术、宗教和哲学。而这三种形式，又各有自己的不同发展形式。黑格尔认为，艺术是绝对精神的一种表现形式，因为艺术是创造美的形象，而美的形象，是有理想性的表现对象的本质作为道或理（概念）与其自身存在的感性形象的内在统一，是体现本体作为道或理之为主客统一性的现实表现。艺术作为这样一种现实表现的意识形式是一种低级的形式，因为它只能以个别的题材为它的表现内容，而不能进入一般化的普遍内容，不是绝对精神的思想表现形式。在黑格尔看来，宗教比较高于艺术，因为它开始进入了绝对精神的思想表现形式，开始具有了一般化的普遍内容。黑格尔认为，宗教的对象和哲学的对象是同一的，就宗教的最高形式——天主教或基督教而言，上帝绝对既是宗教的对象，也是哲学的对象。但宗教表现这对象的思想形式仅仅是表象，它把上帝、绝对异化为脱离人、脱离自然的彼岸世界的个体存在物，实则上帝只是在人的真、善认识统一中所表现着的本体作为一个主客统一性的道或理。能够以纯粹的概念形式表现出这种自觉性的，便是绝对精神作为人的最高精神境界的最高表现形式——哲学。绝对精神，黑格尔指的只是人的各种最高精神境界的普遍原则或道理，它在人心的各种意识形式中，化身为审美感、宗教感，它在这些形式中的具体表现，都是一个不可穷尽的无限性。最后，在哲学中，它获得了符合自己固有内容的表现形式，但即使在这种形式中，它的具体体现也同样是一个不可穷尽的无限性。绝对精神是人的最高精神境界，在这境界的每一具体体现中，都是一个上帝就是人，人就是上帝的人与世界本体作为道或理的合二为一的境界。黑格尔认为在基督教中，绝对精神的道理或原则的真理性，以表象的形式获得富有内容的思辨表达：天父与人相对立，相区别，但它在圣子基督又与人性合二为一——这个合二为一，正是天父的本体，是它的自身规定，所以天父作为这个合二为一便是圣灵。绝对精神作为人的最高精神境界的普遍原则或道理，它对人的每一这种精神境界的现实性，也都是一个逻辑先在性。但他如何能作为这样一个普遍原则或道理，出现在人的精神世界之中呢？这乃是因为人的精神，原就是人与自然的统一的内在本体之为一个主客统一性的自我意识的原理——绝对理念的自身表现，从而人的最高精神境界的原则或道理，必然就是绝对理念这种意识其自身的最高体现——绝对精神。绝对理念是逻辑在先的，绝对精神是逻辑在后的，这种在先在后的内在统一，正是绝对理念在其具体表现中的自身存在的普遍原则或道理，它表现在人的各种天人合一的最高精神境界的现实性中，此二者的统一，概括地说，就可以归结为绝对精神作为人的最高精神境界，是绝对理念自身存在的现实性。这个现实性是一个不可穷尽的无限性。不仅就绝对精神的具体的体现说，是一个不可穷尽的无限性，即就我们对绝对理念、绝对精神及二者的统一本身的认识说，也是一个不可穷尽的无限性。黑格尔只是说他的哲学实现了绝对理念、绝对精神及二者内在统一的基本概念，他并没说这个认识对象，在他的哲学中已经达到了尽善尽美的终极真理的地步。关于绝对理念的认识，黑格尔在其《逻辑学》一书的"第二版序言"中，一开头便说："这里所出版的是《逻辑学》第一卷，在修改时，我既完全意识到对象本身及其阐述之困难，也完全意识到写第一版所带来的缺点；尽管我在多年进一步研究了这门科学以后，曾努力弥补这些缺点，但我觉得仍然有足够的原因，要请求读者原谅。"[①] 这段话说明，黑格尔自己就承认，他对绝对理念的认识，不但没有达到最后完善的地步，而且经过他多年的研究之后，也还是这样。在这里，误解来自黑格尔的体系是一个封闭的体系。人们认为封闭的体系，就是在宣布最后的终极真理性。但是这样来理解封闭的体系是没有道理的。辩证法本身，在其每一步上都是一个肯定收回否定作为它的自身规定的封闭性，但它并不宣布对这个封闭性的内容的认识，已达到了最后的真理地步，从而辩证法在每一步上都既是封闭的，又是开放的，它是封闭与开放的对立统一。因此，一个辩证法的体系，它也必须是一个头尾相接的、在逻辑关系上的封闭性，但一个辩证法的体系，同样也不宣布对这个封闭性的内容的认识已达到了终极的真理。封闭性是一种客观的逻辑关系，至于对这种逻辑关系的认识程度问题，那又完全是另一个问题。这就是说，一

[①] 黑格尔：《逻辑学》上卷，商务印书馆1977年版，第7页。

个辩证法的体系,也既是封闭的,又是开放的,它也是封闭与开放的统一——没有封闭性,便没有辩证法的体系:你写书完全可以不按辩证法的逻辑形式,去安排你的篇、章、节;但如果你这样安排了,那么你的体系必得是一个头尾相接的封闭性。黑格尔的哲学体系,是一个辩证法的体系,它必须合乎辩证法的逻辑关系而以绝对理念始,以绝对精神终,使它首尾相接自成一个总体性的大圆圈。但它并不宣布,关于这个大圆圈里的内容,在认识上达到了终极的绝对真理。绝对真理和哲学上的与现象论相对立的绝对立场,还是完全不同的两回事。也不要认为黑格尔常提到绝对,就认为他的哲学体系,是在向人宣布一种终极的绝对真理。黑格尔只是说,他的哲学,或者说一般的哲学,是以绝对为对象。什么是绝对?绝对就是足以包容世界一切多样性的本体作为道或理的普遍性,它对黑格尔说,就是绝对理念,而它自身存在的一般现实性,就是绝对精神。至于说到黑格尔这个以绝对理念始,以绝对精神终的哲学体系的理论内容本身,我们可以说,仅就它的唯心主义性质来说,就已经是一个最大的根本不完善,但我们还可以暂且抛弃这个问题不谈,即使在黑格尔唯心主义界限之内,也可以指出这体系在内容上的一个基本缺陷。

黑格尔在《精神哲学》中,通过绝对精神的不同表现形式的区别与联系,实现了真、善、美的统一。但是绝对精神作为人的最高精神境界,只是绝对理念显现其自身的现实表现,是达到了绝对理念的人的精神。它在一切方面都以绝对理念为根据。在绝对精神中,有其艺术的表现形式,但在绝对理念中,却没有涉及他的自我意识所以必然要这样表现的道理或规律,没有涉及美的真理的本质问题。至于宗教与哲学,都可以归结为真、善理念(认识)的统一的不同表现形式,而真、善的理念则仅是绝对理念最后两个基本环节。在这其中唯独缺少了美的理念这个内在环节。绝对理念与绝对精神这种脱节,不能不说是黑格尔哲学体系作为一个辩证法体系的一个基本缺陷。这个基本缺陷,便归结为黑格尔《逻辑学》的一个基本缺陷——黑格尔《逻辑学》实现了逻辑学、认识论、世界观三位一体的统一性,但他没有实现真、善、美的统一，而前者却必须同时又是真、善、美的统一。真理不仅是真、善理念的统一，而且它也是真、善、美理念的统一，只有这样一个统一，才全面地表达了思维规律、认识规律，又全面地表达了存在规律。这三者的统一，在人的认识中、真理中，必须是一个真、善、美理念的统一体。在黑格尔的《逻辑学》的理念论中，他对理念的内在区分如下：

1. 生命。

2. 认识的理念多。

（1）真之理念。

（2）善之理念。

3. 绝对理念。

在这个理念的内在区分中，从总体上看，还是一个正、反、合的自身规定的全体性，但从认识的理念的内在区分看，正、反、合的自身规定的辩证法，却在全书中突然中断了，三分法变成了二分法，黑格尔只从内容阐述上，由真、善理念的统一，过渡到"绝对理念"。在这里，我们不但看到了在认识的理念中，缺乏美的理念，而且我们还可以看到它也缺乏认识理念中的直接性一环节。就认识的道理，作为绝对理念之为一个主客统一性的主观性那一环节的道理或环节而言，它一开始必须是思维对感性在反思中的直观，这直观便表现为表象的理念。纯粹的感性对象，便由此转化为人所意识到的意识对象。思维在其意识对象的反思中，通过感性认识达到真、善统一的不同程度的理论认识（包括日常实践非科学的理论认识及原始人的专门理论认识——巫术、神话宗教在内），而且这个理论认识，必然通过人的想象力的活动具体化为实践的意图，制约人进入实践活动中去。正是人的实践活动，不但是人的真、善理念统一的认识发展的客观基础，而且由于实践与想象力的活动分不开，它便促使认识之可能被表现为理论认识制约想象力活动的审美直观在高出于非人的动物的水平上开始诞生出来和发展起来。理论认识作为真善的统一，是理念的自身规定，二者的统一之统一到表象形象中去的具体性，却正好就是一个美的理念。但这个美的理念，却不是单纯表象的再生，它始终贯注着人性的理想性作为它的内在精魂。因为所谓人的理论认识，原就是一个人在认识对象中同时又在认识自己的真、善认识的统一体。这里所谓理论应该而且必须是广义的：不能说在人的日常实践意识和原始人的巫术、神话、宗教中，没有某种程度的理论成分包含其中。人的思维在其认识的反思活动中，制约想象力显现对象形象的审美规律，是不同于思维之在其理论认识中的规律的，此二者的统一才是思维的全面逻辑，才是全面的认识作用，才是表现存在的道或理之为一种内在与外在相统一的全面的世界观。所以，关于认识的理念的内在区分，在黑格尔那里理应改成如下的样子：

1.表象的理念。

2.理论认识之为真、善统一的理念：真的理念、善的理念、实践。

3.美的理念：在美的理念的逻辑发展中，内在地再过渡到绝对理念。

这样，《逻辑学》便不仅体现了逻辑、认识论、世界观的统一，同时也体现了真、善、美的统一。正是在这个统一性中，才有《精神哲学》中所谓绝对精神之必然最初表现为艺术的内在根据。

有人认为，哲学对象只是世界各种现象的一般规律，它只与真的问题相关联，而善的问题、美的问题只是伦理学、美学的对象，但哲学同时也是二者的方法论。我们可以说，这种观点并没有完全认识哲学的本性，它导向哲学与人相脱离，与它的本性相脱离的形式主义。

只有人才有思维，从而只有人才能创造哲学，而哲学以普遍形式表现人的思维或理性的固有本性。唯因如此，哲学的最高问题，不归结为世界的本源问题，而归结为思维对存在的关系问题。关于世界的本质是什么，其本身就是认识，而认识是思维对存在的规定活动的表现。所以，思维对存在的关系问题的最为根本的核心，便是思维对存在的规定活动的本质问题。对象或世界是什么，要在思维的规定中才能对人显现出来。但思维不但要普遍地规定存在本身是什么的真的规定，而且还必然要普遍地规定存在之为善、之为美的规定，三者的统一正是思维的普遍规律本身，思维在三者中缺了哪个环节，都要丧失它作为人的思维的固有本性，而陷入不真实的片面性。思维对存在的规定活动，表现为"我思"或"我意识到"。人在其"我思"或"我意识到"之中，不仅意识到一般对象本身是什么的规定，而且也意识到对象之在对人的关系中的善恶、美丑规定；思维这三种规定活动，诚然服从"我思"或"我意识到"的普遍规律，但它们在这普遍规律的基础上，又各不相同而相互联系，是这普遍规律自己的内在区分和统一，从而这是一个普遍的思维规定活动的问题，或者说这是一个思维对存在的全面关系的问题，不是它的个别和特殊表现问题。可见，它的善、美规定活动问题是哲学问题，不仅仅是美学、伦理学的问题。伦理学、美学不能从一般思维对存在的关系问题的高度上，对它们做出其本身是思维的逻辑环节那种水平的说明，只有哲学才能在这一点上给这些科学提供方法论的理论基础。思维之规定对象为"是"的这三种规定活动的统一，是一个普遍的思维逻辑问题，是不能对它横加割裂的。传统逻辑不但脱离真理内容，而且也只以思维的逻辑本身中的那个体现为理论认识的环节为唯一的思维逻辑，而且又把这个环节，仅仅抽象化为关于什么是真实的问题，这是一种片面的抽象逻辑，它是不具有客观的具体真理性的。思维的逻辑的不同环节及其统一可以用下表来表示：

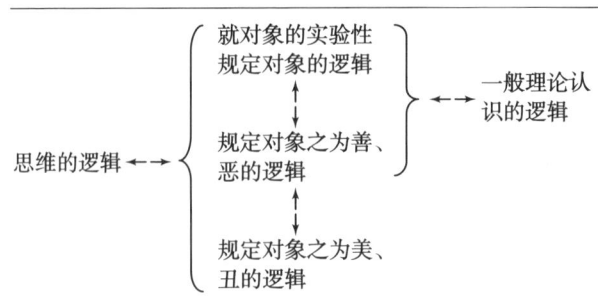

从上表可以看出，真、善的思维规定的统一同作为一般理论认识的逻辑，它具有真的逻辑与善的逻辑两个对立环节。"我思"或"我意识到"的普遍规律。在这两个对立环节中，各有各的不同表现，二者的统一同作为一般理论认识的逻辑,又与思维规定对象之为美、丑的逻辑相对立,前者是所谓逻辑思维,后者是所谓形象思维,二者不能相互归结。于是"我思"或"我意识到"的普遍规律,便在基本上表现为逻辑思维与形象思维的对立,我们既不能用前者代替后者,也不能用后者代替前者。二者在其"我思"或"我意识到"的普遍环节中,又发生相互制约,相互影响的作用。我们可以说,对形象思维中的规定活动,黑格尔的哲学却并不能为我们提供任何实质性的阐明。要求这种阐明,我们必须回到康德哲学中去,才能找到一些基本线路。但就"我思"或"我意识到"之在其逻辑思维与形象思维的规定活动中所意识到的规定而言,黑格尔哲学却能阐明逻辑思维把握对象的真、善规定的统一,进而又能阐明这个统一体与形象思维把握对象的审美规定的内在统一:后者是前者的感性显现,前者是后者的实在内容。逻辑思维与形象思维的统一,便是普遍的思维逻辑——普遍的思维逻辑,只能是哲学对象,不能是其他科学的对象。如果我们硬要把普遍的思维逻辑,仅仅归结为逻辑思维,则我们便既不能说明思维把握对象的审美规定的实质,也不能说明艺术创作的实质。

"我思"或"我意识到",就是人的统觉——意识的统一性。而统觉,就是人的思维规定活动的规定了对象中的自我意识。表象是人的最初的自我意识:在表象中,人意识到一些个体的形象,这是逻辑思维与形象思维的共同出发点。在这个出发点上,思维的规定活动,便表现为两种基本形式。思维本身是一个理解作用——意义觉知与想象力的统一体。它的规定活动的不同基本形式,便由这个统一体的不同结构所决定。一个基本形式是思维的理解作用,在其想象力所支撑的表象制约下,展开为不同深度的概念规定活动;这种概念规定活动,也常常需要倒转为在理解作用所支撑的概念制约下想象力的表象作用,但它归根到底最后还得倒转过来,复归于前一形式的规定活动。所以,如果用→符号表示转化的意思,这个整体过程,可写成如下的形式:

〔想象力的表象作用制约的理解作用的概念规定活动→理解作用的概

念规定活动制约的想象力表象作用〕……n→想象力的表象作用制约的理解力的规定活动。

　　思维的规定活动，在这种基本形式中，括号内的过程不管重复多少次，最后它总以想象力的表象作用制约理解的概念规定活动为归宿。由此便产生以不同深度的概念把握对象的不同程度的理论认识，这便是逻辑思维。逻辑思维，可单纯是静观的、思辨的，也可是指向实践的。前者必然发展到后者，因为理论认识是真、善认识的统一。这里所谓的善，就是广义所谓"好"的意思，它既包括好的自然内容（情欲需要所谓好），也包括"好"的社会形式（道德原则的所谓好），真正实在的好，便是二者的对立统一。

　　思维规定活动的另外一种基本形式，这便是思维的想象力的表现作用，在其理解作用所支撑的概念制约下，展开为以鉴赏为基本态度的表现对象形象的规定活动，这种形象规定活动，也常常需要倒转为理解作用在想象力所支撑的表象制约下不同深度的概念规定活动，但它归根到底还得倒转过来，复归于前一形式的规定活动。这个整体过程，也可写成如下形式：

　　〔理解作用的概念规定活动制约的想象力的表现作用→想象力的表现作用制约的理解作用的概念规定活动〕……n→理解作用的概念规定活动制约的想象力的表现作用。

　　思维的规定活动，在这种基本形式中，括号内的过程不管重复多少次，最后它总以理解作用的概念规定活动制约的想象力的表现作用为归宿。由此便产生以不同深度的形象表现对象的不同高度的审美认识，这便是形象思维——形象思维便是以美、丑，或崇高、渺小的规定，来表现对象的思维。形象思维是鉴赏的，静观的，所以它不和任何实践上的利害关系或目的性直接发生关系，任何对事物的实践态度、利害关系或目的性参与其中，都会立即破坏形象思维的客观实在性。但这一点，并不排除形象思维所实现出的审美认识，始终包含人的理想性的成分在内，因为显现对象形象的想象力的表现作用，始终是在人的理解力之为概念规定活动的制约下进行的，而概念的规定活动是真、善认识的内在统一。

无论是逻辑思维（理论思维），还是形象思维都包含直观、反思、比较、概括或抽象等思维的作用，可见形象思维与逻辑思维的区别，不能以这思维作用的任何一个环节来区别，它们是二者所共同具有的因素。并且，这些因素，不是思维的本质，而只是从属于思维作为理解作用与想象力内在统一的派生物。因此，逻辑思维与形象思维的区别，只在于理解作用与想象力的相互关系的不同逻辑结构。在二者的不同逻辑结构中：凡属在一开始的阶段上，即可产生显现对象的规定性，无论这规定性是理论的，还是审美的，都是直觉的认识；凡是从开始的阶级过渡到对方（形象思维与逻辑思维互为自己的对方），并在对方又反归于自身者，由此所产生的显现对象的规定性，无论这规定性是理论的，还是审美的，却都是有中介的间接认识。

我们把思维规定为理解作用与想象力的统一，人们会认为或感到这是很奇怪的。但我们要指出，这样来理解思维的本质，是康德、费希特、谢林哲学的一个伟大成果。只是这个成果在他们那里是以不完备的形式，潜在于他们的哲学思想中而已。现在，我还不敢说以感官为基础的感觉作用，是否也是一种想象作用，但我敢于说超越感官形象而对它进行直观、反思的一切精神作用，都是一种想象作用。思维作为理解力的理解作用，只是这个想象作用在感官形象的制约下，在想象它的意义；思维作为想象力的表象作用，是这个想象作用在它所想象出的意义中超越意义的规定状态，而据意义想象对象所应有的感性形象，二者是一个想象作用在思维的规定活动中的不断相互转化——思维缺了二者的哪一个，都不成其为思维。思维的强弱之量，取决于贯通思维这两个方面的那个统一的想象作用的强弱之量，它既规定它作为理解力的理解作用的强弱之量（程度），也规定它作为想象力的表象作用的强弱之量（程度）。我们可以说，黑格尔的辩证法还有一个不容忽视的缺点，这就是它只是思维所显现出的规定性的辩证法，我们可称其为客观辩证法——客观辩证法，就是对象在思维规定中显现为它自身是什么的辩证法。黑格尔忽视了康德称其为"主观演绎"以来而被费希特、谢林所发挥的思维如何呈现其规定作用的辩证法，我们可称其为主观辩证法——这里所谓主观辩证法，其意义就是说，思维在其感官对象的制约下，如何呈现其规定对象，而实现思维与感性的统一之为意识的辩证法，辩证法必须是主观辩证法与客观辩证法的对立统一，皮亚杰的与传统认识论相对立的"发生认识论"，只不过是这里所谓主观辩证法而已。我们可以把辩证法的全部环节，列表如下：

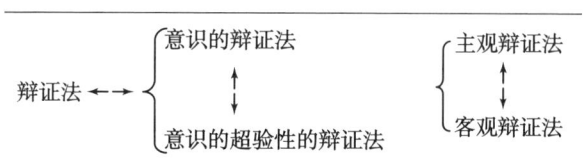

在这个表中，主观辩证法与客观辩证法的统一作为意识的辩证法，就必然是意识的超验性的辩证法：它通过实践理论地表明，意识的辩证法运动是在表现一个不依意识为转移的物理世界的辩证规律。这个世界的任何事物及其是什么的规定，只能通过思维与感性的统一作为意识的辩证法，才能作为人的对象，作为对象是什么的规定对人呈现出来。所以，从直接性上说，辩证法首先是意识的辩证法，但我们不能停留在这种直接性上面，而是要通过与实践相联系的意识的超验本性来确定这种意识的辩证法以客观物质世界的辩证规律为基础并反映这个规律，这就是超验辩证法的任务。因而辩证法的性质本身就是一个主客统一性。

显而易见，逻辑思维与形象思维的本质问题。是属于主观辩证法领域中的问题。

如果说逻辑思维的问题是思维如何从表象走向概念的问题，那么形象思维的问题，就是思维如何从概念走向表象，并鉴赏表象表达其逻辑内容是否完美的问题。

人在这两种思维的规定活动中，都能具有"我思"或"我意识到"的自我意识的统一规定显现出来："我思"或"我意识到"的普遍统觉规律就是：我在思维中怎样规定了对象，我就怎样在这结果中意识到对象，此二者的统一，同作为统觉的规律体系，就是思维的逻辑。思维的逻辑，就其表现对象的规定性说,同时就是真理的逻辑,而真理的逻辑,便不仅是真、善规定相统一的真理性,而且也必须是真、善、美三规定相统一的真理性。这个真理性是普遍的真理本身,所以它是哲学的对象。

迄今为止,我们只是从思维的能动性上,考察了思维对存在的关系问题。由此我们阐明了哲学作为有关"思维的逻辑"的科学,有关"真理一般"的科学,必须是一个真、善、美的统一体的理论体系。下面我们必须从存在作为思维的对象一面来考察一下思维对存在的关系问题,以便看一下是否从中也会得出同一的结论。

存在是思维的对象。这里所谓存在,是包容自然、社会乃至思维的一切事物在内的普遍性,说哲学对象是存在的规律,就是说哲学以自然、社会乃至思维的一切事物同做以事一物的普遍规律为对象。但须知这所谓"普遍规律"的"普遍",既有它自己的深度,又有它自己的广度。它无论在其深度中,还是在其广度中,都不失其为"普遍规律"的"普遍"。把"普遍"的深度与其广度相割裂,普遍就陷入片面性,存在在对人的关系中作为人的认识对象所固有的规定性,就会残缺不全。在这种残缺不全中的哲学,就会从理论内容上脱离人的实践性,变成单纯直观的哲学。于是实践便只能从外部形式主义中加以人为的强调。理论内容本身脱离人的实践性,变成不包含人的哲理在内的空洞普遍性,普遍性便对做人之道空空如也,无原则上的阐明,而单从外面强调这种普遍性的实践意义,方法论的意义,这对自然科学、技术的发展或许有点用处,但对人的这个中心问题,却毫无用处。空洞的普遍性,变成脱离它相对于人而言的那些规定的片面性,它在这个片面性中,便对人毫无教导,就像现代西方所谓"科学的哲学"那样,从而人们对它的应用,便只好单凭个人的主观任意性了。我们的哲学,内在缺乏教导人的伦理原则、美学原则,这很容易让实用主义、功利主义钻了空子,这种状况对建设社会主义精神文明是极为不利的。直到现在,有的同志对各种阶级的社会伦理原则,还缺乏一种真正符合马克思主义精神实质的看法,老是用脱离了历史唯物主义的、夸大了的阶级对立的观点，去解释它、评价它。而不知从历史唯物主义的普遍原则上，去寻找它们的内在根源。事实上，直到现在，人们看到包公的戏曲，看到岳飞被害的戏曲，决不因为他们代表封建统治阶级利益面对他们产生敌视情绪，以至幸灾乐祸。相反，人们内心倒是涌现出莫大的喜悦，去与包公的行为合二为一；内心涌现出莫大的悲伤，去与岳飞的不幸合二为一。不但如此，我们还从中受到莫大的道德教育，这教育是不会与社会主义的伦理要求背道而驰的。但是这二人的行为都是忠于封建制度的礼法原则的。这些事实，只能用历史唯物主义的普遍原理来解释。而那种夸大了的片面的阶级性观点则对此无能为力了。传统的优秀剧目，比现在一些现代剧还有感染力。这其中的道理就在于"活人只能为死人或历史所教，死人或历史也只能为今人服务"——古为今用，这本来是历史所固有的内在规律。但如果只外在地强调古为今用，违背思维的真、善、美三者的统一规律，为了某种实用目的，歪曲死人和历史，创造不符合情理的艺术形象，便不但达不到古为今用的目的，而且只会引起人内心的排斥和反感。

思维的真、善、美的统一规律，也就是存在作为思维对象的真、善、美的统一规律，这种规律正好就是所谓普遍规律的深度与广度的统一。

所谓普遍规律的深度，就是说它自身作为一个规律体系，是一切事物总和同作为事物的规定性，有其自身的由表及里、由里及表的不同环节的统一。这些环节是存在的事物的直接性；存在事物的间接性及存在事物在其间接性中作为现象与本质的相互映现，相互规定。这两个环节的内在统一，就是本体之为事物的本质作为道或理的实在性。我们也可把普遍规律的深度列表如下：

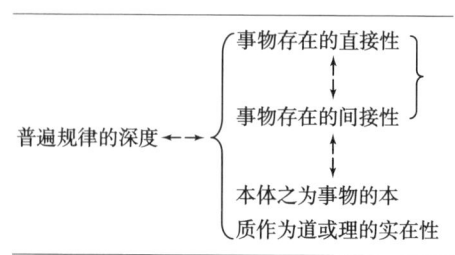

普遍规律的深度，就是普遍规律的纵断面。但是普遍规律在其现实表现中作为一切事物的存在，在对人的关系中，不但具有其为何种本质的真实规定，而且普遍具有美丑、善恶的规定，后者并不是人的主观性外在地加给事物的，它也是事物在对人的关系中，在对人的思维关系中的固有规定——事物本身就具有在对人的关系中，在对人的思维关系中，使对方必然以善恶、美丑的规定性来规定它的固有关系。斯宾诺莎将善恶、美丑的规定，看成是人在想象中加给事物的谬误，这是完全错误的。普遍规律的深度，就是普遍规律的纵断面。但是普遍规律在其现实表现中作为一切事物的存在，在对人的关系中，亦即在对人的思维关系中，却又进一步获得了如下所说的新的规定：

首先，它获得了其为何者为真实，其为何者为非真实的真假规定。普遍规律所表现出的一切事物，就其自身说，它们本来是什么就是什么，是怎样的就是怎样的，它们就如它们所是的那个样子，本身并无所谓真假。但当它们进入对思维的关系中去以后，便变成了一种人化的事实——思维的认识对象。它们作为这种人化事实，便普遍地对认识发生了关系。真理性的认识表现的是它们的客观真实，非真理性的认识，表现的是它们的"非所是"那样一种非真实——假的规定性，它们在对认识的关系中，普遍地具有了什么是它们的真的规定性，什么是它们的假的规定性的真假规定性。这种真假规定性，并不是认识外在地强加给它们的，而是它们固有的潜在规定性在对人的关系中的必然表现。它们在其全部的存在过程中，有其本身之"所是"，而"所是"必伴随它的"非所是"。所谓事物本身无所谓真假，就是说它们永远也不能变成它们的"非所是"，而只能变成从逻辑上说本是它们所可能"是"的东西。但是认识却必然通过它的非真理性，表现它们的"非所是"从而它们在对认识的关系中，它们便具有了何者是它们的真，何者是它们的假的真假规定性。

这种真假的规定性，在对人的思维关系中，本身便必然具有善恶、美丑的规定：凡是真的东西，对人来说就是好——对人而言的善，凡是假的东西，非对象"所是"的东西，对人来说就是不好——相对于人而言的恶。而真作为好的东西的感性形象——真理的逻辑与其感性存在相统一的形象，在审美的直观中便是美的，相反的假作为不好的东西的感性形象——不合逻辑的非真实性与感性存在不统一的形象，在审美的直观中便是丑。这是对象本身在对人的关系中所固有的真假、善恶、美丑规定的内在统一。

普遍规律所表现出的一切事物，在对人的关系中普遍作为人化的事实，首先它们是认识的对象，而认识的对象在对人的关系中，便必须具有真假、善恶、美丑的规定性，因为认识的对象在人的认识中，必然要以它自身的规定为基础表现人的认识本性，这是认识对象作为人化事实的人本主义。人的认识本性在于求得对象的真实规定，因而真实便对人本的认识本性说是好的，而这个好在认识的审美直观中便是美。

在这第一个人化事实中的真善美统一，是普遍的，是一切事物在对人的关系中的真善美统一的固有普遍属性，是善是美，都只与一般的真理性相联系、相统一。

其次，普遍规律所表现出的一切事物，作为第一个人化的事实——认识的对象的真实规定，它所以是好、是美，不仅因为它直接满足认识追求真实的本性，而且还因为唯有真实，才能使人在真实中认识人自己，实现人自己的道或理——这是人的认识本性的一个核心。因此，这便出现普遍规律所呈现出的一切事物，在对人的关系中的第二个人化的事实，即真实本身作为好，作为美，又一分为二，分为相对于人在真实中认识人自己、实现人自己的道或理而言的真假、善恶、美丑的对立规定凡是真实中符合于实现人的道或理的规定性，便是这个道或理的真实规定，反之便是它的不真实规定——假规定。在这第二个人化事实中，也同样凡是真的东西就好，反之便是不好，而好与不好的感性形象，在形象思维的审美直观中，便是对象的美或丑，是对象的美丑规定。显而易见，在这第二个人化事实中的真假、善恶、美丑的规定，是从第一个人化事实中的真实本身之为善、之为美为基础的。二者的统一是真实的人本主义，是真实在对人关系中的真、善、美的统一体，但是真实作为这个真、善、美的统一体，却必然要伴随它的对立物，它的对立物便是相对于人而言的不真、不善、不美——在对人的关系中的假、恶、丑。因此，本体作为道或理的普遍规律，在其各种表现中，它既是对人的关系中的人道上的真、善、美的统一体它又是对此而言的假、恶、丑的统一体的内在统一。后者是前者所必须克服的对立物，前者只能成立在对后者的否定性中。在这个意义上，真实在对人的关系中作为真、善、美的统一体其本身便是一个指向它的他物的否定性，是从他物中回到自身的一个否定性。它作为这样一个否定性是与它的他物——假、恶、丑分不开的。

在这第二人化事实的审美的直观中，我们好像可以脱离这里所谓真、善的统一，单独对自然对象的感性形象做出美、丑的规定来。对这个问题我必须在这里做一简单考察。只要我们考察到，凡属自然界的事物，就其感性形象而言，如果不是协调的，便是非协调的，我们便可以看到，自然现象的美、丑规定，脱离不了自然现象在对人关系中的真、善统一的规定。所谓协调的感性形象，就是没有任何方面的显现与其他方面相决裂或断而为二的不统一性出现。协调的形象可分为纯粹一种感性形象在时空形式的连续、不同感觉形象在时空形式中的简单对称、各种感觉形象在时空形式中的多样性的统一。最后一种又可分为均衡的或非均衡的两种。均衡的，就是说，各种感觉形象，在其他形式的相互化合中的和谐，都是相称相等的，没有任何方面突出于其他方面，非均衡的，就是说，各种感觉形象在其时空形式的相互化合中所呈现的感性形象，总有一个方面的形象是突出的，是占优势的，是主导的，其他的方面的形象都从属于它，但他们却又是一个和谐的统一体。非协调的感性形象，是协调的感性形象的反面，一切协调的感性形象只要超过它们的界限，便转化为非协调的感性形象。这就是说，在一个统一的感性形象中，如果总有某一或某些方面呈现为与其他方面相决裂或断而为二，为多的形象存在，这便破坏了整个形象在其时空形式中的协调性。面对自然界的一切协调与非协调的感性形象，我们在审美直观中的意识，却总是把前者意识为美，把后者意识为不美或丑，这是什么缘故呢？如果我们只说自然现象的美，是由于自然现象的感性形象是它内在之理或规律的外在表现，则非协调的感性形象，也未尝不是它的内在之理或规律的外在表现，二者之为内在与外在的统一，其道归"一"：而一又有美、丑之分，这"分"的道理何在呢？这个道理就在于一切事物在对人的关系中，亦即在其为第二人化事实中，都有善、恶的规定，而善的理想性质是协调。既然善的理想性是协调则协调在对人的关系中，作为第二个人化的事实，便既是真实又是善，而这个真、善统一的感性形象——协的感性形象，便一定是美的。与此相反，由于非协调，是善的理想性的对立物，所以它是恶——唯因它是恶，所以它的感性形象之为非协调的形象，便必然在对人的关系中是丑的。康德所谓的崇高也是一种雄伟而宏大的协调形象。崇高的美的一种形式。与崇高相对立的渺小，也是丑的一种形式——渺小者，从量上来看小得与其事理太不相称了，所以特别不协调，而特别不协调的感性形象，岂不是特丑之物吗？而特丑之物，也就是在对人的关系中的特不真、特不好的东西，即特不符合所谓真、所谓好的东西。

在这第二人化事实中的真善美统一，无论对象是人还是物，都不能不直接或间接地表现的是人自己，是善是美，都不能不直接与人本身的人学真理性相联系、相统一。

总之普遍规律所表现出来的一切事物，在对人的关系中作为第二个人化的事实，便普遍地具有以人道为尺度的真假、善恶、美丑的规定性，并且此三者还是一个不可分割的内在统一体。

最后，第二个人化的事实以第一个人化的事实为基础，就是说，普遍规律所表现出的一切事实，在对人的关系中作为认识对象的人本主义，是真实的人本主义的内在基础。但这两个人化的事实同为人化的事实，就二者的普遍性说，却都是一切事物在对人的关系中，都有真假、善恶、善丑的规定性，而且这三种统一性都是统一不可分的：真即善、善即美，假即恶、恶即丑。在第一个人化事实中所谓真假、善恶、美丑的统一，与在第二个人化事实中所谓真假、善恶、美丑的统一，虽有区别，但这区别只是个普遍性的内在区分。这个普遍性含蕴它所固有的区别性于自身，这便是普遍规律对人关系中的广度，简称普遍规律的广度。我们也可以把普遍规律的广度，列成下表：

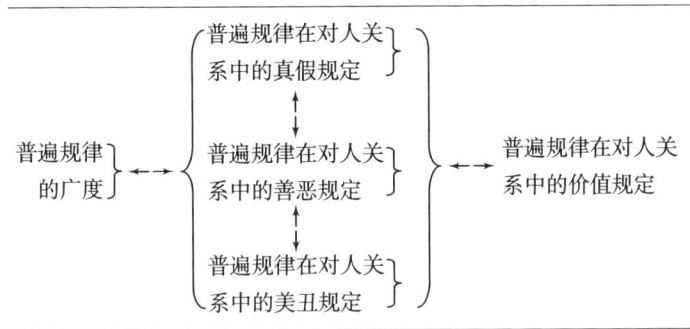

然而普遍规律的广度，也就是普遍规律的深度，是那个深度自己在对人关系中展开为它的广度规定，这是它的自身规定，这二者的统一，便是普遍规律的内容整体。这个内容整体，便是普遍规律的总体性。我们现在又可以列成下表：

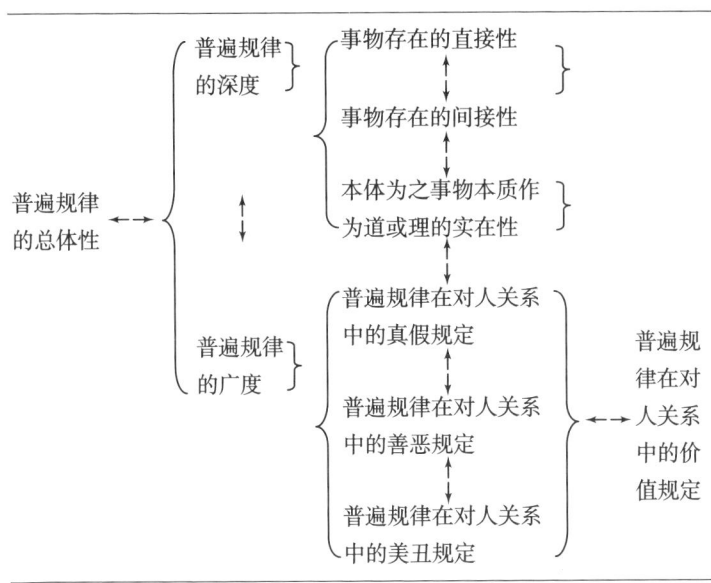

所谓规律，就是本体之为万物本质的道或理，这个道理作为一个规律体系，还仅是适用于一切事物那一普遍性的环节。单就这个普遍规律的客观性自身说，诚然它无所谓真假，无所谓善恶，无所谓美丑，它只是由表及里，由里及表的一个深度统一体。对这个统一体《老子》如下描述是对的：

  天地不仁，

  以万物为刍狗。

但它下面接着又说：

  圣人不仁，

  以百姓为刍狗。

这便是荀子所谓"知天不知人"了。知天知人者，即为要知道天人的对立统一关系。说哲学以普遍规律为对象，普遍规律便由此进入对人的关系中，变成我们所谓第一、第二人化的事实，落脚为思维规律，从而它便必然由它"不仁"的深度，进入它的有情有义的广度——普遍规律之为道或理在其为一个合乎人道的真、善、美统一的否定性中，否定其为一个不合乎人道的假、恶、丑统一体的对立物：哲学以普遍规律为对象，就是以普遍规律的总体为对象，而以这个总体为对象，就是要在普遍规律的深度中认识它在对人关系中的真假、善恶、美丑的广度规定，并在这广度规定中坚持普遍规律之为真、善、美统一体的那个实在性。这是哲学作为人的思维科学本性。所以哲学必须既知天，又知人，要以二者的对立统一关系为对象，但这仍然不使它的对象失其为普遍规律的普遍性——普遍规律所表现出来的一切事物，在对人的关系中作为人的认识对象，便普遍的具有真假、善恶、美丑的固有规定。在哲学中"只知坚持真假的环节"抛弃善恶、美丑的环节，这便等于要只知天，不知人。在只知天，不知人的前提下，外在地强调这知天之知是我们从事一切活动的方法论，却不强调运用这方法的善、美原则，那么，基于普遍规律作为道或理，在其对人关系的广度中，同时可以是假、恶、丑的统一体的观点，这方法便可能变成服务于恶、丑原则的方法论和权谋之道。

照这样看来，即使就哲学的对象而言，哲学也是一种真、善、美的学问，是以真、善、美的统一为对象的。伦理学只以善的问题为对象，美学只以美的问题为对象，而不涉及真、善、美的统一根本问题——思维对存在的关系问题。这正如数学只以量为对象，而不涉及质与量的统一问题一样。这个问题也正是哲学的对象。但是哲学只有在真、善、美的统一中，在质与量的统一中，才能为伦理学、美学、数学提供方法论的基础。

进一步看，我们的反思便要发生一个由"远而反"的过程，便要从思维对存在的关系问题中的存在规律问题，反归到思维的逻辑上去了。我们由思维对象的真、善、美统一之为假、恶、丑统一的否定性中，可以发现对象这样一种客观逻辑或客观性，只有在我们的思维逻辑之为一个趋向真、善、美统一的良知活动或规定活动中，才能作为真理对人显现出来。从而思维对象的真、善、美统一的逻辑，便和显现它的思维逻辑在内容上是对立统一的。思维的逻辑和思维的对象的客观逻辑，在内容上是对立统一的，也就是说二者在本源上是同本同根的；这种思有统一性，原本就是在表现本体之为一个主客统一性的道或理的真理性——思维逻辑本身是一个主客统一性，这种主客统一性就是真理本身，而真理本身所呈现的客观内容，便是存在的道或理之为一个主客同一性的一切环节统而为"一"的实在性。于是由此我们便可看到，有关真理的逻辑结构的学说，必然不仅是逻辑学、认识论、世界观三位一体的统一性，而且也是真、善、美三位一体的统一性。这个统一性便是哲学。一般的科学体系作为真理自身，不仅有真、善的逻辑规定，而且也有美之为美的逻辑规定，二者的统一便是思维的逻辑规定，它必然指向对象在对人关系中的一切假、恶、丑统一规定的不断否定。

这个统一性以实践为中介建立起来思有统一的真理性，远不仅是逻辑学、认识论、世界观三位一体的统一性，而且同时也必然是一个真、善、美三位一体的统一性。这个统一性的客观内容，从黑格尔所谓"绝对理念"，到它的自身存在的具体性——绝对精神，都是一个揭示真理的逻辑发展的逻辑先在性，逻辑先在性是哲学的本质，同时也是一切科学的本质。

逻辑先在性，既是一个逻辑学、认识论、世界观三位一体的统一性；也是一个真、善、美三位一体统一性，这二者的统一，便是人的思维本性。人的思维本性不是一个不动的完满性，它是一个在否定它的他物——假、恶、丑的斗争中，不断地向上发展中建立其自身的实践性。这种不断趋向真、善、美统一的真理性的实践性，便表现为人的社会生活的历史发展过程——人的历史发展过程的内在本质是一个真、善、美统一的逻辑先在性，是一个趋向于真、善、美统一的真理性的社会实践性。在这个社会实践性中，假、恶、丑统一的邪恶现象，不可避免地要大量出现，但它却是作为真、善、美的他物，在不断被否定着——正是在这种否定性中，人才能不断地向上建立其自身完善其自身。这便是我们在黑格尔哲学中所能发现的，并使它更加完善的合理内核。使这种合理内容与阶级关系相统一，我们在谈到马克思、恩格斯的伟大发现时，已经提到了。

这个合理内核，最后便可归结为人所趋向的那个真、善、美统一的真理性——本体之为主客统一的道或理的真理结构本身，表现的是一个逻辑先在性，而非是一个在时间关系中的时间先在性。

这就是本章所论的最后结论。

对这个结论，人们可能还有怀疑，要提出一些反对意见。对此我们必须就我们所能估计到的，并且是最主要的，做出明确的回答。

一种可能的主要意见，是这样的：人们可能认为即使就黑格尔本人的哲学体系说，他说明世界的原则是一个逻辑先在性，但在我们辩证唯物主义的分析看来，这个说明世界的原则，仍然是一个时间先在性。为什么要这样说呢？因为所谓"逻辑先在性"的基础是本体，本体要表现为万物，它便必须先于万物而表现——先于万物而表现，它便不能不是时间在先的了。实际上，这仍然是未摆脱知性思维，还未与人的思维规律合二为一的片面观点。照这样说，同样的论点，也可适用于辩证唯物主义：虽然就辩证唯物主义体系本身说，它说明世界统一性的物质原理是一个逻辑先在性，但在辩证唯物主义的分析看来，它仍然是一个时间先在性，因为一切都是物质的表现，物质要表现万有，它便不能不先于万有而表现——先于万有而表现，它便不能不是一个时间先在性了。可见，这种片面观点，不仅歪曲了黑格尔，而且也会引起对马克思主义物质定义的严重曲解，容易把物质看成先于万物存在的孤零零的客观性。通过以上说明可见，逻辑先在性原则还不是黑格尔的唯心主义，它也是辩证唯物主义所必须具有的一个原则。

这种否定逻辑先在性的片面论点，仍然是站在黑格尔所谓抽象知性的立场上，把本体作为道或理的实在性，设想为一种实际存在的东西，然后才能由它表现万物，然而事实却不是这样的。在黑格尔那里，他是从存在的事实出发，通过反思把事实的东西的全部内容作为规律性，归结为本体作为道或理的规定性之中了。本体作为道或理与它的规定性分不开，它在直接与事物相联系的规定性中，同时便显现为事物了，因而本体作为道或理便又与存在的事物统一不可分，二者的对立统一，就是本体作为道或理的自身存在。如苏轼在《前赤壁赋》中说："清风徐来，水波不兴……"什么是"清风徐来"？本体作为道或理的规定性，一旦直接化到空气分子的一定流动规律，它便在这流动规律中同时就表现为"清风徐来"了。什么是"水波不兴"？本体作为道或理的规定性，一旦直接化到分子运动的一定波动规律，它便在这波动规律中同时就表现为"水波不兴"了。在这两种情况下，你能把空气分子的一定流动规律、水分子的一定波动规律，看成是时间在先的存在，然后再由它表现为"清风徐来""水波不兴"的存在现象吗？这是不可能的，二者以本体为基础的统一，是不容加以分割的。唯因如此，在《逻辑学》中最后演绎到所有范畴的统一——绝对理念时，黑格尔说到，绝对理念的统一体在其与存在相统一的直接规定性中，就是自然。这就是说，本体作为道或理在其规定总合中，便在其与存在的事物直接相联系的直接规定性中，它同时便显现为一切自然事物（包括思维的精神现象在内）存在的现象，所谓"显现"不可能是与事物存在相分离的时间先在性。

本体作为道或理，作为一个包容一切事物存在的规律体系，在黑格尔看来是从存在的事物之为"有"或"是"的实在性出发，通过反思而建立起术的概念。那种把"一切存在事物是本体作为道或理的表现"的命题，设想为本体作为道或理的实在性必须在时间上先存在，然后它才在这种时间先在性中，表现出天地间的一切事物来的观点，乃是一种知性的外在反思。所谓知性的外在反思，就是人把自己的反思觉知为在一个主辞概念外面，仅由人的思维，以"是"为中介，外在地给主辞确立一个谓辞概念，而主辞概念在这种确立过程中，仍然不变地保持在谓辞的外面。这样，整个的命题或判断，便是由人的思维以"是"为中介，外在地结合起来的两个概念。外在的反思本身是在表现这样一个世界观，即在主辞概念中所表达的事物存在，永远是一个不变的据点或主体，普遍规定、规律只是像人有一东西那样为它所"具有"，或者虽然不为它这样所"具有"，也外在地为它所"关系到"，所以我们的思维可以凭借感觉、经验，从中外在地指示出或概括出它的"所具有"或"所关系到"。例如在"人是动物"一命题中，在外在的反思看来，当对人指出"是动物"以后，人仍然在其这个"是"中固定不变，保持于动物规定的外面，动物的规定，只是外在的为人所具有。就当前我们正在论究的问题而言，在外在的反思看来，一切存在的事物同作为存在的事物，永远对认识是一个不变的据点，当它指出它是"本体作为道或理的表现"以后，存在仍然不动的保留在"本体作为道或理的表现"这个能动活动的外面，后者只是为它外在的"关系到"，从而后者也在这外在的"关系到"中，保留在前者的外面。因此，后者作为能动的本源，便必须是一个时间先在性。

　　但是黑格尔所谓的反思，却是一种对人的反思作用达到了全面觉知的内在反思，是一种深入对象，与对象所固有的自身否定合二为一的**理解作用**——反思必须是这样一种理解作用，而理解作用则是一个在否定性中建立起新的肯定的回归运动。在反思的理解作用中，思维把直接存在的事物建为假象，建立为空无所有的"无"，而在这无中映现出本质的实在性——

将直接存在的万物的内容，全部作为规律性，归结为从假象中升起的一个新实在性，这个新实在性，在对直接存在的事物作为假象、作为无的关系中，就是本质，所以，凡属指出一个直接存在的事物的以本体为基础的本质规定性，亦即本质在其一定规定性中的实在性，也必然同样是对直接存在的事物的一个否定，作为最初出发点的事物存在，不可能还一成不变的保留在它是什么的本质规定之外。说人是动物，人的全部内容便全部作为规律性，归结为动物的实在性了。而动物的实在是一个以动物共相为基础的规律体系，在这规律体系的一定环节上它就是人，然而动物仍是以本体作为一切事物的普遍本质的一种规定性。这个普遍本质作为包容一切事物之为一些规律性在内的实在性，是把事物存在作为假象、空无加以否定的一个绝对否定性。这是第一个否定。但就事物存在与本质在区别性中的同一性而言，本质的实在性就是事物的实在性，因而事物的存在又并不是一无所有的空无——它是本质，这是第二个否定性，是否定之否定，是对事物的存在作为假象、空无的否定，是无的"无"。于是全部反思的理解作用，便是从无到无地回到事物存在自身的回归运动。这个回归运动，首先把事物存在建立为假象的空无，从中映现出本质，然后它又通过事物存在就是本质的自身表现，把事物作为"空无"理解为不是这样的"无"，理解为无"空无"，使本质的实在性回归为就是事物存在的实在性。因此，反思的理解作用，就是一个包含了康德所谓"进行反思的判断力"与"进行规定的判断力"的统一在内的统一过程而建立的反思。反思是建立的反思，就是说反思在其从事物到本质的规定活动中，是一个从无到无的否定之否定的活动。

　　反思的理解作用，所以能这样来建立它的对象性，就因为事物的存在，原就是从本质中表现出来的，事物的存在原就是在显现着本质的假象，所以它原来就是使其本身在假象中归结其本质的回归运动。在黑格尔看来，外在的反思，是对反思的理解作用的片面觉知，它表现为知性的思维方法；而就外在反思的客观性说，它本质上也是建立的反思，二者的统一黑格尔称其为规定的反思。本质论中所谓反思的规定，就是从规定的反思中产生出的有关本质自身一面的规定性。

黑格尔在其《逻辑学》的"本质论"中有关"反思"的论述，是非常晦涩难懂的，但它非常却重要，非常关键。细看之下，它的表达未见清明的合理思想，没有任何神秘的地方。

正是在这种反思中建立起来的本体作为普遍本质的概念，才能必然是一个逻辑的先在性，而不可能是一个时间的先在性。因为在把一切事物存在的内容，全部作为规律性归结为本体作为普遍本质的实在性之后，普遍本质在其固有的一系列规定性总和的统一性中，同时直接便显现为一切事物的存在，这里并没有时间先在性存在的余地。

说到这里，人们便可能产生另一种反对意见。这种反对意见是说，即使逻辑先在性的概念是正确的，即使一切科学的本质，都是一切逻辑先在性，但黑格尔本人是否有这样明确的意识，使他的哲学体系完全都建立在本体之为道或理的逻辑先在性的基础之上呢？对此，我们回答说，必须是这样，如果不是这样，便没有黑格尔的哲学了。这便涉及逻辑先在性作为黑格尔哲学的基本观念所由此产生的历史必然性问题，涉及哲学观念发展的一个伟大历史转折问题。这个转折，由于它与神学相联系，便不为我们的哲学史所注意，好像它根本不存在似的，存在的只是它的直接现象形态。

如同休谟站在经验论的立场上，破坏了经验论的权威那样，康德也本质上站在黑格尔所谓知性的立场上，破坏了知性的权威，破坏了知性所谓超经验本体的认识所以可能成立的权威，在近代哲学中，论证超经验本体必然存在，而且必须存在，一向借助于本体存在的本体论证明。这个证明是说，我们在统观万有的统一性时，必须设定本体的实在性，而在本体实在性的概念中，又必然包含本体的存在规定在内，所以本体是存在的。如果本体被说成是上帝，这个证明便是上帝存在的本体论证明。康德站在知性的立场上，也从设想自在之物、上帝是自身存在的现实性出发，批判了上帝存在的本体论证明，因而也便是一般地批判了超经验本体存在的本体论证明。康德的批判，达到了真正击中要害的最高峰。有了这个批判，人们再想从设想超经验的本体——自在之物、单子、上帝自身存在出发去论证本体的实在性是存在的，便是根本不可能的了，因为一切论证的最后基础——本体存在的本体论证明，已经被证明为无效了。康德指明，例如，一百元钱无论存在或不存在，都无关于一百元钱的实在性，一百元钱还是一百元钱，但它的存在或不存在却是有区别的，这说明一百元钱的实在性同它的存在不是一回事，它们之间是有区别的：存在并不是包含在这个实在性之中的谓辞，我们不可能设想一百元钱的实在性，在纯思想的领域里去证明一百元钱的存在，同理，即使在上帝或其他什么超经验的本体实在性中包含有存在的规定在内，但存在或不存在，也无关于它的实在性本身，本体的实在性还是本体的实在性，而它的存在或不存在是有区别的，这也说明上帝、自在之物、实体、单子等等的实在性同它们的存在不是一回事，二者之间是有区别的——我们不能用有关它们实在性的概念，在纯思的领域中去证明它们的存在。在经验的领域，例如关于一百元钱的存在或不存在，我们可诉诸感性的直观，但我们没有超感性的理智直观，所以在超经验的领域内，我们不可能理论的知道上帝（任什么其他的超感性本体也是一样）是存在还是不存在——本体界是不可知的。

康德的这个批判，在当时它所向无敌，无人敢于从逻辑上起来同它相对抗，坚持上帝存在的理性主义，被迫让位于坚持上帝存在的神秘直觉主义。康德在逻辑的领域，亦即在理论认识的理性领域，最为勇敢地杀死了上帝，同时也等于杀死了一切超感性的本体实在性，但却以本体界不可知的结论为代价。

然而康德这种批判哲学的胜利，不久却遇到了黑格尔这个对手。黑格尔一方面反对坚持上帝存在的神秘的直觉主义，一方面又从逻辑上起来反对康德，捍卫上帝存在的本体论证明，实现了他的一种绝对唯心主义哲学，在这种唯心主义的前提下论证了本体界的可知性。如果黑格尔的理论，即符合逻辑，并且又驳倒了康德的批判，恢复了上帝存在可以从理论上被确定的理性主义权威，这又是如何可能的呢？康德的批判，是一个伟大的哲学事件，是哲学观念在其发展中的一个伟大转折。这个伟大转折实质上是在客观地向人表明知性立场的不合理。康德杀死了上帝，亦即是杀死了在歪曲上帝存在的知性立场——使上帝作为最高本体的存在与有限事物存在相分离的知性立场。站在这种立场上，便必然承认，在超经验的绝对真空里是什么也没有的绝对空虚，上帝或任何其他超经验的本体实在性（包括唯物主义的物质本体在内），不可能在这个绝对真空里存在。黑格尔如果不是有鉴于此，从知性的立场转向辩证的立场，从而如果他事实上不是把上帝作为共相转化为逻辑先在性的道或理，承认有限事物的世界即为上帝自身存在的现实性，他能起来与康德相对抗，重新从逻辑上恢复上帝存在的本体论证明的权威吗？这是不可能的，简直是不堪设想的。所以，黑格尔在逻辑学中，从存在的事物演绎到本质，从本质演绎到其与事物相统一的概念之后，他又从概念演绎到客体——一切存在的事物时，他便明白的自称，他这种演绎就是真正的、名副其实的有关上帝存在的本体论证明。

这便是在康德批判哲学的伟大转折中，使黑格尔的绝对唯心主义必然要以逻辑先在性的观念为基础的历史必然性。

由此看来，黑格尔说明世界的原则——逻辑先在性，是在解决前哲学家说明世界时所产生的逻辑矛盾的基础上形成的，因此它摆脱了旧的形而上学性。这种说明世界的原则本质上是辩证法的，所以它不仅贯穿于黑格尔哲学体系中，而且也为辩证唯物主义物质统一性原理所吸收。

第四章　论黑格尔的唯心主义

　　黑格尔说明世界的原则作为一个逻辑先在性，是唯心主义的。黑格尔的唯心主义是客观唯心主义，又称绝对唯心主义。批判地阐明和分析这个唯心主义的内在实质，是一种极为艰苦而复杂的工作。

　　黑格尔说明世界的原则之所以是唯心主义的，就在于他把概念看成了整个世界的本质。在他看来，思维必须以概念去认识对象和规定对象，而这种概念的规定活动就是将有关对象的表现改造为与其本质相符合的包含特殊性在内的共相，这共相也是概念，是存在于对象之中的客观概念和客观思想。所以对象的本质是概念，一切对象或客体的本质同作为概念，一般地被区分两种，一种是作为精神现象的本质的概念，另一种是作为非精神的物质现象本质的概念。二者的关系正好是一种主客关系：思维把握对象的规定活动作为概念的规定或思维规律，就是精神现象之为概念的内在本质。所以思维以精神现象为对象的认识，也就是思维作为精神现象的自我认识。贯穿在这个自我认识之中的以纯粹形式出现的概念规定活动，作为精神现象之为概念的内在本质，是相对于非精神现象的本质作为概念之为客观性而言的主观性。这种主观性与客观性的统一就是黑格尔所谓的理念。理念是概念的概念，思想的思想，是非精神的物质现象的本质作为概念的自在自为的显现：非精神现象的本质作为概念，是潜在的概念，或叫未分化的自在概念，只有到了精神阶段，这种潜存的概念才分化为主体和客体，从而达到自我意识，这种主体和客体的同一也就是理念。所以，我们可以说，精神现象的本质作为概念实际上就是理念本身。理念的直接形式，便是表现为生命现象的情欲冲动的感受性，而感受性的本质或客观内容，是趋向于真、善统一的认识理念，这是精神现象的本质作为概念的内在核心。所以情欲冲动的感受性必提高为以思维的规定活动为基础的认识理念。认识理念之为真、善概念的统一性是一个全面的主客统一性，是作为非精神现象本质的潜在概念的自在自为的显现，所以它是绝对理念。精神现象的本质作为概念是理念，而理念的整体性则是绝对理念。绝对理念是认识理念回归到生命理念的自身规定，是它的内在实质和核心。绝对理念是一个全面的主客统一体，它即是在主观性中的主体，也是在客观性中的客体，二者统一的一系列规定性的基础是一个普遍的精神活动性，亦即纯粹的思维或理性本身。黑格尔说："纯科学绝不是形式的，它绝不缺少作为现实的和真正的知识的质料，倒是唯有它的内容，才是绝对真的东西，或者，假如人们还愿意使用质料这个名词，那就是真正的质料，但是这一种质料，形式对于它并不是外在的东西，因为这种质料不如说是纯思维，从而也就是绝对形式本身。"① 所谓"纯粹的科学"，黑格尔指的就是逻辑学，而逻辑学则是以"绝对理念"为对象的。可是绝对理念作为一系一规定性的辩证统一体，是有一个统一的本体基础贯穿其中的，这个统一的本体基础，在黑格尔看来，就是纯思维作为绝对形式本身，而它在其主客统一性中的一系列规定性的总和——一些普遍的和具有主客之分的范畴总和，便是绝对理念。绝对思维作为本体在其作为绝对理念的一系列规定的统一性中，便同时把自身显现为自然的各种事物（包括人和人的精神现象在内）的普遍存在过程。这便是黑格尔的绝对唯心主义说明世界的逻辑先在性。

在这里，我们必须再一次指出，一般地说，世界各种事物作为思维的对象、思维的客体，诚然它应包括人的精神现象和人的社会生活过程在内。但是当这样来规定思维的对象、思维的客体时，必须要想到黑格尔如下的

---

① 黑格尔：《逻辑学》上卷，商务印书馆1966年版，第31页。

观点:

第一,人的社会生活过程,在黑格尔看来不是独立于人的精神之外的东西,它本身作为黑格尔所谓的客观精神,是人的精神作为主观精神的对象化、客观化。思维以人的社会生活过程为对象,也就是人的精神在其客观精神中的自我反思。

第二,人的精神现象作为自然存在过程中的一种事物,它原本是现实存在的主客关系:人的精神现象,最初就是人的思维把握自然中的非精神性事物在对人关系中的真、善统一规定的认识活动。思维以人的精神现象为对象也就是以人的认识为对象,是认识活动在其认识主体——思维中的自我反思。而这种自我反思,又正是揭示了人的精神现象之为主客关系的本质——精神现象的本质作为概念的实在性。这实在性便是:人的思维把握非精神的物质现象的真、善统一规定,即为物质现象的本质作为概念的自我意识的自在自为的显现,正是人作为这个自我意识、这个"显现",把自身对象化为人的社会生活的实践过程,并且在这个实践过程中确立这个自我意识、这个"显现"的真善统一规定的主客统一性。这个主客统一性就是绝对理念。

所以,在绝对理念的实在性中,包含了第一、第二两方面规定的统一在内。绝对理念是黑格尔在最纯粹、最抽象的形态上的说明世界的原则,而这个原则是一个绝对唯心主义的逻辑先在性。所谓绝对唯心主义的逻辑先在性,就是说这个逻辑先在性是包容世界上一切事物在内的绝对性,而这个绝对性是一个以精神本体——纯思为基础的规律体系,绝对理念便是它的总称。

显而易见,在绝对理念之为一个说明世界原则的逻辑先在性的概念中,包含了本体作为道或理的总体性是一个主客统一性的一般合理思想在内。所谓道或理,就是符合人的理性的东西。但符合人的理性的东西,并不一定就是如黑格尔所认定的那样,它作为一切物质现象的本质必须就是概念,从而一切物质现象的统一基础——本体,必须是一个纯思活动性的精神本体，一个与人的主观理性相统一的客观理性。在黑格尔看来，本质作为道或理的实在性，无论就其主观环节而言，还是就其客观环节而言，都只是一个理性的实在性。因此，黑格尔便能够从本体论的意义上说，凡是符合理性的东西，都是合理的。这里所谓理性就是指本体作为道或理本身的实在性了。这个地方正是黑格尔的唯心主义。抛开黑格尔这个唯心主义规定，剩下的合理思想就是：符合人的理性的东西，是为人的理性所认识的一般客观内容。就这个客观内容是一切事物的本质而言，它就是以本体为基础的一个规律体系，即一个有关事物的一般道理的体系，因而它也就是一个道或理。我们正是在这个意义上用道或理的概念的。我国先秦哲学中所讲的道也具有同样的意义。这样的道或理，是世界的本体与其规律的内在统一，是一个荀子所谓不可居于一偏去看它的包容一切的大全。这样一个大全，虽然自身是不可见不可闻的抽象，但它表现的是一个客观实在性，可见可闻的一切有形的事物，从宏观到微观，都是这个本体作为道或理的自身表现。以唯名论为其思想基础的经验主义者，不懂上述的辩证法，在他们看来，这种道或理的哲学思想本来就是唯心主义的，因为存在只能是物的存在，而道或理的哲学思想，使物的存在消逝于道或理的不可见、不可闻、不可触、不可嗅的抽象之中了。可见，经验主义者把道或理的哲学说成唯心主义，这是错误的。并且，即使道或理的哲学思想具有时间先在的局限性，只要它不把道或理的本体基础规定为精神或神之类的实在性，我们也不能说它就是唯心主义。因此，《老子》《庄子》两书中所说的道或理，是否是个时间先在性，还有待于研究；但有一点是肯定的，两书都未把道或理的本体基础，规定为精神、神之类的实在性。我国先秦哲学的儒家思想，诚然讲天命和天理，而这天命和天理是否就是精神或神，也还有待于研究，但有一点是肯定的，天命和天理运行于天地之间，是一个逻辑先在性，而不是一个时间先在性。所以，我们不能由此断定它是唯心主义。

仅就逻辑先在性观念而言，或者更具体一点说，仅就在哲学上的逻辑先在性观念中的本体之为道或理的观念而言，它既不是唯心主义的，也不是唯物主义的。它是一切理性主义哲学应该具有的一个共同根据。这里所谓的理性主义，包括经验论和唯理论以及二者以唯理论为基础的内在统一的一切哲学思想在内。它与反理性主义相对立，自成一个从逻辑上、认识论上来看哲学基本问题的一个基本对立面。在逻辑先在性观念中的本体作为道或理的观念，既然它既不是唯心主义的，也不是唯物主义的，那么它便又既可以是唯心主义的，也可以是唯物主义的。既然如此，它之所以能被区分为唯心主义与唯物主义的根据或理由又是什么呢？从根本上说，当然这种区分的根据在于道或理的本体基础，是被把握为精神的，还是被把握为物质的。但进一步说来，唯心主义与唯物主义之所以能在精神本体与物质本体的相互对立中得到区分，又不在于本体所呈现的以形体性或广延性为核心的各种物的物性，或者说各种物作为不同物理物性的总和，是在精神现象之内的精神表现呢，还是在精神现象之外的自在表现？如果把各种物作为不同的物理物性全部归结为精神现象之内的精神表现，那么这就是彻底唯心主义的基本原则。关于这个基本原则问题，我们将在后面阐述。现在的问题是要进一步指出，只要能把各种物的物性转化为是在精神现象中的精神表现，那么，这个表现的内在本质，便必定是一个以普遍的精神活动性为本体的道或理。黑格尔说明世界的原则，作为一个逻辑先在性，就是这样一种彻底的唯心主义。相反，如果认定各种物作为不同的物理物性的总和，特别是其中那个形体性或广延的核心，全是在精神现象之外的自在表现，那么，这个表现的本质便必定是以一个普遍的客观物质性为本体的道或理。这就是唯物主义的原则。所以，斯宾诺莎虽然以上帝为实体，但这个实体却具有完全不同于精神现象的、在精神现象之外的、能够表现为各种形体性的广延属性，所以，上帝这个本体在其广延属性中实质上就是一个物质本体的逻辑先在性。从这个标准出发，我们便容易识别我国《老子》《庄子》两书的哲学思想，到底是唯物主义的，还是唯心主义的。在我看来，这两书的哲学思想是一种非经验论的理性论的唯物主义。从西方哲学史上看，毕达哥拉斯学派、爱利亚学派、斯宾诺莎哲学和马克思、恩格斯所创立的辩证唯物主义，都是非经验主义的理性论的唯物主义。辩证唯物主义在批判地扬弃黑格尔的非经验主义的理性论的唯心主义这一前提下，使非经验主义的理性论的唯物主义开始达到科学的崭新阶段。我们决不允许用经验主义的理性论的唯物主义来曲解辩证唯物主义的精神实质，因为这种经验主义的唯物主义不是通过精神与物质的对立统一来坚持唯物主义路线。它们总是把物质理解为必须是实际上存在的物：它如果不是微观客体，就是各种物同作为物的一般物；一般物是永远扬弃不了的最后据点。离开了具体的物，这种唯物主义好像就失去了坚持唯物主义的基础。在此基础上，这种唯物主义都是逻辑上和认识论上的唯名论，它可能承认物质是一个普遍的抽象，但它不能够承认这个普遍的抽象有本体意义上的客观实在性，而认为它只不过是用以标志各种物存在的普遍名词。在这个意义上，这种现象论唯物主义所谓的"一般物"——一般的物质运动的表现形态，也变成标志各种物之为物质不同运动形态的符号、名词了。可见，这种哲学上的经验主义观点是错误的。但在我国哲学史界，流行着这样一种观点：凡属经验主义必然是唯物主义，凡属唯理主义必然是唯心主义，或者至少只可能有经验主义的唯物主义，不可能有唯理主义的唯物主义，这种观点也是不符合事实的。

世界上不仅存在着表现为物的物理性质，而且还存在着人之为自然物的精神现象。精神现象也是人作为自然物的一种物性。有的同志认为，既然人的精神现象只有在人的社会生活实践中才能存在和发展，人作为自然人的实在性也只有在人的社会生活实践中才能存在和发展，那么，人作为自然人的实在性也就等于人的社会性了。这种观点推广到哲学本体论上，则会得出这样的结论，既然本体作为道或理的实在性只有在万有的现象中才能存在，才能展开，那么，万有的现象就直接是本体作为道或理的实在性本身了。这种观点显然也是片面的。实际上，就其所表现的客观内容而言，人的精神现象诚然要表现人的社会性，但它也要表现人的自然性及其与其他自然现象的关系，它在黑格尔所谓真、善认识的统一中，是在表现社性与自然性的内在统一——马克思、恩格斯所谓生产方式作为生产力与生产关系的对立统一体，便充分说明了这一点。而就人的精神现象的生理基础说，它纯粹是一种服从自然规律的自然现象。如果说各种物的物理性质必然在本体作为道或理中有它存在的根据，那么人作为物的精神性质也必然在人与其他物的统一本体作为道或理中有其存在的根据。这一点也无关于唯物主义与唯心主义的区分和对立。并且，如果人的精神现象与其他一切物质现象，作为一个统一整体，在现实中是一种主客统一关系，那么它们在本体作为道或理中的根据也必然是这种主客关系本身的固有道理，即一种以本体为基础的作为道理的主客统一性。这一点也同样无关于唯心主义与唯物主义的区分或对立。后者与前者的统一，这乃是一切非经验主义的理性主义哲学和一切非理性主义哲学基本流派的共同基础。唯一与这个共同基础相对立的，便是一切纯粹经验主义的理性主义哲学，不管它是唯心主义的，还是唯物主义的。一般地说，人的精神现象便是思维把握感官对象的规定活动，就是人的普遍的"我思"或"我意识到"，这其中便包含了人的精神作用表现为感官对象的感性活动在内了。从我们所谓主观辩证法，即思维活动的心理基础这方面来看，诚然我们不能说精神现象的本质就是概念，正如我们不能说非精神现象的本质是概念一样。但从我们所谓的客观辩证法一面来看，亦即从思维的心理过程呈现把握对象的逻辑规定来看，这些逻辑规定作为范畴，作为思维在感性对象的制约下，必然是人如何思想的规律性，它本身的确就是纯粹概念本身[①]，是思维表现为各种概念的规定活动的普遍性。范畴作为普遍概念，既是思维如何思想的规定活动的规律，又是表现对象的固有规定性。所以从逻辑上说，亦即从客观辩证法作为思维如何思想的逻辑上说，的确人的精神现象的本质就是概念，就是思维把握对象的理解作用的概念规定活动。这种概念的规定活动，既是本体作为道或理之为一个主客统一性的主观性那一环节的逻辑规定，又

[①] 注意，这里所谓纯粹概念，又是作为人如何思想的思维规律意义上的纯粹概念，它不等于被人意识到了作为一种知识意义上的概念。

在这种逻辑规定中表现本体作为道或理之为一个主客统一性的客观性那一环节的逻辑规定，二者的统一作为一种思有统一论的逻辑先在性，也是无关于唯心主义与唯物主义的区分和对立的，它只是一切非经验主义的理性主义哲学那个共同基础、共同对象理应如此的逻辑规定的总体性。这个思想同一论，只不过是说人的精神现象与一切非精神的物质现象，在其对立统一中作为一种现实的主客关系的本质——它的道或理，是一个以本体为基础的主客统一性而已。在主客统一性中，的确如黑格尔所言，客观性与主观性在对立统一中，客观性即主观性，主观性即客观性，二者都是在主客规定性中的本体，是本体作为客观性与其作为主观性的对立统一。这个对立统一，便归结为主观性是客观性的自我意识。黑格尔的唯心主义，在这里也只在于他把本体设定为显现物质现象的纯思，把本体显现物质现象的道或理，设定为这个纯思作为概念，使它与人的思维之为概念的规定活动直接合二为一，变成在主客关系中的思有同为概念的同一性。在黑格尔看来，二者的区别只在于前者是外化为自然或物质的概念，后者是外化为自然物质的概念复归于概念自身的自在自为的显现，是自然或物质作为潜在概念的自我意识。在这种自我意识中的概念规定活动，显现自然或物质作为潜在概念的本质，二者的统一，便是黑格尔的绝对理念作为最抽象、最一般的说明世界原则的逻辑先在性。

这足可以看到，在黑格尔唯心主义的绝对理念的观念中，包含了本体作为道或理之为一个主客统一性的逻辑先在性的合理思想在内。要想彻底说明世界多样性之为一个精神现象与物质现象的主客关系的统一体，便非立足在这样一个逻辑先在性的根基上不可。唯有在这个根基上，才能实现一般的思有统一论，才能在思有统一论的基础上实现逻辑学、认识论、世界观三位一体的统一性，不管这统一性是唯心主义的，还是唯物主义的。

人们说，绝对理念的原文，应翻译成绝对观念，我们前面对绝对理念的阐明，是把黑格尔理学化了。对此我们要说，这里的问题完全不是一个翻译问题，而是一个任何翻译都取消不了的内容问题：即使把原文译成绝对观念，黑格尔《逻辑学》中的"观念论"，也不是说的人的现实观念过程，而说的是这一观念过程作为"真理一般"的道或理。在黑格尔看来，"真理一般"作为真、善认识的统一性，是一个表明自然界中的机械性、化学性的内在本质是概念的主客统一性，这个主客统一性通过目的性向人的实践活动的转化、便被实现了的目的所确立；观念正是这个被确立了的主客统一性本身，而这个主客统一性的整体作为真善认识的统一，就是绝对观念。绝对观念作为说明世界包容一切的两大现象——精神现象与物质现象，在其相互联系中之为一种主客关系的内在本质，亦即主客同为概念的内在本质，即是黑格尔说明世界的一般原则——一个道或理，一个世界存在过程的逻辑先在性的普遍原理。道或理的最后环节是概念的概念，思想的思想，而它们的整体性作为一个绝对理念的主客统一性，就是真理之所以为真理的"真理一般"。这个真理一般所固有的逻辑结构，在其为主客统一的真理这一点上，便是思维把握对象的概念规定活动的整体性，又是在这整体中显现对象的本质也是概念的同一性。在黑格尔看来，思维运行在它把握对象的如何思想的规律性——范畴作为普遍的概念规定活动中，即具有表现对象本质的客观真理性，而无须像康德那样，在它身上还要外在地结合上感性，才具有客观真理性。我们已经表明，黑格尔与康德的本质区别即在于：先天综合判断那个综合性，对康德说是先验的因素范畴与感性的外在结合，是范畴加感性；而对黑格尔说，却是先验因素范畴对感性的否定和扬弃；是在反思中把感性内在地归结为范畴的实在性的思维运动。这个思维运动的整体性，正就是真理一般的主客统一性，正就是绝对观念的大全。黑格尔在批判继承康德的基础上，恢复了先前唯理论的一个合理思想：在思维的能动性中才有知，而这个思维能动性本身便是一个普遍的主客统一性。只是黑格尔和康德一样，都否定了以前把思维能动性归结为思维中的天赋观念的说法，将天赋观念转化成了思维规律。黑格尔认为，天赋观念的提法本身便是不确切的、糊涂的，它与经验主义认为思维本身是空无内容的主观性，而内容全部来自感性的说法一样，是走向极端的片面性。它们之所以是不确切和糊涂的，就在于二者都没有认识到所谓思维便是指向对象的纯思想。所以，我们既不能说在纯思想中有天赋的观念，也不能说纯思想是空无思想内容的容器，思想内容是从感性那里接受下来的。纯粹思想作为形式也就是内容本身，这内容的自身规定，便是思维作为纯思想指向对象的如何思想的思维规律，它呈现为把握对象的概念规定活动。各范畴就是这个概念规定活动的不同环节。这是各种不同特殊概念的普遍性或"概念一般"，而"概念一般"便是思维之为纯思想作为内容本身的规律性。"概念一般"所指向的对象为感性所显现，所以，对象的本质作为概念的自我表现最初呈现为生命的自我感受性。尔后发展到思维作为纯思想对对象的概念规定活动，它表现为真、善统一的认识，"真理一般"，这也就是对象本身作为概念的自身显现的主客统一性——绝对观念。黑格尔在这主客统一性的基础上，发展了康德的范畴表，在这个表的范畴之外，又增加了概念的范畴，增加了概念的范畴的内在区分作为主观性、客观性及二者的统一作为观念、和观念的内在区分作为生命、真善统一的认识及二者的统一作为绝对观念等等的范畴。绝对观念作为最后的范畴，是包容其他一切范畴在内的一般真理之为主客统一性的大全，是思维之为纯思想的概念规定活动本身作为一个主客统一性的大全。至于思维的这种规律如何与存在规律相一致的问题，已被解决在他的唯心主义前提之中了。这个前提是：自然界的物质对象的本质就是概念，思维的概念规定活动只是前者的自在自为的显现，这就是思维和存在的同一性。绝对观念便是它的集中体现。

  所以，把理念或绝对理念改成观念或绝对观念，它也并非说的是人的现实观念过程，而说的是作为这一现实观念过程的基础的主客统一关系的道理。在这个意义上，我们可以说，不是我们把黑格尔理学化了，而是它的哲学本身便是一种唯心主义理学的最高体现。在它之中，便包含有一般本体作为道或理的最高体现的合理思想在内。我们在此基础上更上一层楼，便是如何把它唯物主义化的问题了。一切非经验主义的理性主义哲学体系，都是一种理学。中国的儒家、道家、法家，西方的毕达哥拉斯学派、爱利亚学派、柏拉图和亚里士多德、中世纪的唯实论派、近代的斯宾诺莎、莱布尼茨等哲学体系，都是不同形式上的理学派。康德是近代的亚里士多德，他基本上也属于理学派。正是从这个理学派中，发展出了从费希特到谢林再到黑格尔的一脉相承的理学思想。理学派哲学思想的基本特点，可用斯宾诺莎这样一个思想来标明：个人虽然是可以死亡的，但个人之为个人的道或理，这个或那个人的身体及心灵的本质，却在神作为实体的永恒性中，是长存不变的。唯理学派的哲学思想，是在于它要从事物的绝对动变性中，寻求在永恒形式下的绝对不变性。这个绝对不变性只存在于本体作为道或理、作为规律体系的王国之中。任何事物的规律性是不能改变的。但表现这个规律的现象则是变动的，这就是不变性和动变性的统一。至于理学派的哲学思想，是否能够把这绝对的不变性同绝对的动变性内在地统一起来，这都属于这派哲学思想的发展高度问题。我们可以说，黑格尔的唯心主义，作为非经验主义的理性论的唯心主义的最高发展，便以他的绝对观念之为一个思维和存在同一性的逻辑先在性的观念，实现了这二者的内在统一——绝对观念的永恒性，也就是它所表现出来的宇宙存在过程的绝对动变性。

人们可以反对说，思维和存在同一论只能是唯心主义的，在这之中没有任何合理思想可言。这种观点值得商榷。当我们说黑格尔思维存在同一论含有一个一般的合理思想在内时，只是说人的精神现象在世界的统一基础——本体中有其内在的根据，它是本体显现自然事物的道或理的自身表现那一环节。这一环节作为精神现象显现它的本质，就是思维把握对象的概念规定活动，也便是思维规律。而思维规律的内容就是一个主客统一性。这个主客统一性，唯物主义也是承认的。所以，恩格斯才把哲学归结为有关思维规律的学说。这足以说明，那种认为思维存在同一性只能是唯心主义的观点，是绝对不能成立的。

可见，在黑格尔绝对理念（叫它绝对观念也一样）中，包含有本体必然是一个本体道或理中的主客统一性的逻辑先在性的合理思想在内。

这个合理思想的唯心主义基础，就在于黑格尔认为，自然是绝对理念的外化。这个外化的含义我们将在后面论述。在这里，黑格尔又认为，绝对理念外化的自然界，就其类别而言，没有时间上的发展，而只有空间上并存的展开。但在同时展开的多样性的并存现象中，却存在着一种从低级到高级、从简单到复杂的辩证联系。唯有绝对理念在它外化的自然中的自我意识，亦即人的意识，才有时间上的发展过程。因而黑格尔看来，人的思维作为绝对理念的自我意识，不能一下子达到自己与自己相合一的真理性意识，不能一下子认识到绝对理念而达到绝对精神的境界。这一点的达到，需要经过漫长的人类认识和历史的不同发展阶段。到了绝对精神的哲学形式上，才完成了这个绝对理念向自己的复归。不能依据黑格尔这个复归的说法，就认为它的哲学体系是一个保守的、封闭的体系，这点我们已经进行了论述。但在此我们还是有必要提出一个与此相关的重要问题加以讨论。这就是，根据这种观点，黑格尔所谓思维与存在同一性是有其本身的发展过程的，同一性只能在人类认识和历史的无限发展中完成。但人类认识也只可以达到有关这个同一性的基本概念，即绝对理念，而不能穷尽这个概念；人类历史也只能达到一个基本的最高阶段，但却不能穷尽这个阶段。这一点我们马克思主义也在承认，区别仅仅在于，我们认为人类历史发展的最高阶段是共产主义，而黑格尔则认为是资本主义。但二者都认为人类历史有一个最后归宿。不过，黑格尔有关历史发展最后归宿的观点，还不是他自我意识发展辩证法的基本问题，这个基本问题是从以下几个方面展开论述的。

第一，思维规律的普遍性。黑格尔认为，思维与存在的同一性，是要完成于人类认识和历史发展的无限过程之中，这个过程虽然是无限的，但可以做有限的基本划分，所以它表现为人类认识和历史发展的由低到高的不同形态。历史的发展，以人类意识的能动性为基础，所以，上述发展的基本形态都可归为"人的精神现象不同的发展形态"的概念之中。被称作黑格尔哲学体系导论的《精神现象学》一书，就是对这种发展形态的不同逻辑阶段描述。我们曾提到过，《精神现象学》达到的最后精神阶段是人的绝对的知，而绝对的知就是绝对精神。人在绝对精神中，便从基本上实现了思维与存在的同一性。用黑格尔的话说，绝对理念在其外化的自然中的自我意识，就完成于绝对精神这个最高精神阶段上。这个绝对精神的逻辑基础，便是达到与绝对理念相统一的思维规律。在外化自然中的绝对理念，为其内在固有的主观性之表现为人的精神现象的思维规律所表现，因而这个思维规律的逻辑体系之为一真理体系的主客统一性，就是那个在其外化中的绝对理念本身。对这个纯粹的真理体系的陈述就是黑格尔的《逻辑学》，《逻辑学》就是论述正确的思维规律的逻辑体系之为一真理体系的学说。

这个作为人的正确思维规律的真理的逻辑体系，是以包括人在内的外化自然中的绝对理念为本原的，是这个绝对理念的主观性——对其自身的自我意识的规律与其自身相统一的完美形态。所以，正确思维的逻辑体系或结构，是人类思维作为绝对理念的自我意识这一主观环节先天所固有的一种潜在性。这种潜在性作为规律性，在人的精神现象中展开，表现为人类精神发展的不同基本形态，在绝对精神这一基本形态的最高形式——哲学发展的形式中，全面地展示出来，体现出来了。康德所谓思维以范畴综合感性的思维规律，在黑格尔这种理解的形式中，便有了完全不同于康德的新内容。康德虽然承认思维规律的先天性和逻辑先在性，但他仅把这先天性看成一个适用于个体和人类意识一切发展阶段的普遍性。这个普遍性虽然以思维对感性表现的不同方面、不同逻辑层次上的固有关系为转移，而有其自身的动变性，但这动变性仍是一个适用一切时代的人类和个体的抽象普遍性。关于这个抽象普遍性在人类和个体意识发展的不同历史阶段中所固有的历史形式，康德是一点也没有涉及。黑格尔则把康德提出的思维规律的先天性看成是一种能够呈现为人类意识发展的不同形态的先天潜在性，在这种潜在性的展开中，先天思维规律的抽象普遍性，便表现为它所固有的种种历史形式。

第二，思维规律的种种历史形式。思维规律的普遍性的种种历史形式，体现在与它相对应的不同意识形式中。我们可以从中反思到它们被意识到的作为认识看的概念。但决不能说，这种被意识到的概念，就是那种作为思维规律而起作用的历史形式的生成，使后者混同于前者，把前者说成是由人类认识的发展造成的。人类认识在每一发展阶段上的意识形式，都由与其相对应的一种思维规律的历史形式的能动性所形成，都必须有思维在对其人类意识每一发展阶段上的意识对象的固有关系中的必然表现形式来起作用，才能作为新起的意识样式被呈现出来。在这种关系中，也就包含了思维对其中的感性形象的固有关系在内。感性形象这东西，不是一成不变的，它随着思维对它的理解的深度不同，而表现出不同的丰姿和容颜。黑格尔认为，每一种意识形式都与存在有一定程度上的同一性，或都是绝对理念不同层次上的环节的表现，从而每一思维规律的历史形式也都同样具有这种同一性。但每一意识形式，每一与其相对应的思维规律的历史形式，都仅仅是在一定程度上与存在的本质——绝对理念的同一性，所以，它们本身就会有不可避免的内在矛盾，在这个内在矛盾中，真理转化为谬误。要想消除矛盾，就必须从中升起一种更高的思维形式，在它的作用下使人类的意识形式走向高一级的阶段。这样一直达到绝对的知——绝对精神。绝对精神，集前此一切在思维规律的历史形式中的意识样式的大成。这时的思维，无论就其思维规律说，还是就它呈现的精神现象说，都在原则上达到了与存在之为绝对理念的精神总体的同一性，这种同一性，在《精神现象学》中被分为宗教和哲学两种表现方式，艺术从属于宗教而是宗教的表现方式。但在《精神哲学》中，艺术独立在一个独立的表现方式，所以这个同一性的表达方式在此变成了三种：艺术、宗教和哲学。哲学是其中的最高表现形式。在这种思维与存在的同一性中，思维规律的先天性、逻辑先在性其对存在的固有关系中的潜在创生作用、理解作用，便全面而完美地被展开了。思维规律的逻辑体系作为主客统一性的一般真理体系，就其客观内容说，正好就是在外化自然的逻辑层次中那个朝着回归到精神的方向展开着的绝对理念本身,是这个道或理的实在性本身。二者的统一,就是一个实体即为主体的主客统一性的真理结构体系的道或理。

就这个道或理的客观内容说,它是天道;就这个道或理的主观概念规定活动说,它是人道,是人性。天道只能作为人道、人性的客观内容而对人显现,这就是天人合一的精神境界。没有这种境界、天道是无法被人了解的。然而人道、人性本源于天道,即本源于它所表现的客观内容,所以,人道和人性本身就是天道的实在性。二者的此种同一性,正好就是实体即为主体那个实在性。黑格尔在这里达到了与我国伟大思想家孟子相同的结论:尽心,知性即知天。这个结论的合理性是无可非难的。黑格尔在这里的卓越之处就在于他引进了人的社会历史实践来证实这种主客统一性。至于黑格尔与孟子的区别,我们不久就会谈到。

黑格尔《精神现象学》所论述的那些意识形式和思维规律的历史形式,不仅按逻辑顺序在时间上先后相继,而且有些也是同时并存的。但是,在某一历史阶段上总有某一意识形式是中心,是主要的,而与其并存的其他意识形式则是次要的。在前一阶段上是次要的意识形式,在以后的历史阶段中会逐渐地——上升为主要的意识形式。黑格尔虽然只论述了人类认识或意识发展的逻辑原理,但他认为在每一历史阶段上起主要作用的意识形式(当然它也与非主要的意识形式相联系而存在),都包含前此一切意识形式的合理因素在内,从而转化为这个时代的个体意识发展的一种缩影。越是后起的时代的个体意识,越是更丰富地包含了前面一切发展的成果在内。黑格尔说:"谈到特殊的个体与普遍的个体的关系,那是这样的:每个〔特殊的〕环节都以其所取得的具体形式和独有的形态在普遍的个体里显现出来。特殊的个体是不完全的精神,是一种具体的形态,统治着一个具体形态的整个存在的总是一种规定性,至于其中的其他规定性则只还留有模糊不清的轮廓而已。因为在比较高一级的精神里,较为低级的存在就降低而成为一种隐约不显的环节;从前曾是事实自身的那种东西现在还只是一种遗迹,它的形态已经蒙蔽起来成了一片简单的阴影。每个个体,凡是在实质上成了比较高级的精神的,都是走过这样一段历史道路的,而他穿过这段过去,就像一个人要学习一种较高深的科学而回忆他早已学过了的那些准备知识的内容时那样,他唤起对那些旧知识的回忆而并不影响他的兴趣使他停留在旧知识里。各个个体,如就内容而言,也都必须走过普遍精神所走过的那些发展阶段,但这些阶段是作为精神所已蜕掉的外壳,是作为一条已经开辟和铺平了的道路上的段落而被个体走过的。"黑格尔:《精神现象学》,商务印书馆1962年版,第18页。对黑格尔说,普遍的精神并不在个体精神之外,它作为普遍的逻辑基础内在于个体的精神之中。所以,普遍精神的发展,也就是一切时代的个体精神总和中的普遍必然性。但这种普遍必然性的成果,包含前些时代的成就在内,又成为各种时代的个体意识发展的缩影,个体意识发展越高级,这个成果的内容也就越丰富。不过它以这一时代主要的意识形式和思维规律的历史形式为规定性,而其他过时的意识形式和思维规律的历史形式已作为阴影退居在模糊的背景中在起作用了。

黑格尔根据各种意识形式和各种思维规律的历史形式的总和中的普遍实质,概括出了三种思维规律的类型。黑格尔说:"**逻辑思想**就形式而论有三方面:(a)**抽象的**或**知性**〔理智〕**的**方面,(b)**辩证的**或**否定的理性的**方面,(c)**思辨的**或**肯定的理性的**方面。"[①]黑格尔又对此解释说:"这三方面并不构成逻辑学的**三部分**,而是**每一逻辑真理实体**的各个**环节**,一般来说,亦即是每一概念或每一真理的各个环节。它们可以全部被安置在第一阶段即**知性**阶段,如是,则它们便被认作彼此孤立,因而见不到它们的真理性。"[②]然而逻辑思维这三个方面,从人类意识或意识的发展来看,它是思维规律的三种基本历史形式。其中,前两种经常在人类意识或认识的发展中交替出现,表现为各种意识的形式,即表现为它们各种更为具体的历史形式。第三种实质上是在黑格尔所说的绝对之知——绝对精神中,

---

① 黑格尔:《小逻辑》,商务印书馆1980年版,第172页。
② 黑格尔:《小逻辑》,商务印书馆1980年版,第172页。

作为思维与存在的同一性的完备形式而出现的基本思维规律，它作为黑格尔表述的绝对唯心主义的思维规律，是人类正确思维的辩证规律的初步表达。但还不是完满的表达。只有马克思和恩格斯创立的唯物辩证法，才在克服黑格尔唯心主义的基础上，吸取了黑格尔哲学的合理思想，从而完全正确地揭示出了人类思维规律的总体。

下面我们从其历史意义的角度，简明地论述一下思维规律这三种历史形式的内在关系。

a. **知性思维**。知性思维在它的理解作用中，总是脱离开对立统一的原则来区别对象的异同。在它谈到异的时候，经常把两种相反的规定看成是没有任何联系的抽象对立性和矛盾性。在它谈到同的时候，总是把同看成脱离差别和对立的单纯共同性或共同点。所以，在异中的不同规定的自身同一性和这个与异相对立的同一性本身，便转化为一种抽象的同一律；而在异中的对立性、异与同的对立性，便转化为一种抽象矛盾律；同时凡在两个对立规定中非此即彼的抽象肯定性，则转化为一种抽象的排中律。思维的基本规律——同一律、矛盾律、排中律，在这里变成了一些相互孤立隔绝的思维规定的外在比较关系，而不是在对立统一中的一种可以转化的关系。这就是思维规律的第一个表现其自身的基本历史形式。它的总体性可以归结为"是—是，否—否"的基本逻辑公式。

人类的思维在其原始起点上必然是一个知性思维。并且它在人类意识的发展中一直是一个占统治地位的思维形式。不管在哪个时代，个体的意识发展，如果只停止在日常经验的意识上，只停止在各种具体科学意识的自发性上，那么都会自觉或不自觉地为这样一种知性思维形式所支配。这种知性思维形式，在人类和个体意识发展的不同阶段上，又可再分化为种种不同的历史形式，而相应表现为种种不同的具体意识形式。黑格尔的《精神现象学》中内容的展开、发展和过渡，都是在不同形式上批判地克服这种知性思维的基础上完成的。人类的原始意识表现为神秘——表象意识，它的理论形态便是原始宗教、巫术和神话。这种意识在其特有的原始神秘形式中,也在服从着知性思维的基本逻辑规律——同一律、矛盾律和排中律。以知性思维的基本规律在起作用的现代形式为尺度,去衡量它在原始人的神秘——表象意识中起作用的原始形式,从而断定原始人没有与我们相同的思维规律结构,这种做法是极端错误的。

知性思维的判断机能,一方面把对象的一些不同逻辑规定孤立起来,隔绝起来,但同时在它之中又有凭借经验表象的集合律在起作用,它可以把这些孤立的相互隔绝的规定外在地集合为一个系统。它们根据这个集合律认为,对象从一方面看是甲,从另一方面看则又可以是非甲。或者换句话说,对象在一定条件下是甲,在另一条件下则又可以是非甲。甲与非甲只是外在的结合、外在的集合在一个对象上。而没有看到,对象作为甲,它有一个界限,在这个临界点上,它本身就是非甲。因此,对象即是甲又是非甲,是甲与非甲的统一。

既然知性思维中的甲与非甲是相互对立的绝对否定性,那么,当把思维的重心转移到这种否定性上去时,它虽然本质上还是一个知性思维,但它却表现为黑格尔所谓思维的第二种形式——辩证的或否定的理性思维。

b. **辩证的或否定的理性思维**。在这一阶段上的思维认识到:对象在一定条件下是甲,而在另一条件下则是非甲,所以对象是甲同时又是非甲,甲和非甲这两种否定的规定性相互过渡或扬弃。黑格尔说:"在**辩证的阶段**,这些有限的规定扬弃它们自身,并且过渡到它们的反面。"① 只因为这种辩证的过渡性仍然以知性思维为基础,所以它便表现为怀疑主义的思维规律的基本历史形式。黑格尔说:"当辩证法原则被知性孤立地、单独地应用时,特别是当它这样被应用来处理科学的概念时,就形成**怀疑主义**。"② 这种思维形式的实质就在于:既然肯定知性思维的基本规定是"是—是,否—否"作为一个非此即彼的抽象肯定性,那么,当它注意到在同一对象上的相互矛盾的不同规定可以相互转化和过渡时,则对象到

---

① 黑格尔:《小逻辑》,商务印书馆1980年版,第176页。
② 黑格尔:《小逻辑》,商务印书馆1980年版,第176页。

底是哪个规定,是甲还是乙,便无法确定了。

思维与存在的同一性的最高形式——绝对精神,在黑格尔看来是在哲学形式中的绝对精神。但哲学从产生以来的很长时期内,一直是在知性思维的支配下进行思考。赫拉克利特、柏拉图、亚里士多德乃至近代的斯宾诺莎等人的思维,虽有不少突破知性思维的辩证观点,但它基本上没有改变它在知性思维中运行的前提,没有反思这个前提而从根本上提出与这个前提相对立的新的逻辑原理。哲学作用为传统的以本体论为基础的形而上学,在知性思维的形式中,根本不可能完成,不可能贯彻到底。因为知性思维在涉及思维与感性、本体界与现象界、先天性与后天性等对立规定时,总是在非此即彼的抽象肯定中走向怀疑主义。古代怀疑主义哲学与近代康德哲学的二律背反就充分表现了这一点。康德把在非此即彼中的抽象肯定、外在结合与怀疑主义的思维形式集中于一身,公开地宣布了传统形而上学的不可能性。断定传统形而上学的不可能也就等于断定哲学的不可能。而这一点恰恰说明,知性思维的前提与哲学是矛盾的,彻底的哲学不可能在知性思维中存在,而只能在思辨辩证法中存在。知性思维与哲学的矛盾在康德哲学那里已经达到了令人不能再忽视的顶点了。这就促使哲学不能不全面集中地批判、考查它的这个知性思维的前提,而寻求从根本上突破这个前提的更高的思维原理了。

要得到这种更高的思维原理的意识,首先要有一种能够表现为这样一种意识的思维规律起作用。这样一种思维规律,在有高度哲学教养而又坚持哲学真理性的哲学思维那里,当它为当前的理论矛盾所促使,而不得不为了解决矛盾而去思考从知性思维到以知性思维为基础的怀疑主义思维形式的内在真理性时,是必然要表现出来的。思维如单纯停止在不同规定的相互否定里,当然没有肯定,而只有不停地相互过渡。但这种情况很容易进一步意识到:当一个思维规定扬弃它自己变成它的对立规定时,这种否定性不是外在的,而是在它自己内部固有的,它自身在其界限中就是这个否定性本身,因而它变成的那个与它对立的规定正是它的自身规定,它在它的对立规定中就是它自身，它的自身否定就是它的自身肯定。当思维这样去思想时，一种把知性思维的抽象肯定性与怀疑主义思维的抽象否定性加以综合、统一的新思维形式便表现出来了。这便是：

c. 思辨的或肯定理性的思维。思辨的或肯定理性的思维，是真正的辩证思维，是把前两种思维形式综合起来的辩证思维，所以它包含了前两种思维形式的合理性于自身之中。它既不能归结为知性，也不能归结为辩证的消极理性，此二者只作为契机、因素统一于它之中。在这个思维中，当它以思维的规定在理解中而区别对象的异同时，无论是在异中的不同规定的对立，还是同与异本身作为两个不同规定的对立，都成了在其对立统一的同一性中的对立。真正的辩证思维承认这种对立的相对稳定性，承认甲不是非甲的相对稳定性，但它总是在二者的同一性中来理解它们的对立性。就是说，在同一中把握对立面。这就叫作辩证法的全面性和科学性。有人认为，在辩证法的这种全面性和科学性中，不能肯定不同规定的相对稳定性，要肯定这种稳定性，还得知性思维来起作用，这种观点是把辩证法变成了诡辩论。再说一遍，辩证法并不是把甲和非甲等同起来，而是承认二者各自有独立性和相对稳定性，但辩证法要教导人们，只有在二者的对立统一中才能真正理解甲和乙各自的真理。因此，在辩证法的全面性和科学性中，基本的思维规律便表现为："甲是甲"的同一律，同时也必须为"甲是非甲"的同一律，前者是在后者之中的一个同一律；"甲不是非甲"的矛盾律，同时也必须为"甲是非甲"的不矛盾律，前者是在后者之中的一个矛盾律；"或者甲，或者非甲"的排中律，同时也必须为"是甲亦是非甲"的非排中律，前者是在后者之中的一个排中律。相反地，真正辩证思维所谓的同一性，也都是在对立中的同一性，它强调思维的不同规定在其对立统一中的同一性，但它始终不忘记这个同一性是一个在不同规定的区别、对立中的同一性。离开不同规定在对立统一中的那个区别性和对立性，而设想还有什么在这个范围之外的同一性概念，这就是坚持一种抽象的同一性。无论在任何时候，同一性都只能是思维不同规定的其一即为其他的转化性，没有这种转化就没有同一性。这种转化性既可是从对象开始到对象是什么的转化性，也可是对象的所是变成他物的转化性。这样不脱离区别、对立去把握同一性，去把握转化的流动性，和怀疑主义是不同的，怀疑主义用单纯否定性态度看待这种转化，而辩证法则在否定性中达到肯定，用肯定的态度去理解转化。所以，它是思辨的或肯定的理性思维的实质，是真正辩证法的实质。在这个实质中，基本的思维规律便又表现为"甲是非甲"的同一律，同时也必须为"甲只是甲"的同一律，前者是在后者之中的一个同一律多"甲是非甲"的不矛盾律，同时也必须为"甲不是非甲"的矛盾律，前者是在后者之中的一个不矛盾律多"是甲亦是非甲"的非排中律，同时也必须为"或是甲或是非甲"的排中律，前者是在后者之中的一个非排中律。一般地说，思辨的或肯定理性的思维本质，可归结为在同一性中把握区别性、对立性，而又在区别性、对立性中把握同一性的思维形式，它的基本逻辑形式就是"是—否，否—是"的公式。

思维理解、把握对象的种种逻辑规定，在上述基本关系中，便是一个有机的内在统一整体。这个整体同时作为对象的道或理，便有以下三种基本规定。

其一，**对象只能与它的种种所是的总和——道或理相统一**：这是对象在其总体规定中的同一律。

其二，**对象不能与它的在其总体规定中的非所是——非其道，非其理相统一**：这是对象在其总体规定中的矛盾律。

其三，**对象只能是它的道或理的实在性，而决不能是非其道、非其理的实在性**：这是对象在其总体规定中的排中律。

这是绝对的同一律、矛盾律和排中律。对象在其绝对的同一律、矛盾律和排中律中，只能是它的真理性，而不能是它的非真理的谬误。在这种绝对性中，涉及他的每一规定问题时，它就只能是一种同一律与矛盾律，排中律与非排中律的对立统一的实在性。知性思维的本质，就在于它坚持同一律与矛盾律、排中律与非排中律的绝对区别和对立。辩证的消极理性思维之所以本质上还是知性的，就在于它仍然以"非此即彼"的原则为前提在不同规定的相互扬弃、相互否定中，只看到了在转化中的对立性，而看不到在对立中的其一即为其他的同一性，因而它认为否定性只是一种外在的否定、外在的辩证法。这同样是一种坚持同一律与矛盾律、排中律与非排中律的绝对区别和对立的表现。黑格尔针对这种外在辩证法写道："反思首先超出孤立的规定性，把它关联起来，使其与别的规定性处于关系之中，但仍然保持那个规定性的孤立有效性。反之，辩证法却是一种**内在的超越**（immanente Hinausgehen），由于这种内在的超越过程，知性概念的片面性和局限性的本来面目，即知性概念的自身否定性就表述出来了。"[①]知性概念的自身否定性，就是内在的超越，而在这内在的超越中，知性概念的同一律与矛盾律、排中律与非排中律的对立，便坚持不住而自身过渡到对方，并在对方中同时就是自身的肯定，这就是思辨的或肯定的理性思维的辩证法——辩证法是这个理性思维的固有形式。

这个理性思维，不可能在人类任何时代的日常经验中形成，因为每一时代的日常经验本质上必然是一种知性思维。各种具体科学的思维，虽然自发地表现出了这种理性思维的辩证内容，但它却不曾自觉意识到这些内容，所以它仍然坚持以知性思维作为自己的前提。理性的辩证思维，只能是哲学反思长期发展的产物。在它产生之后，它也首先只能作为自觉到它的那个哲学家的理论而存在。别人不下苦功夫学习这种理论，使自己的思维发生相应的根本变化，那么他们照样还会是知性思维。人自己意识到自己在思维，这呈现为人的自我意识，在这样一个限度内，自我意识的思维规律便是知性的。因为思维的一切逻辑规定，都是思维在其对以感性为基础的不同逻辑层次上的意识对象所固有的关系中的一种自生地对对象的理解作用。这种理解作用的全貌还不能进入人的自发的自我意识。能够进入这个自我意识的，只是当思维在其理解中把对象归结为某一规定而与相反规定相对立或使其相互过渡到对方，而显得是对立面的相互否定时，它便

---

① 黑格尔：《小逻辑》，商务印书馆1980年版，第176页。

同时作为自我意识的规律进入自我意识，而表现为是这个自我意识论断事物的基本格率——知性思维的知性原则和凭借经验表象的集合律。至于思维理解作用达到这些规定的真实过程，或者说它的内在性，便被遗留在自我意识领域之外的非经验领域中去了。只有在哲学的反省达到与知性思维誓不两立的矛盾顶点时，才能通过哲学的反思维对知性思维的各种表现形式的固有关系，亦即前者对后者的理解作用的内在真理性做出辩证的理解，从而使以前被推到非经验领域中去的这种真实关系，作为自我意识本身的逻辑规律而进入人的自我意识中去。这样的自我意识过程，开始于费希特，中经谢林，完成于黑格尔。黑格尔在人类认识史上第一个完成了唯心主义的辩证理性思维，提出了与知性思维原则根本对立的创新原则。这个原则的基本公式是："是—否，否—是。"我们不能把这个辩证法的公式和知性思维的那个集合律混同起来。知性思维的集合律把事物看成不同规定的集合，辩证法则把事物看成不同规定的有机统一。有人认为，只要承认事物在一定条件下是这样，在另外条件下是那样，从而能够根据时间、地点、条件的不同对事物做不同的判断和处理，这就是辩证法了。我们说，这不是辩证法，而是知性思维集合律起作用的结果。古今中外稍有清醒头脑的人，谁不知道要根据时间、地点、条件进行判断和处理事物呢？但他们毕竟不能都是辩证法家。

思辨的或肯定的理性思维，是知性思维与辩证的或否定的理性思维的对立统一，但它又与后二者相并列，合起来构成思维规律的三种基本历史形式。思维规律的普遍性只能通过这些历史形式表现出来，所以这些历史形式便是思维规律的普遍性自身存在的历史现实。

第三，思维规律的总体性。这个总体性有两个环节，一个是适用于一切时代及其个体意识发展的普遍性。一个是这个普遍性在其对不同时代的以感性为基础的意识对象的固有关系中本身所具有的种种历史形式。康德的范畴表作为思维规律的哲学表达，表达的是它的普遍性。范畴表的范畴被区分为数学的和力学的两组，前者是思维规定的直接性，后者是思维规定的间接性。在任何时代，意识的起点都是康德所谓内外感上的个体表象，而个体表象是思维在对纯感性关系中形成的一种最初的意识表现。自此以后，思维对感性的固有关系就间接地表现为思维对不同逻辑层次上的意识对象的固有关系。这种固有关系实质上也是思维对感性的固有关系，因为那不同逻辑层次上的意识对象本身就是在不同程度上被理解了的感性。一切思维的规定，或一切思维的规律，都是思维对感性的直接或间接的固有关系，都是思维在这种关系中对感性的一种自生的先天的理解作用。这是人类一切时代思维的固有本质。任何时代的思维，都以在头脑中形成的个体表象为对象，为起点，然后将个体表象中的不同感觉形象把握为、理解为个体表象作为意识对象的一些可感的性质，一些这样一种能够表达种种感觉形象的规定性。然后思维又在这种理解中比较异同，形成初步的概念，形成以这种初步概念为基础的单称的、特称的或全称的种种判断，并因而产生黑格尔所谓的直接的推理（质的推理），这是思维规定的直接性，也正相当于康德所谓量的范畴和质的范畴起作用的领域。但任何时代的思维都不能停留在思维规定的直接性上，它在对处于直接规定中的意识对象的固有关系中，必然要力图理解对象此种直接性的间接规定。康德所谓关系范畴和样式范畴，就是思维的这样一种间接的规定。以这种规定为基础，思维（不管其历史形式如何）便可以产生说明其直接意识的理论认识——间接的判断和推理。综上所述，任何时代的思维，不管是日常经验的还是理论的，都是这样一个直接性与间接性的对立统一体。这就是所谓思维规律的普遍性。但这种思维规律的普遍性，却又以人类意识不同发展阶段、不同时代的意识对象的特殊历史性为转移。在其对这种特殊历史性的对象的固有关系和理解作用中，它表现为它的不同的历史形式。它的这种不同的历史形式，不超出其为直接性与间接性的普遍对立统一体的界限，而只是在这个界限之内它的种种思维规定的意义和关系不断深化着，乃至使思维规定的基本类别更加细致地产生分化，而表现为整个人类意识发展过程的内在规律性——这种内在的规律不能归结为整个人类意识发展的产物。

如果说意识发展的规律是意识产生的，那么这就是自相矛盾。实际上，这种意识发展的规律性只能归结为思维规律的普遍性，在其对人类意识不同发展阶段上的意识对象的固有关系中的历史形式。或者为了把人类意识发展的作用也突出地估计在内，用下面的表达也许更恰当一些：人类意识发展的内在规律性，只能归结为思维规律的普遍性在其所呈现出的人类意识发展的自身制约中的自身表现、自身关系。这种自身表现、自身关系与思维规律普遍性的内在统一，就是作为一个逻辑先在的先天思维规律的总体性。这个总体性作为潜能的展开，便表现为人类意识发展的前进过程。所以这个过程不是一个无规律的、先天无常的动变性。

思维规律的总体性在其普遍性中所固有的历史形式，就其一般的实质说，便可归结为黑格尔所谓知性思维、辩证的或否定的理性思维、思辨的或肯定的理性思维三种基本形式。这个实质表明，人类意识作为人的精神现象的发展规律，只不过是作为一个逻辑先在性的思维规律的总体的展开。而这个展开的内容，就是思维规定及其意义的展示和不断深化，而最后达到一个足以表现其固有的辩证本性的辩证理性思维。这个辩证理性思维，最初是以第三章所谓那种意义上的"客观辩证法"的形式，作为一个唯心主义的辩证理性而出现的。这个唯心主义的辩证理性认为，辩证理性的思维规律体系作为一道、一理，是与思维规律的普遍性的辩证本性相一致的完备形式。它的客观内容作为主客统一性就是在外化自然中的绝对理念。二者的这种同一性，就是人的主观思维与存在的同一性，这个同一性的最高精神表现作为绝对精神，就是人的绝对的知。这个绝对的知正好就是在外化自然中的绝对理念达到与其自身相符合的自我意识。绝对之知的思维形式，只能是思辨的或肯定的理性思维，一个真正表现了思维普遍性的固有辩证本性的辩证理性思维。

所以，在黑格尔的有关人类认识的发展就是绝对理念的自我意识的学说中，必须令人深思的要点不在于这个自我意识的过程有一个天人合一的绝对精神作为它的最后归宿的观点是否合理的问题，因为这一点的合理性是一目了然的。更重要的问题在于我们要看到黑格尔有关思维规律的学说有其最大的特色和合理性，从而不要使它消失在所谓意识的发展变化概念中湮没无闻。黑格尔有关人类思维的学说，一方面承认思维规律的先天性、逻辑先在性，另一方面它又能作为人类和个体意识发展的规律性，阐明这种意识发展过程的内在实质。它之所以能如此，是因为人类思维规律的普遍性内部就包含有相对于不同时代的意识对象而能表现为不同的历史形式的规定在内。黑格尔有关人类思维的学说，不限于《逻辑学》。《逻辑学》中论述的真理体系之为一逻辑结构的学说，只是说明了他所谓思维规律普遍性的最高表现形态——思辨的或肯定的理性思维，即正确的科学思维的辩证逻辑过程。除此之外我们还应该从他的《精神现象学》《精神哲学》乃至他的《法哲学原理》看到一切前于这个辩证思维的其他历史形式。它们的统一正好说明黑格尔所强调的下述真理：思维与存在的同一性只有通过一个意识或认识发展的矛盾进展过程才能达到。这个有关人类思维的学说，是以康德的统觉理论为基础的，同时又是这个统觉理论的巨大发展。在康德那里，统觉是作为思维的能动性，作为一般人的自我意识的统一性的规律性而出现的。从其合理性方面说，统觉只是一个适合于一切时代的思维普遍性。这个思维普遍性在对以感性为基础的意识对象的固有关系中，产生理解，把握对象的思维规定。因为这个以感性为基础的意识对象的层次不同，深度不同，所以把握和理解它的思维规定也不同，而分为直接性规定和间接性规定。所以，这样一个思维把握对象的逻辑规定的动变性，就是适用于一切时代的思维规律作为一直接性与间接性的对立统一体的普遍实在性。但康德仅仅停在这个普遍性上，他没有意识到这个普遍性所表现的人类意识发展所固有特殊历史形式。前面是我们就康德哲学的合理因素所做的评论。但就康德本人对他提出的思维——统觉规律所做的哲学解释说，它又只不过是这种思维——统觉规律的普遍性的一种知性历史形式。黑格尔继承了康德的有关思维——统觉规律并非出自感性的先验思想，把康德的适用于人类一切时代的思维的普遍逻辑动变性，发展成为能够表现为人类意识发展的不同历史形式的逻辑动变性。二者的统一正好就是一个思维规律的总体性作为一道、一理的逻辑动变性。正是在这种逻辑动变性中，黑格尔把康德所谓思维规律的单纯主观性改造为一个主客统一性。这时，思维才与存在规律达到了同一，它的客观内容也被规定为是作为外化自然本质的存在——绝对理念的自我意识的规律体系。这个规律体系在现实中展开为人类意识的发展过程，在此过程中绝对理念达到自我意识的自身统一——绝对精神。思维规律在其所表现出来的绝对精神中的体现，就是完善化了的思维规律的普遍性，就是思辨的或肯定的理性思维。

然而这样一个思辨的或肯定的理性思维的主客统一性，毕竟还是唯心主义的。黑格尔唯心主义的要点，就在这个唯心的主客统一性上。这个统一性的实质，又可归结为这样一个问题：黑格尔所谓绝对理念外化为自然那个"外化"，到底是什么意思？从唯物主义立场上看，自然是在人心之外的独立存在，思维与存在的关系只能以思维与感性的关系为中介而实现。但是否黑格尔的唯心主义也是如此呢？是否黑格尔自己也承认作为逻辑先在性的绝对理念首先在人心之外的自然中存在，然后通过自然的最高存在形式——人的意识而认识其自身呢？是否必须如此，才算是客观唯心主义呢？我们认为，这样理解黑格尔的唯心主义，与黑格尔本人对自己唯心主义哲学内容的陈述完全不符合。从黑格尔的《精神现象学》到他的《哲学全书》，他从没有提到过独立于人心之外的自然存在的问题。在黑格尔看来，自然是精神的他物，是他所谓的"为他之有"，而精神作为自然的本质是自在之有。而为他之有是在精神之为自在之有之中，是黑格尔所谓的"自在之有物"因而后者在前者中就是它自身，所以，精神作为自在之有也就是自然的潜在性。作为自在之有的精神与作为为他之有的自然的对立统一、就是精神作为自为之有之为一道、一理的实在性。这个实在性的具体性就是绝对理念。而绝对理念本身作为"一"，在其数量规定中便转化为多个"一"、多个人心作为精神的实在性。所以，绝对理念是多个人心同为精神的共同基础、共同本质。多个人心在其本质——绝对理念这个主客统一性中，其客观性一面是谢林所谓向外的客观活动，是能够呈现自然多样性的道或理。其主观一面则是精神在其客观活动中超越客观活动的向内回归而对其自身的直观，这种直观对人就显现为自然。因此，黑格尔说："**自为**的理念，按照它同它自己的统一性来看，就是**直观**，而直观着的理念就是**自然**。"① 黑格尔这里所谓理念"与它自己的统一性"，就是指理念的主观性一面同客观性一面的统一性，是自己对自己的直观。而这里所说的"直观着的理念就是自然"，意思是说直观作为感性的直观，便把理念感性化了，这种感性化的理念就是自然。因此，黑格尔所说的绝对理念的外化，就是多个"人心"同作为绝对理念在其直观自身中而使自身感性化的意思。凡属对人显现着的自然，就只能是在人心的感性机能中被感性化了的自然。这种被感性化的自然，对唯物主义说，是对在人心之外存在着的自然的一种映象；但对黑格尔说，它是人心作为一道、一理在其客观活动中的自我直观。黑格尔在《自然哲学》中曾提到自然是在时间上在先的，但这只是就自然作为思维的对象说的，而不是就自然对感性直观说的。无论康德还是黑格尔都认为：当人脱离动物那种自己与感性形象浑然为一体的境界，而自觉意识到自然的各种事物时，这之中就已经有思维——统觉的理解作用体现其中了。康德和黑格尔的区别只在于：在康德看来，思维只是外在地把感性对象归结到其理解作用所产生的主观规定（范畴）之中；而在黑格尔看来，这种归结是内在的，是思维理解作用把感性对象归结为其内在的道或理之中，变成道或理本身的一个环节。

照这样说，黑格尔岂不成了主观唯心主义了吗？而实际上黑格尔的唯心主义是客观唯心主义，这又做何解释呢？难道客观唯心主义与主观唯心主义就无区别了吗？这便涉及对于真正的唯心主义说，或者说对于近代的唯心主义而言，到底区分主观唯心主义与客观唯心主义的逻辑标准是什么的问题了。我认为，这个逻辑标准只能是：主观唯心主义在把感性表现混同于人的"我感知到什么"的知觉意识的前提下，只把对象归为人的感知，

---

① 黑格尔：《小逻辑》，商务印书馆1980年版，第427页。

归结为不同感觉的复合,这个感觉复合中并没有不以人的自我意识为转移的人心作为一道、一理的逻辑先在基础。所以对象只是人的自我意识的主观产物。客观唯心主义则认为感性表现不是一些感觉的外在集合,而是内在的统一整体,这个统一整体在与思维能动性的统一性中,表现为人的不同逻辑层次上的意识和意识对象,但这个意识对象却有不以人的自我意识为转移的人心之为一道、一理的逻辑先在基础,从而对象虽是人的自我意识的主观产物,却又以这样一个逻辑先在基础为根源。大家知道,彻底一元化的近代唯心主义以贝克莱和莱布尼茨为开端,前者是主观唯心主义,后者是客观唯心主义,但后者与前者一样,都不承认有一个能脱离精神表象而独立存在的自然。莱布尼茨认为,除了不同等级上的单子与单子的表象世界之间的关系以及这些表象世界与上帝(最高单子)的精神界之间的关系之外,便什么也没有了。但单子的表象世界却是以不以表象世界为转移的单子之为一些精神本体的逻辑结构为本源、为基础的,而上帝是这些本源或基础的最后的客观根据。甚至贝克莱的唯心主义,虽然不承认人心有呈现各种知觉对象的内在客观根据,但它仍需在上帝的心中设立这种根据,否则就难以成立。而贝克莱设定的这个根据实际上也是不以人的感知或意识为转移的客观根据。主观唯心主义最终也还归宿于客观唯心主义。只是这种客观唯心主义既不同于古代唯心主义,也不同于中世纪宗教唯心主义。自然的独立性在这种近代唯心主义中被取消了,自然成了精神世界中的感性表象。

我们必须从理论上认识这样一个道理,即唯心主义如果不采取近代这种形式,它就永远也不能消除物质本体的实在性,从而也就不会成为与唯物主义完全对立的彻底一元论的唯心主义。所以,近代以前的唯心主义绝大部分都是有二元色彩的不彻底的唯心主义,只有近代唯心主义才是名副其实的唯心主义本身。前面说过,彻底唯心主义原则就在于完全否定自然界的独立存在,而把它转化为仅仅是人心的一种表象世界。这是因为,假如承认了不依任何意识现象为转移的自然界的独立存在,那么自然界的多样性的最终本体必然是一个无现实规定性的抽象的"有"（存在）。那么，这个有就不但在其内涵之量中可以表现为质的多样性，表现为质量交错线上的一些多样性的"点"，而且它在其外延之量中又可以使这些点表现为一些具有种种时空形式的各种不同物的独立存在。本体作为抽象的"有"在它这种自身扩延的、不以意识为转移的时空形式就是一个物质本体。所以，斯宾诺莎虽然从神或上帝作为唯一本体出发，但他承认这个本体具有广延性，则神或上帝在这种广泛性中便被物质化了。如果我们把本体在其时空形式中的多样性抽去，亦即把它的内涵之量抽去，它便只是各处齐一、均匀的抽象物质的存在，这便是古代希腊哲学爱利亚学派所谓的"有"。古代哲学的出发点是不以人意识为转移的客观存在——自然，这是由它们的哲学直观性质所决定的。所以，古代唯心主义除了神秘直觉的新柏拉图主义之外，都不能消除这个抽象的物质存在。柏拉图和亚里士多德都吸取了毕达哥拉斯以条理——数理来说明世界多样性的原则的合理性，把它转化成足以说明原始动变的世界多样性的一种道或理——理念或形式。虽然他们的道或理是精神性的，但他们总是认为，这种道或理只有加上一种抽象的物质存在作为质料，才能解释万物的形成。唯因如此，虽然柏拉图后期理念论通过通种论或不同理念的相互连接的辩证法，使理念转化成了具体事物的实在性，但还需要以质料之为抽象物质存在为基础，去建立个体事物的存在。亚里士多德的形式在原则上也是这样一种具体性。但具体事物的实在性，没有抽象物质的存在做质料，仍不能转化为个体事物的存在。

中世纪基督教的宗教——神学，提出了一种完全不同于古代希腊的世界观，它第一次否定了以物质本体为基础的自然界的实在性，提出了上帝是从绝对虚无中创造了自然的教义。这个教义既保存了人心之外自然界的存在，也保持了上帝作为精神本体的实在性。但这实际上是一种不合理的、说不通的表象。我们使这种表象合理化、逻辑化，它的真正的哲学含义只能是说：

上帝作为一最高无限的精神本体，在其唯一的精神属性中表现其精神界，而以这个最高无限的精神本体为根据的有限精神本体也在其对上帝的关系中，通过其唯一的精神属性在表现它的包括自然界的表象在内的精神界。

基督教的上帝从虚无中创造世界的教义的这一真实哲学意义，首先由贝克莱科和莱布尼茨的两种近代唯心主义在不同形式上实现出来了。其中前者为经验论的或主观唯心主义，后者则为唯理论的或客观唯心主义。经验论的唯心主义必然是主观唯心主义，唯理论的唯心主义也必然是客观唯心主义。在这两种唯心主义中，还保留着精神本体是时间先在的观念，因而也就不得不保留最高的绝对精神本体（上帝）与有限精神本体两种本体存在的区别与联系。黑格尔不但把精神本体的时间先在性变为一种逻辑先在性。而且他也把这种逻辑先在性的一切精神活动性的负荷者——贯穿天地万物的、无所不在的存在者的实在性给取消了。这样，精神本体就成了一种单纯的精神活动性。精神活动性就是本体，它后面再不需任何东西来支撑它了。在这个前提下，黑格尔把上帝这个最高精神本体与人心的有限本体统一起来了，它把前者作为后者的本源和基础而使之内在于后者之中，不同个人的人心只不过是前者本身作为"一"在其数量规定中变成多个"一"的不同个体性而已。这些不同的个体性在其同为"一"的道或理中，一方面是客观活动的道或理，一方面是以感性直观为基础的意识其自身的自我意识的道或理，二者的统一便是一个前者只能表现在后者之中的思维在对其感性直观的关系中的思维规律体系，它表现为个人们的意识界及其历史发展的过程，前者作为天道只能表现在后者作为人道或人性之中。而后者作为人道或人性，就其本源于前者说，同时也是天道。孟子所谓"尽心、尽性而知天"的学说，也是一种思维与存在同一性的学说。孟子与黑格尔不同的地方，仅在于孟子的人道或人性所表现的内容是在人心外面。但这并不意味着孟子达到了彻底唯物主义的理学思想，因为所谓运行于人心之外的自然界的天道，还保留着某些神秘宗教的色彩。而在黑格尔看来，人就其本质说就是天道，就是上帝。但是每个人都能把自己实现为上帝，这却是另外一个问题。因为，要实现这一点，人心须永远地处于天人合一的绝对精神境界之中。

黑格尔把精神本体转化为单纯的精神活动性，是唯心主义能够得以彻底化的唯一办法。因为如果设想精神活动性只是唯一的属性，而本体是它的负荷者的话，那么，这个负荷者单纯有内涵之量还不能进入存在，它必须还要有其外延之量，而它在其外延之量中，便具有了时空形式，成了人心之外的客观存在。这样，精神本体又转化为一个物质本体了。黑格尔的唯心主义从根本上取消了这个矛盾。但唯因他取消了这个矛盾，所以唯心主义不合理性在他那里达到了顶点而被充分表现出来了——精神本体只是一个活动性，而没有负荷者或载体。这个本体观念开始于费希特而完成于黑格尔。

黑格尔哲学是唯心主义的完成和最高体现。

黑格尔哲学是一种绝对唯心主义，这个唯心主义的特点在于它把宇宙间一切事物全都归结为一个辩证发展着的宇宙精神的实在性，而宇宙精神作为绝对理念，是在人心之内的一个普遍的逻辑基础。在这个基点上，黑格尔所谓的自然，也不是一个在人心之外的独立存在。为了更进一步说明这个问题，我们不能不在这一章中介绍一下黑格尔本人对理念的实在性的看法。

什么是黑格尔所说的理念呢？黑格尔认为一切事物的本质是概念，而在事物客观性中的概念与感性对象相统一，就是理念。理念就是具有客观实在性的概念。所以他说："理念是**自在自为**的真理，是**概念和客观性的绝对统一**。……一切现实的事物，只要它们是真的，也就是理念。"[①] 绝对理念只是理念在其内在区别中的统一这样一个全体性。所以，我们要研究绝对理念，就应该首先研究理念。

我们现在的任务，是要阐明黑格尔的自然是否脱离人心而存在的问题，而这个问题实质上是一个理念和现实世界的关系问题。

黑格尔历来反对把理念和现实世界分离开来的倾向。黑格尔的这种思

---

① 黑格尔：《小逻辑》，商务印书馆1980年版，第397页。

想最典型地表现在他的《哲学史讲演录》中关于对柏拉图理论的评价那里。在那里，他极力把柏拉图的理念黑格尔化，并反对人们把理念理解成脱离现实界而独立存在的东西。他说："苏格拉底所开始的工作，是由柏拉图完成了。他认为只有共相、理念、善是本质性的东西。通过对于理念界的表述，柏拉图打开了理智的世界。理念并不在现实界的彼岸，在天上，在另一个地方，正相反，理念就是现实世界，即如在留基波那里，理想的东西已经被带到更接近现实，而不是超物理的东西了。但是只自在自为地有普遍性的东西才是世界中的真实存在。理念的本质就是洞见到感性的存在并不是真理，只有那自身决定的有普遍性的东西——那理智的世界才是真理，才是值得知道的，才是永恒的，自在自为的神圣的东西。"①

在这一段论述中，黑格尔就已经把柏拉图的理念论黑格尔化了。众所周知，柏拉图把现实事物的规律、原理以理念的名称独立化了，使它成了一个脱离事物的、自存的理念界，而现实事物只是理念向物质基质的投影。柏拉图认为，理念只是事物的理（理式）或模型，只有设定有一种物质基质按这种模型组织起来，才能组成现实事物，所以他的唯心主义带有质料与理念相互分离的二元论性质。但黑格尔却按自己的模式理解柏拉图这种理论，认为，柏拉图的理念就是现实世界，不过它不是作为感性存在的现实世界，不是现实世界的直接性，而是这种直接性的内部本质或真理：理念是感性存在的内在本质，是自在自为的普遍的东西或共相，所以它是为感性存在所固有的真正实在的东西。黑格尔不仅这样把柏拉图哲学黑格尔化了，而且也用同样的观点把泰勒斯、留基波的观点黑格尔化了。他把泰勒斯所说的万物之源——水，把留基波的原子，都说成是感性化、经验化了的概念（实际上是感性化、经验化了的本体，但对黑格尔说，本体是概念，所以感性化、经验化了的本体，也就是感性化、经验化了的概念），说他们尚不能以纯粹的形式、普遍的形式去把握概念的实在性。黑格尔认为，"即如在留基波那里，理想的东西已经被带到更接近现实，而不是超越物

---

① 黑格尔：《哲学史讲演录》第2卷，商务印书馆版，第178—179页。

理的东西了"。所谓理想的东西，也便是观念的东西，是黑格尔所说的理念。而理念是概念在客观性中与感性对象的统一，泰勒斯、留基波在感性或经验的形式上表达理念，这也就是把理念作为观念的东西，带到更接近现实的世界中来了。在黑格尔看来，理念是不能脱离现实世界而存在的，也不是超越物理的自身存在。

黑格尔把柏拉图的理念这样黑格尔化之后，接着便批判他所谓人们对柏拉图理念的两种误解。

第一种误解是由人们的经验主义带来的。关于这点，黑格尔说："第一，从只认感性事物为真实的形式思维方面来的误解。对于这种思维方式，除了可感觉的事物和可用感觉表象的事物外，没有任何存在。所以当柏拉图把共相说成本质时，一般人总以为（一）共相总是呈现在我们前面的特质，〔因此只是我们理智中的一种思想〕；或者（二）以为柏拉图也把共相当作实体，当作独立的本质，〔存在于我们之外〕。——那些人是把影子（感性事物）当作真的；因此，（一）这个共相既不是特质，也不是（二）一个单纯的思想，存在于我们之中，存在于我们的理性之中，而是（三）我们之外的存在、实体。当柏拉图用这样的语句说，感性事物相似于自在自为的理念，或者说，理念是模型、原型时，很可以令人误解为：这些理念也是一事物，不过这种事物在另外一种理智里，在一种超世界的理性里，跟我们隔得很远，这些理念是一张一张的图片，好像艺术家所摹写的原型一样，依照这个原型，他去对一定材料加工，把这原型印入这材料里，——并且这些理念脱离了被认作有真理性的感观对象的现实性，也脱离了个别意识的现实性。人们会以为（甲）这些理念即使不简直就是〔事物，也是一种超越的存在〕，居住在另外一个世界，为我们所看不见，却又是可以想象的事物或图像；（乙）他们并且以为〔理念也脱离了个人意识〕，（而理念是个人意识的原始观念，个人意识是理念的主体），因而也就超出于意识之外，甚至被认作只是一种脱离了意识的东西。"①

---

① 黑格尔：《哲学史讲演录》第2卷，商务印书馆1960年版，第179—180页。

在这个批评中,黑格尔言明了以下几点:

1. 人们习惯于用只认感性事物的真实的经验主义思维方式,来思考哲学问题,所以他们不是把柏拉图的理念看成被抽象出的特质,存在于我们心中,就是把它看作是在我们之外的存在、实体,认为理念也是事物,是在另外一种理智里,在一种超世界的理性里的事物。黑格尔所指出的这一点,也正是人们用以理解黑格尔哲学体系的一种经验主义方式,即是把黑格尔哲学体系事物化、现象化的经验主义方式。黑格尔反对用这种方式理解柏拉图的理念论,难道他自己能用这种方式来创造自己的哲学体系吗?显然是不可能的。

2. 黑格尔突出地强调,这种看问题的经验主义方式,将理念看成了"脱离了被认作有真理性的感观对象的现实性"的东西。而在黑格尔看来,感官对象是理念本身外化出去的现实形态,它的内在真理就是理念。所以黑格尔称其为潜在的理念。理念是不能脱离感官对象而自身存的。黑格尔在他的《逻辑学》中,将上帝或绝对规定为理念,正好说明了上帝也绝对不能脱离感官对象而自身存在。

3. 黑格尔强调,理念不仅不是脱离感官对象的独立存在,而且也不是脱离个人意识的东西。他批评有些人用那种经验主义的方法理解理念,使理念超出于意识之外,成了一种脱离了意识的东西。可想而知,黑格尔反对人们用这种方式理解柏拉图的理念,他也就绝对不会再用这种方式规定自己所谓的绝对理念了。

综上所述,黑格尔认为,理念不能脱离感官对象,但又在个别的意识之内,那么,感官对象也就完全成了以绝对理念为基础的精神作用的表现,它决不能再有任何人心之外的基础,不但没有康德所谓的物自体的基础,而且也没有康德所谓的上帝的最高根据了。对黑格尔说,上帝不是别的,只是人心的内在本质——普遍的、作为共相的精神作用。上帝在此已经内化为人的意识的内在本质了。所以我们说,黑格尔的哲学体系表达的是人类的意识原理。就黑格尔把人的意识夸大为唯一的现实性来说,他是一个唯心主义者，但这并不影响他用逻辑的形式表达了人类意识原理的辩证内容。事实上，黑格尔是用人的意识否定了宗教和上帝，亦即用人否定了宗教和上帝：黑格尔完成了人在其宗教、上帝的自身异化现象中回到自身的第一步，而且是最关键的一步。再进一步的工作便是，站在辩证唯物主义立场上，揭示为人的意识所体现的宇宙的客观内容，将它发展成一个对宗教、唯心主义的最后否定的理论体系。费尔巴哈诚然向前走了一步，但他总是把黑格尔的哲学体系事物化、现象化，认为它和中世纪的宗教神学是同一性质的东西，这样他就完全抛弃了黑格尔的意识辩证法的真理性，从而陷入了一种抽象知性的唯物主义。只有马克思主义哲学，通过对黑格尔、费尔巴哈的批判继承，才实现了对唯心主义的彻底否定。

黑格尔进一步指出，误解理念的第二种观点，是来自康德的先验哲学及其后继者费希特和谢林。对此，黑格尔说："流行的关于理念的第二个误解，在于当理念不在我们意识之外时，人们便认为理念好像是我们理性中的理想，这些理想或者是对我们的理性是必要的，但是这些理想的产物，却是没有实在性的，或者是某种不可能达到的东西。前一种误解把理念当作一种在世界以外的彼岸，而这一种误解则把我们的理性当作那样一种在实在性之外的彼岸。而当这些理想被认作在我们〔意识〕之内的实在性的形式、直观时，则又引起一种误解，以为这些理想好像是具有肉眼可以看见的性质。因而就把理念定义为理智的直观，以为它们必然或者直接呈现在幸运的天才里，或者直接呈现在一种陶醉或灵感的境界里，这样就把理念当作幻想的产物。但这却不是柏拉图的意思，也不合乎真理。理念不是直接在意识中，而乃是在认识中。理念只有当它们被当作概括性认识之简单性的结果的情形下，才是直观，才是直接的，或换句话说，直接性的直观只表示理念的简单性那一环节。因此人们并不是具有理念，反之理念只是通过认识的过程才在我们心灵中产生出来。热忱（按即陶醉、灵感）只是理念最初的粗糙的产物，但是认识才把它们推进到明白的合于理性的发展的形态。但是它们（理念）同样是真实的；它们存在着，并且是唯一的存在。"①

在这个批评里,黑格尔又公开地、坦率地言明了以下几点:

1. 理念不能脱离人的意识而自身存在,但当人们意识到这一点后,又把理念视为单纯存在于理性之中的理想,而与人心的感官对象无关。在黑格尔看来,理念作为概念的显现,诚然要通过认识而呈现在理性之中,但它不只是存在于理性中的思想,据前面黑格尔批评第一种观点所表达的思想而言,理念也同时是现实存在的,但却作为人心的感官对象的内在真理或本质而存在。

2. 黑格尔批评这种观点时,抽象地说出了从康德到他本人之前的德国古典哲学发展的脉络。康德割裂范畴与理念的统一性,提出先验与超验的对立。认为,人只能先验地认识世界现象,而不能认识超验的物自体,但人的理性为了统一知识的需要,又必然要求把握物自体,由此产生理念,所以黑格尔说,在康德那里,"理念只是必然产生于我们理性中的一些思想(理想),它们对我们的理性是必要的"。同时,康德又认为,由于理念是一种关于超感性的物自体的知识,所以它反映的不是真理,而是幻想,这就是说,"它没有实在性"。费希特认为绝对自我分裂为自我与非我的对立,自我永远要在非我中认识绝对自我,亦即识知它自己、实现它自己的内在规定——理念(理想性),但由于从事认识的自我受非我的限制,理念又是永远达不到的理想。康德对理念的误解,是"把理念当作一种在世界(黑格尔指在人心之内的感官对象界)以外的彼岸"。而费希特对理念的误解,也同样把绝对自我作为理念看成是自我作为认识的彼岸,这个彼岸事实上就是非我的彼岸。康德、费希特对理念产生这种误解的原因,就在于他们不知我们的理性所指向的理念作为一种思想或理想,原就是人心自己的感官对象的内在本质。谢林诚然知道非我不仅是非我,同时也是在客观性的理性或自我,但在它与自我相对立同归于绝对时,谢林便不知道绝对既是我们的理性(自我),也是客观的理性(作为非我)——感官

---

① 黑格尔:《哲学史讲演录》第 2 卷,商务印书馆 1960 年版,第 180—181 页。

对象的自我，二者的对立统一，恰恰便是绝对自身。于是，谢林便认为我们的理性不能逻辑地把握绝对，理念作为我们把握绝对的思想（理想），只是理智直观的产物，好像理念"是具有肉眼可以看见的性质，因而就把理念定义为理智的直观"。在这种批评中，黑格尔或许也把耶柯比的直观主义包括在内了。

3. 康德、费希特、谢林等人所理解的"理念"不是柏拉图的意思，也不合乎真理。理念不是直接在意识中，而乃是在认识中。因此，我们不是直接"具有理念"，反之理念只是通过认识的过程才在我们心灵中产生出来，但它又并非仅仅是我们的思想或幻想，而是表现在我们心灵中的感官对象界的内在本质或实在。此二者的统一，便是理念的全体性（这个主体性在柏拉图那里是最高的善的理念，在黑格尔那里叫绝对理念）。所以说，理念"同样是真实的"；理念"存在着，并且是唯一的存在"。

综上所述，黑格尔认为理念不是脱离了人的意识的自身存在，但它作为概念却是呈现在我们理性的认识过程中的思想，不过它不仅仅是我们的思想，也是存在，而且是唯一的真实存在。理念存在，那么它在哪里存在，如何存在呢？据黑格尔批评人们关于柏拉图理论的第一种误解的思想，黑格尔是说，理念不能脱离我们个别意识的现实性而存在，它是作为我们个别意识中的感官对象的内在本质而存在的。这样，将此种观点与黑格尔现在所说地合起来，便构成了黑格尔把握柏拉图所谓理念的全貌：理念作为个别意识中的感官对象的内在本质而存在，这是自在的理念，而理念作为我们个别意识中由理性体现出的思想，这是理念的自为存在，因而理念的全体性，便是一个自在自为的、表现于我们个别意识中的主客统一性。主观性一面是认识，然而这种认识却是客观性一面的自在理念的自身显现或自我意识。所以，在这种自在理念的自身显现、自我意识中，正好表明，"那自身决定的普遍性的东西——那理智的世界才是真理"才是作为我们意识内的感官对象的现实世界的内在本质，是真正的永恒实在。它既是支配现实认识的绝对原理，也是支配现实的感官对象的绝对原理。这样，柏拉图的理念,就完全被黑格尔化为绝对理念了。

那么,理念与我们个别意识的关系是什么呢?黑格尔认为个别意识的本质是心灵,从而理念就其主体说,也就是心灵。黑格尔说:"理念乃是主体,因而亦即是心灵。"(黑格尔:《小逻辑》,商务印书馆1962版,第399页。)黑格尔所理解的心灵,不是一个固定的灵魂实体,而是一个普遍的精神活动性。理念是心灵实质上是说理念是精神。黑格尔进一步用他自己的这种理念论黑格尔化柏拉图的理念论。他说:"柏拉图提出了意识的真正性质,他认为心灵即是以自身为对象的东西,或者自己为自己而存在的东西。这里就提出了在运动中的真实共相的概念了;共相、类本身就是自己的生成。它是这样的东西,它的生成〔发展〕即是它自己的潜在性的实现,它所变成的东西,即是它原先就已经是的东西。它是它自己的运动的起点,但它在运动的过程中决不走出自身之外。心灵是绝对的类;凡是不潜在于它自身的东西,即是对它不存在的东西;它的运动只是不断地返回于自身。"① 心灵在这种自身不断返回于自身的规定中,就是理念。因为理念作为心灵无非是说,它呈现感官对象,同时又在感官对象中认识自己,从而在这种主客统一性中返回到它自身作为理念的规定之中。

黑格尔就是用这种以他自己的观点改装了的理念论,评价了柏拉图"认识是回忆"的学说,揭示了这一学说在认识论发展史上的历史意义。黑格尔评价说:"在某一意义下,回忆是一个笨拙的名词。这里面包含有把在别的时间内已经获得的观念重新提出的意思。不过回忆也还有另外一种意义,一种从字根衍出的意义,即内在化、深入自身的意义。这是这个词的深刻的有思想性的意义。在这个意义下我们可以说,对共相的认识不是别的,只是一种回忆、一种深入自身,那在外在方式下最初呈现给我们的东西,一定是杂多的,我们把这些杂多的材料加以内在化,因而形成普遍的概念,这样我们就深入自身,把潜伏在我们内部的东西提到意识前面。不容否认,

---

① 黑格尔:《哲学史讲演录》第2卷,商务印书馆1960年版,第183页。

在柏拉图那里，记忆这一名词常常具有上面所说的第一种经验的意义。"①

  黑格尔进一步阐述柏拉图的"回忆"时提出："当柏拉图在这里把这种知识从意识中出现的事实叫作回忆时，他这种说法已含有认这种知识从前业已真实地存在于意识中的意思，这就是说，个人的意识不仅就其本身说或按其本质说，具有知识的内容，而且即便作为个人意识，不作为普遍的意识，也已经具有这种知识内容了。但是这种个别性的环节仅只属于表象，这个人乃是一个感性的一般的人。"②对黑格尔说，人就是意识，而意识的本质是自我意识；人的这种普遍本质作为个人意识，乃是一个感性化了的一般的人的个别意识，而这个个别意识中也就包含了普遍的意识内容于自身了。黑格尔认为："柏拉图的主要努力在于指出，心灵、灵魂、思维是自在自为的。所以他对于心灵的规定才采取这样的形式，并且断言，知识不是从学习得来，而只是对于已经存在于心灵内，灵魂内的东西的一种回忆。认为灵魂是能思维的，并认为思维本身是自由的，在古代哲学家中，特别在柏拉图的观念里，与我们所谓灵魂不死是有着直接联系的。"③黑格尔接着便揭示这种直接联系，写道："在柏拉图那里，灵魂不死是与灵魂亦即能思维者密切联系着的，因此思维并不是灵魂的一个特质。我们认为，灵魂没有了想象、思维等等仍可以存在、可以持续。灵魂的不灭也就被看成一件事物的不灭，被表象成像一个存在着的东西那样。反之，在柏拉图这里，灵魂不死这一规定有着很大的重要性，即由于思维不是灵魂的特质，而是它的实质，所以灵魂也就是思维本身。……思维乃是共相的活动，但共相并不是抽象的，而是自己反映自己、建立自身同一的过程。这种过程发生在一切表象活动里。既然思维是这样的共相，即自己反映自己、自己保持自己的共相，所以它是自身同一的。但自身同一者即是不变

---

① 黑格尔：《哲学史讲演录》第2卷，商务印书馆1960年版，第183—184页。
② 黑格尔：《哲学史讲演录》第2卷，商务印书馆1960年版，第184页。
③ 黑格尔：《哲学史讲演录》第2卷，商务印书馆1960年版，第185—186页。

化，不消逝的。"①心灵在它这种永远与自身同一的自身规定中，就是理念。具有意识内容于自身而又有其自身意识的理念，也就是黑格尔所说的绝对理念作为一个主客统一的全体性。因此，黑格尔才能把柏拉图的"回忆说"解释成心灵作为一个思维活动性的固有规定、固有意识内容的自我意识。

这样一来，黑格尔便将柏拉图的念理论与"回忆说"相结合，全部都黑格尔化了。全部黑格尔化了的柏拉图理论，便是黑格尔自己的理念的。黑格尔全部哲学体系，都是以他自己这个理念论为核心、为基右，而逐步从逻辑下加以展开的。由此可见，断定自然是在绝对理念外面的东西，进而认为绝对理念先于自然而存在，都是不符合黑格尔哲学原意的。

既然黑格尔的绝对理念的主体是心灵，是个别意识的内在普遍本质——心灵作为一个在其自身规定中的普遍思维活动性，那么所谓"绝对理念外化为自然"那个外化，就只能是绝对理念在自己的呈现感性对象的活动中的感性化。外化只能是以感性对象的形态存在着的绝对理念，而绝不会外化成一个脱离人心的个别意识的独立自然界，这样一个自然对黑格尔说，是根本不存在的。外化就是感性化，这个感性化在谢林那里被称为绝对的客观活动——客观的自我。绝对理念在这种外化活动中首先呈现为感官对象，当这种对象进入心灵作为精神的自我——思维活动的统觉之中时，便成为被意识到的意识对象。这种意识对象表面上显得是异于自我的外在对象，对象是自我的异化，但事实上这个对象的本质作为绝对理念，却是和自我相同一的一个精神活动性。所以，自我的全部意识活动，就在于超越这种形式上的异化，使外在对象内在化，从而认识对象的本质，这样也就达到了对象与自我的同一性。而这种同一性，又是很自然地通过自我作为人的主观精神对象化为客观精神的现实活动——人的实践加以证实的。

这种基本思想，作为黑格尔哲学的核心，便体现在黑格尔以《精神现象学》为异论的全部哲学体系中。如果黑格尔承认绝对理念先于自然而存

---

① 黑格尔：《哲学史讲演录》第2卷，商务印书馆1960年版，第186—187页。

在，在存外化为自然后，又作为独立于人心的客观存在为人所意识、所反映的话，那么，这种思想就应该在《精神现象学》里有所表露。然而使人遗憾的是，《精神现象学》全书从头至尾，竟没有这种表露的影子，相反，在它的序言中，倒可以读到这样的宣言："精神的直接的实际存在作为**意识**具有两个方面：认识和与认识处于否定关系中的客观性。精神自身既然是在这个意识因素里发展着的，它既然把它的环节展开在这个意识因素里，那么这些精神环节就都具有意识的上述两方面的对立，它们就都显现为意识的形象。叙述这条发展道路的科学就是关于意识的**经验**的科学；实体和实体的运动都是作为意识的经验对象而被考察的。意识所知道和理解的，不外乎是它的经验里的东西；因为意识经验里的东西只是精神的实体，即只是作为经验的自我的对象。但精神所以变成了对象，因为精神就是这种**自己变成他物**，或变成**它自己的对象**和扬弃这个他物的运动。而经验则被认为恰恰就是这个运动，在这个运动中，直接的东西，没经验过的东西，即是说，抽象的东西，无论属于感性存在的或属于单纯的思想事物的，先将自己予以异化，然后从这个异化中返回自身，这样，原来没经验过的东西才呈现出它的现实性和真理性，才是意识的财产。"① 这个宣言，就是贯通整个《精神现象学》的基本思想。精神或精神的具体存在，在黑格尔看来就是理念作为心灵的具体存在，这个具体存在也就是意识。意识是两个方面的异化和对立，一方面是作为主观认识的自我，一方面是自我的对象，而自我作为认识的进展，就在于超越这种异化和对立的各种形式，达到最后的"自我是对象，对象是自我"的主客统一性。所以黑格尔强调，"精神就是这种自己变成他物，或变成自己的对象和扬弃这个他物的运动"。由此看来，黑格尔的意识或精神，是现实的运动，它绝对不会变成一个脱离人的意识、脱离作为意识对象的自然而孤立存在的神灵；同时，它所外化成的自然界，也绝对不会变成脱离意识而独立存在的宇宙过程。因为在黑格尔看来，脱离主客统一的意识而谈论外物，这就等于设定了自在之物，

---

① 黑格尔：《精神现象学》上卷，商务印书馆1979年版，第23页。

而这种设定本来就是不合理的，所以，全部《精神现象学》中的以意识为出发点的一系列逻辑进展，都是在意识的范围之内，没有超越意识一步，而它所达到的最后结果，也只是一个包含精神与其外化的对象的一系列对立的主客统一性。这个主客统一性，当然也只能是一个在意识之内的主客统一性。这便是黑格尔所说的绝对之知——对绝对理念的完满认识，在《精神哲学》中又称为绝对精神。

黑格尔在其《逻辑学》一书的序言和导论中，又再次重申了上述基本思想。黑格尔说：在《精神现象学》中，"我曾经从意识与对象的最初的直接对立起直到绝对的知这一前进运动，这样来表述意识。这条道路经过了**意识与客体的关系**的一切形式，而以**科学的概念**为其结果。"①所谓以科学的概念为其结果，就是以绝对之知为其结果。绝对之知的内容是绝对理念，即制约现实意识过程的内在原理，而这个原理又是绝对主体作为心灵或精神在自己的外化中的自我意识的原理。由此，意识中的基本对立面，同样也就是绝对理念中的基本对立面，对此黑格尔说"**逻辑**据此而把自身规定为纯粹思维的科学，它以纯粹的知为它的本原，它不是抽象的，而是具体生动的统一，因为在它那里，一个主观地自为之有的东西和另一个客观地自为之有的东西在意识中的对立，被认为是已经克服了，'有'被意识到是纯粹概念自身，而纯粹概念也被意识到是真正的有。据此说来，这就是在逻辑的东西里所包含的两个**环节**。"②这两个环节，黑格尔明言，是在意识中的一个主观的自为之有，与在意识中的一个客观的自为之有之间的对立，既然二者都不在意识之中，那么绝对理念作为二者的对立统一，便不能是脱离人意识的自身存在了。两个自为之有同为绝对理念的自在自为的表现，一为在主观性中的概念，一为在客观性（对象）中的概念，二者的统一作为现实性的存在，正是《精神现象学》的出发点——人的意识。

有人认为，"人的意识"，在黑格尔那里也像在我们这里一样，被看

---

① 黑格尔：《逻辑学》上卷，商务印书馆1966年版，第29—30页。
② 黑格尔：《逻辑学》上卷，商务印书馆1966年版，第43—44页。

作是反映一个独立于人心之外的自然,这个自然就是黑格尔所谓的"对象""精神的他物";这个精神的他物作为自然是精神作为绝对理念的体现,绝对理念是先于它而自身存在的东西。我们认为这是对黑格尔哲学的双重错误:首先,自然既然是绝对理念的体现,又说精神先于自然而独立存在,这是不符合黑格尔的逻辑的。其次,自然及其本质——绝对理念,都被这些人理解成了自在之物,这更是违反黑格尔的观点的。可见,这种双重理解,既不能与黑格尔对柏拉图的评价中的观点对上号,也不能与前面所引的黑格尔其他著作中的引文相符合。为了进一步消除人们对黑格尔的这种误解,我们不妨再引一段黑格尔的原文。黑格尔不但将柏拉图的理念黑格尔化了,而且把阿那克萨戈拉的"心灵"也黑格尔化了。他说:"阿那克萨戈拉(Anaxagoras)被赞美为第一个说出这样思想的人,即:心灵(nus),思想,是世界的本原,世界的本原须规定为思想。这样,他就奠定了一个理智的宇宙观的基础,这种宇宙观的纯粹形态必然是逻辑。"① 对此,人们可以援引黑格尔同书中的另外一段话做解释,他说:逻辑是纯粹思维的王国,"这个王国就是真理,正如真理本身是毫无蔽障、自在自为的那样。人们因此可以说,这个内容就是上帝的展示,展示出永恒本质中的上帝在创造自然和一个有限精神以前是怎样的。"② 人们很可能据此而断定,黑格尔前一段话中所谓作为世界本质的心灵、思想,是指自身存在的作为纯粹思想的上帝说的:黑格尔最后把上帝规定为理念,可见理念的体性作为绝对理念是先于自然和人而自身存在的东西。这种断定是片面的,因为它忘记了注意黑格尔所谓"上帝的展示"这句话不是他自己的哲学思想,而是说的是普通人的看法。普通的宗教信徒,总是认为世界是由一个自身存在的上帝创造的,人的精神作为纯粹有限的精神也是由这个上帝创造的,因而他们认为黑格尔《逻辑学》的规定,和他们的上帝的规定是一致的。但黑格尔所说的上帝和基督教徒所说的上帝是不完全一致的,黑格尔的上

---

① 黑格尔:《逻辑学》上卷,商务印书馆1966年版,第31页。
② 黑格尔:《逻辑学》上卷,商务印书馆1966年版,第31页。

帝不是自身存在的东西，而是作为人的现实精神的内在本质的绝对理念。所以在《逻辑学》中，当黑格尔进展到理念，并把上帝规定为理念之后，他就只谈生命、认识的理的理念，由此最后近到绝对理念，表明绝对理念是生命、认识的内在本质，再就几乎一字也没有提到上帝。列宁对此感到惊奇，写道："极妙的是：关于'绝对观念'的整整一章，几乎没有一句话讲到神（差不多只有一次偶然露出了'神的''概念'），此外——注意这点——几乎没有专门把唯心主义包括在内，而是把辩证的方法作为自己主要的对象。……还有一点，在黑格尔这部最唯心的著作中，唯心主义最少，唯物主义最多。'矛盾'，然而是事实！"① 可见，列宁已经完全明察出了黑格尔绝对理念的实质：一方面，它是最唯心的；另一方面，它包含着人类意识辩证法的真理性。但有人却据列宁这段话得出结论说，黑格尔《逻辑学》中所体现的辩证法的真理性，是唯物主义立场自发起作用的结果，不能归功于他的唯心主义，因为唯心主义是反动的，它在历史上不能起进步作用。这是对列宁这段话的误解。马克思、恩格斯，特别是列宁，从来没有说过黑格尔有自发的唯物主义，而倒是经常说黑格尔是一个自觉的唯心主义者。黑格尔的《逻辑学》从头到尾，都在阐明他的唯心主义原则，从来没有放弃过。黑格尔的辩证法是与他的唯心主义原则分不开的。黑格尔的哲学，特别是人们所重视的逻辑学（其实不限于此），所以能表达出那么多令人惊奇的真理性，简单地说是因为他的唯心主义原则是这样一种原则：黑格尔的精神本体不脱离人的意识，并且恰恰是人的意识的内在本质。而人的意识是事实，不是幻想物。所以，表达这个意识事实的内在本质的辩证法，实质上表达的就是一个人类意识的辩证原理。由于意识表达的是人心之外的客观世界的内容，所以意识的辩证法也就必然要表达着一种客观世界的辩证法。由此可见，黑格尔的唯心辩证法说明的是一个意识事实，而通过这个意识事实又使它与客观外界的辩证法联系起来了，这种联系才决定了黑格尔唯心辩证法具有不可抹杀的真理性内容。马克思主义

---

① 列宁：《列宁全集》第38卷，人民出版社1959年版，第253页。

经典作家所说的黑格尔在概念辩证法中天才地猜到了事物的辩证法[①]，也是表达的这个意思。但我们应该指出，黑格尔哲学中包含的这个真理性并不是他的唯物主义自发起作用的结果。因为黑格尔从来没有背离过他的唯心主义原则而承认意识的辩证过程是在表现一个人心之外的自然的辩证过程。

《精神现象学》和《精神哲学》都是以人心的现实意识过程的整体为对象，而《自然哲学》却只是以这个整体中的精神外化或感性化而成的自然一面为对象。黑格尔在《精神现象学》和《精神哲学》中，描述了从意识到自我意识的过渡。正是在这段描述中，黑格尔充分地说明了所谓自然并不是独立于人心之外的自在自然，而是与人的意识分不开的、对人显现着作为认识对象的自然。同样，自然作为认识对象与认识主体作为精神的自我的对立统一——理念或绝对理念，也不可能脱离现实的人的意识而独立存在。理念或绝对理念的辩证法，只不过是意识的内在辩证法而已。《精神现象学》对这个问题的描述，本质上和《精神哲学》中的描述是一致的。为了便于说明问题，我们这里且采取《精神现象学》的说法，来探讨这个问题。

《精神现象学》是从意识出发的。人心在意识的开端处，经验到一个"我"和对它处在否定地位的各种外在对象这两个极端。意识最初的确定性，就是要按照感性事实所表现出来的样子来表达自我和对象。所以黑格尔称这种确定性为感性确定性。由于感性确定性只是意识的低级阶段，所以它不能说出自我和感性对象究竟是什么，而只能用"这个"来意指（或意谓）。然而这样的确定性，是一个自身矛盾：当意识以"这个"来意指它每一次所经验到的自我和对象时，它就已经把它所经验到的个别事实转化为一个普遍的共相了。每一个经验到的个别事实，都是一个"这个"；每一次经验到的个别自我，也都是一个"这个"。黑格尔的哲学旨趣是古典的，是传统形而上学的，它与现在西方一些哲学流派的哲学旨趣根本不同。在这

[①] 列宁：《列宁全集》第38卷，人民出版社1959年版，第210页。

些哲学流派看来，意指和观念与个别经验事实之间，是不能相互过渡的，二者之间存在一条不可逾越的鸿沟，意指只是标示对象的主观方式，观念则只是对象的标记；在黑格尔看来，恰恰相反，意指是个别经验对象的自身内在化，观念则是表达它的不同层次上的内在化了的真理性，意指、观念与个别经验事实之间，是一种客观的、真实的相互转化的关系。就当前的问题而言，感性确定性的矛盾，只不过说明了意识的确定性不能是照原样来表达个别经验事实，就是说不能停留在经验的个别感受上面，而是要深入到经验事实的内部，把握它的内在真理——共相。所以，光停在感官确定性的要求上是不合理的，按照这种要求，不可能有意识，有意识确定性的产生。

黑格尔认为，"这个"作为一个最普遍的共相，表达了经验事实最初层次上的普遍性和内在真理性；一切个别的事实同作为个别的经验事实，所以它们都是"这个"。

设：以 A_1、A_2、A_3……代表各种个别的经验事实，以 K 代表它们同为个别感性事实的共相，则有下式成立：

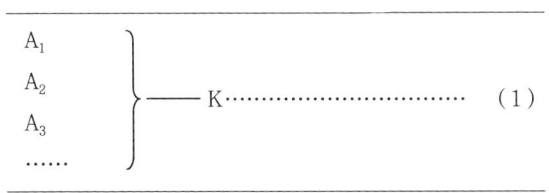

感性确定性实际上表现为以"这个"的概念去意指一切个别经验事实的活动，那么，它便以上式的客观性为内容、为基础，并且是上式表达的意识确定性的一个表现形式。如果没有上式的客观性存在，这样的意识确定性也便不会产生。

然而在感性确定性里，有"这个"的规定性出现，便有相反的规定——"那个"的规定性出现：一切个别的经验事实诚然都是"这个"，但同样地，它们又都可以是"那个"。这又是怎么一回事呢？黑格尔在《精神现象学》

里，诚然没有说明这个问题，但根据黑格尔的基本思想，特别是据他的《逻辑学》"有论"里所发挥的质量统一的辩证法，我们可以把黑格尔未直接说出来的东西，大胆地设想出来。

据式（1）A_1、A_2、A_3……同为K，则K本身作为"一"，是感性的实在性本身，但它若没有外在的数量规定——一个K、两个K、三个K等等的数量规定，它便不存在。因此，K在其外在的数量规定中，便转化为多个"一"——多个K。显而易见，A有多少，K便有多少。每一个K在与其他一个K的相对关系中，便既可以是"这个"，也可以是"那个"。所以，无论"这个"还是"那个"，都是K在数量规定中的不同表现形式，即K在与其他K的相互关系中的不同表现形式。

人们会说，式（1）实现了从A_1、A_2、A_3……到K的转化，如果这种关系是客观的，我们便应该能够实现相反过程的转化。这个相反过程的转化是：

$$K \longrightarrow \begin{cases} A_1 \\ A_2 \\ A_3 \\ \cdots\cdots \end{cases} \cdots\cdots\cdots\cdots\cdots\cdots\cdots\cdots\cdots (2)$$

这个相反过程的转化，黑格尔在其《精神现象学》中已经实现出来了，这就是从感性确定性到知觉的过渡。感官的确定性把个别的经验事实转化为最低层次上的共同或普遍性——"这个"或"那个"，因而这种共相或普遍性便上升为主体，成为新的意识确定性的出发点。因此，这个新的意识确定性便不再像感性确定性那样，以直接性的感觉为对象了，而是以"这个"的共相为认识对象，它的任务是揭示"这个"或"那个"中包含的规定性，以用规定性来规定这个普遍的共相。黑格尔认为这就是知觉。对此黑格尔写道："这就是说,我不是在认识一个直接性的东西,而是在知觉。"[①]

[①] 黑格尔：《精神现象学》上卷，商务印书馆1979年版，第73页。

可见，知觉是以这种普遍共相为出发点的意识确定性，它用逻辑表达出来是：

共相（"这个"或"个"）是……。

在这里，意识的确定性首先便是一个意义觉知的知觉。在知觉里，便实现了式（2）中的从 K 到 A_1、A_2、A_3……的转化。K 在被规定在知觉里的时候，它就成了具有种种特质的统一体——单一体。很显然，这些单一体在知觉中作为意识对象，已有思维能动性的先天规定体现其中了。单纯在感觉中的个别事实，不能成为一个统一的单一体；统一的单一体在知觉中的出现，对黑格尔说，是意味着个别事实进一步的自身内在化。

出发点 K 作为这个或那个的共相，是一个间接性，是一个通过对直接性的感性事实的扬弃而被事先建立起来的事实，所以它具有必然的否定性于自身。这个必然的否定性在知觉中，便又把共相呈现为一些特质总和中的统一体或单一体。这整个的过程，都不超越意识自身范围之内的同一性。所以，黑格尔说："一般讲来普遍性是知觉的原则，所以知觉中的直接互相区别的各环节也是以普遍性为原则：我是一个共相，对象也是一个共相。于是普遍性的原则对我们说来就出现了，因此我们对于知觉的认识也不再是个别的、偶然的认识，像感性确定性那样，而是一个具有必然性的过程了。在普遍性原则出现的同时就出现了两个环节，这两个环节是作为**现象**冒出在我们面前：一个是环节指出的过程，另一环节仍然是同一过程，不过被认作简单的东西；前者是**知觉**，后者是**对象**。按本质说来，对象与过程是同一的，过程是两个环节的展开和区别开的运动，对象是两个环节之被认作一个结合体。"[①]黑格尔这段话，与我们探讨的黑格尔本人对绝对理念的看法问题密切相关。黑格尔是说，认识在感性确定性阶段上，由于从外在的、出现于感官中的个别事实出发，所以是偶然的。而认识在知觉阶段上，由于是从认识所建立起来的共相出发，共相是制约此后认识过程的原则，是认识作为共相内在所固有的否定性的展开，所以它是一个具有必然性的

---

① 黑格尔：《精神现象学》上卷，商务印书馆1979年版，第74页。

过程。在这个必然性过程里出现的两个环节——知觉和对象，本来都是以意识的同一性为基础的，但却表现为二者相互对立，相互区别的现象。《精神现象学》中从意识到自我意识的过渡，就是克服这种主客对立现象的第一个步骤。

在知觉的意识阶段上，共相作为认识的原则，还是表面的、感性的。而共相作为一些特质的统一体，也是表面的、感性的：每一特质本身是一共相，是一种没有超越感性的共相，如各种颜色、形体、气味等等。而"这个"或"那个"的共相，无论从自我一面说，还是从对象一面说，则前者作为一些特质知觉的统一，后者作为一些特质的统一，都是不能和统一性的概念相容的，分析起来都要陷入自相矛盾。从自我是这个或那个自我而言，它作为一些特质知觉的统一，却只能用它是这又是那的"又"字，把各种特质知觉外在地联合起来。在各种特质知觉的直接性中，建立不起它们的内在统一性来。同样地，从对象是这个或那个而言，它作为一些特质的统一，也只能用它是这又是那的"又"字，把各种特质外在地联合起来，在各种特质的直接性中，也建立不起它们的内在统一性来。因此，在知觉中的事物，无论是自我还是对象，都既是这又是那，这和那之间无内在同一性，这样，事物究竟是什么就难以确定了。所以，事物只能是幻觉，是一个扬弃自身而过渡到他物的矛盾。事物这种内在矛盾，也被明确表达在黑格尔的《逻辑学》和《精神哲学》中。

可见，事物的直接性是一个不能成立其自身的矛盾，以它为实在就会陷入幻觉。正因为如此，所以它必然要过渡到他物，以他物为基础，这样事物又是一个扬弃自身而过渡到他物的矛盾。这个关于他物的意识确定性，便超越了知觉的认识阶段，而进入超越感官世界的知性领域了。

在意识的知性阶段，出现了超感性的纯粹共相——超感官世界，而感官世界相应地成了它的现象界。这里便出现了本质界和现象界的对立。在对这个对立的理解上，黑格尔和康德在很大程度上不同。在康德看来，整个意识界全都是现象界，而本质界则是超越意识之外的自身存在（自在之物),所以表达世界最高根据的理念——神,是超越意识界的自身存在。相反,在黑格尔看来,本质界和现象界的对立是意识中的对立,康德所谓的使经验所以可能的先验范畴规律,却正是黑格尔的知觉所呈现的感官世界内部的本质界:除了这样一个本质界之外,再就没有任何别的本质界了。

意识的确定性,或者说思维的确定性,为了克服它在知觉阶段上的内在矛盾,它必须超越感性的共相,继续实现这种感性经验的自身内在化,而达到一种超感性的共相,这是将自我,对象在知觉中归结为一个各种特质知觉和各种特质的统一体所预先假定了的。否则,统一体便不能成立。于是意识确定性的进展,便把一切的特质知觉(就在知觉中的自我而言)和一切特质(就被知觉的对象而言)的共相,进一步内在化或归结为普遍的差异或对立,而这种在普遍的差异或对立中的绝对共相,则是一个力。力作为规律和本质,以差异或对立为自己的规定,呈现它的主客两个方面的现象界——知觉与被知觉的对象,这便出现了力与力的表现两个基本对立面。抽象的知觉性总是坚持这两个对立面的对立。而知性自身的合理辩证运动,就在于超越对立而达到二者的对立统一,就是说要表明:力的现实性(实在)就是力的表现,而力的表现的内在性和本质就是力的现实性(实在)。在这里黑格尔最为生动地论述了他所谓内外相互颠倒的辩证法:在内或本质界是力的现实性,在外或现象界便被颠倒为力的表现;在外或现象界是力的表现,在内或本质界便被颠倒为力的现实性。但是,既然对象和知觉(作为认识主体——自我的知觉活动)都是同一个意识过程的表现,二者具有原始基础上的同一性,那么,在对象中的力与力的表现便与在知觉中的力与力的表现是对立统一的,是同一个精神活动性的力与力的表现。这种精神活动性的力与力的表现,在被知觉的对象中外化为对象的客观性,而在知觉中则外化为主观的知觉活动。前一个外化实质上即是后一个外化,因而它的前者中的存在,即为在后者中的存在。可见,对象的内在性是自我和自我的活动,自我和自我的知觉活动的内在性也是对象的内在活动,二者同是一个精神活动性的力与力的表现,自我和自我的知觉活动无非就是对象的自我意识而已——意识的本质，到此被表明为是自我意识，意识过程为自我意识的原理所支配、所制约。

在《精神哲学》中，黑格尔更为明确地表述了这种意识到自我意识的转化的实质。黑格尔指出，意识的对象和自我、意识相对立，异化为好像不同于自我、意识的他物，但对象是心灵自己从自己的内在性的精神活动外化出来的，所以对象也是自我、也是意识自身。无论在《精神现象学》中，还是在《精神哲学》中，黑格尔都没有说过在意识之内的主客统一性表观或反映一个不以意识为转移的自然的实在性。在以后的著作中也是如此。

在《精神现象学》中初步地揭示出意识的本质是自我意识之后，意识的确定性便由意识的阶段过渡到自我意识阶段了。但自我意识在其现实表现中的直接性，却是一个非常有局限性的自我意识。在这里面，不仅人与物之间的主客对立没有克服，而且又出现了自我意识作为个别的自我意识与其他个别的自我意识之间的对立。后者与前者统一起来，便是一个范围更大、深度更深的主客对立。这样的对立只有到了理性的阶段，才得到了初步克服。只有在理性阶段中才达到了个别的自我，同为普遍的自我与感官对象——对人显现着的自然和人的社会现实的对立统一。

在自我意识向理性的过渡过程中，黑格尔阐明了作为对象的东西本身就是自我的外在化，客观化，这种在客观性中的自我与作为认识活动的自我是同一的。所以我们可以说黑格尔达到了费希特在《知识学基础》中所提出的命题：自我＝自我。对此，黑格尔说："理性就是意识确知它自己即是一切实在的这个确定性；唯心主义就是这样地表达理性的概念的。作为理性而**出现**的意识**直接地**自身具有这种确定性，同样地，**唯心主义**也**直接地**表述着这种确定性：我即是我，意思就是说，作为我的对象的"我"是唯一的对象，是意识到再**没有**其他任何对象**存在**的对象，它即是一切实在与一切现在；……于是有两个方面先后出现，在一个方面中，本质或真理对于意识具有存在的规定性，在另一方面中，本质具有**只为意识**而存在的规定性，但这两者归结为一个真理，即：**存在的**或

自在的东西只于它**为意识**而存在时存在,而那**为意识**而存在的东西也就是**自在的**存在。"①所谓作为我的对象的"我",就是在那包括人的社会生活在内的现实对象中的我,即客观性中的我,这个我与那在主观性或理性中的我是同一的,故叫作自我(主观性)= 自我(客观性)。黑格尔强调,作为我的对象的"我"是唯一的对象,它就是"一切现实与一切现在"。并且更明确地强调,自在的存在也就是为意识而存在的存在,为意识而存在的存在也就是自在的存在。可见,黑格尔所说的对象或自在的存在作为客体,本身就是意识主体的对象化,它不能脱离意识而独立存在,而只能是在意识之中作为意识对象的现实。

这种现实在理性的确定性中,已不再出现为知觉的现实,而是出现为直接与理性相同一的"我"在其一系列范畴规律规定中的绝对事理或理的实在性,亦即出现为主客统一性之为绝对原理——绝对理念的实在性。这种实在性的逻辑表达,即相当于《逻辑学》中的"概念论"的整个范围。

黑格尔在《精神现象学》中揭示出自我意识本质上是理性确定性之后,由此自我意识便过渡到理性阶段。但理性在其现实表现中的直接性,却同样又是一个非常具有局限性的理性。在这里,不但理性与自然现实的对立必然还要再次出现,而且又出现了理性有关人的社会生活的主观确定性与人的社会现实的对立。前者与后者结合起来,便是一个见之于自然科学、社会科学和哲学中的更高层次上的主客对立。这个主客对立,较之在自我意识阶段上的主客对立,范围更广,深度更深。黑格尔的辩证法在这一个领域中的进展,结果便达到整个《精神现象学》的一个最后的逻辑阶段——精神阶段。在这个阶段,也不存在任何迹象说明黑格尔承认独立于人心之外的自在自然。

一般地说,《精神现象学》中的"意识""自我意识""理性"三个逻辑阶段,相当于《精神哲学》中的主观精神,而《精神现象学》中的"精神"这一逻辑阶段,则相当于《精神哲学》中的客观精神。客观精神是主

---

① 黑格尔:《精神现象学》上卷,商务印书馆1979年版,第155—156页。

观精神的对象化、客观化。如果说，在前三个逻辑阶段中，黑格尔所说的主客对立性，都是在意识之内的主客对立性，那么在"精神"这一逻辑阶段上的主客对立性，便更是如此了。在黑格尔看来，自然作为意识的对象，即作为对意识而存在的对象，是在意识之内与意识的过程不可分割的。它与意识的同一性作为主客统一性，便是形成《精神现象学》从意识向自我意识过渡的基础。不仅如此，它更是形成理性确定性——自我等于自我的内在基础以及形成精神作为客观精神——人的现实伦理社会的内在基础。人的伦理现实（社会）作为主观精神的对象化、客观化，在黑格尔看来，无非是在人对人的关系中实现那种最高的主客统一性的规律或原理。这种规律或原理，也就是形成家族或家庭、市民社会、国家等一系列关系的规律性。对黑格尔说，客观精神绝不是在人的主观精神之外的第一性的东西，相反，它倒是人的主观精神（人性）的固有规律在人的伦理关系中的自身体现。主观精神只有在客观精神中才能得到实现，人性只有在家庭、市民社会和国家中才能变成完满的现实。所以客观精神就是主观精神，主观精神也就是客观精神，二者的统一就是《精神现象学》和《精神哲学》中最高的主客统一性——绝对的知或绝对精神。这个主客统一性内容是：

1. 个人们的精神（个别的主观精神）同作为普遍的主观性或普遍的自我，在其相互关系的规律中，表现它与其意识对象——包括人在内的呈现在意识中的自然的同一性，表现在这个同一性中的对自我所可能具有的理想性，也就是表现人在人对自然、自然对人的相互关系里的统一体，即为精神、自我中的对自我而言的理想规定，因而形成黑格尔所谓扬弃"美丽的灵魂"的抽象内心自由，进入具体自由的"自由精神"的实践性。

2. 这个实践性通过人的活动而对象化、客观化为人的社会现实——以人对自然、自然对人的相互关系为基础的国家伦理生活。

3. 前二者的统一表明，以自然为基础的人的国家伦理生活的客观现实，是完整的意识对象。而这个对象的内在性就是包括自然在内的客观精神，也同时是在其普遍性中的主观精神——自我。可见，自我也就是在客观现实中的客观精神本身。

上面说过，意识达到这种确定性，在黑格尔看来也就是达到了最高的绝对之知——绝对精神的境界。这个境界也就是绝对理念在它所支配的现实意识过程中的完满实现。在《精神现象学》中，黑格尔阐明了绝对之知的形式——宗教和哲学，而把艺术看成是在宗教中的一种形式（在《精神哲学》中，艺术是表现绝对精神的一种独立形式），从而结束了他的现象学。关于绝对之知这种主客统一性的最高境界是否反映一个在人心之外的独立自然的问题，黑格尔仍然做了否定的回答，因为他自始至终都认为那样一种自然是不会存在的。这一点正是黑格尔哲学的唯心主义所在。正是在这个立场上，黑格尔批评了法国启蒙学派中的唯物主义思想，他说："如果我们从上述否定性的彼岸所必然过渡成为的这个**感性的**存在出发，而同时抽掉其与意识的这些特定方式的关系，则我们看到，余留下来的只是**物质**，只是在自己本身中进行着的沉闷的编织和运动。在这个地方应加注意的首要之点是，**纯粹的物质**只是我们除观看、感受、品味等等活动之后剩余下来的那种东西，即是说，纯粹的物质并不是所看见的、所感受的、所尝到的等等东西；被看见了的、被感受了的，被尝到了的东西，并不是**物质**，而是颜色、一块石头，一粒盐等等；物质勿宁是**纯粹的抽象**；而这样一来，思维的纯粹本质，就昭然若揭了，**思维的纯粹本质**，或者说，纯粹思维自身，乃是自身无区别、无规定、无宾词的绝对。"[①] 在这里，黑格尔是在用他的唯心主义观点理解唯物主义：他把唯物主义所谓的作用于人的感官、可被人感知和知觉的人心之外的客观实在，转化为只是与人的感性作用、知觉作用分不开的在人意识之内的感性存在，然后他进而指责说，感性存在不是物质，物质是"抽除了观看、感受、品味等之后所剩下来的那种东西"，这是纯粹的抽象，而抽象则是纯粹的思维本身，即"是自身无区别、无规定、无宾词的绝对"；唯物主义不知道这物质实际上是绝对的纯思自身，却把它异化为在精神之外的不同子精神的他物。黑格尔对唯物主义的上述

---

① 黑格尔：《精神现象学》下卷，商务印书馆1979年版，第108页。

这种理解，是把唯物主义黑格尔化了。这又一次清楚地表明黑格尔不承认什么人心之外的独立自然的存在。

上面我们证明了，黑格尔从未承认过脱离人的意识而独立存在的自然界，所以，他的《精神现象学》的辩证法完全是关于在意识之内的一系列主客统一性的辩证法。由此我们也就可以断定，在这个辩证法中显现着的作为意识的内在本质的绝对理念，也就不可能是脱离人心和自然并先于人心和自然而自身存在的东西。

《精神现象学》是从意识的现实经验出发，最后达到绝对之知的辩证法，同时也是绝对理念在其外化或感性化的自然中意识到自身的辩证法。这个辩证法作为意识全部过程的内在本质，也就是哲学所特有的研究对象。黑格尔认为，这个对象可以内在地区分为三个环节，与此相应，哲学也便区分为三个部分：

第一，从结果上看，绝对之知的哲学形式是关于绝对理念——意识的内在原理之知，所以哲学首先是论述绝对理念的全部规定的学问，黑格尔称其为关于"理念自在自为的科学"。这就是黑格尔的逻辑学。

第二，绝对理念是意识的内在原理，它在意识中外化为意识的对象——自然，所以哲学其次是论述绝对念在其外化中的外在性的学问，黑格尔称其为关于"理念的异化或外在化的科学"。这便是黑格尔的自然哲学科学。

第三，绝对理念在其外化的整体中，必然有直观其自身的主观性的内在规定表现出来，所以哲学最后便是论述绝对理念在外化的自然中达到自我意识的学问，黑格尔称其为"理念由它的异在或外在而返回到它自身的科学"。这也就是黑格尔的精神哲学。

这三门哲学科学，连同它的导论——《精神现象学》，都是对原理的陈述，是原理的辩证法，而不是现象的辩证法。所谓原理的辩证法也就是事物内部的以本体为基础的本质的辩证法，所谓现象的辩证法，则仅仅是对动变事物的现象的描述。原理的辩证法把事物归结为本质的实在性，而现象的辩证法则把事物、现象看成是唯一的实在，把外在的规律看成事物和现象所固有的东西，前者是真正的辩证法，后者则是把哲学事物化、现象化的抽象知性思维。黑格尔认为，意识过程的全程的内在本质，是绝对理念在其外化、感性化中的自我意识，这是因为意识的内在原理——绝对理念本身就是一个自我意识的原理。《精神现象学》不是在描述这个自我意识的实际历史，而是在描述这个历史的内在本质的逻辑结构，是在描述它的内在之理。《逻辑学》也不是在描述一个自身存在的宇宙精神的抽象发展史，而是在描述支配意识的内在原理——绝对理念的内在逻辑结构。《自然哲学》更不是自然发展的实际历史，而是在描述绝对理念在自然状态中的内在之理。《精神哲学》，诚然是在以人心作为心灵或精神的全部意识过程的整体性为对象，但它也不是在描述这个整体性的实际历史，不是在描述变动性，而是在描述这个动变性自身的内在原理，它的内容基本上相同于《精神现象学》，只是它抛开了一些更为具体的意识样式，而着重以更严格的逻辑形式描述那个动变性本身的内在原理。上述的四个内在之理（即现象学的、逻辑学的、自然哲学的和精神哲学的内在之理）的有机统一，就是意识内在原理的全体性。其中，逻辑学的内在原理是其余三者的绝对基础。《精神现象学》和《精神哲学》虽然逻辑层次上基本相同，但在出发点上是有区别的。《精神现象学》从意识出发，通过一些具体的意识样式的前后应有的逻辑层次，发现支配意识全程的内在本质、内在原理——绝对理念之为一个自我意识原理的实在性。《精神哲学》则是从已知的绝对理念出发，表明绝对理念在外化的现实（自然和社会）中的自我意识的内在原理：在黑格尔看来，人就是这个自我意识，是这个自我意识再度对象化其自身的人性实践性，所以《精神哲学》直接就是整个的人学原理。然而，逻辑学、自然哲学的对象也没有脱离意识，所以它们同样是人学原理，是人学原理中的两个内在环节：前者是人学原理的内在基础，后者则是这个内在基础外化其自身为意识对象的环节。可见，黑格尔哲学体系的人本学本质，在这里便更为明显地显示出来了。

近代哲学认为，只有人才有意识，从广泛的意义上说，意识就是人的人性。而近代的唯心主义又从不超越意识而谈存在，有时它超越人的意识，但却不超越神的意识，而神的意识是人的意识的本体基础。这种状况充分表明近代唯心主义是一个人本学的原理，或者说是哲学的人本学本性的唯心主义实现。而这个实现在黑格尔那里便达到了它所应有的最高峰。

这个人本学原理在黑格尔那里作为整个的哲学体系，就是有关意识的内在原理的全体性的辩证法，也就是传统形而上学全部内容的实现。黑格尔意识到了，对象、客观的辩证法必然要由主观的、概念的辩证法来表达，二者是一个不可分割的统一性。所以他说："哲学，由于它要成为科学，正如我在别处说过的，它既不能从一门低级科学，例如数学那里借取方法，也不能听任内在直观的断言，或使用基于外在反思的推理。而这只能是在科学认识中运动着的**内容的本性**，同时，正是内容这种**自己的反思**，才建立并产生**内容的规定**本身。"① 所谓"在科学认识中运动着的内容的本性"，就是在其表现为科学认识的自我意识中运动着的绝对理念的本性；所谓"内容自己的反思"，就是纯粹思维把握对象的运动，作为内容自身的自我意识的反思，由此所产生的规定本身作为主观辩证法，概念的辩证法，同时也就是内容的辩证法、客观的辩证法，二者的统一作为哲学的基本规定，便首先是思维规律的科学，是逻辑。因此，哲学可归结为思维规律的科学。黑格尔在其《逻辑学》中论述的就是这个思维规律的纯粹逻辑形态，即绝对理念的辩证法。

黑格尔的辩证法是意识的辩证法，但意识的辩证法实质上在客观地反映着外在物质世界的辩证运动，黑格尔在唯心的体系中描述出来的思想规律本质上也和客观外界的规律一致。这个事实使黑格尔的辩证法在客观上有很大的真理性。我们作为马克思主义者，应该在批判黑格尔的唯心主义的基础上，继承这个合理内核。

黑格尔哲学的实质，可以概括为这样一种简明的内容：黑格尔在否认了有独立于人心之外的自然界这一思维确定性的真理性的前提下，仅就人

---

① 黑格尔：《逻辑学》上卷，商务印书馆1966年版，第4页。

类意识自身，从逻辑上完成了一个人类意识的辩证原理。

黑格尔哲学的合理内核问题，是涉及这个人类意识原理整个所具有的合理意义问题。

这便使我们不能不进入黑格尔的唯心主义与人类意识原理的关系问题中去。

第五章　黑格尔的唯心主义与人类的意识原理

如第三章所言，人类的意识原理，有两个不可分割的方面：一是人的心理行为的规律，二是人的心理行为在思维与感性的统一中所呈现出的把握对象的逻辑规律。二者的统一，可称其为人的心理—逻辑结构。

人的一切关于其对象的确定性，都是意识的确定性，而一切的意识确定性，都是思维的确定性。凡属思维的确定性，都必然服从于思维在其对感性的关系中的心理—逻辑结构。因此，如果我们能形成有关这个心理—逻辑结构规律的意识原理，则这个意识原理便必然是这样一个主客统一性：它既是思维规律的科学，是认识论，也是世界观。对人说，人并不能有一种脱离人的意识原理的世界观，也不能有一种不是世界观的意识原理。世界观只能作为人的意识原理的客观内容，而表现在人的意识原理之中，人的意识原理的客观内容，也只能是人的世界观。

有人或者会这样提出疑问，到底有没有人的意识原理这种东西呢？如果没有，这问题就大了。人的一切确定性都是意识的确定性，如果意识没有规律，没有必然性，则人所谓意识是客观物质世界的反映，这也是一个意识确定性，因而这个意识确定性便成为偶然的、主观的，它的客观真理性也便无从谈起了。唯物主义的基础，正在于这个确定性的真理之中。

黑格尔在其客观唯心主义的前提下，从意识的心理—逻辑结构的逻辑一面，完成了一个人类的意识原理。黑格尔的意识原理，是以下三个方面的统一体：

首先，黑格尔揭示了思维在其的感性关系中的普遍性，基于不同的历史条件所具有的种种历史形式，把这些历史形式归结为三种逻辑思维的基本类型。

其次，逻辑思维三种类型的最后一种，是辩证理性的思维，是思维普遍性的最高完善形态。黑格尔揭示出了这个思维的规律体系之为一个"真理一般"的主客统一性——绝对理念的辩证结构，它既是辩证思维的逻辑结构，认识的逻辑结构，同时也是对人显现着的天地万物的本体之为一个实体同时是主体、客观性同时是主观性的道或理的逻辑结构。

最后，黑格尔揭示出了这个绝对理念的理、道在其外化的自然中的自我意识的辩证法，揭示出人的精神作为这个自我意识的体现，必然由个人的主观精神的普遍实践性作为理论精神与实践精神的统一——自由精神，客观化、对象化其自身为客观精神——人的社会伦理。人的伦理是人的自由精神的客观化、对象化，但人的自由精神是一个主客统一性，它是表现绝对理念在人对自然、人对人的关系中作为一个伦理实体的最高规定。因此，个人的主观精神，只有在与其客观精神的高度统一中，亦即只有在高度的伦理—道德意识中，才能达到与绝对理念相统一的绝对精神的自由境界，意识到天道即人道，天道是在人道之中，不在人道之外。

但是，黑格尔只把他这个意识原理，局限在人意识之内的自我与对象的对立统一之中，他根本否认有不依人的这个统一性为转移的自然界这个思维确定性有任何意义，任何真理性。这二者的统一，便使得黑格尔的意识原理，是一个高度实现了的客观唯心主义的意识原理。黑格尔的客观唯心主义，是与他这样一个意识原理分不开的，二者是一个不可分割的对立统一体。唯有这样一个意识原理，才使得黑格尔能够把物质世界作为对人显现着的物质世界，统一于人心的普遍性之为一个理、道的实在性中去，并且从各方面阐明了这个统一性的辩证法。

这个辩证法，是建立在改造斯宾诺莎的实体观念的基础之上的。黑格尔把这个实体的与其思维属性相对立的广延属性，改造为以其思维属性为基础的派生性，从而实体便是只是一个能表现其精神现象的实体。这个实体便是精神，便是心灵。

黑格尔以其思辨的或肯定的理性思维为基础的哲学体系，便是建立在这样一种彻底唯心主义立场上的。我们已经论述过，黑格尔唯心主义中潜在地包含一个本体必为一道、一理的逻辑先在性的合理思想在内。但除了这一点之外，当黑格尔把这个合理性实现为他的唯心主义辩证法时，在黑格尔唯心主义这个限度中，它是否还有一个令人不可忽视的合理性呢？现在我们便全力转到对这个问题的论述上去。在以后的论述中，我们仅以绝对理念的逻辑体系之为——正确思维的规律体系的主客统一性为基础，而不涉及思维规律的历史形式。在这个基础上，既包含了思维规律适用于一切时代的普遍性在内，也包含了它的先天性在内，因为这个基础正好就是思维规律的普遍性本身作为辩证法的理性原则在黑格尔阶段上的完备形态。此外，还要提醒一下，我们说过，哲学作为传统所谓"形而上学"，它只能完成、实现于辩证法之中，因为它本身就应该是辩证法的。黑格尔的哲学实质上就是这种"形而上学"的唯心主义实现，即是哲学本身的唯心主义实现。现在的问题就是：这个实现本身作为黑格尔的唯心主义是否有合理性？

意识的存在是客观事实。这个事实，必然表现为自我与对象界主客两个方面的相互作用、相互制约。这是不可否认的客观事实。宇宙的真实存在过程，不能直接表现给人，而只能通过意识向人们展现出来而为人们所认识。既然这种对人显现着的宇宙存在过程只能为人的意识所显现，因此，我们对这个宇宙存在过程的认识，在直接性上也就是对这种意识过程的认识。如果这种意识过程反映的是与它相似的客观自然，那么，人就只能通过认识这种意识过程的辩证法，而间接地认识客观自然过程本身的辩证法，客观自然过程的辩证法，并不能而也没有可能脱离意识过程的辩证法而单纯以其自身对人显示出来。它对人说只能作为意识的辩证法，亦即思维的辩证法之为一个主客统一性的客观内容而对人显现。更进一步说来,如果直接的意识过程具有内在统一性,意识过程在这种统一性中是完全与它的内在本质的内容相统一的,那么,这种意识过程必然贯穿着一个以精神为基础的内在原理。这个内在原理的辩证法既是意识过程内在的辩证法,也是被这种意识过程所反映着的客观自然过程的内在辩证法。黑格尔绝对理念就是这样一个原理,所以它既是意识过程内在辩证法,又是对人呈现出来的那个宇宙存在过程的辩证法。

这样一种辩证法是传统形而上学的一种实现。尽管黑格尔唯心主义认为,它仅仅是在表达作为意识本质的精神的辩证法,而对人显现着的宇宙存在过程仅仅是作为精神本质的心灵所显现的意识过程,但这既不影响它猜到了意识过程这个客观事实的内在辩证法的客观性,也不影响这种客观性是在自发地表现独立于人心之外的客观自然过程的内在辩证法。总之,在唯物主义观点看来,传统形而上学的辩证本性在黑格尔那里的唯心主义实现,实现上不自觉地表达了客观自然过程的内在辩证法。

总而言之,黑格尔绝对理念的辩证法性质,在其具体的形态上,便是一个人类意识的主客统一原理。唯物辩证法也应包含这个主客统一性的合理思想在内。

意识表现为自我与对象、主观性与客观性的两个对立面的相互作用、相互制约。就自我、主观性一面而言,绝对理念实现了自我、主观性作为思维把握对象的先天规定与对象的感性规定的内在统一,从而克服了经验主义与唯理主义各自的片面性。像康德一样,黑格尔认为自我、主观性作为思维的先天规定,不能像经验主义者所说的那样,在对象的感性内容里现成地被找到,因而它是认识或经验的先验因素。这个先验因素也就是思维规律,而不是现成的天赋观念。思维规律在感性对象制约下对感性发生的作用,从而透过感性对象的直接性和外在性。意识到其内在本质。这就形成了经验的概念。这种思维对感性的关系作为思维规律是一切特殊认识(经验认识)的永恒不移的普遍本质,是制约人的一切认识表现的不变原理。

当我们仔细思考思维对感性关系这个永恒思维规律时,我们便可以看到,由于感性对象是不同的,因而思维也要以相应的规定去把握它、认识它,这就形成了对不同对象的经验认识。普遍永恒的思维规律只有通过这些各种各样的认识表现出来。认识表现的变动性,正是在显现这种变动性自身的不变之理,因而它是一个变动性与不变性的内在统一。认识的变动性,是由它内部的作为思维规律的不变性所决定的。这种有关感性与超感性的思维规律的辩证法,既克服了唯理主义的天赋观念论的缺点,又克服了经验主义取消思维能动性,把一切知识都归源于感觉的局限性。这是德国古典哲学的一大认识成果,如果我们不继承这一点,就很容易走向经验主义。经验主义取消了自我、主观性作为思维能动性在感性条件下表现其自己为认识的固有规律性这一方面,而把人的认识仅仅看作是感性所决定的变动不居的相对性,所以,它认为知识完全来源于感觉。这是否认思维能动性的错误观点。认识现象必然为认识的原理或规律所制约,而前面讲到,认识的原理或规律性是一个制约一切变化着的认识现象的不变性。在人心所呈现的意识中,感性一方只表现对象,而自我、主观性作为思维活动的能动性,是觉知、把握和理解对象的认识能力。这种认识能力作为认识的原理或规律,便只能是思维能动性所固有的先天规定。因此,知识是思维能动性以这种先天规定去把握感性对象的产物,知识中就有了这种先天规定作为思维的能动理解作用在内。然而,虽然我们承认思维在对感性关系中的先天规定,但切不可对它做如下理解:思维离开感性而在自身的封闭性中,就有了一些现成的思维模式。如果这样,我们就又走向了唯理论的片面性。当前理论界某些对康德的先验论或思维先天规定的曲解,都源自这种片面性。思维先天规定的本来意义是,思维在它对感性的固有关系中,即在对它的一切不同逻辑层次上的意识对象的关系中,以对象的差别性为转移,而自发地产生不同形式的理解、把握对象的理解作用。在黑格尔看来,这种自发的不同形式的理解作用是一个逻辑先在性,它表现为人类意识不同发展阶段上的不同历史形式。而他的绝对理念所表达的就是思维理解作用作为范畴规定与对象的内在本质之间达到对立统一的真理结构体系，是以上所表达的思维规律的逻辑化。

思维的先天规定，就其为纯粹思维的普遍性说，相当于康德所谓范畴规律。思维在这种普遍规定中便是一个普遍的统觉——普遍的统觉，就是作为思维规律而起作用的概念的普遍性。在感性对象的制约下，统觉超越感性对象的直接性，深入到它的内部，在不同深度上以概念综合感性，从而形成种种经验概念。这些经验概念是普遍的统觉作为概念的现实表现，因而它是普遍统觉作为概念的特殊性。这种概念的普遍性与特殊性的统一性本身作为"一"，在其外在数量规定中，便是多个"一"的存在，这是普遍的统觉作为概念的个体性。在概念的个体性这一环节里，黑格尔便在哲学史上第一次实现了思维——概念与个体的感性对象之间的相互转化、相互过渡，消除了以前哲学所坚持的二者的相互对立，形成了他的具体概念的学说。于是人的主观思维作为纯思、作为普遍的统觉、作为概念便是普遍性、特殊性和个体性这样三个环节的辩证统一。这个辩证统一体，既是正确思维的逻辑规律，又是所有符合正确思维逻辑的认识运动的内在本质。任何这样的认识运动，都为这样一个辩证统一的特定原理所支配，而是它的现实表现。这种认识的运动作为现象、作为认识的现实存在过程，诚然是变动不居的。但它的内在原理——以普遍的思维统觉的三个环节的辩证统一为基础的认识原理，是永远不能改变的。认识的变动不居性在显现它本身之为认识原理的永恒不变的实在性。

这样，黑格尔揭示出来的形而上学作为辩证法本身的辩证本性，首先就在于他实现了认识中的超感性因素与感性因素的逻辑统一，由此形成了作为认识过程的内在本质、内在原理的概念运动的辩证法。

就认识过程整体的客观性一方面，即自我、主观性的对象界一面而言，黑格尔在他的绝对理念中实现了对人显现着的感性世界——包括人作为自然人在内的多样性**自然**与其**本体**的内在统一。如果对人显现着的自然具有它本身的内在统一性，那么它必有一个统一的内在基础——本体在其中贯通。既然这个**对人显现着的自然**是在人的意识过程中，首先为人的感性意识所显现，则它的内在本体便必定是一个能表现为感性意识的内在精神活动。这一点唯物主义也不能完全否认。唯物主义只能进一步断定：这个能显现为感性意识的精神活动并不是最终的本体。它作为物质的属性在反映、表达一个在人心之外独立存在的自然界的物质统一性。但物质统一性的辩证法必须呈现为对人显现着的感性世界，才能成为人的认识对象。而这个呈现过程的本质也就是感性意识与其内在精神活动的本体相统一的辩证法，脱离这个辩证法，人就无从知道物质统一性的辩证法会是什么。由此看来，不管唯心主义者黑格尔自己是怎样想的，只要他的绝对理念实现了感性意识与其内在精神活动的本体相统一的辩证法，那它就是在客观上同时也表达了物质统一性的辩证法，表达了在人心之外的宇宙存在过程在其客观性中的内在原理的辩证法。

这个辩证法问题，在对人的直接性上，就是一个自我、主观性所面临的对象界的辩证法问题。黑格尔的唯心主义仅在于他把这个辩证法问题只归结为意识自身。在黑格尔看来，对人显现着的宇宙存在过程仅仅是意识事实。这个观点是近代唯心主义的一般理论基础，早在莱布尼茨、贝克莱哲学中就存在了。

在旧唯物主义发展过程中，传统形而上学的辩证本性没有被揭示出来，这一点上它落后于近代唯心主义。这是因为，旧唯物主义不是把本体经验化为原子，就是把它经验化为一般的物体。斯宾诺莎的泛神论将上帝物质化，达到了物质本体概念，但这种把上帝物质实体化的哲学成果却没有被以后的唯物主义所吸取，相反它倒被德国古典哲学的唯心主义吸取了。所以，完全实现了其辩证本性的形而上学便只能表现为唯心主义的哲学形态。但这种哲学形态只有到黑格尔那里才达到了高峰。黑格尔以前的传统的近代形而上学，从来都把制约对人显现着的那个感性世界的那个精神活动性看成自己存在的完满的上帝。于是，上帝作为对人显现着的宇宙存在过程的不变原理，便落在这个宇宙存在过程之外，自成一个永恒存在的独立的本质界。而与这个本质界相对立地对人显现着的宇宙存在过程却变成了毫无本质内容的、单纯流变不息的孤立的现象了。这便出现了在近代特别突出的本质与现象的分离和对立。这个对立是不合理的。但不合理性的根源不在于人们把本质界看作是永恒不变的因素，因为如果你不承认本质界这种永恒不变性，你就会自然而然地把对人显现着的宇宙存在过程错误地归为空无所有的流变过程；但如果你不想陷入这种错误之中，你就必得承认这个流变过程中有一个不变的规律性作为本质在支配它。那么，本质和现象分离、对立的根源在哪里呢？在黑格尔看来，它就在于人们把这种永恒不变的本质界看成了独立存在的东西。黑格尔深刻地领会到，本体自身是一个实在性，而实在性的表现才是"存在"，实在性和存在、现实性是不同的范畴。正因为如此，本体只能是一个以自身为基础呈现存在过程的不变的规律性。这样，本体就有两个方面的意义。首先，它是万物的同一性——本质，万物只是这个本质的不同表现；其次，它作为万物的本质内部就有使自己表现为万物的规律性，从而本体在其自身这种规律性中的自身制约中，它本身就是一个规律或原理的实在性。黑格尔进一步领会到，将本体作为规律或原理的实在性，独立化为一个自身存在的本质界的现实性，这是不合理的。上帝作为制约对人显现着的宇宙存在过程的一个精神活动性，既然只是一个规律或原理的实在性，那么它就只能是内在于人心中的一个普遍共相，一个共同的逻辑基础，它把自己呈现为人们意识着的宇宙存在过程。而宇宙存在过程的动变性，则是在显现它自身的永恒本质、永恒规律或原理的实在性。前者作为现象归结为后者的实在性，后者作为真正的内容、实在把自己表现为作为现象的前者。二者是对立统一的。在这个问题上，莱布尼茨的先验和谐说，就有了它的合理性，这个合理性在于它承认不同个体的意识在共同的逻辑基础上是先天一致的。

由于黑格尔克服了本质和现象的分离和对立，所以他认为，天地间任何事物，就其内在的本质说，都无非是以人心的精神活动性为基础的一个规律或原理，事物只是这个规律或原理的现实表现。这个辩证法的真理性，就对人显现的宇宙存在过程都是为人心所显现而言，是合理的。但站在唯物主义立场上来看，他的这个辩证法的真理性还不是彻底的真理性。如果对人显现着的宇宙存在过程是在表现一个独立于人心之外的客观存在过程，前者只是以后者为基础的主客统一体，那么，我们通过改造黑格尔就可以说：天地间任何事物，就其内在本质说，都无非是以永恒的物质本体为基础的一个规律性或原理的实在性。这种实在性在对人关系的直接性中就呈现为黑格尔所说的以人心的精神活动性为基础的规律性或原理的实在性。二者的统一正好说明，物质世界通过它的精神属性把自己的内在规定表现出来，而这种内在规定的现实表现恰恰就是对人显现着的各种事物。

　　黑格尔把对人显现着的宇宙存在过程的本质归结为以人心的精神活动性为基础的规律性或原理的实在性之后，他就把这个实在性说成是贯通在对人显现着的宇宙存在过程之中的客观理性，或称其为在客观性中的自在概念。这个客观理性或自在概念的最基本的环节，就是本体作为精神活动性的自身同一性。但它是不同规定的总体，所以又表现为差别性。它在其差别性中的自身制约，就是它能够呈现为宇宙存现过程的一个规律性、一个原理的实在性，一个作为宇宙存在过程的根据的实在性。在这个实在性中，它与每一种差别性的内在统一，便构成一种事物的本质或一种事物的规律性和原理。这些规律性或原理作为特殊性，一方面是普遍本质的表现，另一方面它们又互相区别，相互之间有界限。它们各自本身作为一，在其数量规定中，呈现为多个"一"。这多个"一"的内在统一，正是本体——人心的精神活动性作为制约宇宙存在过程多样性的内在原理或根据。可见，在黑格尔这里，本质或本体作为根据、作为原理的实在性，也是一个普遍、特殊与个体三个环节的内在统一。精神活动性作为本体的普遍性中，不仅包含有它呈现各种特殊的、多样性的存在过程或事实的不变规律，而且也包含有它在这些规律中的自身制约，作为一些特殊的"一"，又进一步呈现为众多个体性的规律于自身。因而它的显现过程，即外化其自身而形成的对人显现着的宇宙存在过程，不仅呈现为各种特殊的多样性，而且这些多样性本身又表现为众多的具有时空形象的个体。对人显现着的这个多样化的宇宙存在过程，便是在表现以黑格尔所谓精神本体为基础的一个统一的永恒本质界、理念界，一个具体的规律的王国：前者是后者作为实在内容或真正主体的自身存在，后者是前者作为现象的内在本质。因而从宇宙存在过程的统一性方面来看的现象界与本质界的对立、亦即变动不居的感性因素与永恒不变的超越性因素的对立，便这样大体上从逻辑方面统一起来了。黑格尔所谓的理念，是作为客观的理性或自在概念的精神本体与它呈现的宇宙存在过程作为现象的内在统一，正因为它是本体和现象的统一，所以它是最高本体的现实性。同时这种统一也是精神主体与它的对象的统一，所以它又本身证明自己是最高的真理性。这种超越现象界的最高本体的现实性、真理性，是我们在康德哲学那里见不到的。康德认为，理性在认识的发展中必然要产生有关宇宙统一性的最高理念（思想），但在康德那里，这些理念脱离了现象，也就无法证实自己的现实性和真理性，因而他的理念只不过是没有客观性的主观思想。

黑格尔的理性主义的现象与本质相统一的学说，虽然表达的只是意识的辩证法，但实际上它反映的是一个独立于人的意识之外的自然界，那么黑格尔这个学说对唯物主义来说也是适用的。抛去他的唯心主义成分之后，他所表达的现象与本质对立统一的一般思想的确是解决世界本源问题的唯一正确的原则。弗希特、谢林和黑格尔以前的传统哲学，一贯把本体设想为自身存在的现实性，如水、空气、火、不同元素、原子、数、理念、神等等，都是自身存在的不变现实。而另一方面，万物便又只是这种或那种不变现实本体的变形和影像，既然本体和作为万物的现象都是现实物，那么它们二者便出现了尖锐对立状态：此一现实，彼一现实，一个常住不变，一个变动不居。变动不居的，只是纯粹的现象，常住不变的才是唯一真正的实在。由于这种对立，便相应产生了下述难题：真正的实在作为一个彼岸性，既然已经是自身存在的现实性了，它有什么必要和怎么可能过渡到变动不居的彼岸性呢？而变动不居的此岸性，既然也是自身存在的现实性，它又有什么必要和怎么可都跳出自己作为现象的虚幻之境而进入彼岸性的常住不变的真实之境呢？这样一个难题在他们的哲学那里是不会得到解决的。但是按辩证观点来看，变动不居的此岸性作为现象界，必须有常住不变的本质界；常住不变的本质界作为彼岸性，也必须有变动不居的现象界；否则现象界不能成为现象界，本质界也不能成为本质界，二者只会是两个漠不相关的直接性而已。只要承认世界的多样性有统一本源，这个此岸性和彼岸性的相互结合就是必要的。因此，如果我们的思想只停止在变动的不居的此岸性上面，认为流变过程是唯一的实在，那么我们就既否认了世界多样性的统一，也取消了它的统一基础。这样的话，实在过程作为流变过程便是一个什么也没有的虚幻了。相反地，如果我们的思想只停在常住不变的彼岸性上，那么，常住不变的本质界，便像康德所说的那样，又变成一种与我们感性现实界无关的单纯的主观思想了——这个思想的客观现实性和真理性又怎么能确立呢？由此足见，要达到思想的客观真实性，必须把此岸性与彼岸性结合起来，使两个世界归为一个世界，亦即使两个自身存在的现实性——此岸性与彼岸性的实性，归于一个现实性。常住不变的本质界作为彼岸性，不是一个自身存在的现实性，而是一个制约变动不居的现象界作为此岸性的规律体系或内在原理的实在性，此岸性就是它这种实在性的自身现实：在这个现实性中，一切事物都是本体的普遍同一性所形成的，这个本体的普遍同一性就是万物的质料基础；然而这个质料基础，在它形成各种事物时，同时又是一个使一切事物所以可能的规律体系或内在原理——大地一体也，万物一道也，道和体的统一就是本体作为规律体系或内在原理的实在性。相反地，变动不居的现象界作为此岸性诚然自身存在，但它自身存在的实在性却不是单纯变动不居的动变性，而是在显现常住不变的本质界作为彼岸性的自身的实在性，是在显现道体统一作为动变之理的常住不变性。显而易见，这个此岸性的实在性就是前面所谓那个常住不变的本质界作为彼岸性的实在性。它们各在自己的对方中是一个统一的现实性，从而这个现实性在外为变动不居的魔鬼，在内则被颠倒为常住不变的神仙；在内为常住不变的神仙，在外则又被颠倒为变动不居的魔鬼——内外相对，各是对方本身的那个被颠倒了的世界，这就是黑格尔所说的现象与本质的内在统一。正像前面提到的，它是解决世界本源问题所必须遵循的唯一可能的原则。不过这个原则在黑格尔那里，是作为自我、主观性的对象界的内在辩证法而被表现的。

这样，黑格尔揭示出来的形而上学作为辩证法本身的辩证本性，就在于自我、主观性的对象界的感性因素与超感性因素的内在统一，对象界中的变动性与不变性的内在统一，亦即对象界之为一个现象与本质的内在统一。

然而，对人显现着的宇宙存在过程，亦即自我、主观性的对象界，既然作为意识的对象，它就只能呈现在人的意识过程中。而在意识过程中的宇宙存在过程，从一开始便已经不再是纯粹的感性对象，而已经有了自我、主观性作为一个思维能动性的能动规定体现在其中。这就是说，思维以范畴规律综合、把握感性对象的概念活动，已经在人的意识过程中把自己体现为与自我，主观性相对立的经验对象了。这经验对象的总和，便是对人显现着的、作为意识对象的宇宙存在过程。就它的感性一面而言，它呈现为感性对象。这感性对象，按黑格尔的说法，只是一些不同感觉之物的"彼此相同和彼此相续"，[①]这仅仅是意识的感性内容。但意识的对象，在意识的显现之中时，却已不仅仅是一些不同感觉之物的"彼此相间和彼此相续"，而已经是一些不同感觉之物在其同时并存，前后相继的因果制约性以及交互作用中的统一存在过程了。黑格尔与康德一样，都坚持人可以从这种经验中抽引出实体属性、因果制约性以及交互作用等抽象规定来，但决不能从这种经验的前述的感性内容中，现成地发现和抽引出这些规定来。因为这些规定是思维综合感性的先天规律在经验中的显现，而不是纯粹感性中固有的。因此，在意识过程中，与自我、主观性相对立的那个意识对象本身已经是认识了。认识，对黑格尔说，首先是自我、主观性在其感性

---

① 黑格尔：《小逻辑》，商务印书馆1980年版，第80页。

对象中寻求其自身，实现其自身的一个内在冲动，因而是意志。其次则是这个意志发而为以其内在所固有的先天规律把握和理解感性对象的思维活动。上述二者的统一就是自我或主观性在其感性世界中对象化、客观化自己为人的意识对象的原始概念规定活动。从而自我，主观性的全体性是一个概念规定活动的理解作用，它的第一个意志冲动的实现，便是把感性对象在其固有的先天思维规律中实现为意识对象。由此可见，黑格尔哲学不仅实现了唯理论和经验论的统一，而且也实现了理性主义与反理性主义的统一。思维能动性的发起，最初是一个意志的冲动性，但它的潜在本质仍是理性的概念规定活动，因而，思维在这个意志冲动性中，自身转化为概念规定活动的理解作用。认识作为二者的统一，便把反理性主义所说的意志冲动的环节包含其中了。黑格尔《逻辑学》中从真的认识向意志——善的认识的过渡，是以这个统一性为前提的。

从康德以来，哲学上对"意识对象"的解释发生了重大变革。这个变革奠基于康德的先验哲学。康德以前的哲学，从来都把意识的对象看成无关于认识主体——自我或主观性的现成之物。他们认为，心外的客观存在之物，通过感性机能直接显现在人的意识面前，同时人的感性机能的活动又能够使人产生对这种显现在感性中的客观存在之物的意识，从而使它成为意识对象。而认识主体——自我或主观性的思维活动，只是从这种现成的意识对象那里汲取与它相符合的表象就行了。康德的先验哲学批判了这种忽视人的主观能动性的观点，指出，人心外面的客观存在之物，不经过人心感性机能的表现作用，便绝不能自己对人有任何的表示。它不能自己直接地显现在人的面前，显现在人面前的只是人心的感性机能的感性表象，而感性表象本身只是一些心理事件，它自身不能产生意识。意识在任何时候都与人心的"我意识到什么"的自我意识相联系。没有自我意识，便没有意识。不过，自我意识同时又与对象的意识分不开。对象的意识，是否单纯地就是对人心的感性机能所显现的感性表象的意识呢？康德否定了这一点，指出，对象的意识在任何时候都只能是一种意义的觉知，一种在感性表象中的意义觉知。但这个"意义"是不能在感性表象中现成地被发现的,那么它来自哪里呢?康德认为,它只能来自人心的一种能动性——思维作为一个自发的悟性,按照它在对感性关系中所自生的先天规律(范畴规律)对感性表象的一种综合作用。在这种综合中,才产生了有关感性表象的意义、理解,思维以这种意义、理解综合感性表象,形成意识的对象(经验),同时又形成"我意识到什么"的自我意识。在康德看来,所谓自我、主观性,只不过是人心能动的一面作为悟性在上述意识过程中的自我表象,因而意识的对象便与这种自我表象所指向的人心作为思维活动的能动性分不开。康德的这种意识与意识对象的学说,以后一直是从费希特到谢林,从谢林到黑格尔这个德国古典唯心主义运动的逻辑基础。或者说,以后的德国古典哲学本质上是对这个逻辑基础的发展和改造。如果我们抛开康德的不可知论因素而仅从意识的主观心理过程来理解,那么康德关于意识与意识对象的学说则是完全合理的,它是对传统哲学的一个伟大改造和发展。传统哲学发展到康德这里,发生了一个历史性的根本转折,其真正的意义就在于此。

照这种意识与意识对象的学说,思维最初**怎样**按其先天规律去综合感性表象使其呈现为意识的对象,思维也便必然在怎样的逻辑方式中去思考、认识它的这个对象。于是,第二项所说的关于对象界的统一性问题以及关于这个统一性问题的一系列辩证法,便无不出自思维这种能动性的主观规定。从而对象界的辩证法便复归于"第一"项所说的主观辩证法,对象界的辩证法,无非是人心作为思维能动性——自我或主观性的概念运动,按其固有规律把握、理解其对象界的一种必然表现。对象界的统一根据作为一个普遍、特殊、个体的统一原理的实在性,也无非是人的思维的综觉活动作为一个普遍、特殊、个体的统一性这种思想方式在意识对象中的必然表现。

这种对象界的辩证法向自我的辩证法的复归是必然的,是合乎真理的固有逻辑的。"第二"项所言,虽属对象界的辩证法,但它本身是认识,人并不能脱离认识而表达对象界的辩证法。因而对象界的辩证法与自我、主观性一面的辩证法分不开，前者是后者的自身表现。既然意识的对象界本身是思维的先天规律在把握、理解感性表象中的表现，那么，对象界的辩证法是否仅仅是自我的一种主观思维方式的表现呢？认识是否永远仅仅停留在自我所确立的必然性、普遍性上呢？换句话说，对象界是否有客观内容？如果有，认识是否超越它的单纯主观性，而在表达着这种对象界的客观内容？在这个问题上，黑格尔便与康德分道扬镳了。

在康德看来，人心本身（或叫"人心自体"）是什么，这是我们无法认识的，我们平常意识到的只是它的表现。所以，与对象界相对立的自我、主观性，只是人心的思维机能作为一个悟性活动的主观表象。它既不表现悟性活动本身的实在性，同时，表现在经验或意识对象中的悟性先天规律（即范畴规律）也不能把握和表现作为自在之物的人心自体的实在性。人们或许可以猜测，人心自体决不必然就像贯通在人的一切经验中的那个"自我"表象那样，是一个不可分割的单纯性的"一"，它本身可能是复合的，可能是一个不同因素的复合体。但人们终究无法确知它是否如此，无法确知它是什么。人心自体的感性机能是一个被动性，它在物自体的制约下呈现感性表象，但这种感性表现却不表现物自体本身是什么。同时，思维以范畴规律综合感性表象的能动的悟性活动，也不具有超越感性达到物自体的超验性。在悟性的基础上，人心的思维机能产生更高的机能——理性机能。理性虽然能产生超验的理念，如心灵、物自体、上帝等等的理念，但理性本身并没有确证这些理念的客观性的逻辑力量。结果康德只能断定，人的认识不能超越人心主观的能动性一面——悟性与理性自身的必然性而达到客观性。

黑格尔继承了自费希特、谢林以来沿着近代理性论的唯心主义方向改造康德的哲学成果，将人心自体与物自体合二为一，变成了一个人心的心灵实在性。早在费希特的《知识学基础》一书中，这个心灵的实在性便与康德所谓宇宙的最高根据——上帝合二为一，使上帝成了心灵的内在的共同基础。这个共同基础是一个包容一切的绝对的精神活动性,费希特称其为绝对的自我。人心的内在本质便只是这样一个绝对自我的实在性。费希特认为,绝对自我设定非我,非我只是从绝对自我那里投射出来的对立面,因而产生自我与非我的对立。所谓自我与非我的对立,实际上是自我、主观性与感性表象所呈现的纯粹感性世界的对立。如前所述,这个纯粹的感性世界,在与自我、主观性的关系中,呈现为由后者所统摄的意识对象,在费希特那里,这个纯粹的感性世界虽然是从绝对自我里投射出来的非我,但它始终作为非我与自我相对立,是自我所不能征服的一个对立面。但"非我"在谢林那里却已经被把握为客观的自我,它是绝对自我对象化其自身的客观活动,谢林称其为变自身为对象的客观活动,因而它所呈现的感性世界本质上是一个在客观活动中的自我。这个在客观活动中的自我,同时又超越其客观活动,而作为直观其自身的主观自我而出现。费希特的绝对自我,在谢林这里便又变成了超脱客观自我与主观自我并作为二者的共同基础的"绝对"。绝对作为一个精神活动性是人心的内在普遍基础,它表现为客观自我与主观自我两个自我的对立,但它本身又超脱二者,既不是客观自我,又不是主观自我。这样,它本身究竟是什么,便不能逻辑地被表达,而只能求助于理智的直观了。正是在这里,形成了黑格尔哲学的出发点——绝对即上帝,上帝即精神,精神作为一个绝对活动性,便是人心的心灵实在性的内在本质。在这个出发点上,黑格尔对谢林的纠正,同时便是沿近代理性论的唯心主义方向改造康德哲学的最后完成,亦即一个所谓的绝对唯心主义体系的最终形成。

绝对作为普遍的精神活动性,是人心的内在本质。这个活动性所指向的目的,在黑格尔看来便是它的自我意识。只有通过自我意识,它才可能把自己确立为绝对真理。但它要意识它自己,它就必须把自己对象化、客观化,这相当于谢林所说的变自身为自身的对象。变自身为自身的对象就是说,绝对做人心内在本质的实在性,首先不能不表现为呈现感性世界的客观活动。黑格尔所说的精神的外化。就是这种精神的感性化。这个绝对在感性化自己的客观活动中，就是谢林所谓的客观自我。客观自我在其一切客观活动中，作为能动的主体，乃是一种自身同一性。不过自身同一性也就是纯粹的抽象、纯粹的共相，而纯粹的抽象和共相就是思维。所以，客观的自我是在客观性中的思维，是把自己表现为感性对象的自在思维。思维是普遍的精神活动性的本性。客观自我作为自在的思维不表现为现实的思维活动，而表现为呈现感性对象的客观活动。它在其这种客观的外化活动中，超越外化的客观活动，直观自己外化出去的感性对象，从而也就是自己直观自己。这样，客观的自我成了主观性，变成了谢林所谓的主观自我。主观的自我是意识中的自我，它一方面把它外化的感性对象呈现为在意识过程中的意识对象，另一方面它自己也成了能动的意识主体。主观自我在意识过程中作为这种能动的主体，也是一个自身同一性，一种纯粹的抽象，纯粹的共相。因而它同客观的自我在本质上是同一个精神活动性，同一个思维。二者的不同仅在于：主观的自我表现为把握感性对象的思维活动，而客观的自我则表现为外化其自身为感性的客观活动。绝对作为人心的内在本质，把自己分化为客观的自我与主观的自我，所以，它就既与客观的自我相同一，又与主观的自我相同一。绝对的全体性就是客观自我与主观自我的辩证同一。如果我们能够逻辑的表达出主观自我的固有规定，那么这个主观自我的固有规定同时就是客观自我的固有规定。二者的统一，恰恰就是绝对作为人心内在本质自身的实在性。可见，绝对并没有像谢林所说的那种不可被逻辑表达的神秘性。

从这里开始了黑格尔对康德哲学的绝对唯心主义化。前面说过，主观的自我作为思维活动的能动性，按它的先天逻辑规律综合、把握感性对象，将其呈现为在人的意识过程中的意识对象，并在同样规律的制约下将意识对象（即对人显现着的宇宙存在过程）把握为存在的根据之为普遍、特殊、个体的统一性与其外在表现的统一。这在康德看来，仅仅是一种主观思维的逻辑必然性，不涉及感性对象所固有的内在实质或内容。因为康德认为，思维综合感性的范畴规律作为自我统觉的规律，仅仅是先验的，而非同时是超验的。就是说,它不能透过感性对象,达到这个对象后面的物自体。在康德哲学中,先验与超验是绝对对立的,先验的思维规律达不到理性所指向的超验的物自体领域。因此,这个规律仅仅是综合感性的主观方式,它的真理性只能由它综合感性所产生的具体经验来确证。黑格尔用主观自我(思维)与客观自我(存在)的同一学说克服了康德学说的缺点。他认为,康德所谓那个在感性背后的超验的物自体无非就是客观自我,它和主观自我一样,都是同一的精神活动性——思维的变形。所以,思维规律作为范畴体系不仅是主观自我作为思维活动的自身规定,而且也必然是在感性对象中的那个客观自我的固有规定。思维以感性为对象,也就是以它自身——外化为感性对象的自我为对象;思维以其自身的先天规定——以范畴规律为基础的概念的统觉活动来把握和理解感性对象,就在于要扬弃思维作为客观自我、作为概念的外化形态,恢复其为思维或概念的固有规定。绝对作为人心的内在本质,在其外化自身的客观活动中,超越外化活动而以思维活动自身的形式出现为直观其自身的主观自我。绝对本来是思维,又通过扬弃它自身外化的感性形态而把自己恢复为思维,这就是绝对的自我意识。这种情况所以是可能的,唯在于绝对作为客观的自我,既然是一个精神活动性的思维本质,那么它在其外化的感性形态中作为主观自我直观其自身的思维活动,便必然以它本来作为客观自我的思维本质的固有规定为规律。因此,思维综合、把握感性的先天范畴规律,便不仅是先验的,而且同时也必然是超验的,是一个达到绝对作为客观自我的思维本质的固有规定的超验性。思维规定——范畴的逻辑展开,同时也就是运行在感性现实中的内在本质的客观运动。绝对作为主观自我的思维活动在直观它作为客观自我的外化的感性形态时,它首先要**意识到**它自身这种外化的感性形态。但它要做到这一点,不能脱离它的先天思维规定。因而它外化的感性形态便在这意识到的意识过程中,呈现为与自我、主观性不可分离的、具有种种逻辑规定于自身的意识对象。这是思维在它的转化的感性形态中直观自身的第一步。在这个起点上,思维作为概念的统觉活动,进一步按其固有规律，将意识对象的总和——对人显现着的宇宙存在过程，把握为存在根据之为普遍、特殊、个体的统一性与其外在表现——宇宙各种存在过程的内在统一。到这时，不仅达到了主观思维的内在必然性，而且也达到了宇宙存在过程的本质作为思维，作为概念的客观性。

于是前面所提到的对象界的辩证法向思维或自我的辩证法的复归，其实质就在于：在思维或自我的辩证法的内在必然性中就实现着对象界的辩证法的客观内容。存在的辩证法必须通过思维或自我的辩证法来实现，因为思维或自我的辩证法是绝对作为客观的自我在其外化的感性形态中意识其自身的辩证法。这种主客统一性，黑格尔用主观的自我在其主体性中作为一个实践理性再一次对象化其自身的实践活动来证实。绝对作为人心的内在本质，在把自己外化为感性世界的同时，也把自己外化为在这个感性世界中的人作为自然人的生命有机体。人作为自然人的生命机体是绝对作为主观自我的直接现实。因此，绝对作为主观自我在其外化的感性世界中直观自己时，它不仅要意识到包括人在内的各种意识对象，从而表现为指向认识活动的内在冲动，形成真理性的认识理念（即思维辩证法与对象辩证法的统一），并且它还必然要意识到它的直接现实性——人作为自然人与外界相互作用中所产生的内在情欲需要，意识到它自身的内在欲望。黑格尔认为，自我欲望感性对象，便说明了自我与感性对象同是一个自我这样一个同一性。这便产生自我在其认识的理念中实现其欲望的理想性，而表现为意志的理念。意志的理念首先是一个目的性的主观概念，它通过人作为自然人的生命有机体的活动，与他物发生作用而把自己对象化。从而它便作为外化的感性对象而存在了。但这个感性对象的内在本质却就是主观自我作为实践意志那个概念本身，因而对象是自我，自我也是对象，或者说对象是概念，概念也就是对象。这种自我或概念与对象的同一性正好说明，最初那个主观的目的性概念不仅是主观的，它同样是一个具有客观真理性的意志概念。然而，在黑格尔看来，意志的理念原本就是认识的理念，是从认识的理念中被选择出来的一种可能性。所以二者的统一同作为理念正好说明：主观自我的概念统觉运动所指向的认识对象本身便是自我，便是概念。这种实现在主观自我的概念辩证法中的主客统一性，本身作为认识的理念与意志的理念的内在统一，便是黑格尔所说的绝对理念。

在绝对理念中，黑格尔全面地实现了他所谓的思维与存在的同一性。这里所说的存在不是指独立于人心之外的各种事物，因为黑格尔根本不承认在思想之外还有什么东西。所以，存在只能是指出现在人心之内的意识对象的存在，而它的最为原始的形式就是人心的感性机能所呈现的感性对象。黑格尔所谓的思维和存在的同一性是说，意识的对象作为对人显现着的存在，本质上也就是自我方面，二者都作为自我是同一的精神活动性、同一的思维本质——绝对作为人心内在的普遍本质，是一个精神活动性的普遍共相，而这种共相在黑格尔看来也就是思维。既然自我与存在都以思维为本质，前者只不过是后者在其外化的感性形态中直观自身的一个主观性，那么，它作为主观思维活动的先天规律必然也就是对象的本质的固有规定。同样，对象作为存在的本质的固有规定，也必然是人们把握存在的意识过程的先天规律。二者是统一的。在康德那里，直接和认识发生关系的存在仅是单纯的人心之内的感性对象，它不表现物自体的内容。康德认为，感性对象基本上是人心被动一面在物自体制约下的自身表现。它如果没有人心的主动一面——思维能动性以范畴规律综合它，它不可能表现为人的意识过程和意识对象。实际上，就感性对象是人心的自身表现而言，我们既可以说思维能动性以范畴综合感性的先天原则表现了感性对象的内在规律，因而它超越了感性对象的直接性；同时我们也可以像康德那样，断定它只是思维能动性的主观逻辑方式，与感性对象自身的内在本质无关，它与感性只是一种外在结合的关系。如果设想前者，便会产生下述难题：思维的先天规律如何会与作为存在的感性对象的内在规律相一致呢？这便是一个思维与存在的同一性问题。康德最初未尝不想用这种设想来阐明思维规律先天性，但他碰到了思维与存在怎样会自相同一的难题，所以他便退回到设想后者的立场上去了。设想后者便又必然走向不可知论，而这个不可知论产生的根源又发生在思维与存在怎样会自相同一的疑难上。如果说，物自体要进入人心必须通过人心的感性表象，那么不管有无物自体的作用，这种感性表象作为感性对象总是人心的一种表现能力。由此黑格尔设想，既然这种感性的表现能力和思维能动性那个表现能力是同一个人心的表现能力，那么，思维能动性的表现能力就是人心作为客观自我把自己呈现为感性对象的能力，只不过前者表现为主观自我的意识过程。而主观自我的意识过程却是客观自我的自我意识，即是人心作为感性对象的内在本质的自我意识，所以，人心自我意识的先天性与人心作为感性对象的内在本质必然相互一致，便是不足为奇了。仅就意识而言，黑格尔的确解决了在意识之内的思维与存在的同一性问题。而思维与存在的同一性问题，首先必须是一个在意识之内的思维与存在的同一性问题，因为存在如果不表现为在意识过程中的感性对象，不作为人心的一种表现而存在，那么它就不可能显现给人，人也不会认识到它。直接对人显现着的存在，只能是人心中的存在。剩下的问题只在于，这个在人心中的存在是否在表达一个超越人心的外在世界的客观内容？进而在意识之内的思维与存在的同一性是否在表达一个思维与人心之外的客观存在的同一性？如果真是如此，那么，即使黑格尔的唯心主义否认这一点，也丝毫不影响他的思维与存在同一性学说在客观上的真理价值。思维与外在世界的同一性问题只能寓于意识之内的思维与存在的同一性原理之内。所以我们要改造黑格尔思维与存在同一性学说，不在于仅仅简单否认这个原理的唯心主义，却在于要站在唯物主义立场上进一步发挥它深远而广阔的固有意义或含蕴。

　　康德正确地认为，贯通在人的自我意识过程中的自我或"我思"，只是人心能动性对感性综合作用的自我表象，一切意识过程都表现为是这个自我或"我思"的意识过程。但自我或"我思"的单纯性、统一性，并非表现的是人心自体的实在性。人心自体的实在性很可能不是单纯的，而是复合的。黑格尔在改造康德哲学中的简单、武断之处，就在于他把自我或我思的单纯性、纯一性，看成就是表现人心自体的实在性，从而把人心自体的实在性只归为一种精神活动性。在这一点上，我们必须从黑格尔再回到康德，来解决人心自体为本体到底是什么的问题，要确立唯物主义，也必须首先从这个问题入手，因为哲学思考必须从一个不可怀疑的出发点出发，而这个出发点恰恰只能是意识及其负荷者——人心自体。须说明，在这个问题上我们要回到康德，但决不因此而否认人心自体的人心作用的统一性。思维与感性，必须是一个统一的人心自体的人心作用的两种表现，一种表现是对人显现着的感性对象，因而是在感性对象中的人心作用；一种表现是对感性对象的意识，因而是在意识过程中的人心作用。如果设想思维与感性是两种截然不同的作用，那么它们便不可能是统一的精神作用，而只能是精神的与非精神的或物质的两类作用了，这是与"人心自体的人心作用"这一概念相矛盾的说法，因而是不能成立的。人心自体的统一人心作用作为普遍的精神作用，是抽象的共相，所以黑格尔把它的本性规定为思维。黑格尔所理解的思维，不限于人的主观思维活动，它同时也是在感性对象中的人心的精神作用，二者同为人心的精神作用本性上都是思维。人心的精神作用在作为感性机能起作用而表现为感性对象时，它也有表现这种感性对象的内在规律性。这种规律性虽然是人的精神作用的固有规定，但当表现为感性对象时，它也就同时变化为外化出去的感性对象之内的规定了，即变成了感性对象的内在性。人心的精神作用之所以是思维，在黑格尔看来，就在于它作为感性对象的内在性是一个有规律的精神之理的实在性，因而它也是概念。当黑格尔说人所意识到的感性对象的内在性是概念时，他实际上是说人心的精神作用作为感性对象的内在性是一个精神之理的实在性。在这一点上，唯物主义者也应该承认此中的合理因素，以便丰富我们的哲学内容。我们唯物主义者承认物质是世界本体，而精神作用则是人脑作为物质的属性，这点上我们与黑格尔的唯心主义是有严格界限的。但我们在认定感性是对外物能动的反映同时，也承认感性是人的精神所表现出来的东西。既然如此，也就必须承认感性形象也服从精神作用的固有规律性。单就这一点来讲，黑格尔所说的感性对象内在性是一个精神之理的命题，与我们并不矛盾。矛盾之处仅在于：黑格尔是唯心主义者，而我们是唯物主义者。所以，这样一个精神之理的实在性，对黑格尔说，是内在于感性对象中的自在概念。它对它的自我意识的主观性来说，便是客观的自我，即作为认识的客观对象中的自我。而黑格尔所说的这个自在的概念或客观的自我，对唯物主义来说，恰恰不是别的，它就是在人与外物相互作用的实践活动中呈现出来的客观存在规律的精神表现，人的意识只有通过对人心之内的感性对象的意识，才能进一步了解到外物的独立存在；同理，人的意识也只有通过人心之内的感性对象的内在精神之理，才能认识到外物的客观存在之理，即外物的客观规律性。感性对象中所包含的精神之理还只是潜在的，黑格尔认为，这种潜在的东西只有通过对感性的意识才能被揭示出来。而这种对感性对象的意识，却是通过人心精神作用的另外一种表现——思维来实现的。既然思维作用与感性作用是统一的人心作用的两种表现，而它们的本质是一个精神之理，那么，思维作用就只不过是人心的精神作用作为呈现感性对象的精神之理在其外现的感性对象中的自我意识。具体说来，这个自我意识过程就是：一方面思维必然要以与感性对象中的精神之理相同的逻辑形式去综合把握感性对象，这样感性对象中潜在的精神之理显现出来，成为有意义的感性对象，同时，思维又对这种表现出来的意义进行觉知，从而达到对感性对象内在之理的认识。思维的这种作用，用康德的术语说，叫作统觉作用。

虽然黑格尔不用统觉的概念，但他在《逻辑学》《概念论》的概论中，却非常深刻地阐明了统觉概念的合理意义。黑格尔对康德统觉原理所做的发展和改善，只在于这样几点上：①统觉是思维在其对感性的固有关系中呈现为人的自我意识的规律性，这规律性同时就是在感性对象中那个自我的活动规律，因而前者是后者的自我意识；②统觉的普遍规律，在不同的历史条件下，有不同的历史形式，因而统觉的普遍性便在其不同的历史形式的连续性中，表现为人类意识的历史发展过程；③前二者的统一，形成一个足以包容人类意识发展的统觉亦即思维规律的逻辑先在性。黑格尔所谓思维与存在的同一性,是在这个逻辑先在性呈现的人类意识发展中达到的。

在这里,便遇到了一个超越黑格尔的哲学难题了。对黑格尔说,意识是唯一存在的事实,而意识事实是人心的两种精神作用——思维与感性同为精神作用的一个自身相关的封闭系统。那么它如何会在其中体现一个在意识界之外的客观世界的内容呢?这是唯物主义要成立其自身就必须首先要解决的一个问题:意识是人认识的一个唯一无可怀疑的原始发出点,我们要使唯物论摆脱独断性,就必须从意识里解证出一个外在世界的客观内容来。并且,既然外在世界的客观内容内在于意识本性之中且为意识所表现,那么意识作为以人心的精神活动性为本体基础的统一性,正好在表现它之中的客观内容也必须是一个以物质本体为基础的统一性。这个问题我们可以不加过问。我们现在只是要表明,从唯物论的角度看问题,意识作为在人心之内的思维与存在的同一性的表现,必须体现一个思维与人心之外客观存在的同一性,从而表现着这个客观存在的内容,这样一来,黑格尔所说的在人心之内的思维与存在的同一性,正好就是这个思维与客观存在同一性问题的一个内在环节、一个成立其自身的必然起点。抛弃黑格尔的思维与存在同一性理论的这个合理性,我们就很难阐明唯物主义的思维与存在的同一性原理。

在黑格尔那里绝对理念作为对人显现着的宇宙存在过程的内在原理的整体就是一个辩证法体系,而这个辩证法体系也就是传统形而上学的实现。这个实现的最高之点便集中表现为范畴的主客统一性。对人显现着的宇宙存在过程作为意识过程,它的基本类分就是思维作为自我、主观性与感性的对立,二者的同一首先表现为思维以它固有的超感性因素——范畴规律把握感性对象的主观辩证法。这个辩证法作为认识的不变的规律性,体现在认识过程的动变性之中。但这个思维的概念辩证法,必须同时是体现在意识过程里的感性对象的内在之理的辩证法,因而在黑格尔看来,它也就是最后的、穷根到底的存在辩证法。这个存在的辩证法作为感性对象内在的不变之理，它也同样体现在现实对象的动变性中。绝对理念作为这样一个主客统一性，它又必须内在地体现一个非意识的或物质的客观内容。这就是人心的意识界与人心外面的物质存在的主客统一。在这个统一性中的客观性，恰恰也和主观的意识界一样，必须是一个感性存在与超感性存在，动变性与常住不变性的内在统一。以物质本体为基础的客观规律性本身是不变的，而它表现出来的客观现实却是变动的：不变性是动变性的内在之理，而动变性则是不变性的现实表现。这样一个客观内容，黑格尔的唯心主义虽然不承认，但它毕竟是在意识中作为意识的内容而存在，意识必然反映这个客观内容，所以，黑格尔的唯心主义哲学在实质上取消不了这个客观内容的存在。由此便出现了这样的情况：黑格尔的唯心辩证法不自觉地表现了客观物质世界的辩证法内容。

这样，黑格尔所实现出的传统形而上学，作为辩证法本身，它集以往哲学之大成的顶点，便最后完成在绝对理念——范畴的主客统一性上。这个主客统一性作为主观思维的辩证法，作为概念的辩证法，它既体现了认识的动变性与其常住不变之理的内在统一，同时这个内在统一性又反映着意识的对象界作为存在的动变性与其常住不变之理的内在统一。所以，对人显现着的宇宙存在过程，包括精神现象和它的对象界，都是动变性与不变性的内在统一。而这两个方面的同一作为在人心之内的思维与存在的同一性的辩证法，又必须同时就是思维与人心之外的物质存在的同一性的辩证法。人心外面的物质存在作为独立的自然过程，从无机界到有机界，从有机界到人，从人到人的精神现象，从人的精神现象到人的社会生活，都无不是一个动变性与常住不变性的内在统一。绝对理念作为对人显现着的宇宙存在过程的内在原理的辩证法，不管黑格尔承认不承认，只要人的意识是在表现人心之外的存在过程，它便同时就是人心之外存在过程的内在原理的辩证法。

人心之外的存在过程——客观自然的内在原理的辩证法，只能通过对人显现着的宇宙存在过程——意识的内在原理的辩证法而表现。除此而外，对人说亦即对他的所知说便没有什么人心之外的自然存在过程的内在原理的辩证法可言了。

这就是作为实现了的传统形而上学的绝对理念的辩证法，最后都集中于绝对理念—范畴的主客统一性上的辩证本性。

正是在绝对理念—范畴的这种辩证本性中，黑格尔实现了逻辑、认识论和本体论的辩证统一。

绝对理念在其全体性中的辩证法，首先是思维作为概念运动本身的辩证法，这是逻辑学的对象和内容。

但是，思维作为概念运动自身的辩证法，在其每一环节上，都是一个一般思维认识自身的内容和真理性的问题，它的不同环节在其有机统一中的全体性，便又是一个思维认识自身的全体性的内容和真理性的问题，因为思维作为概念运动自身的辩证法，本身就是思维作为统觉对感性对象内在性的把握过程，而这个把握过程就是认识。在这个意义上，逻辑学的对象和内容同时又是认识论的对象和内容。

唯因思维的概念运动的辩证法是把握感性对象内在性的认识自身，它既然是认识，那么它也就必然是有关存在的本体论学说，因而认识论同时就是本体论。

传统形而上学的实现，便是辩证法本身的实现。而辩证法本身的实现，则又必然是逻辑、认识论和本体论三者内在统一的实现。这个内在统一的实现，最后也便集中地表达在绝对理念—范畴的主客统一性上。

根据这种主客统一性，绝对理念全体性的辩证法，既是主观思维的辩证法，又是对象界的客观辩证法。这种主客辩证法的统一作为对人显现着的宇宙存在过程的内在原理的辩证法，它是一个动变性与常住不变性的内在统一，这样黑格尔又最为深刻地、最为恰当而中肯地实现了所谓逻辑的东西与实际或历史的东西的辩证统一。

绝对理念全体性的辩证法，既然是主观思维的辩证法，那么它作为制约人的主观意识过程的内在原理，便必然显现为这种主观意识过程的存在规律，显观为在这种主观过程中的一些状态、一些经验概念存在的发展规律，然而这却是现象形态。表面看来，这种现象形态里的一些事物、一些状态、一些经验概念好像是一些基质、一些主体，好像规律只是这些基质所拥有的东西。但实际上，这些状态、这些经验概念原本就是以人心的精神作用为基础的一些规律性的体现。这些规律性与它们的发展规律的内在统一，正就是绝对理念全体性的辩证法作为主观思维辩证法的实在性，正就是制约人的主观思维过程的内在原理本身。所以，在这里，虽然逻辑的东西是与主观思维过程作为历史的东西相一致的，但是我们必须从实际或历史的东西上、从现象形态上回到逻辑的东西中去，回到本质的东西中去，才能见到主观过程存在规律的全貌。否则，所见到的只会是一些在时间流转中的片面性。

绝对理念全体性的辩证法，既然同时是存在的辩证法，那么它之为制约感性对象作为存在的内在原理，便必须显现为这种存在过程的存在规律，显现为在这种存在过程中的一些事物、一些事物存在状态的发展规律，然而这却是现象形态。表面看来，这些现象形态里的一事物、一些事物状态好像是一些基质、一些主体，好像规律只是为它们所拥有的。但实际上这些事物及事物状态是以人心的精神作用为基础的一些规律性的体现。这些使事物、事物状态所以可能的规律性与它们发展规律的内在统一，正是绝对理念的辩证法作为存在辩证法的实在性，正就是制约对人显现着的宇宙存在过程的内在原理本身。所以，虽然逻辑的东西是与存在过程作为现实或历史的东西相一致的，但我们必须从现实或历史的东西上、从现象形态上回到逻辑的东西中去，回到本质的东西中去，才能见到存在过程的规律的全貌。否则，所见到的只能是一些在时间流转中的片面性。

主观的意识过程与存在过程同作为现实的存在过程，它们本身及其发展规律的统一，从本质上都可归为本体作为一个绝对之理的实在性。这个作为本质的绝对之理是常住不变的，但它显现出来的现实的意识过程和存在过程却是变动的。这种动变性与常住不变性的内在统一早已包含在这个绝对之理作为绝对理念的自身规定中了。

总之，传统形而上学的实现便是绝对理念辩证法的实现，而其中的要点便是绝对理念的主客统一性的辩证法。它是黑格尔所实现出来的形而上学作为辩证法本身的辩证本性的集中体现。

由此可以充分看到，否定黑格尔所实现出来的传统意义上的形而上学，否定黑格尔绝对理念范畴体系包含的合理性，也就等于否定了辩证法、否定了逻辑、认识论和本体论的三统一。

为了真正地理解黑格尔、改造黑格尔、吸取黑格尔哲学中的合理内核，我们就必须真正彻底地弄清传统意义上的形而上学、辩证法和与辩证法相对立的那个形而上学三者的含义和关系。所谓传统的形而上学，就是超越事物，超越现象，在动变的现象中寻求永存不变的本质，并以这种本质解释动变现象的一门学问。这门学问便表现出这样一种方法原则：动变过程的一切事物只是现象，它的真正实在是不变的永存性。这个不变的永存性是什么呢？黑格尔以前的哲学家对它并没有做出过合理的揭示，所以他们的形而上学理论不能合理地解释动变的现象。只有到了黑格尔哲学才正确地指出：这个本质、这个不变的永存性就是辩证法，只有辩证法才能解释动变的现象，所以传统形而上学的真正内容就是辩证法本身，反过来说，辩证法的产生也就是形而上学的真正实现。所谓辩证法，在黑格尔看来，就是范畴的联系和转化，就是对象本质中的对立规定的统一。而与辩证法相对立的那个形而上学，黑格尔叫它抽象的知性，它的最根本特点就是不承认对立规定的统一。有些人仅仅从现象上理解辩证法，把辩证法事物化、现象化和庸俗化了。在他们看来，世界上一切事物和现象都处在永恒动变的过程中，辩证法不承认任何不变的、永存的东西；无论什么哲学，只要它想寻求变动过程中的不变性，都被这些人视为反辩证法的形而上学。这种观点是错误的，其错误的实质就是它否认了整个世界是现象与本质、变动性与不变性的对立统一。用黑格尔的语言说，这种观点是一种抽象的知性思维（即反辩证法的形而上学）的产物。

诚然，我们也承认，从现象上看，人的认识是永远处在不断变化和发展的动变过程中的。在这个变动过程中，没有什么认识和观念是永恒不变的。我们也不都在这个动变的认识过程之外，脱离认识的一切感性条件和实践条件，去寻找一种像巴门尼德所说的那样一种永恒不变的绝对认识。但是认识的过程是否只是一些动变过程的总和呢？回答是否定的。因为永恒动变的认识过程永远在受着不变的认识规律、认识本质所支配，而这个认识规律是永存的。把认识过程的动变性与其不变的永存性的内在统一加以割裂，把认识过程仅仅归结为空无本质的动变性，这就是一种反辩证法的抽象知性思维。

这种抽象的知性思维总是否定人的意识的能动性。首先，它取消人的感性机能的能动作用，机械地假定人心的感性表象仅仅是由人心外面的存在所决定的消极映象，人心没有自己能动地表现存在的固有规律。在这个前提下，它又曲解人的思维能动性，机械地假定人的思维能动性仅仅是现成地从感性表象那里汲取观念，形成认识，人的思维也没有自己表现感性表象内在本质的固有规律。可见，由于它否认了认识的能动性，否认了认识的固有规律，所以完全陷入了历史上的经验主义。用这种经验主义观点看问题，势必要曲解马克思主义的能动的、革命的反映论。它们或者脱离认识本身的能动性、脱离思维规律去谈实践的决定作用，而把实践抽象化。甚至有的还提出这样的观点，认为实践不是认识本源，只有存在是认识的本源，因为存在决定意识。这种观点更是错误的。因为使认识的本源问题简单地归结为存在决定意识这个基本原则自身，这就等于站在出发点上一点也没有前进。它实际上抽掉了马克思主义的存在决定意识基本原理中的辩证法，使它成了一个僵化的和抽象的命题。从认识根源方面看，存在决定意识作为众所周知的真理，是说存在决定自己的意识能力，它在它自己的意识能力的制约下才能产生认识。所以石头的存在并没有认识；非人的动物的存在虽有生存活动，但也没有认识。可见，认识的本源，乃至人的实践本源，都在于人的存在所决定的人的意识能力上。上面所提到的错误观点之所以出现，就是在于人们的抽象的知性思维在作怪，否认了人的意识能力能够有自己的规律，从而否认了人的认识的动变过程是在显现它自己的以人心的精神活动性为基础的不变规律性。

人心的精神作用就是人的意识能力，这个意识能力是能动的而不是消极被动的。所以，它为了能够呈现反映存在的意识，它就必须具有它所以能够在"存在"的作用下反映存在的不变规律——天不变、道亦不变：只要它反映存在，它就必须按它的固有规律去反映，这个规律是永远不能改变的。如果意识作为存在的反映只是来自存在的作用，那么为什么存在作用于石头而石头不产生反映存在的意识呢？如果意识作为存在的反映是来自以存在作用为条件的人的意识能力，那么这种意识能力作为意识能动性，能没有自己之所以能够反映存在的先天固有规律吗？

那么，人的意识能力的固有内容，固有规律究竟是什么呢？下面我们结合一些哲学家的观点来探讨一下这个问题。

人心的统一精神作用作为意识能力，就是一种表现存在的表象力。这种表现存在的表象力，首先要表现存在的外表——人体存在的内外状态。内的状态是人体内部的运动状态，外的状态是人体与外物在相互作用中的外在形态。人的意识能力作为表象力，便首先把前者表现为苦乐之感和避苦趋乐的天然冲动等各种形象的前后相续，把后者表现为在种种时空形象——并存、相继、合一的统一体等形象中的种种感性形象。此二者的统一，便是人的意识能力作为表象力呈现为感性作用的固有规律。鲍波尔立足在经验主义上的进化说，并不能取消此种思维规律。这种进化说说明的只是人心的感性作用的形成，但这并不妨碍我们说这个感性作用形成之后，它的复杂的心理过程，便始终要呈现出它自身的先天规律的作用来。所以，人的内外感上的感性形象的动变过程，内部必然包含着这种先天规律作为制约感性过程的不变之理的实在性。这种先天规律，不仅是普遍的，而且具有它自己的特殊规定，它在它自己的特殊规定中就表现出动变的感性形象。单就这种在动变过程中的感性形象说，它当然是如罗素和新实在论者所说的那样，是独立于人的意识之外的东西，但却不能把它分解为一些如时空性、感觉因素、关系等因素的独立存在，说这些东西是独立于人心之外的潜在。这所谓潜在，它决不能是人心之外的，而只能是人心的表象力作为感性作用的内在规律。

经验论认为，人的一切认识都来源于经验的感性内容，认识中绝不会有感性内容中所不包含的东西。这种观点从某种意义上说是合理的。但决不能由此而断定，组成认识的一切因素都可以从感性作用的感性内容中现成地找到，现成地概括出来。休谟曾经指出这样一个不容怀疑的事实：实体——属性、因果性等观念，是不能从经验的感性内容中现成找到的。在经验的感性内容中，我们只能见到不同感觉的同时并存、前后相继、相互合一等统一形象，但却找不到实体——属性、因果关系等观念。但这些观念又是贯通我们一切意识的基本因素，缺了这些因素，我们就不会有认识，那么这些因素究竟是从哪里来的呢？康德认为，这些观念是超感性的先验因素，它们不是来自感性作用的感性表现，而是来自思维能动性的先天规律，是通过这种思维规律在感性表象中的体现而产生的意义觉知。黑格尔同意康德的立场，但却又把它加以发展，认为，思维所觉知到的意义，也是在感性作用的感性表象之内存在的，只不过它是感性表象的内在性，所以不能从感性表象的外在性上现成地找到，然而感性表象的外在性却在显示它的内在性。正是在这个意义上，我们可以说，人的一切认识，一切思维所觉知到的意义，没有不是在感性表象之中的。所谓思维的先天规律，就是思维对感性表象的显示作用所固有的一种关系：思维能够针对感性表现的不同显示而能动地理解感性的内在性的本质。一些不能现成地得自感性表现的超感性观念，如因果性、实体、属性等观念性，便是产生于思维这种先天的理解作用——思维必须首先在感性表象的启示中能动的创造理解、创造意义的觉知，然后它才能从中进行对意义觉知的概括和抽象。既然感性作用是人心统一的精神作用作为表象力的一种表现，一切感性表象都是在这种表象力中呈现出来的，它们都为这种表象力所贯通、所支配，是这个表象力的外在表现，那么，在表现中的各种感觉因素以及联结这些感觉因素的各种关系形象的统一，作为人心感性作用的固有规律的表现，便不能不是：①它所表现的规律，只能是感性作为统一的精神作用的表象力，而它同时也就是感性表象的内在实体性；②感性表象中的不同感觉因素是这个内在实体性的属性；③联结不同感觉因素的并存、前后相继的关系形象，便是这个内在的实体性贯通其一切感觉属性的因果制约性了。感性表象在向思维显示它这种内在性，而思维的先天规律正好就是思维对这种感性显示的固有关系，所以思维就必然产生以实体—属性、因果制约性（同时并存的、前后相继的）等范畴规律把握感性表象的理解作用。从这种理解作用中产生意义觉知，而意义的觉知同时产生人的"我意识到什么"的自我意识过程。在这个意识过程里，纯粹的感性表象显现为与自我相对立的意识对象。意识对象是黑格尔所谓的"事先建立起来的有"，它必由思维按康德所谓关系的范畴规律而事先建立。这个"事先建立"，是像费希特和谢林所说的那样，它进行于不知不觉之间，是一个无意识的过程。这个无意识的过程便是最为原始的反思。思维对感性的原始反思作用的这种事先建立，形成意识的出发点。在这个出发点上，思维把握对象的反思作用便转化为外在反思：它好像从一个现成的可被规定的对象出发；从这里才开始黑格尔逻辑学所谓从有论到本质论、从本质论到概念论那种有意识的思维把握对象的逻辑进程。但有意识的逻辑进程与无意识的逻辑进程，同作为思维把握感性对象的逻辑进程，便是思维的先天规律或自身规定——思维作为统觉作用的概念运动。

这个思维作为统觉作用的概念运动，如前所述，对黑格尔说，仅仅是感性对象的内在性作为人心的精神作用的自我意识，仅仅是一个在人心之内的思维与存在的同一性。如果设人心的感性作用，是人的意识能力作为表象力表现外界存在的外形的一种形式，那么思维便是这个表象力表现外界存在内在本质的一种形式，二者的统一就是人的意识能力本身。感性作用的感性形式，在显示它的内在性是一个以人心的精神作用——表象力为基础的、在其实体—属性及因果性等自身规定中的精神之理，那么如果人心的感性表象确实是在表现人心外面存在的外表，是这个外表的映象，则这个精神之理便也必然是人心外面存在的外表的内在本质的精神表现：内感上的苦乐之感和避苦趋乐的天然冲动，作为人心表现感性的精神作用的自身感受的内在之理，便也是对人心之外的具有感性能力的人的自我感受的内在之理的表达。因此，思维在感性形象的启示下，能动而先天地自身产生对感性形象的内在精神之理的意义觉知，这同时也就是对人心之外存在的内在规律的觉知。思维作为统觉作用的概念运动，作为在人心之内的思维与存在的同一性，同时又必然是思维与人心之外存在的同一性，此二者的统一，正好就是认识动变过程内部永存的不变性，也就是黑格尔绝对理念作为制约认识的动变过程的内在原理所应该包含的合理思想。当然，黑格尔否认人心之外的存在，所以在他的哲学中，只是不自觉地猜到了思维与心外存在的同一性的辩证法，而没有自觉地包含这个辩证法，这就使它的体系缺少一个最高环节，而暴露出了不彻底性。但我们不能由此而否认绝对理念包含的真理性，否认了它，就必然把人的认识过程的动变性片面地、抽象地归结为无本质的、什么也没有的空虚。

所谓绝对理念包含的真理性，就是概念的辩证法，认识的前进运动从本质上说都可归结为概念的辩证运动。因此概念辩证法就是认识动变过程的不变本质。单就这点来说，我们和黑格尔并没有矛盾，所以不能否认绝对理念的真理性。但我们和黑格尔还是有区别的，黑格尔仅仅停在概念辩证法上，而我们承认概念的辩证法在反映着人心之外的客观辩证法。既然客观外界的辩证法必然通过概念辩证法表现给人，所以研究概念辩证法是我们辩证唯物主义者的重要任务。研究清楚了概念的辩证运动，才能真正理解客观世界的辩证运动。否则，我们对世界的理解也只陷入形而上学的片面性，即黑格尔所谓的抽象的知性。

诚然，对人显现着的宇宙存在过程永远处在发展变化的动变过程之中，所谓"物"就是在这个动变过程中的一切广度上、深度上的具体存在的东西，无物是在动变过程之外存在的。黑格尔以前的传统形而上学本体论总是把本体假定为在这个动变过程之外的自身存在的东西,用哲学术语说,即把本体设定为自身存在的现实性。这样一个本体是世界的本质,而其他一切只是现象,宇宙的动变过程只是这个不变现实作为本体的变形。这样一种本体论是反辩证法的,是不合理的。它把本体和现象抽象片面地割裂开来,然后又妄图使它们合一,这本来就是矛盾的。实际上,对人显现着的宇宙存在的动变过程,是对人而言的唯一现实,它本身就在表达一个不以人的意识为转移的客观内容。所以,为意识所表达的客观存在的宇宙变动过程,也是客观上的唯一现实世界,在这个动变过程之外不可能另有一个现实世界。黑格尔以前的传统本体论把本体设想成和动变过程脱离的另一个不变的现实世界,这就形成两个现实世界的不可克服的对立。对这一点我们是持否定态度的。但是,我们不能由此而否定宇宙动变过程的不变本体,不能否定本体概念。如果否定了它,把宇宙的存在过程单纯归结为纯粹的动变过程,单纯归结为在这个动变过程中的各种具体存在物,而否认在这动变过程和一切具体存在物背后有本质性的东西,这就会陷入以西方现代哲学为代表的现象论。这种否定本体的观点,实际上(自觉或不自觉地)把宇宙的动变过程连同它的一切具体物都变成了无本体的虚幻。这是西方中世纪或基督教所谓"上帝从虚无中创造世界"这一教条的变形。通过上面的分析,可见,本体虽然不能作为自身存在的不变现实,但它却必须是贯通整个宇宙存在的动变过程而使这个动变过程所以可以可能的不变原理。现实世界的动变过程必须是动变性与这种长存不变性的内在统一。前面说过,黑格尔的绝对理念作为在人心之内的思维与存在的统一性,它在其主观的概念辩证法中,同时表达的是对人显现着的宇宙存在的动变过程的内在不变原理,表达的是这个动变过程的概念本体的规律性。但这样的不变原理、这样的规律性,同时必然体现着这样一个客观内容,即独立于人心之外的宇宙存在动变过程的以物质本体为基础的不变规律性,它就是这个动变过程的长存不变的内在本质自身。既然这个长存不变性是不以人的意识为转移的客观实在性，那么它自身所呈现出来的现实也必然是不以人的意识为转移的客观的时空世界。黑格尔虽然不承认不以人的意识为转移的客观物质世界，但这个物质世界必定是客观存在的，所以他的绝对理念论必然不自觉地表现这个客观内容。具体说来，黑格尔是用唯心主义的形式向我们展示出了：整个世界是动变的现象与不变本体的内在统一。这就是黑格尔绝对理念的合理性之一。否认了绝对理念的合理性，这也就是否认物质本体作为时空世界的本质的实在性，否认物质本体概念的真理性。借口在宇宙存在过程之外不能有一个自身存在的不变本体界，借口这种观点的非辩证性，便把宇宙存在过程只归结为单纯动变过程，归结为在这种动变过程中的广度上和深度上的一切变动物体的总和，断言除此面外便什么也没有了，这也同样割裂了动变性与永存不变性的统一，割裂了现象与本体的统一，这是一种在本体论上的抽象知性思维。

  不懂这个道理，难懂黑格尔，但不懂黑格尔，又难懂这个道理。此二者互为因果，归根到底是说，抽象的知性思维，难懂辩证思维。黑格尔哲学是扬弃了抽象知性思维的辩证法体系，所以站在抽象知性思维立场上就不会弄懂黑格尔哲学，相应也不会对黑格尔哲学做出正确的评价。其中最重要的表现是，知性思维观点最容易把黑格尔哲学体系现象化、事物化，把黑格尔论述的辩证的逻辑联系看成在时间中的现象的因果联系，从而错误地认为黑格尔的绝对理念内部虽然有些辩证因素，但从整体上看，它仍然是一个脱离自然界的抽象存在物，仍然是一个反辩证法的形而上学性。这种评价不仅不符合黑格尔的原意，而且是把自己的知性观点强加给了黑格尔。

  抽象知性思维，仅仅坚持宇宙存在过程的动变性，势必不能正确地理解马克思主义的物质原理。它虽然承认"物质是不以人的意识为转移的客观实在"这一命题，但它总是从直观的方面去理解物质，认为物质仅仅是我们直观到的东西。所以，它从来不想从逻辑上、认识本质上来阐明物质的客观性，不想阐明物质概念的客观真理性，而只想从直观上断定物质世界的客观性。这实际上是一种直观的朴素的唯物主义观点。在这种朴素唯物主义前提下，它像杜威一样，反对源出于希腊哲学的近代哲学精神——在动变中寻求永存实在的科学精神。这样，它把物质世界仅仅理解为一个统一的单纯动变过程，在动变过程中的不同深度和广度上的一切具体物是唯一的实在，是世界统一的物质性，而动变的规律则是这些实在所具有的东西：具有规律的主体，是一些空无本体的动变性，所以规律便只是空无本体的虚无呈现动变性的一种规律性。这种把规律的主体归结为无本体的假象和虚无的观点，是我们不能同意的。为了划清它与辩证唯物主义的界限，我们必须对它进行具体分析，以便看清它产生的必然性。

所谓事物的规律性，便是一事物对其他事物的固有关系，它在与其他事物的相互作用中，便按这种关系把自己呈现为一定的现象形态，因而这种关系便是这种现象形态的规律性，而事物则是具有规律性的现象形态的主体。然而这样一个作为主体的事物还不是最终的东西，它必然以它在深度上的内在结构为基础，而它的内在结构是由各种因子组成的，所以又是一些新的事物，这些新的事物又有它们自己的规律性。原来那个事物主体对组成它内部结构的新的事物说，便不是主体了，而是这新的事物按其规律性所表现出来的现象形态了，这样，新的事物成了主体，旧的事物成了现象。进一步看，新的主体也是一些事物，它们之间的固有关系又要取决于它们的内在结构，如此前进，前面的过程可以再三重复不已。在这个无限重复的链条中，一切事物作为主体，同时又都是一些现象形态，而主体包含的规律性，也便成了现象形态的规律性。为了简便。我们用"理"代表具有规律性的事物主体，用 A、B、C、D……系列代表这个无限的重复系列，则这个系列便是：

现象	理	理	理	
A	→ B	→ C	→ D	……n.
现象	现象	现象	现象	

A以后的系列对A说，都是A的内在之理，A则是现象。但B对它以后的系列来说也是现象。C和D也是如此。可见，就前一项必然依存于后一项来看，这个系列无论进行到哪里，都不能超脱现象的虚无之境一步。这好比一个人的梦的起因也是一个梦，而这个梦的起因也还是另外一个梦，如此追溯，便始终是在梦中梦的境界里。它可表现为如下的系列：

梦中梦──→梦中梦──→梦中梦……n.

据上式，要超出梦中梦，便必须追溯到一个开始的梦境，然后再超越这个开始的梦境，而达到人在做梦这个真实之境。人在做梦这个真实之境就成了一系列梦境的本体，一切梦的存在及其内在联系或规律便都是这个本体的现象，所以它们都可归结为本体的实在性。同理，据前式，要超出现象界，就必须先达到一个开端的现象，然后超越这个现象，进入现象的内部而寻找它的本质。这样我们就可以看到，这个最初现象的本质也就是物质本体，这个物质本体本身就具有把自己呈现为现象的规律性。它通过它的原始现象而贯通一切现象，从而开端及其以后的一系列现象（事物）及其相互联系（规律），便都可归为这个能动的物质本体的实在性。不这样看问题，我们就会永远停止在现象的虚幻之境中而不能自拔。但我们必须指明，能动的物质本体作为实在性，已经不是具体的事物和现象了，它作为对现象的超越，是一个包含能够表现现象的规律性在内的能动共相或一般，而宇宙间所有的事物只不过是它的具体表现而已。通过上面的分析我们确实可以看到，如果把宇宙的存在过程单纯归结为动变过程，归结为在这种动变过程中不同广度和深度上的一切具体物的总和，断定除此之外再什么也没有了，那么这些具体物及其所具有的规律便会同归于虚幻之境的虚无。

抽象知性思维的观点，在本体论上表现为割裂世界的动变性与不变性的统一，割裂现象与本质的统一。而在认识论上，则表现为割裂逻辑与认识论、认识过程与认识规律的统一。辩证唯物主义认为，历史上出现的经验概念和各种具体的认识都是变动的，从而表现为历史上各种概念的相互更替和认识的逐步深化。但是它们的变动不是偶然的,而是必然的,这是因为它们都受一个普遍的思维规律的支配。这个思维规律是一个不变的本质,而各种具体的概念和认识则是它的表现。但抽象的知性思维却把认识只归结为认识的动变性,只归结为一些经验概念在其相互关系中的动变性,而否认其中的不变规律性,这就使认识也变成了空无本质的假象。这种认识所表现的客观内容,就只能是一些在动变过程中不同深度和广度上的具体物的总和,亦即宇宙的存在作为单纯的动变过程。

可见,抽象知性思维的认识论和本体论是一致的。它的本质就是要否定整个世界的不变本体和规律性,但哲学就恰恰是要研究这些东西,所以抽象知性思维实际上是一种哲学本性和辩证法的取消主义。避免和批判这种抽象知性思维,是我们马克思主义理论工作者的重要任务。

哲学本性和辩证法的取消主义,公开地明确地作为一种哲学旨趣、哲学方向,首先为实证主义者孔德以"反对传统的形而上学"为口号提了出来。从此以后,西方哲学界便出现了一系列新式的经验主义流派,而哲学在西方也就脱离了黑格尔的那种统一经验论与唯理论的理性主义的辩证法传统,归为反理性主义和再兴中世纪托马斯学说的天下。归结起来,这些新式经验主义流派的特点不外是:

第一,或者承认逻辑的知识是分析的非经验的知识,但却否认它是思维规律的反映,认为它是直接反映一种独立的各种类型的"关系"存在的。关系的形式与质料因素——可感性质的结合,形成种种可以被感知的经验对象,认识就是对这些经验对象的科学解释。科学解释不表现对象的实在,而只是组织对象,控制对象并能由对象的经验加以证实的一种标记。

第二,或者完全回到休谟的立场,认为思维把握对象的种种逻辑规定完全是一种来自经验的习惯信念,而习惯信念又原本于人的实践本能。这种以非理性主义的先验论为基础的习惯信念说,也不承认思维有把握感性对象的固有思维规律;思维规律只是来自以本能为基础而在经验中所形成的习惯信仰。鲍波尔结合进化论进一步改善此说,形成震动现在西方哲学界的新式论调：人的精神作用的基础，是实现其生存需要的内在冲动，由此产生改组环境、控制环境的尝试和进化，进而产生思维模式和它的不断改进和进化。这一派也认为，认识作为关于经验对象的科学解释并不表现对象的实在，而只是组织对象、控制对象，实现人的实用价值的标记。杜威的实验主义作为这派的一个主要流派，自称他批倒了自希腊以来的传统哲学精神，实现了一个空前（但不绝后）的哲学革命，但这个哲学革命无非是说，哲学的对象是和人生密切相关的经验现实；而哲学对它的科学解释也要以实验为基础，但却也不表现对象的实在，仅仅是组织对象、控制对象以充实用的标记。

第三，在前两派所说的认识中，对人显现着的宇宙存在过程，便只是一个动变过程，一个在动变过程中不同广度和深度上的各种具体物的总和，因为标记的它认识虽然是它的科学解释，但并不表现它内在本质的实在性。这种事物化、现象化的本体论只承认在人意识中的宇宙存在过程，而不承认这个存在过程必然表现一个独立于人心之外的物质世界。新实在论所谓独立于意识之外的独立存在，只是在意识统觉之外的纯粹感性对象，即脱离了意识的感性对象。不过它又把这个感性对象分裂为时空性、感觉质料等因素，说这些因素是中性的，既可组成为对象，又可组成为意识而已。

这个自实证主义以来的反传统的形而上学的潮流，与其他哲学中的知性思维一样，是同一个取消哲学本性和辩证法的抽象知性的潮流。抽象的知性，最初是作为传统的形而上学的建立者和发展者而出现的。在这期间，它坚持本体是自身存在的现实性，从而造成了本体界与现象界的尖锐对立。当发现自身存在的本体界不能成立，而现实存在的只是对人显现着的世界动变过程时，它便从一个极端跳到另一个极端：在本体论上坚持世界仅仅是一个纯粹的动变过程，而否认本体界的永存不变性；在认识论上坚持认识是一个仅仅来自感性的动变性，而反对认识的不变规律。抽象的知性思维之所以这样从一个极端跳到另一个极端，是由于它不能理解传统的形而上学作为辩证法的真正含义。只有到了黑格尔特别是马克思主义哲学，才

第五章 黑格尔的唯心主义与人类的意识原理

用辩证的思维扬弃了抽象知性思维。马克思主义哲学虽然是辩证法的,但要掌握这种辩证思维,必须经过对哲学理论和历史的锲而不舍的学习,所以,仍然会有很多人不懂辩证思维而坚持知性思维的观点。所以,分析、批判知性思维,克服知性思维,仍然是我们紧迫的任务。

前面说过,用抽象知性思维去评价黑格尔的绝对理念,必然否定绝对思念的内在真理性,把这个真理性同它的唯心主义一起加以抛弃;同样,用抽象知性思维去评价黑格尔的绝对精神;必然更不能看到其中的真理性了。

一般地说,绝对理念既不是现实的精神,也不是现实的认识,而只是制识,而只是制约对人显现着的宇宙存在过程的内在原理。由于宇宙存在过程表现为精神现象与非精神现象两个对立面的相互制约,所以这个绝对原理最后必把它的一切内容都集结在这种主客观的对立统一性上。黑格尔的绝对理念作为对人心之内的思维与存在同一性的阐述,实质上就是人心的精神作用作为外化到感性对象中去的内在自我的自我意识原理。如前面第四章开始所提到的那样,人们或者会说,我们把黑格尔哲学理学化了,实则绝对理念应翻译成绝对观念。我们认为,并不是我们故意把它理学化,而是这种哲学本来就是理学。自中国的太极生两仪到老庄的道,自老庄的道到中国理学派所说的理,这些哲学思想和柏拉图、黑格尔的思想是同一类型的东西,只不过它们的高低程度大不相同罢了。柏拉图的理念显然是黑格尔理念的理论来源,而柏拉图的理念却不是作为现实意识中的观念,而是相当于我国理学派所谓的理,所以有人把它翻译为理型或理式,这是一种更为正确的译法。你把黑格尔的绝对理念译成绝对观念,它也不是意识现象中的现实观念,更不是新黑格尔主义所说的"绝对经验"或绝对意识,它只能是制约人的意识存在过程的内在原理,即自我与意识对象相互统一的内在之理,因而它相当于我国理学派所说的理。只是黑格尔所谓的理是质料(精神作用)与其规定的统一,精神本体作为质料在其自身规定中的自身制约,就是一个庞大的概念规定体系,而这个体系就是绝对理念作为理的实在性。

绝对理念是对人显现着的宇宙存在过程的内在本质。它自身仅仅是一个实在性，只有在它外化的宇宙存在过程（自然）中，才有它自己自身存在的现实性，所以自然就是现实的绝对理念。这样一个绝对理念与柏拉图的理念是有严格区别的，柏拉图的理念界本身就是一个超感性的现实界，所以在他那里感性世界与超感性世界是分离的两个世界。但在黑格尔那里却不存在这样一个分离问题。人们常常感到黑格尔哲学中的绝对理念外化为自然是一个唯心主义的神秘。其实这是一种错觉。造成这种错觉的原因就在于人们错误地把绝对理念看成了脱离人心的自身存在，看成了自身存在着的现实观念。如果按这种错误看法推下去，现实的观念转化为现实的自然当然会成为一个唯心主义的神秘。但黑格尔本人却并没有这样理解问题。他的绝对理念仅仅是人心的内在本质，是人心在其内在规定中作为一个精神之理的实在性。在这个内在本质中，既包含着它把自己对象化、客观化为自然的规定，也包含着它在它外化的对象（自然）中认识它自身的规定，这两种规定的统一，正好说明绝对理念是绝对的自我意识的原理。所谓绝对理念外化其自身，无非就是说人心的精神活动作为感性作用呈现感性对象，是绝对理念在这种感性作用中的感性化，而人心的感性作用是事实，没有什么神秘的地方。所以黑格尔说："**自为**的理念，按照它同它自己的**统一性**来看，就是**直观**，而直观着的理念就是**自然**。"① 这就是说，绝对理念在其所固有的感性化或外化其自身的内在规定中，它就是自在理念。而它在其所固有的自我意识的内在规定中，达到了主客观环节的完全统一，它也就成了自为的或独立的理念。这种独立的理念是不同环节的自身与自身的统一，它不再需要任何外在的东西来说明，也不再需要任何间接性的环节作为中介来说明，这样，它就成了一个直接性，成为直观，即成为在直观中被直观的理念，而这样的理念就是自在的理念，也就是自然。可见，绝对理念外化为自然的规定，作为在直观中被直观的自然，已包含

---

① 黑格尔：《小逻辑》，商务印书馆版1980年版，第427页。

在绝对理念的规定性总体里了。因此，绝对理念便作为在直观中被直观的自然的现实性而存在。

黑格尔的自然哲学，不是以现实性的总体为对象，而是专以在直观中的被直观的自然的现实性这一个方面为对象。现实性的总体是黑格尔《精神现象学》和《精神哲学》所研究的对象，它既包括直观的现实性，也包括被直观的现实性，二者的统一作为现实性的总体，恰好就是意识。黑格尔的逻辑学则是以这个意识的内在原理——绝对理念自身为对象。

被直观的自然，就是外化了的绝对理念，而外化了的绝对理念，则是在时间、空间形式中存在的精神作用或概念。但黑格尔进一步认为，自然作为绝对理念外化其自身的客观现实，不是一个在时间中的发展过程，而是各类事物同时并存的一个空间展开的过程，其中只有各类事物的个体才有生灭变易的动变过程。这一点是黑格尔哲学中的非辩证法因素，必须批判。黑格尔之所以这样看待自然，是由当时的科学条件和他本人的唯心主义立场所决定的。一方面在黑格尔时代，自然科学还没有完全向人们展示出一幅辩证的宇宙图景，进化论虽然产生，但还未完全成熟和深入人心，所以，对人显现的宇宙过程确实如黑格尔所描述的那样。另一方面，黑格尔的唯心主义立场，使他仅仅把对人显现着的宇宙存在过程只理解为在人心之内的以感性作用为基础的意识对象，这就使他只注意了精神本身的发展，而忽视了自然本身的发展。但也须指出：黑格尔对自然展开为空间上同时并存的各类事物的描述，仍然有辩证的因素，以至于可以说它是一种在逻辑级次上的进化论。

在黑格尔看来，自然界中的各类事物的内在实质，是在各种不同规定中的精神作用，因而是各种以精神为本体的特殊的事理或概念，这些事理或概念作为特殊性，是一个有机统一体，而这个统一体本身就是普遍的精神作用的自身规定，它和普遍精神作用的统一，就是一个作为自然的本质的事理或概念的实在性。这个实在性在外化形态上，便表现为各类事物的物性和相互作用，表现为各类个体事物在其这种物性和相互作用中的动变过程。物性和相互作用，本质上是精神作用，是概念的规定，但它却表现为是非精神的、非概念的，表现为是物质性的，这便是精神在其外在化中的表现。我们不能简单地断定黑格尔这些思想是纯粹的胡说，就对人显现着的宇宙存在过程而言，这些思想是符合事实的。对人显现着的宇宙存在过程，是以人心的感性作用为基础而由人的意识在显现着，它虽然表现为各种物质现象的物质性，但它的内部仍然是精神性，是一个人心的精神作用。人心的精神作用直接感性化为非精神的物质性，从而人在自己心内直接意识到的物质性是精神，这一点没有什么神秘和奇怪的东西，因为这是意识事实。如果没有这个意识事实，我们还怎么能把人心之外的物质世界变成我们的意识对象呢？当然，黑格尔把整个世界看作只是精神内部的东西，这是他的唯心主义，对这一点，我们是持否定态度的。黑格尔本人在承认各类事物的物性和相互作用本质上是精神作用的前提下也认为，各类事物在其有机的统一性中，表现为由低级或简单到高级或复杂的逻辑级次。而高级或复杂的东西，包含低级或简单的东西，但它不能归结为低级或简单的东西。高级的东西是以低级的东西为条件形成的新的统一物，新的物性和相互作用。随着这个逻辑级次越来越高级，包含在事物中的潜在的精神性也越来越明显地突破外在的物质性而直接地表现出来。到自然人这个逻辑级次上，这个精神本性就不在表现为非精神的物质性了，而是表现为人的直观一切的精神作用。人作为自然人是通过这种精神作用与其他事物发生相互作用的。虽然，人体自身还是由一些表现为物质的东西的物性和相互作用所组成，人体之为物，是人心作为绝对理念自身或其自我意识那一环节的外在化。在这里产生了绝对理念从外化的物质性里向自身的复归。在这个复归中，才出现了以精神本身的形式而存在的精神，出现了精神的现实性。在被直观的自然的现实性里，自然的本质虽然也是精神，但它只是自在的精神，它本身作为潜在性只能以物质的形式表现出来。但到了人的阶段，作为人的本性的精神是自为的精神，是以精神的形式表现出来的精神。这就是说，自然的内在本性作为精神，不再仅以物质性来表现自己的现实性了，而是要以它自身的精神形式来表现它自己的现实性。从而这个现实性的本质，就是要把自然作为精神，作为概念来表现，也就是绝对理念在其外化的自然中的自我意识。

绝对理念的现实性中包含两个环节，第一个环节是它外化为被直观的自然，第二个环节是对被直观的自然的直观，相应绝对理念的现实性也包括两个方面，一是绝对理念作为自然界的现实性，二是绝对理念作为在人身上出现的精神的现实性。我们说过，自然哲学仅以被直观的自然的现实性为对象。但是，被直观的自然的现实性，本来离不开直观，二者的统一才构成绝对理念整体的现实性。这个绝对理念整体的现实性作为人的精神过程，便是黑格尔精神哲学的对象。认为人是自然的一部分，精神现象是为人所具有的属性，所以黑格尔《精神哲学》无关于包括人在内的自然全体，这是一种错误观点。实际上，黑格尔自然哲学只就自然全体的外在性——时空性谈自然；而精神哲学则就自然全体的内在性作为精神在其自我意识中的实现来谈自然，后者是前者在其自我意识中的内在化。

在这里，我们会看到，黑格尔哲学的一个最大特色是它默默地按照逻辑的必然，把全部哲学问题都人本化了。黑格尔是哲学史上的一位最伟大的人本主义者，他从逻辑上实现了哲学必然以人为核心的哲学本质。绝对是上帝，上帝是人心作为精神的内在本质，而这个本质作为理的规定性就是绝对理念，绝对理念的现实性是人的精神，精神作为自我与对象的统一本就是意识，而意识本质上是人作为绝对理念的自我意识。黑格尔哲学是基督教内在所固有的一个合理核心的哲学表达，这个合理的核心便是上帝人性化，人性上帝化，二者的统一事实上说的就是人的意识，人的人性。人的意识和人的人性是客观存在的事实。黑格尔站在唯心主义立场上从哲学上表达了人的意识，人的人性应该是什么的问题。他认为，人的意识、人的人性并不是一个人作为个人的个别意识，而是一个一切个人作为人的、以普遍的精神活动性为基础的精神之理的现实表现。黑格尔的唯心主义取消了人作为自然人的独立性，把它溶解为人心普遍的精神活动性。但这并不影响黑格尔哲学对人的意识、人的人性的真知灼见。而这些真知灼见恰恰就是人本主义所以能成立其自身的哲学基础。

对黑格尔这样一个唯心论的人本主义哲学体系，我们应该用马克思主义辩证唯物主义观点进行一分为二的辩证的评价。首先，黑格尔用绝对唯心主义方式，从逻辑上对人进行了解释，这个解释是唯心的、不合理的，但在这个唯心主义内部，却充满了关于人性，和人的意识的论述的辩证法，这是我们应该吸取的合理部分。他的人本主义向人们展示出这样一个问题：只有人才能创造哲学，提出哲学问题，而哲学问题的提出，直接是从人的意识，人的人性里提出的。没有人性，或者说没有人的意识，便不会有哲学问题乃至任何认识问题的提出。人的意识是自我与意识对象的对立统一。人的一切内在冲动的需要，只有通过它意识中的自我的本性而表现出来；人对自然的关系进而人对人的关系也只能通过他意识中的意识对象而表现出来。从而人的一切需要，一切需要的关系，在对人显现着的直接性上，就是意识。哲学问题一方面是由意识本身的自我提出的，同时它们在直接性上又都是在人意识之内的问题，其中有的是有关自我那个主观性的问题，有的是有关意识对象的问题。全部哲学问题由人提出，便表现为人在其意识中那个自我的内在冲动，而全部哲学，在其原始起点上都可归结为在人意识之内的问题。黑格尔人本主义客观地向人们展示出的这个问题，是应该引起我们注意的。马克思主义认为，意识是客观存在的反映。但是客观存在必须通过人的意识才能对人显现出来，而对人显现出来的客观存在也就是人的意识对象。从这一点上说，马克思主义哲学必须首先研究人的意识问题。意识是自我与意识对象的对立统一，那么，从唯物主义的人心是客观存在反映的立场出发，这个对立统一所反映的存在是一种什么样的存在呢？自我是表现人自己，在意识中人身的表象与自我统一不可分：人身在哪里，自我便在哪里。剩下的意识对象便是表现与人相区别，相对立的其他一切存在了。因此，意识所反映的存在，就是在人对人关系中的人对自然、自然对人的相互关系中的存在——宇宙的统一体不仅可表现为一切实在物的机械总和，而且它对人说，是人认识和改造的对象，所以它是在人对自然、自然对人的相互关系中的存在统一体。这个存在体的中心问题不能不是一个人的问题，这个存在统一体的本体论问题，也不能不是一个以人为中心的本体论问题——人求万物的本体，是要在本体中认识和实现自己。脱离人，脱离人的实践和认识，就不可能有人的哲学问题。意识所反映的存在，既然只能如此，那么意识对存在关系的哲学问题，也只能是一个以人为中心的哲学问题。但这个哲学问题，却只能通过在人意识之内的自我与意识对象的对立统一关系来表现，从这点上可以说，黑格尔唯心论的人本主义客观地表达着一个哲学以人为核心的客观内容。

脱离以人为核心的根本立场、脱离人的问题来谈"意识是存在的反映"，那就会把意识所反映的存在界看成只是包括人在内的一切具体物的总和，认为意识只是在那里像镜子似的反映它，这是一种直观唯物主义观点。

前面我们说过，黑格尔所实现出来的在人心之内的思维与存在同一性，必然客观上表现思维与人心之外存在的同一性的客观内容。现在我们又可进一步看到，黑格尔的绝对理念作为他所谓的思维与存在的同一性的现实性，又是在表达人的意识过程的前提下，实现出了以人本主义为哲学核心的哲学本性。这个实现也不自觉地表达着一个人心之外的人本主义的客观内容。这个实现，便最为明显地表现在黑格尔的《精神哲学》里，最后集中为绝对精神的概念。马克思对黑格尔的人本主义的唯心主义，进行了批判和扬弃，但同时又积极地肯定了这个人本主义所表达出来的以人为哲学核心的合理的客观内容，并且用人的现实活动、实践的观点发展了这个合理思想，从而形成了马克思的**区别于旧唯物论的能动的实践的唯物论**。关于这一点，马克思说："从前的一切唯物主义——包括费尔巴哈的唯物主义——的主要缺点是：对事物、现实、感性，只是从客体的或者直观的形式去理解，而不是把它当作人的感性活动，当作实践去理解，不是从主观方面去理解。所以结果竟是这样，和唯物主义相反，唯心主义却发展了能动的方面，但只是抽象地发展了，因为唯心主义当然是不知道真正现实的、感性的活动本身的。"①

在黑格尔所谓被直观的自然的现实性里，人作为自然人，只是绝对理念或它的自我意识规定自身的外在对象化。这个对象的本性已不同于其他对象的物性，它已摆脱了物质性和物质关系的外在性，而直接表现为精神的现实性，这个精神的现实性也就是作为被直观的自然的本质的绝对理念的现实存在，它首先表现为人的主观性——人的主观精神。但我们已经说过，被直观的自然与直观它的直观性分不开，从而人的主观精神便表现为人意识中的自我与意识对象的相互制约的整体性。在《精神现象学》里，黑格尔是从意识开始论述的，而在《精神哲学》里，黑格尔的论述则是开始于人的意识所包含着的更低的逻辑级次——感性对象的内在性作为感性的精神作用的表现，然后才逻辑地上升到意识的逻辑阶段。黑格尔对意识的内在本质的不同环节的逻辑描述，最后在理性统摄感性的概念统觉中，归结为他所谓心理学的精神（mind），而这种精神又分为理论的精神与实践的精神，二者的统一便是自由的精神。所谓自由精神，实质上就是个人的自我同作为自我的普遍性，按其必然规律所形成的情欲需要与认识相结合的意识能动性。自费希特到黑格尔的德国古典哲学家，都认为个人的自我只有在与别人的自我相互观照中，才能形成关于自我的明确意识，因而自我便总是在自我与自我的相互联系中的一个社会性。自我在其社会性中按其固有规律所形成的意识能动性——人心内在的实践性，由此便总是一个有社会规定的实践性。这个人心中的社会实践性，制约或推动人体的实践活动，便在实践活动中表现为人生活于其中的客观存在着的社会——伦理。于是人的主观精神便对象化、客观化自身，成为客观精神，即成为外在的社会——伦理的现实。黑格尔所实现出来的由主观精神到客观精神的转化，向人们表明，人的社会生活虽属客观现实，但它却不是直接以物质性、物质力为原则基础的现实，而是一种以人的意识能动性为基础的人性现实，是人的人性对象化其自身的精神现实。黑格尔的观点虽然是以唯心主义为基

---

① 马克思，恩格斯：《马克思恩格斯选集》第1卷，人民出版社1995年版，第16页。

础的，但有很大的合理性。如果我们把这种观点简单地抛弃，认为彻底唯物主义就在于把人的意识的能动作用从人的社会现实里驱逐出去，主张人的社会过程是完全脱离人的意识的物质过程，那么这就混淆了社会过程和纯粹自然过程的区别。组成社会的人类的社会实践活动，并不是纯粹感性的物质活动，不是人体的物质力与外界物质力的简单的相互作用，而是其中包含着意识的能动性或目的性的制约的活动。简单的条件反射都不能完全以物质力来说明，那么人的自由活动就更是如此了。可见黑格尔的唯心主义不在于他承认人的社会生活过程的现实性是人的主观精神的对象化、客观化，而在于他把人的精神和自然全部看成了绝对理念的外化。

主观精神把自己对象化，成为客观精神，但它这个对象化，却不是单个人在其个别性中的主观任性，而是"个人作为人"的精神同为自我的普遍性和必然性。所以，客观精神，对一切个人说，是具有普遍性和必然性的精神。这个精神，制约着人在其人和人的社会关系中实现其避苦趋乐的天赋自然人权——善（good）之为快乐的幸福要求。它表现在人的各种社会过程中，是这各种社会过程的内在原理。人的个性的发挥，如果符合这个客观精神的普遍性和必然性，就是合理的；如果不符合，就是不合理的和虚幻的。这个客观精神表现为法，表现为道德，表现为法与道德的统一——伦理。伦理作为社会伦理的道德生活，则体现为家庭、市民社会及此二者的统一——国家。国家作为客观精神的集中体现，便显得与个人的主观精神相对立，二者相互异化，好像互是对方的异化物。然而这个体现在国家整体各环节中的客观精神，它原来就是个人的主观精神或个人的自我同作为精神或自我所固有的普遍性和必然性，它是这个普遍性和必然性的客观体现，所以它也就是主观精神本身，是个人的自我同作为自我那个自我——主观性本身。二者的这种内在的同一性，又是人的本性的自身实现，它表现了人作为自然人（人心作为绝对理念本身或其自我意识的内在规定的外在化）在其人对人的关系里的人对自然、自然对人的相互关系中的统一存在体——自然的内在之理，表现了包含在这个内在之理中的要实现自身的理想性。因而，客观精神作为在与自然相统一中的客观现实，便全部都是主观精神的自我实现。在这个自我实现中，自我就是现实，现实也就是自我。主观精神与客观精神的这种同一性，正好证明：自我是绝对理念在外化的自然中的自我意识的现实性，所以它是绝对精神。达到绝对精神境界的知便是绝对之知，而绝对之知便是主观精神作为伦理的道德意识，意识到它就是现实，现实也就是它自己，它在与现实相统一中便与作为现实的最后根据的绝对理念统一了。由以上的论述可见，绝对精神作为绝对理念的整体现实，也就是绝对理念的自我意识原理的实现，也就是最高的和现实的主客统一。

绝对精神的意识境界，对人说是必然要出现的。既然人心作为绝对理念，是一个客观性与主观性的对立统一体，是一个在人心之内的思维与存在的同一性，是一个绝对理念在其外化中的自我意识原理，那么，绝对理念的现实性——直观与被直观的自然的现实统一作为人的主观性——自我在与其他自然对象的相互作用中，能不意识到自然的内在性，意识到主观性自身作为自我与这个内在性的同一性吗？如果这种意识境界不出现，绝对理念就失掉了其为一个自我意识的原理。所以我们说，绝对精神的意识境界是绝对理念作为一个自我意识原理的现实性。而这个意识境界，必须在伦理道德意识这个意识的最高点上出现。因为主观精神要在客观精神中意识到自身而达到和客观精神的统一，它就不能仅仅停留在个人主观精神的个别性里，而必须包含客观精神具有的普遍性和必然性，而这种和客观精神普遍性必然性结合起来的意识恰恰就是伦理——道德意识。没有这种意识，主观精神就不能在客观精神的现实性中意识到它自身，即不能在社会的现实中意识到它自身。伦理的道德意识，是达到绝对精神意识境界的必然前提，而它的发展顶点，也便是绝对精神的意识境界。这便充分表达了黑格尔哲学的人本主义精神：绝对理念的自我意识，表现为最高的伦理——道德意识，则绝对理念的本体自身，便是一个伦理实体。这是人心作为绝对理念，必为一个主观性与客观性的对立统一的内在必然性：主观性表现为具有精神本性的人，客观性表现为与人相对立的其他自然物，二者在人对人的关系里的相互关系的全体性，正好就是一个人自身的问题，而内在于这个全体性中的绝对理念，由此便必然是一个伦理实体。我们前面说过，既然意识是存在的反映，那么黑格尔的绝对理念作为意识的内在原理，在它的这种伦理性中，也必然反映着一个不以人的意识为转移的合理的客观内容。这合理的客观内容向人们指出：意识本性所反映的存在，是在人对人关系中的人对自然、自然对人的相互关系中的统一存在体，独立于人心之外的自然作为这样一个统一存在体，它的中心问题不能不是一个人的问题，人的伦理问题。而这个统一存在体的内在本质作为物质实体，便不能不是一个伦理的物质实体：世界的统一性在于其物质性，这物质性的现实形态中，表现为人与自然在其相互关系中的对立统一体，而人与自然的对立统一必然是在社会中的统一，所以这样一个物质性就是一个具有伦理本质的物质性。所以我们说绝对理念不自觉地表达着物质本体具有伦理性的思想。同理，绝对精神作为绝对理念的现实性，也不自觉地表达着这样一个合理客观内容：人对客观世界的本体的认识，也就是它们的自我认识。既然世界的本体是一个伦理性的本体，那么人也只有在伦理—道德意识中才能够完全认识到这个本体的真理性，而认识到了这个真理性，也就从本质上达到了主观和客观、人道和天道的完全统一。

  绝对精神作为黑格尔所谓的绝对之知，是人的意识的最高境界。这个绝对之知虽然达到了绝对，但它并不排斥它可以有无限多样性的表现形式，也不排斥它可以呈现在无限多样的事例之中。我国儒家把在人与自然界相统一的基础上的伦理视为天命之道，强调人的喜怒哀乐要与这个天命之道相合一，认为人就是道、道就是人，二者的统一在实践中表现出来，就表现为孟子所谓浩然之气，这就是表现绝对精神这个最高意识境界的一种哲学形式。文天祥口唱"天地有正气"的正气歌，自由自在地宁死不屈，相信我之所行正气是天道自身，天道也就是我之所行，这就是绝对精神最高意识境界的一个特殊事例，当然这个特殊事例是从属于儒家所谓绝对精神的哲学形式之下的。老子意识到在天地万物和人事中，有一个无名的道体之理（规律）在运行着，人在道中，道也在人中，从而人要效法道体的自然之理，无为而无所不为，这也是绝对精神的最高意识境界的一种哲学形式。只是老子脱离伦理上的道德意识，把这个最高的意识境界发挥成了权谋之道的片面性。当这种权谋之道为个人利己心、野心家利用时，它就完全脱离了绝对精神的最高意识境界这种哲学形式的实质，而沦为一己之私、匹夫之心、独夫之灵的横行天下的大逆不道。庄子完全摆脱了这种片面性，主张道我一体的境界是无待于特定之物的无待，（无条件的绝对），是能在一切中都可发现和实现自我的自由境界。这个自由境界，亦即庄子所谓"若夫乘天地之正，而御六气之辩（变），以游无穷者，彼且恶乎待哉！"①的"至人无己，神人无功，圣人无名"的精神境界。但这样一来，绝对精神的最高意识境界又流入了无尺度的片面性。人与道的合二为一，或者说我即道、道即我的同一性，不是一个无差别的直接同一，而是一个有区别的对立统一。在这种对立统一里，首先人只能作为道的一种特殊表现形式而与道相统一；其次人实现人的种种规定，只能与道中的理想性相统一，因而也就是在与道所呈现的天地万物的关系中与道相统一，此者与前者的内在统一，便是人道合一，人即道、道即人，进而我与天地为一体的固有尺度或规律。这种尺度和规律，也就是在人对人的社会关系里的人对自然、自然对人的相互关系必呈现为伦理—道德关系，和这种关系是道在人和自然相互关系中作为伦理实体的固有规定。脱离这种伦理—道德关系，脱离这种道作为伦理实体的固有规定，绝对精神的最高意识境界便要陷入莫名其妙的神秘，便要导向得道成仙、与天地长存而永生的幻想：只有在这种幻想中，才能实现庄子所谓"无待"的自由境界。真正具有现实意义的无待，只能是无待与有待的统一，它有待于人的本性所固有的对它物的关系，有待于人与道在此种关系中作为伦理实体的固有规定的同一性，这也就是有待于自己本质的真正无待。黑格尔所谓绝对精神的最高意识境界就是这

---

① 庄子：《庄子》，商务印书馆1962年版，第4页。

种真正无待于外的自由境界。

黑格尔据绝对精神可能具有的表现形式的逻辑层次,把绝对精神依次规定为艺术、宗教和哲学。艺术所以是绝对精神的最高意识境界的一种形式,乃是因为艺术是心灵表现自己的作品。它表现的是客观事物,但它在客观事物中认识到自己,在表现客观事物中表现自己。所以黑格尔说:"在艺术作品里心灵只是在做它本身的事。艺术作品虽然不是抽象思想和概念,而是概念从**它自身出发**的发展,是概念到感性事物的外化,但是这里面还是显出能思考的心灵的威力,不仅以它所特有的思考**认识它自己**,而且从它到情感和感性事物的外化中再认识到它自己,即在自己的另一面(或异体)中再认识到自己,因为它把外化了的东西转化为思想,这就是使这外化了的东西还原到心灵本身。"① 人的心灵在外显的事物里,意识到它自身,并以自己这种意识的理想性,去表现外显的事物,这便必须是绝对精神的最高意识境界的一种形式。无论是什么类型的艺术,它必然是人在表现自己,但这个表现,又表现的是人在外显的事物里对自身的意识,表现的是主客同一性的自我意识。黑格尔认为,艺术只能通过个别的感性事物的形象来体现绝对精神的最高意识境界,它不能一般地从普遍的整体性上来体现这种最高意识境界。在这进一步的要求里,艺术便让位给宗教——宗教是从普遍的整体性上用表象的形式表现出的绝对精神,所以它是比艺术更高的表现形式。宗教把人心之为一个精神活动性的本体外化为外在的神,不过人仍在神对人的关系里,在神所支配的一切事物对人的关系里意识到人自己,意识到神和人、物和人的同一性。但宗教有它的基本缺陷:它仅仅以表象的形式,而不是以知识和概念的形式表现绝对精神的最高意识境界。在这个进一步的科学要求里,宗教又让位给哲学——哲学是表现绝对精神最高意识境界的最高表现形式。哲学作为科学,以概念的形式表现出了人的自我与其现实的同一性。但在黑格尔看来,哲学长期以来也像宗教一样,把内在于人之中的普遍自我——心灵本体,异化为与人心无关

---

① 黑格尔:《美学》,商务印书馆1979年版,第16—17页。

的外在本体,如水、火、原子、理念、上帝之类,将它们看作是自身存在现实,而由此把真正的现实界看成了纯粹的现象。这就造成了这样一种情况:自我作为心灵本体的主观性,总想在现实之外寻求自己、寻求本体,从而形成了一种脱离现实动变过程的抽象的主客统一的绝对意识。黑格尔认为,本体就是人心内在普遍的本质,是普遍的精神活动性,它本身有表现为意识现象现实性的内部规定,所以,它也就成了现实意识现象的绝对原理——绝对理念。绝对理念不能脱离它表现出来的意识现象的现实而自身存在。而绝对理念在其外化或感性化的现实性中,便表现为自我的主观性与其意识对象的对立。自我的主观性作为主观精神,通过它对象化的客观精神即人的社会伦理现实,意识到这个社会伦理现实与最初自我的意识对象——自然之间的同一性,因而由此便达到了自我与其整个客观现实(包括自然和社会)的同一性的绝对意识。这个绝对意识,无非是作为绝对理念的人心内在本质在其外化的现实中意识到它自身、实现它自身的那一内在性的自身现实。这个作为绝对理念的自我意识的实现,就是人的绝对之知——绝对精神的最高意识境界。我们说过,意识是事实,而黑格尔哲学中的从绝对理念到绝对精神的进展,都表现了这个意识事实的固有真理性,所以,黑格尔的哲学虽然是唯心主义的,但并不影响他表达出了人类意识的真理性。在这个人类意识的真理性中,必然表现意识所反映的人心之外的存在——人在人对人的社会关系里的人对自然、自然对人的相互关系的存在体的真理性,表现在这种关系里的物质作为伦理实体的真理性。绝对精神作为最高的意识境界,表达的就是人有关这个整体真理性的自我意识。

这种人的自我意识,必须体现在意识的全部辩证法里,这个全部的意识辩证法,也就是传统形而上学作为哲学所实现出来的整体内容。黑格尔的哲学体系作为实现出来的完善的形而上学,它实现了意识的内在原理——绝对理念的辩证法,实现了这个内在原理的外化在现实——被直观的自然中不同逻辑级次的外在性的辩证法,实现了人作为绝对理念在外化现实中达到自我意识的精神辩证法,从而全部辩证法最后便集中在绝对精神的范畴中，辩证法作为逐步实现出来的传统形而上学便归结为绝对精神的辩证法。意识是存在的反映，所以，黑格尔的绝对精神的辩证法不自觉地又在反映着外在世界的客观辩证法。从这一点上来说，否定了绝对精神包含的真理性，也就否定了辩证法，而否定了辩证法，也就否定了哲学内容的本性。

抽象的知性思维或反辩证法的形而上学观点在否认绝对理念包含的真理性的前提下，把人的认识看成是脱离认识规律和认识原理的纯粹动变性，又进而在这个基础上谈绝对真理问题。它认为，相对真理是有限的真理，绝对真理是无限的真理，绝对真理是无限个相对真理的机械相加，所以它在现实中永远达不到，是处于彼岸的东西。这种观点显然是自相矛盾的。绝对真理作为无限相对真理的总和，它如果是无限部分的机械相加，缺乏内在统一联系，那么它就永远是一些相对性的机械集合，而不是绝对真理。相反，它如果是有内在联系的统一性，那么它就必然有贯穿其中的、足以包容无限性的最高原理，而这个最高原理正是绝对真理本身的对象，在黑格尔看来，它就是思维与存在的同一性。所谓绝对真理，并不是说它是对现实中一切事物的完美认识，而是说它是对认识和存在的最高原理的认识，是说它以这个最高的绝对原理为认识的对象。这个认识，正是黑格尔所说的绝对之和——绝对精神的意识境界。认识进入这个境界后对绝对真理的实现，也是发展的，永远达不到最后的完善，但它仍然是不完善的绝对真理，而不是相对真理。即使黑格尔说出了绝对真理的基本规定是什么，也不等于说他完善的最后实现了绝对真理。在黑格尔看来，所谓绝对真理只不过是能够贯穿一切相对真理或特殊真理的基本真理；所谓相对真理，只不过是绝对真理的各种表现。绝对真理不能归为这种表现的总和，这样看问题，就是割裂认识的相对性与其绝对性的内在统一的抽象知性思维。

这个抽象知性思维，在本体论上，必然把世界看成各种变动不居的具体物的总和，而否认世界本质的永存不变性；在认识论上，必然把认识看成是各种变动的具体认识活动和各种经验概念的总和，而否认思维规律的永存不变性；在真理观上，必然把真理只看成有条件的相对真理的机械总和，而否认现实中存在的绝对真理。此三者的统一，就是抽象知性思维在哲学上的全部表现。由于抽象的知性思维仅仅承认动变性的实在性，所以它只把承认现象动变性的理论看成辩证法，而把在动变现象背后寻找不变本质的理论统统看成反辩证法的形而上学。这样它就彻底混淆了反辩证法的形而上学与作为哲学的传统形而上学的界限。前面我们说过，传统意义上的形而上学的实现就是辩证法本身，但它不是纯粹现象的辩证法，而是本质自身的辩证法。由此可见，抽象知性思维自称辩证法而反对形而上学，实质上是在用它的现象的所谓辩证法反对本质自身的真正辩证法。这是一种哲学本性和辩证法的取消主义。这个取消主义正是西方自实证主义以来的反形而上学潮流的精神实质。

用这种抽象知性思维观点去评价黑格尔，必然要把黑格尔哲学体系现象化、事物化。在这个基础上，必然会把哲学体系和它的辩证法割裂开来，认为黑格尔哲学体系纯粹是一个反辩证法的形而上学的唯心主义体系，而黑格尔的合理内核则是与这个体系无关的支离破碎的一些辩证观点的具体论述。这就把黑格尔的辩证法和体系分离开来了。这样做的结果，必然把马克思、恩格斯对黑格尔的辩证法的伟大改造弄得非常肤浅，好像马克思、恩格斯没有从整体上吸取黑格尔辩证法，而仅仅抽取了一些零星的结论。这是不符合马克思、恩格斯原意的。马克思、恩格斯从来都是把黑格尔辩证法看作"一般辩证法的基本形式"，他们认为，黑格尔的辩证法虽然是唯心主义的，带有极大的神秘性，但这并不影响他第一个全面地、有意识地叙述了辩证法的一般运动形式。列宁在《哲学笔记》中指出：**要义**：不钻研和不理解黑格尔的**全部**逻辑学（着重号为引者加），就不能完全理解马克思的《资本论》，特别是他的第一章。因此，半个世纪以来，没有一个马克思主义者是理解马克思的！[①] 我们应该学习马克思、恩格斯、列宁等经典作家对黑格尔哲学的科学态度，以便更好地继承这份珍贵的遗产。

综合上述，我们可以得出以下结论：黑格尔的辩证法是与他的唯心主

[①] 列宁：《哲学笔记》，人民出版社1956年版，第191页。

义体系不可分的，二者是一个内在统一的整体。如果黑格尔的辩证法包含有合理性，则黑格尔的唯心主义体系也必包含有合理性，两个合理性是统一的合理性。这个合理性就在于：意识是事实，意识被区分为自我与意识对象两个主客方面的对立关系也是事实；黑格尔唯心主义体系的合理性就在于它揭示出了这个人类意识事实的辩证原理。黑格尔的基本错误只不过在于他把这个人类意识原理夸大为表达了世界上全部实在性的本质，否认这个意识原理有它在人心之外的客观物质内容。但我们又承认，这个客观物质内容只能在人类意识原理中对人表现出来，它本身必然是这个意识原理的不可缺少的一个规定。从这一点上说，黑格尔的唯心辩证法不自觉地表达了客观物质世界的辩证法。[①]站在唯物主义立场上，从黑格尔揭示出来的这个意识原理出发进一步科学地达到这个客观物质内容的规定，就是科学的唯物主义。我们不能脱离黑格尔所论述的意识原理而有另外一种唯物主义。如果抛弃了黑格尔的意识原理，那么唯物主义就难以科学地说明物质世界的客观实在性。相反，如果停留在黑格尔的唯心主义阶段上，那么意识原理也难以得到全面的说明。所以，事实要求我们，必须对黑格尔唯心主义抱扬弃的态度，不能抱抛弃的态度。

---

① 列宁：《哲学笔记》，人民出版社1956年版，第253页。

第六章　黑格尔的意识原理与德国古典哲学的先驱

意识是思维把握、理解感性对象的活动。由于感性对象不同，思维也就必以不同的逻辑规定去理解和把握它。因此，人类的意识原理，实质上就是思维在对以感性为基础的不同逻辑阶段、不同历史阶段上的意识对象的固有关系中的思维原理，人的意识原理作为支配意识现象的本质，是一个逻辑先在性。一切时代的具体科学意识都以这个逻辑先在性为前提、为基础，而哲学则直接是有关这个逻辑先在性本身的学问，是有关这个逻辑先在性的各种超感性、超经验的逻辑规定及其历史发展的学问。从总体上来说，这个逻辑先在的意识原理包含两个方面：第一是它的逻辑方面，第二是它的心理行为方面。前者称为客观辩证法，后者称为主观辩证法。意识原理从整体上说是一个心理——逻辑结构。黑格尔的哲学体系虽然描述了这个意识原理的辩证法，但却仅仅描述的是它的逻辑方面即客观辩证法方面，而关于它的心理行为或主观辩证法的方面，却很少涉及。为什么在黑格尔这个伟大的哲学家那里会出现这样的片面性呢？这便涉及一个很重要的问题，亦即黑格尔的意识原理与其德国古典哲学先驱——康德、费希特、谢林的关系问题。

逻辑先在的意识原理在黑格尔那里是唯心主义的。这里的逻辑先在性，意思是说，意识原理作为意识现象的内部规律性，相对于意识现象的各种意识事实来说，是逻辑上在先的，它作为一种先天规律和先验原理在支配着各种意识现象，所以，只有通过对它的阐述才能够完满地理解意识现象的存在。但是，这种逻辑先在性仅仅是一种规律性、一种本质本的东西，所以它只能存在于意识现象之中，而不可能像天赋观念那样在时间上先于意识现象自身存在。黑格尔的唯心主义逻辑先在性观念直接来源于康德的先验论，是对康德先验论的巨大改造和发展。柏拉图、亚里士多德、笛卡尔、斯宾诺莎、莱布尼茨等理学派代表人物的哲学思想，都通过康德哲学这个枢纽和黑格尔联系起来了。黑格尔在理学派的哲学思想的基础上，通过对康德哲学的改造，统一了经验论和唯理论的对立，同时也统一了理性主义和非理性主义的对立。从而形成了他的逻辑先在性的意识原理。

康德在本体观念上虽然仍没有摆脱时间先在性的观念，但在近代哲学中，他却是第一个从认识问题上提出逻辑先在性观念的哲学家。康德的先验方法实质上就是一个逻辑先在性的观念。所谓范畴的先验性，就是思维规律先于经验而存在的先在性，但它却是一个逻辑上的先在性，而不是一个时间上的先在性。康德非常杰出、敏锐地考察了像数学、物理学等具体科学从前科学时期到真正科学时期的带有革命性的突变问题。康德认为，这种突变不是发生在人只考虑事物的感性形象和在概念中被意识到的事物的时候，而是发生在人能洞见到必然包含于人先天地所构成的概念中的事物的时候。这里所说的"先天的所构成的概念"，就是指思维能动性本身所形成的概念；所谓包含于此种概念中的事物，就是指此种概念对它所包含的事物来说，是基本原理，事物必须与它这种基本原理相符合才能成立其自身。所以康德的意思是说，科学由前科学阶段进入真正科学阶段的突变，是发生在人的思维能动性能构成说明事物的基本原理的时候，这个基本原理对它所要说明的事物说，是一个逻辑先在性。至于康德所说的"先天的构成"的先天，以及他在其《纯粹理性批判》一书中经常提到的"先天的被认识到"的先天，也没有神秘和违反常理的地方。各种经验事实，一旦被概括为一般的经验事实，如各种的商品被概括为使用价值与交换价值的统一的单纯事实，则对这种一般的经验事实的原理或规律的认识便再不能依靠经验，而只能依靠思维能动性的理解、分析和抽象了。我们必须这样先于经验确立它的原理和规律性，然后才能在这种确立了的原理和规律性的基础上完满地解释和说明各种经验现象。这就是上面提到的康德所谓先天性的本意。至于康德所谓先天性的他种意义，我们即将提到。现在的问题只在于指明，康德看到数学和物理学成为真正科学的原因，就在于人的认识能动性能够自觉地根据自己有关对象的基本原理这个逻辑先在性去强迫自然回答问题。康德由此受到很大启发，转而把这种方法扩充到他所研究的人的认识问题上。但是人的认识就是人的意识，它包括人的感性、人的日常经验和科学意识，以及各种超经验的哲学的意识。因此，康德的课题就是一个人的一般意识问题。在康德之前，一切哲学家都没有接触和研究意识何以可能的本质问题，而只把意识看作一种单纯现成的东西，并把它分为感性的感知意识与思维的一般概念意识。好像"感性"之知完全是成立于人的感官的感性作用似的。只是在如何以感性的感知意识过渡到思维的概念认识上，才发生经验主义与唯理主义的对立。前者认为，思维的概念意识完全源出于感性的感知意识，后者则认为思维的概念意识完全源出于思维的能动性，并又把这种思维的能动性归结为在思维中潜在的天赋观念。以前的哲学家都认为，无论是感性的感知意识，还是思维的概念意识，都仅仅是一种显现对象和对象规定性的能力。他们没有认识到，无论什么意识，在显现对象和对象的规定性的同时，伴随着一个对这种显现的知觉状态，正是在这种状态中，意识才能够知道"自己在显现什么"和"自己在意识什么"，从而形成意识的自我和它显现的意识对象的对立和统一。所以我们说，意识便是现显与显现的自我觉态的统一，是普遍的所谓"我意识到"。这个"我意识到"是如何可能的呢？对于这个意识的基本问题，康德以前的哲学家从来没有提出过，他们只是不知不觉地预先假定，一边是现成的意识对象，一边是感官机能、思维机能对它的反映和显现。他们甚至没有意识到，所谓的意识对象，首先就是一个普遍的"我意识到"，它如果不是在意识作为"我意识到"中的事物，它就不能成为人的意识对象。贝克莱提出"存在就是被感知"，这说明他意识到了意识的对象本身就是一个人的"我意识到"。感知或知觉是人类一切时代的最为原始的意识或"我意识到"，意识最初的感性对象就是在这一原始意识中被显现的。单纯就贝克莱这一命题而言，还没有达到唯心主义，它只不过是说人的意识对象在对人的直接性上说是一个人的"我意识到"而已。但贝克莱虽然意识到了这一点，他却既没有提出这个人的"我意识到"是何以可能的根本问题，也没有对它做出任何理论解释。休谟把在人的"我意识到"中的作为观念的事物与单纯的感官印象区别开来，认为前者是后者的摹写，并且据出了摹写作为观念如何能有"我意识到"的自我觉态问题。但他的回答是不能令人满意的，他认为观念本身就带有意识。这等于什么也没有说，因为它实际上回到了以前哲学家所谓意识就是单纯的显现或反映的观点。康德在数学和物理学方法启发下，深刻地觉察到，阐明什么是意识的问题不在于老是停止在意识之为"我意识到"的各种表现上去考察那些意识事实，而在于在先天的意义上去构成意识作为普遍的"我意识到"的所以可能的概念或原理，去发现必然包含在这种概念或原理中的一切可能的意识事实，从而"我意识到"作为意识的各种表现才能由此得到科学的说明。如同数学和物理现象的原理是为二者所固有的逻辑先在性那样，意识之为"我意识到"的所以可能的原理或规律性，也是为它所固有的一个逻辑先在性，它是在逻辑上先于我们可能经验到、感觉到的各种意识表现的，从而前者对后者说便是先验的或先天的。所谓先验的或先天的，意思是说，意识规律为意识所固有，并且它对于一切意识表现说是一个逻辑先在性。康德"先验哲学"或"先验论"所说的先天性，就是这么一个基本含义。所以康德认为，先天性和意识规律统一不可分，只要你承认意识有其固有规律，那你就必得承认这个规律的先天性；反之，如果你否认了先天性，你也就否认了意识规律，那么你就难以说明意识事实的客观真理性，意识事实也随之成了一个不可理解的神秘了。

康德便是这样在认识或意识问题上，提出了一个逻辑先在性的问题——意识所以可能的固有规律或原理问题。而这个问题也必然就是一个先于其现实表现的意识规律的先验性或先天性的问题。我们只有理解到这个问题的客观性，才能理解康德哲学作为先验哲学的真正实质；而只有理解了这个实质，我们才能理解黑格尔对康德的固有关系，甚至才能理解恩格斯把全部哲学都归结为有关思维规律的科学到底是什么意思，以及它与德国古典哲学的固有关系。

康德在哲学史上提出这样一个划时代的问题之后，便进一步考察意识对象，他认为，既然意识对象是在意识之内的东西，那么它在本质上也必然是一个人的"我意识到"。由此康德提出了一个足以令人惊异的命题：不是人的意识或认识要去适合对象，而是对象要在适合人的意识或认识（人的"我意识到"）的固有规律中才能被建立起来。这种建立的原始形式，便是人的普遍的原始意识——"我意识到"表现为"我感知到"的知觉，在知觉中对象被建立为表象；在以知觉为起点的意识发展中，对象被建立为各种的经验概念，乃至被建立为超经验的概念——理念。所有这些对象作为意识对象的出现和建立，都服从一般意识作为"我意识到"的固有规律性或原理。这里所谓对象，当然不是我们说的不依人的意识为转移的客观存在，也不是康德所谓的物自身，而是以物自身为最后本原地对人显现着的一切对象。对人显现着的一切对象，便是人的"我意识到"，从而它们便都是在人的"我意识到"的固有规律的制约中由人的意识建立起来的。人的意识对象与人的意识或认识不可分，它是在人的不同等级的意识或认识——人的"我意识到"中被显现出的、为人所知道的对象性。这个"显现"、这个"知道"，即使假定它像镜子那样在反映物自身，它也不能没有自己的规律——镜子有反映外物的固有规律，在镜子中的镜子的对象，是适合于镜子反映外物的规律性而被镜子建立起来的。在这个意义上，我们不能不说康德那个惊人的命题是合理的，而且康德本人也只是就显现在人的"我意识到"中的一切对象而立论的。康德称他的这种观点为"哥白尼式的革命"。

　　如果我们仔细地、实事求是地考察一下人类认识的历史，我们就不能不承认康德的提法的确是一个"哥白尼式革命"。哲学史向我们表明，不但人的日常实践意识，就是人类的哲学意识，也在很长的时期内脱离人的意识或认识主体的能动性把认识对象看成一种自在的和现成的东西，意识或认识的作用仅仅在于消极地反映这个现成对象以便和这个对象相一致。笛卡尔的"我思故我在"一命题，作为近代哲学的一个新的开端，虽然意识到了对人显现着的一切事物在对人的直接性上都在人的意识之内，承认了一切事物的存在只有通过不可怀疑的意识才能得到证明，但是这个新的起点、新的觉醒，并没有使哲学家们摆脱这样一个错误的预先假定：对人显现着的一切事物，在人的意识中作为一些观念，如果不是对外界事物的现成摹写，便是现成起源于上帝的制约作用。所以，这些哲学家们从来没有认真考虑过意识对象如何被意识能动地显现出来的问题。不去认真地考虑这个问题，便决想不到不是意识或认识要去适应对象，而是对象要适应意识或认识的发展规律而被建立。在哲学家们的脑中是为这样一种古老观念的残余所纠缠——无论如何，对象总是优先于意识或认识的，意识或认识总是作为显现或反映，在适应对象中而形成。贝克莱的"存在就是被感知"一命题，实质上是在说，意识的对象一开始便是人的一个"我意识到"，但贝克莱并不去过问这个"我意识到"是如何可能的原理，而是把它作为现成的东西，用外在的上帝这个大心来确立观念的客观性。正像前面说的，休谟虽然使观念与感观印象区别开来，但他却错误地认为，无论是观念还是感观印象，都只像泡影似的机械地自动从人心而浮起，并又机械地自动按照一定规律相互发生联系，关于其所以这样的内在原理，休谟却空无所言。休谟这个观点实际上是单纯事实的描述：事实就是这样，所以它就是这样。并且就休谟的唯名论认为观念作为印象的标记只是印象的简单摹写而言，古老观念的残余——意识或认识必须适应对象而形成的观点，还是一点未变地盘居在他的心头。唯有康德划时代地意识到这样一个问题：如果显现在意识或认识的不同逻辑阶段上的意识对象，总是人的"我意识到"的不同阶段，则它便必然具有所以可能的、作为原理的逻辑先在性——意识或认识的先验原理。所谓先验原理的先验性，只不过是说原理在逻辑上先于意识或认识的现实性的意思。就原理是为意识或认识所固有的逻辑先在性说，当然它同时也是先天的，是意识或认识所固有的先天规律。只要考虑到一切的意识对象的产生都以意识的先验原理为根据，自然会发生有关意识或认识问题的这样一个根本历史转折：不是意识或认识要去适合认识对象而建立其自身的实在性，而是意识对象要去适合它的先验原理而被事先建立——与传统观点相比，关系发生了根本的倒转。所以说这是一个在意识或认识问题上的"哥白尼式的革命"。

这个"哥白尼式的革命"的历史意义和作用，远非康德哲学的成果所能表现和包容得了的。只有在这个"哥白尼式的革命"的基础上，才能产生从费希特中经谢林到黑格尔那种集哲学发展之大成于唯心主义的哲学运动，乃至在黑格尔哲学解体之后才能发生现代西方使贝克莱、休谟的经验主义与康德的先验论相结合的各种流派。不仅如此，更重要的还在于，当哲学从德国唯心主义立场再回到唯物主义立场上时，所产生的新唯物主义已大大超过了以前的唯物主义了。这个新的唯物主义已经非常明确地意识到，对人显现着的一切事物作为意识的对象，都是在意识的固有规律的制约下，为意识所事先建立起来的。虽然这种建立本源于不以人的意识为转移的客观实在并且在人的实践活动的条件下而实现出来，但也决不能因此而否认意识在其不同逻辑阶段上建立其不同对象的固有规律性。这种意识在其不同逻辑阶段上所建立起来的不同对象，如在表象中的感性对象，在各种经验概念中的各种一般对象，在普遍概念乃至超经验的本体概念中的普遍对象，它们都是人的"我意识到"，所以它们既是对象，又是人的"我意识到"的意识或认识。二者的统一，服从人的"我意识到"所固有的先验原理。所谓不依人的意识为转移的客观实在的不同广度、不同深度上的实在性，只有在人的"我意识到"的先验原理的意识表现中才能对人显现出来。并且这个客观实在，作为一个预先假定，它还是为人的意识所设定的，它的客观性只不过是意识作为一个主客统一的超验性，人只能通过以人的实践为基础的理论证明才能确立这个客观性。我们决不能把这个客观存在的客观性看成一种出现在意识中的现成的意识对象，并且直接由它出发说它作为客观存在决定人们的意识，意识只是它的属性和反映。由于这种看法把客观存在直接当成了意识现象，所以说它还没有超越意识界的现象而看到真正的客观实在。这实际上是一种原始的直观唯物主义，而根本没有进入新的唯物主义境界。新的唯物主义就是辩证唯物主义，它明确地意识到，人无法脱离意识作为人的"我意识到"，去同一种所谓客观实在性去打交道，而只有通过对这个意识的主客统一的超验性的证，来确立归根到底是存在决定意识的全部原理。所以，恩格斯不提哲学的最高问题是世界的最高本源问题，而提哲学的最高问题是思维对存在的关系问题——这里所谓存在，当然不是脱离人的感性、脱离在对人的关系中而被显现为感性的抽象存在，这样的存在无从对人的思维发生任何关系，事实的真相毋宁是这样的：感性显现相对于人而言的自然或存在，思维所固有的概念规定活动去理解，规定感性对象中的意义，从而产生关于自然或存在的知识，这种思维与感性的统一正就是意识。而所谓不依人的意识为转移的客观实在问题，意识与它的关系及二者的统一的最高本源问题，它们的客观存在都只有通过意识来证明，所以，上述问题的解决完全可以归结为意识超验性问题的证明。所谓意识的超验性的内容就是思维以感性为中介与存在的统一这样一个思维的规律性，也就是思维怎样超越感性经验达到它的内在的客观本体的规律性。唯因如此，恩格斯把哲学归结为有关思维规律的科学。这实质上是说，人只有确证了思维规律作为概念规定感性的意识活动是一个主客统一性，才能继而说明在人意识之外的客观世界的实在性及其他对意识的关系，才能继而说明前二者统一的最高本源问题的客观性。同时，说明了这种客观性，便等于在说明意识的这些规定的客观性。人不能脱离思维的逻辑、一般意识或认识而具有一种世界观的客观性。

可见，康德所说的"哥白尼式的革命"的理论中，提出的思维对感性关系这个思维规律的问题，是有其真理性的。从某种意义上说，从黑格尔到新的辩证的唯物主义都是以这个真理性为起点的。

康德哲学革命的产生，是由于洞见到或觉醒到，所谓相对于人而言的存在，作为人的意识对象，其本身就是一个"我意识到"。而人的意识作为这个"我意识到"，一开始就是一个不容怀疑其存在的事实，所以它必有在逻辑上先于这个事实的一种先天规律或先验原理存在，否则意识便成为不可理解的最后神秘了。康德在提出旨在阐明意识之为人的"我意识到"的先天规律和先验原理的同时，又提出了有关这个"我意识到"的主观心理过程和它体现在意识对象中的客观规定的固有规律问题。关于意识的主观心理过程方面正是现代以皮亚杰为首的所谓发展心理学，发生认识论的课题。但是皮亚杰以所谓"感知——运动"（这里所谓感知还不是具有"我意识到"的意识，它只不过是一种与感性形象合二为一的感受性而已）为原始的出发点和基础，说明心理过程的发生和发展，说明由此过程所呈现的各种心理形式——由知觉到内化的表现，由内化的表象到逻辑运算的发生和发展，并以此来与康德意识的先天规律和先验原理相对立，好像前者就是后者的否定。皮亚杰没有想到，他所揭示的心理过程及其心理形式的发生，发展的连续性，即便以感知——运动为基础，也是心理过程的直接性作为心理事实或现象的一种规律性。这种规律性是为心理事实或现象所固有，它相对于它所要解释的心理事实或现象说，是一种逻辑的先在性，因而这同样也是一种先天规律、先验原理。可见，康德所提出的有关意识之为人的"我意识到"的先天规律、先验原理的观念，并不与皮亚杰所谓心理过程及其所表现出的心理形式的发生、发展相矛盾，它更不排斥人类意识的发展过程。而且，皮亚杰的"感知——运动"，并不能对人自出生以来如何从无意识状态到有意识状态的根本转变做出任何的说明，虽然"感知——运动"是这个根本转变的外部诱因或条件之一。皮亚杰的发生认识论，对人的意识作为人的"我意识到"空无说明。唯因如此，它也就难以揭示出思维的本质究竟是什么。它和其他的心理学一样，仅仅把思维单纯归结为区别异同和抽象概括作用，并认为思维作用是以"感知——运动"为基础的一系列心理形式延续的最高阶段，而对于这个阶段的质的区别，却仍没有任何发生学上的说明。皮亚杰在与康德先验论相对立中，不但没有意识到他所谓"发生认识论"的规律也是一种逻辑在先的先天规律，先验原理，而且他也没有意识到，意识或认识的发生和发展（包括个人的和人类的），无论就其逻辑方面说，还是就其心理方面说，都必须以一个贯通其中的普遍的连续性——普遍的思维规律或先天原理为根据。康德所提出的意识的先天规律、先验原理，所要解决的就是这样一个普遍根据问题。康德虽然没有正面提出意识或认识的发展问题。但这并不意味着意识的发展与康德先验论的合理核心相矛盾。

有的人在坚持"存在决定意识，意识是存在的反映"这个唯物主义命题的同时，否认意识有自己所固有的规律性，由此他们认为康德的先验论就是唯心主义，认为康德的有关意识先天规律和先验原理的提法本身就是一种唯心主义的提法。对于这样一种错误观点的反驳，我们只需列举下面的事实就够了。人的意识对象，乃至前面的那种错误观点，全都是人的意识建立起来的，它们本身都是意识，这些意识同作为人的普遍的意识，这乃是一开始就不容怀疑的第一个客观事实，而它作为客观事实能没有呈现它自身的固有规律吗？所谓存在的规律，只有通过意识才能被人所认识，所以我们可以断言，存在的规律只有在意识规律作为一个主客统一性之中被确立。不谈意识的固有规律——逻辑上先于意识现实性的先天规律和先验原理，又何能谈到与意识或认识相对立的所谓"存在"的规律呢？近代哲学的发展，都是以笛卡尔"我思故我在"这一命题为出发点的。它意识到，由于对人显现着的一切事物在对人的直接性上都是人的意识或"我意识到"，所以意识便是第一个不容怀疑的事实。不但如此，人自知其为人的存在，一开始便也是不可怀疑的，因为既然意识作为事实的存在是不可怀疑的，而意识是人的规定性，那么人作为一种具有意识性能的存在者的存在也就是一个不容置疑的事实了。这样，近代哲学的发展，使全部哲学问题都归结到了人作为具有意识性能的存在者的意识问题，所有问题，包括世界的本源问题，都必须从意识中或者通过意识才能得到说明，康德的称为"哥白尼式的革命"的意识原理的提出，就是对近代哲学这种精神的一次集中概括。但历史的必然把德德以后的德国古典哲学推向了唯心主义。以黑格尔为最高代表的唯心主义者虽然从逻辑上发展了康德的意识原理，但却都抛弃了其中的唯物主义因素。这样，当历史的必然使哲学扬弃唯心主义又恢复到新的唯物主义即辩证唯物主义的时候，这个新的辩证唯物主义就不仅要继承前面唯心主义的哲学成果，而且要在此基础上科学地揭示出康德这个哥白尼式的革命观念所潜在的唯物主义内容。辩证唯物主义唯因有了这个唯物主义内容，它才既高于唯心主义，也高于以前的唯物主义。这个唯物主义内容是什么呢？它就是以实践为基础去理论地揭示出意识规律作为一个与人心之外的客观存在规律相统一的主客统一原理。我们将表明，这是一个区别于黑格尔的思存统一论的唯物主义的思存统一论。

人的意识必有其作为逻辑先在性的规律性，这一点还可以从人的认识本身的逻辑结构上得到证明。人的任何认识，都有一种自觉或不自觉的预先假定体现其中。这个预先假定是什么呢？它就是体现于认识中的方法。然而方法是什么呢？方法是对已有认识的自觉或不自觉地运用。于是已有认识又要有一种预先假定体现其中，这样归根到底，人的认识需要一种原始的预先假定。这种原始的预先假定又是什么呢？它不能再是现实存在的已有的知识了，而只能是人的意识所固有的规律这样一个逻辑先在性。一切意识都是它的表现。如果这个逻辑先在性也可称为意识的方法的话，那么这种方法只能是在意识所固有的规律性中的先天方法，或最高的方法论。人心没有方法，是不能产生"我意识到"的认识的。洛克的经验论假定人心像一白板或空室，只从感官所提供的印象那里现成地接受知识。但如果真是这样的话，由于感观印象是形象，那么人心便要永远从形象到形象，决不会从中产生任何逻辑判断机能意义上的认识。有一种似乎是辩证法但实质上是形而上学的观点认为，人心具有以实践为基础的认识发展所积累起来的知识作为新的认识的前提，所以人心并不是空无所有的白板，而且也只有在这个意义上，康德的先验论才有其合理的意义。这种观点是明显站不住脚的，因为照此推下去，人心在一开始面对感性对象时，由于没有人心知识的积累，所以还是一个白板，最初的认识还是现成地从感官印象那里接受下来的。这正是经验论基本原则的再现。在这种观点的基础上，有人认为，从马克思主义观点看来，康德所谓的先天综合命题，只是在人的实践基础上形成的，人的实践内在的就有一整套观念体系的模式。这种说法，除了否认了实践必须通过意识自身的内部规律而起作用之外，还留下一个不可理解的神秘：在人们实践中的那种观念体系的模式又是从哪里来的？人们可能会回答说，这全由实践活动本身决定的。但实践没有认识的指导就不可能进行。以这种不可能性为基础难以解释意识的基本原理。

康德要实现他的哥白尼式的革命，就要去揭示人的"我意识到"所以可能的先天规律、先验原理的逻辑先在性。为此必须先把人的意识或认识分解成基本的构成因素：思维和感性，然后在思维对感性的关系中来确立意识的先验原理。在这个问题上，我们可以说，又是休谟对康德起了很大作用。在休谟以前，哲学家们始终混淆观念与感官印象的区别，好像感官印象本身就是一种人的"我意识到"的观念。产生这种混淆的原因就在哲学家们错误地认为，单纯的感官活动就能产生人的"我意识到什么"的最初感性的自我意识。休谟在近代哲学上第一次使观念与感官印象相区别，这样一个区别就能够提醒人们从而使人们看清：如果说感官印象是单纯出自感官活动的东西，那么观念便必须是在感官印象制约下的思维活动的产物了。康德由此意识到，形成人的意识或认识的那个"我意识到"的基本因素便是思维与感性。这又使康德进一步看到，人的意识或认识自始至终都是思维与感性相互结合的产物；没有思维起作用，人就不能产生"我意识到什么"的意识。人的"我感知到什么"这样一个知觉之知，绝不是单纯感性的产物，它在感性的制约下由人的思维作用参与其中，才能最终形成起来。知觉，如果我们把它规定为是具有"我感知到什么"的自我感觉状态的知觉，那么它便是人的原始意识。康德由此又意识到，要揭示人的意识或认识作为人的"我意识到"的先天规律、先验原理，很大程度上就在于要揭示知觉作为人的这种原始意识是何以可能的。这种原始意识，不是历史上原始人低级意识那个意义上的原始意识，而是贯通人类意识发展的整个历史的一个普遍原始意识，即人的"我意识到"最初表现为"我感知道什么"这样一个原始意识。在这个阶段，思维本身还没有任何知识积累作为它认识、理解感性的前提，所以我们说这种原始意识是在纯粹形态下的思维与感性的关系，除此之外，思维与感性便都是在已有的意识或认识的基础上起作用的。要评价洛克人心白板论是否正确，只有在这种纯粹形态下的思维与感性的关系问题的基础上，才能从根本上抓住问题的要害。康德在其《纯粹理性批判》一书中"先验逻辑"里的"分析论"中，在很大程度上是揭示这个原始意识所以可能的先验规律和原理问题。虽然其中也不加区别地包含了各种经验概念（包括各种具体科学概念）是如何可能的问题在内，但由于它们都以原始意识为基础并且与原始意识服从同一的规律，所以这并未影响康德论述的中心。康德固然曾经有他所谓"知觉判断"是无任何思维的统觉作用体现其中的感性判断的提法，但这是他前批判时期和他的批判学说形成时期的不成熟观点的残余，它是与批判学说的精神实质完全格格不入的。按照批判学说的精神实质，凡属人的意识或认识，无识是原始的还是非原始的，只要不进入纯粹的超经验的领域，都是思维的统觉作用与感性结相合的产物。并且如果按照我们对康德的理解而言，即使超经验的理念界的形成，也同样依赖于思维的统觉作用把握感性，使其在一些最高统一性的概念下组织成为一个统一整体的思维原理。从而它同样包含在思维与感性的关系问题之中，是这一问题的一个有机组成部分。可见，从批判学说的精神实质出发看问题，所谓纯粹以感性为基础的"知觉判断"这一说法，便根本不能成立。

我们前面提到"我感知到什么"的知觉意识的时候，曾经说过这种意识是表象。为了避免可能由此产生的对康德学说实质的误解,在这里需要说明一下我们用"表象"一词的意义。我们所谓的"表象",基本上沿用黑格尔的含义,因为康德所说的表象意义纷杂,在不同地方有不同含义,所以难以一贯地把握。黑格尔所谓的表象,包含了康德所谓思维与感性的结合(对黑格尔应该说统一)在内,只是我们还得要把黑格尔所说的表象中的思维与感性的结合的意义加以扩充,使它扩充到能够适用于康德的全部范畴表上去,这样就要再加上表象的个别性,这样的表象,就能够用来表达康德所谓"我感知到什么"的原始知觉意识的杂多了。对康德说,在"我知觉到什么"的原始知觉意识中,不但可以有个别事物的表象,而且还可以有个别的因果关系的表象,并且物的表象中也在体现着实体——属性的思维规律、思维方式与感性的结合在内。同理,思维规律的其他范畴也与特定的感性结合成为各种特定的表象。正是在这个意义上,我们才说"我知觉到什么"的知觉意识是表象。

我们常说,康德的批判学说发端于近代哲学中的经验论与唯理论,他企图结合二者以纠正二者各自的片面性。这种说法当然是有道理的,不过这仅仅是一般的论述,还不足以充分地表现康德哲学的实质和价值。康德绝不是在已有的经验论与唯理论的水平上去现成地对二者进行结合或调和,而是站在自觉地认识到意识都可分解为纯粹的思维与感性这样一个高度上来审查已有的经验论与唯理论在其相互对立中的各自得失。这一有关意识或认识的基本类分问题,是以前的经验论与唯理论所从来没有觉察到的。正像前面所说,只有休谟才接触到这个问题的边缘,但他使感官印象与观念相区别之后,便不仅错误地把印象的联系和关系归结为习惯的联想,而且又错误地把观念的联系和关系也都归结为习惯的联想,认为二者服从同一的习惯联想的原则,这样就把思维区别于感性的逻辑作用无形中取消了。休谟以前的经验论与唯理论的认识都是从经验事实出发的。我们不能说唯理论不从经验事实出发,如果它不从经验事实出发,它就不会有想要去阐明的现实思维对象,而没有思维对象,思维最初又如何被发动起来去思考对象的问题呢？毋宁说经验论与唯理论的区别只在于：当去认识、阐明经验事实的原则时，经验论只片面地强调经验事实的作用，而唯理论则只片面强调思维能动性和理性的作用。关于经验事实，二者都几乎把它混同于感性，认为它完全出自感官的感性作用而与理性无关。同样，思维或理性也成了外在于经验事实的另一种东西。这就形成了思维或理性与经验事实的绝对对立。从这个意义上看，经验论与唯理论都是经验事实与思维或理性的分家论。但是一切的经验事实都必然是人的"我意识到"，如果它们不是人的"我意识到"，它们就不能作为经验事实成为人的意识对象。由此康德认为，人的一切意识或认识作为人的"我意识到"，都是思维或理性（广义上的思维也就是理性）与感性相结合的产物，所以，在经验事实中既有感官的感性作用在内，也有思维或理性的作用在内，它是感性与思维或理性的结合体。从经验事实作为这样一个结合体中，我们可以领会到，思维或理性是感性能使自己提高为经验事实的一内在环节，感性也是思维或理性能够表现为人的"我意识到"的现实的意识活动的内在环节，感性作为人的感性离不开人的思维或理性，人的思维或理性也离不开感性，二者各在自身中包含对方，二者的对立统一才能发展为人的现实意识。二者在人的意识中，作为意识的两个不可分割的环节，无论其中的哪一个，对现实的意识说，都是逻辑先在性：感性不能先于思维或理性而成为人的意识，思维或理性也不能先于感性而成以人的意识，二者的关系据康德的思想看来，就像亚里士多德的质料与形式在个体事物中的关系一样。因此我们平常总说，康德是近代的亚里士多德。所谓人的意识或认识（作为人的"我意识到"）所以可能的先天规律、先验原理，首先也就是人的以知觉为开端的一切经验所以可能的先天规律、先验原理。这种先天规律、先验原理，实质上就是思维或理性与感性相互联结的规律或原理，它为思维或理性与感性的关系所固有。所以，它对人的现实的意识说是一个逻辑先在性。正因为经验论与唯理论都是经验事实与思维或理性的分家论，所以它们也都是感性与思维或理性的分家论。二者都不能在经验事实中反思到思维与感性所固有的相互关系，于是便各持一端，陷入相互对立的片面性之中。这便可以看到，要想解决经验论与唯理论的争论问题，就必须超越经验论与唯理论的思维水平，能够从它们认为不可分析的经验事实中分析出思维与感性这两个构成因素，进而在纯粹的形态中提出思维与感性的相互关系问题。只有这样，前一问题才有解决的可能。我们可以这样说，解决后一问题，就是解决前一问题；后一问题解决到什么程度，前一问题也便解决到什么程度。不管康德解决问题的方式如何，程度如何，单就他提出思维与感性关系这个意识的基本问题来看，他就已经把哲学推进到一个新的高度上去了。存在、实践对意识或认识的最终制约性，并不影响也不能取消这个意识内部的基本问题。并且我们也应该指出，对存在、实践决定意识这个命题，也不能做现象化、表面化的理解，因为，如果我们深入分析存在特别是实践决定意识的内部规律时，仍然归结为一个主客统一关系问题，而要说明这个主客统一关系，恰恰必须首先说明纯粹的思维与感性的关系问题。

所谓在纯粹形态中的思维与感性的关系，就是说，一边是毫无任何认识被充实的纯粹思维，一边是毫无任何思维规定体现其中的纯粹感性，在二者之间没有任何其他的东西做中介，有的只是二者直接相互渗透、合而为一，从而表现为人的"我意识到"的意识活动。这个意识活动的起点，就是作为人的普遍的原始意识的知觉。普遍的原始意识，最初发端于儿童从无意识状态到有意识状态的过渡。人的最初的有意识状态，只能是一种知觉状态。思维的能动性最初是在空无所有的空白点上对纯粹的感性发起规定活动的。这种活动的结果只能表现为"我感知到什么"这样一个原始知觉意识。有了原始的知觉意识之后，思维对感性的规定活动便表现为思维对人的最初的意识对象——知觉对象的规定活动。在这个规定活动中，虽然知觉对象已经对人显现为具有种种逻辑关系的一种客体的统一性了，但要认识这个统一性，形成表达这个统一性的概念，思维仍然要在知觉对象的种种感性形象的制约下，去实现它产生概念的规定活动。这时，人在其概念中的"我意识到",仍然是一种在纯粹形态下的思维对感性的关系——最初的概念,产生于在纯粹形态中的思维对感性的具体规定活动。当概念产生之后,人们的思维就把知觉对象规定为在各种概念中对人显现着的经验的对象了,这时,思维就既不是在空白点上、也不是在原始意识的知觉点上,而是在更高的起点上即各种概念的基础上实现它规定对象的规定活动了。那么,现在我们面临的问题是,此后人的意识或认识的发展,是否就能脱离在纯粹形态中的思维对感性的关系呢?换句话说,人们的认识大多是在已有的认识成果——各种知识的基础上进行的,它必然被这种已有的知识所制约,那么我们是否能断定这样的认识已经摆脱了纯粹的思维与纯粹的感性的关系问题呢?我们的回答是否定的。纯粹形态下的思维对感性的关系,并不是在认识的出发点上才有,而是贯穿在认识发生发展的全过程中的意识规律。否认了这一关系的普遍性,就等于否认了认识的规律。为了说明这个问题的实质,我们有必要回顾一下从莱布尼茨所谓理论认识与事实认识的区别,到康德的分析判断与综合判断的区别以及到黑格尔在此问题上的发展,直一看这个发展的实质是什么。

莱布尼茨把人的认识区分为以概念为基础的理论认识和以事实为基础的事实认识。他认为前者是分析的,无须依靠经验,只凭同一律、矛盾律的指导,便可先于经验而完成。而后者则不能脱离经验单靠逻辑上的分析去完成,却必须从经验中去认识事实的因果关系,建立说明事实的充足理由律。莱布尼茨认为,人的智力不能穷尽一个事实的全部根据,这个全部根据作为绝对根据是生根在单子的单子——上帝那里。只有上帝的大智,才能从一个事实的概念中,认知其中的全部内容、全部联系,而且这种认知还是先验的、分析的。莱布尼只对人的认识做了这样两种区分,并且认为两种认识的性格从根本上说都是分析的。但他并没有进一步阐明其所以如此和可能的根据何在。这个问题的疑难实质,为康德的分析判断与综合判断的区分学说所阐明了。而只有到了黑格尔那里,才用分析与综合的统一彻底解决了这个问题。

第六章　黑格尔的意识原理与德国古典哲学的先驱

　　康德所谓分析判断，是指分析已有概念的固有含蕴所形成的判断——判断不超出概念的固有含蕴，所以它可以脱离经验而通过对概念的纯逻辑分析而形成。而且，不管这种分析能进行得多么远，能直接和间接地引申出多少内容，但只要这内容是已有概念中的固有含蕴，那么它的性格便始终是分析的，这实质上相当于莱布尼茨所说的理论认识。康德认为，这种判断因为仅仅是把概念中已经有的东西揭示出来，所以尽管它被人们广泛地应用，但它本质上不能改进和扩大知识的内容，形成概念的发展。康德所谓的综合判断，就是把已有概念中所没有的内容加到这个概念上，用新的内容去规定这个概念所形成的判断，这样就使得原有概念的含蕴更加丰富了一些。故此康德认为，综合判断和分析判断相反，它能扩充和改进已有概念的内容，从而形成概念的发展。康德进一步认识到，既然只有综合判断能扩大知识，那么，所有知识的产生就都根本上可归结为综合判断，从而哲学的主要任务也就在于说明综合判断所以形成的原理。实际上，这种综合判断的形成是在已有概念的基础上由纯粹形态下的思维对包含在新的知觉事实中的感性形象的规定活动产生的。这种原始的规定活动被康德称为综合。为什么莱布尼茨所说的事实认识，不能从有关事实的概念中先于经验单纯由分析来完成呢？这乃是由于事实的认识在于认识事实的具体性、个别性，从而这个出发点便决定了这些具体性、个别性是为原来有关这个事实的概念所没有包容的一些新的感性内容和形象，这些都是不能由事实的概念推论而得的，而只能通过人的实际经验在所谓的发验事实中对人显现出来。不消说，这经验事实就已经是在思维与感性相结合中的"我意识到"了。不过想要进一步认识出现在这经验事实中的那些为它的概念不能包容的感性内容、感性形象，使它们与其概念联系起来，统一起来，便非通过在纯粹形态下的思维对这些感性内容、感性形象的规定活动不可。通常说事实的认识要通过因果律，这因果律正好就是思维对这些感性内容感性形象进行规定的一种规律或原理。这种认识，便可完全归在康德所说的综合判断中，并为综合判断的综合所阐明。但实际上分析判断与综合判断不是截然分开的两种毫无内在联系的判断：分析判断已潜在地包含在一个已形成的抽象概念之中了，它只是这个概念的展开罢了，而这个抽象概念的最初形成，却又要归结为思维对最初的知觉对象中的感性形象的规定活动，亦即思维的综合活动，因而已形成的概念本身便是一个指向知觉对象的综合判断。有人认为，抽象概念仅仅是思维通过对知觉对象的比较和抽象而形成的。这种观点是片面的。我们承认知觉对象中潜在地包含着抽象概念的内容，从这点上我们可以认定抽象概念是从知觉对象中抽象、分析出来的。但抽象概念的形成是由知觉到概念的质变过程，从这一点上看，抽象概念作为概念并不现成地包含在知觉中，这样，抽象概念的形成只有通过思维对知觉对象的感性形象的综合才能达到。以后我们会看到，这种思维对知觉对象的综合过程同时也就是对知觉对象的潜在内容的揭示过程。即分析过程，二者的统一造成的结果是概念的形成和发展。下面我们看一看康德有关综合的大略内容。康德认为，思维对感性的固有关系，也就是思维如何综合、把握感性对象的先天规律，由此产生的在人的我意识到中的命题是综合命题，在命题两个概念中，一个概念的内容并不包含在另一个概念的内容之中，这种综合命题在康德看来是以思维对感性的固有关系为中介而实现出来的，因而命题的综合性便归结为思维在这种关系中的理解作用所产生的意义觉知对感性的一种综合。这种综合的普遍规律和先验原则就是康德所谓的先验范畴。康德认为，在这种思维对感性的综合作用中产生的普遍命题是先天综合命题，因此先天综合命题就表现了思维如何把握对象的普遍规律和先验原则。例如，凡发生的事物都有原因，质是量、量也是质等等命题，我们并不能直接从这些命题的主辞概念中分析出谓辞概念来，主辞和谓辞的关系是综合的。这种综合性，只有在思维对一些感性的普遍表现（如感性事实的经常前后相继，感性的质有不同程度的强度等形象）的固有关系中，经过思维把握感性的理解作用，才能形成，并且这种综合性也只有在这种关系中才有普遍性和必然性。但康德错误地把思维对感性的固有关系，只看成是思维把握感性的主观理解方式，它并不表现各种感性对象普遍的内在规定性，所以，思维的理解作用对感性的关系只是一种外在的综合性，从而在理解中的一些普遍命题，也只是为感性所制约的一种施加于感性之上的外在综合。我前面说过，事实上的思维对感性的固有关系，一方面是思维对感性的综合过程，这个综合过程使感性上升为概念一般，但同时它又是一个对感性固有内容的分析、提炼过程，两个过程的对立统一才是思维对感性固有关系的完满性。所以正像莱布尼茨所向往的那样，事实的认识也具有分析的性质。由于康德否定了本体表现在感性中的客观内容和规律性，因此他的综合仅仅是一种主观的综合，而没有达到综合和分析的统一。

　　黑格尔用对立统一的思想把莱布尼茨所说的理论认识与事实认识的对立统一起来，使它们共同归属于一般知觉对象作为"它或对象是"的一系列逻辑规定的发展之中。所谓事实认识的实质，只不过是理论认识在其抽象性中向着具体概念的逻辑发展而已。这种概念的产生和发展，亦即人的以其知觉为开端的意识或认识的发展，从知觉到最初的抽象概念，从抽象概念到概念的发展，一直发展到所谓具体概念，整个过程都脱离不了在纯粹形态下的思维对感性的关系。思维对感性的固有关系，作为思维的先天规律或自身规定，便是思维对感性的理解作用。这种理解作用不仅是主观的，同时也是在显现感性对象的内在规定性。因此，思维对感性的理解作用，也就等于思维深入对象，从中分析出感性对象固有的一系列逻辑规定及其内在联系这样一个分析作用。从而康德所说的先天综合命题，便在这种内在联系中首先变成分析的，变成一个概念是从另一概念的分析而得来的分析命题，同时又在这种分析性中变成一概念即为它概念的综合命题。这种包含综合性的分析性的中介，就是思维对感性的固有关系作为思维深入对象的内在规定的理解作用。康德所谓"先天综合命题"即为这个思维理解作用的先天规律性。这种规律性，对康德说是对感性的外在综合，并且只有在这种综合中，它才有普遍的客观必然性。而它对黑格尔说，却是对感性的一种否定或扬弃，是使后者内在地归结为前者的判断，所以表现这种规律性的概念（范畴）和命题，本身就有普遍的、必然的客观真理性。在黑格尔看来，从在知觉中的"它或对象是"（纯存在），到这个"是"字所联结的从中引出来的一系列逻辑规定的展开作为一个范畴体系，就是思维对感性的固有关系作为表现为人的"我意识到"的普遍意识规律。

从上面的分析可见，已有的意识或认识的积累，并不排斥在认识发展中的纯粹形态下的思维对感性的关系。纯粹思维对感性关系是认识的普遍规律，它制约着人的每一个认识过程，已有的知识积累只有通过它才能对以后的认识发展起作用。

但我们也不能忽视已有的认识积累在认识发展中的作用，这种作用概括起来有以下三点：

首先，已形成的概念或认识，同化它所能包容的广大经验事实，形成它的一个广泛运用领域——经验世界。

其次，已有的概念相对于知觉来说，是一个更高的认识起点。纯粹形态下的思维对感性的规定作用以此为起点能够在概念的扩大和改进方面发挥出更高的效能。

最后，尤为重要的是，从已有概念的积累中，人们会自觉不自觉地体会到一种认识方法。在这种认识方法的指导下，体现在概念发展中的纯粹形态下的思维对感性的规定作用将会发挥最大效能。但认识方法是自觉或不自觉地对体现在认识中的意识规律的认识和运用，所以它可包含在前一点中。

以上三点所表现的是认识或概念发展的规律，这种规律对它所表现出来的认识或概念的发展过程说，同样也是一种逻辑先在性。但这种认识或概念的规律，却是以纯粹形态下的思维对感性的关系为基础的，也就是说以这种基本关系的固有规律和原理为基础的。前者只是后者在不同条件下的表现形式。这便可看到，康德所提出的在纯粹形态下的思维对感性的关系问题，是人的认识发生、发展的全部过程中的普遍基本问题，无论这个发生、发展的全部过程是个体的还是全人类的。因此，关于这种在纯粹形态下的思维与感性的固有关系作为人的意识的固有规律和原理，也便是人的意识的发生、发展的全部过程的普遍原则和普遍根据，也无论这个发生、发展的全部过程是个体的还是全人类的。康德所提出的问题是一个有关人的意识（即人的我意识到）的普遍条件、普遍根据的问题，而不是有关人的意识的发生、发展的人类学上和个体心理学上的发展规律问题。但前者并不排斥后者，后者只有在前者的基础上才能得到实质性的阐明。所以，从这个意义上讲，康德所阐明的正是真正的意识、发生学，是真正的意识发展和进化论。

我们之所以断定康德的学说提出了真正的意识发生学，就在于康德看到了意识实际上是思维对感性的关系，所以，整个意识现象的发生在本质上、规律上都可归结为思维如何去与感性发生关系的问题。这样，康德就为人们指出了一条从规律、本质上探究意识发生学的道路。康德以前的哲学家或康德以后的一些心理学家，往往抛弃意识的规律性，单纯从现象的因果关系方面来理解意识发生问题。他们总是从感觉、感知和运动、联想等等意识现象出发来演绎出意识，认为这些东西就是意识产生的原因。这种观点所依据的方法仅本身就是错误的。辩证唯物主义历来要求人们从内部规律和必然性上来理解一事物产生另一事物的因果关系。表面看来，好像甲事物产生乙事物，但实际上是客观规律在表现为甲事物的前提下，以甲事物为条件，自身产生了乙事物，所以，只有这个客观规律才能说明乙事物产生的必然性。同理，意识的产生也要从意识规律（思维对感性的固有关系）上去理解。单纯的感性作用，只能呈现感官印象，而人在单纯的感官印象中只能具有一种模糊的感受性，绝不会有对感官印象的意义觉知，决不能使单纯的感受性提高为"我意识到什么"的意识境界。要达到这种境界，就必须有一种不同于感性的另外一种精神作用——思维的精神作用。这种思维的作用与感性发生一定的关系才能产生意识。阐明这种关系的实质，正好就是意识普遍发生学，同时也为阐明意识的普遍发展奠定了一般的原则基础。这便可以令人想到，非人的动物是没有意识的，因为它只有感性的精神作用而没有思维的精神作用。如果它也有思维的精神作用，它也就会有意识了。

我们认为，要彻底阐明意识的发生学，就应该比康德更进一步，明确地揭示出思维的精神作用是怎样发生的，亦即思维对感性的现实关系是怎样在思维的精神作用出现的条件下形成的。对这个问题，康德没有提出，更没有做出任何回答。但康德提出的思维对感性关系这个意识的基本问题却为回答上述问题提供了前提和条件。只有在这个前提下，人们才有可能从意识所以可能的普遍规律的立场上去探讨从无意识状态到有意识状态的过渡问题。而这实质上就是要人们在明确了思维规律和本质的前提下，去探讨这种思维的精神作用如何形成、如何开始发生作用的问题。人心中的精神作用，如果不从最初表现为感性的精神作用中分化出一种质上与感性不同的思维作用，就不可能出现思维与感性的关系，而没有这种关系，也就不可能具有从无意识状态到有意识状态的过渡发生。

就人类个体的发生学来看，诚然人在一下生的时候，要有一个无意识状态的阶段。但并不等于说在这个阶段人没有思维的先天能力，也并不等于说这个思维能力是后天临时形成的。个体是属于人类的，个体发生学有人类发生学先行于前，这就决定了他一下生就必然有思维先天能力。如果不是如此，个体作为非人降生，就永远不能从无意识状态过渡到有意识状态。人一诞生所以要有一个无意识状态的阶段，这乃是由于人表现其思维机能的生理条件还没有成熟。当然，生理条件成熟后，人的思维机能还可能是潜在的，要使这个思维机能由潜在变为现实，变成思维一遇到感性便会对感性发生现实作用这样一种现实能力，又需要一定的外在环境、外在条件，需要人在成熟的生理条件下，与这种外在环境、外在条件发生相互作用的一个学习过程。在这个意义上，也便有了个体思维发生学问题。即便如此，我们也须看到，学习过程虽然是一个后天的过程，但这个过程的规律性仍然是为人的生理条件所固有，是它对一定外在环境、外在条件所固有的关系，因而它对它所制约的后天学习过程来说，仍然是一个逻辑先在性，仍然是一种固有规律。这种规律为康德所说的思维规律是不矛盾的。二者不同的只是，后者是思维与感性普遍关系的规律，而前者是以这种普遍关系的规律为基础的个体思维发生学的规律。皮亚杰的《儿童心理学》《发生认识论》就在于要揭示个体思维的发生和发展，并试图从这个角度揭示出与其相对应的认识形式如何发生发展的主观心理过程。这一方面的问题，就是我们在第一章中所说的主观辩证法问题。有的同志过高地估计和评价皮亚杰的发生认识论，而忽视了德国古典哲学早已揭示出来的有关认识发生发展的原则，认为，皮亚杰以前的哲学家从来只把认识形式或意识形式当作现成的东西来描述，只有皮亚杰的《儿童心理学》《发生认识论》才揭示了它们的发生、发展的过程。这种评价是片面的。早在康德《纯粹理性批判》中所提出的主观演绎那里，就已经揭示了思维规定综合感性所以可能的心理过程和主观条件。在费希特的《知识学基础》那里，费希特在绝对自我要无条件地设定非我——统一的绝对自我分裂为自我与非我两个对立面的前提下，进行了范畴的纯粹演绎：自我作为理智的自我（纯粹思维），在非我的制约下表现为思维直观把握非我的能动规定，使自我与非我的对立呈现为意识与意识对象的对立，呈现为在这种对立中思维规定对象的一系列概念规定活动。费希特几乎把思维归结为一种生产想象力的活动，并阐明了这一活动如何在对象的制约下呈现把握对象的概念规定的主观行为或心理行为。在《先验唯心论体系》中，谢林发展了费希特的思想，把非我也看成是理性，是与理智的自我相同一的自我，但却是表现为无限的客观活动的自我。这种自我超越其客观活动必然要回归于直观自身的观念活动，这就产生了自我意识。谢林演绎了在这个自我意识过程中的自我作为客观活动与其作为主观的观念活动的交互作用，揭示了它呈现为感性的无意识状态的各个层次和它如何过渡到有意识状态及其逻辑发展的各个层次的一系列主观行为或心理行为。谢林认为，在这一系列能动的行为中，主观的观念活动始终是占主导地位，始终是限定客观自我的统一精神力量，它呈现为感性的、非感性的（思维的）各种自我意识的不同层次，这些层次又可基本上区分为感性的与思维的两个基本层次的相互联系。从康德的主观演绎与客观演绎的统一——先验演绎之为有关思维与感性的关系的演绎，到这个演绎在费希特、谢林那里的发展，便变成了更全面的能把皮亚杰所谓"发生认识论"的基本问题包括在内的演绎，虽然它缺乏实验根据，只凭哲学思辨，但它所提出的基本原则和思想，远非现代"发生心理学""发生认识论"的内容所能比拟的。前者的原则既可说明人类思维的发生学，也可说明个体思维的发生学，而后者仅涉及个体思维的发生学，却又对它的实质空无说明。我们在第三章中所提出的主观辩证法，大部分在谢林的先验演绎中已经提出来了。谢林的演绎，内在地表达了这样一种思想：人类意识活动的本质，是一个人心统一的精神作用——生产的想象力。这种想象力既是思维理解作用的基础，又是想象形象的想象作用的基础，所以，推而广之，它即是主观的自我——意识的基础，又是作为意识对象的基础。

  谢林把自我超越其无限的客观活动而直观其自身的观念活动（主观性或观念的自我）的本质，较费希特更为广泛地全部归结为康德所谓先验的生产想象力：人心的统一精神作用本质上是一个能动的、生产的想象作用。这一思想的合理性未被黑格尔所洞见，其原因在于黑格尔对主观辩证法——人心如何行动的心理过程，全不在意，而把注意力只集中于思维把握对象的客观辩证法上去了。人心的统一精神作用，本质上作为一个能动的生产的想象作用，就它是人心的一切主观表现的原始作用说，它是相对于人的一切主观意识表现的逻辑先在性，所以它不会被人的意识自觉意识到，人所能意识到的想象作用，只是持续在一定意识状态中的想象作用。唯因费希特、谢林继康德的先验演绎之后，重在说明人心呈现感性和思维规定的主观行为或心理行为，所以他们两人都主张哲学家要有这样一种天才：根据出现在经验中的一切意识样式及其组成的基本因素（思维的与感性的），通过自觉或有意识的想象作用，重建为人心所意识不到的那个逻辑先在过程，以便对它进行直观。这便是费希特、谢林所说的理智直观。自从康德提出思维与感性的纯粹关系问题之后，就使后人意识到不但这种关系的逻辑方面是先于意识的逻辑先在性，而且人心呈现这种逻辑方面的主观行为或心理行为也是一个不能为人心所意识到的相对逻辑先在性。这两个逻辑先在性的内在统一就是意识的先验过程。康德提出的人的意识作为人的"我意识到"所以可能的条件问题，就是从心理与逻辑的统一性上提出的一个意识的先验过程问题。这个先验过程，是任何只靠经验和实验对人的心理现象做描述的经验心理学所触及不到的先验领域。在康德那里，这个先验过程旨在解决思维与感性的全面统一问题（包括思维的发生学在内），而这个全面统一也就是主观演绎与客观演绎的统一：必须在这个统一性中，才能全面地揭示意识的先验过程问题。而这个统一作为心理与逻辑、主观辩证法与客观辩证法的统一，是一个哲学问题，而不是一个具体的心理问题。费希特和谢林在唯心主义立场上纠正了康德二元论的不彻底性，企图从一个贯通于一切人的存在中的精神本体——绝对的精神自我，演绎出相对于人而言的整个世界来。为了完成这个演绎，他们便进一步发展了康德的先验演绎，特别是它的心理方面（即康德的主观演绎），并认为，先验演绎的逻辑方面必然要以演绎的主观行为或心理行为的方面为基础，由此形成了他们所谓理智直观的方法。这个方法之中包含许多有关解释意识过程的心理行为方面的合理因素。但黑格尔缺乏这种洞察，片面地以单纯逻辑上的客观辩证法，对前者进行了全部否定。所以黑格尔并没有完成我们在第三章所指出的那种意义上的客观辩证法与主观辩证法的统一。经康德、费希特、谢林发展起来的有关主观辩证法一面的宝贵思想，在黑格尔哲学中便湮没无闻了。再加上我们历来只重视对黑格尔的研究，忽视了对费希特和谢林的研究，致使被黑格尔所抛弃了的那些有关阐述意识主观心理方面的宝贵思想并没有真正被我们吸收。这种状况造成了人们的一种误解，好像西方现代心理学所提出的"发生认识论"问题是一个前无古人的哲学创举。我们认为，这种误解是不应该发生的。

谢林的《先验唯心论体系》一书，实质上已为所谓发生认识论的哲学问题，奠定了合理的原则基础。脱离这种原则基础，只靠经验和实验对所谓个体思维发生学、亦即对思维与感性的相互关系的发生学，做些有规则的现象概括和描述，那就不会对这个问题的实质有所说明。比较一下谢林的思辨原则与皮亚杰的原则，便可充分看到这一点。

谢林的基本原则 人心的统一精神作用（谢林称为观念的活动），作为一种先验的、能动的、生产的想象作用，当它在自我的客观活动（认识对象）的制约下，呈现其自身为一种心理状态时，它就处在它自己这种心理状态的限定之中；如果在这种限定中的统一精神作用的潜力，不在限定的制约下起而超越限定以直观其自身，便不会有更高的心理阶段出现——更高的心理阶段，就是统一的精神作用的潜力在其一定心理状态的限定中起而超越限定以直观其自身的活动。这种直观活动，在谢林那里，已不像在费希特那里仅仅把它产生的规定看成理智的自我从外部施加到非我上面去的规定，而是承认了这些规定同时也在表现非我本身不同深度上的内在规定。谢林在其《先验唯心论体系》一书中，已经开始通过纠正费希特而对康德的先验论有所超越。在谢林看来，费希特所说的与自我相对立的那个作为自然的非我，也是自我，也是理性，是无意识的冥顽不灵的理性，自我和非我是对立统一的。因此，自我的直观活动（除了原始感觉状态之外）实际是表现非我或自然的内部规定的理解作用。自我亦即谢林所谓观念的自我不断超越它的限定状态，变它的先行状态为直观的对象，因而呈现这种限定状态作为自然（谢林所谓在无限客观活动中的自我）的各种自身规定的过程。

如果我们没有体会错，谢林便是在这样一个基本原则的基础上，描述了包含在人的意识中的各个逻辑层次。但从发生学的观点看来，这些层次却足以说明感性的发生学，也足以说明思维的发生学，不管这发生学是个体的还是全人类的。在这里，非常典型地表现了所谓逻辑的东西与历史的东西相一致的思想，表现了黑格尔所谓个体的发展是人类发展的缩影的思想。谢林所描述的包容在人的意识的逻辑先在性中的各个逻辑层次的基本思想，可以概括如下：

第一，自我在其客观活动中，或在客观活动中的自我，超越客观活动回归为直观其自身的观念活动：两种活动在其交互作用中的平衡，观念的活动能动地参与限定客观活动的结果，便是一种感觉状态。在谢林看来，这种结果作为感觉状态所以能成立，是因为观念的活动与客观的活动都是自我的活动，但观念的活动一开始直观不到这种同一性，所以它作为感觉状态到一种异己的东西。只要观念活动停止在其感觉状态的局限便好像感受性中，它就只能与其感觉状态相合一，仅仅具有这样一种感受性，而不能在有更多的东西。谢林认为，在原始的感觉阶段上，"不过是忍受的概念"，观念的自我"完全固定在被感觉的东西里，仿佛沉湎于其中一样"。①

这种原始的感觉状态，当然不能是一种有意识的状态，它的先行过程——心理行为或主观行为，就是观念的自我作为一个先验的生产想象力的精神作用在表现自我作为自然、作为无限的客观活动的直接状态的过程，这个过程不能进入原始的感觉状态中去，它本质上表现的是观念的自我对在无限客观活动中的自我的一种原始层次上的固有关系。

这便是谢林在唯心主义基础上表述的感性作用的发生学。其中值得我们考虑的思想是，感性作用既不是人的活动，也不是人在活动中所提供的刺激本身（自然的刺激），而必须是精神作用之为一个先验的想象力对刺激所固有的关系：在这种关系中，它能想象出刺激所表现的自然存在的直接状态。这个想象作用，是一个象形的表现作用。

第二，观念的自我在原始的感觉中，与被感觉的东西合二为一，它只是单纯被动的"忍受性"。然而谢林提出问题说，观念的自我在这种情况下如何才能使自己提高为一个能意识到自身是进行感觉的主体呢？这便是一个思维的发生学问题。思维的发生学问题，无论就人类而言，还是就个体而言，都可从逻辑上归结为思维对感性关系的逻辑层次问题。谢林的整个演绎，是在陈述后者，即陈述逻辑层次由低到高的发展。但这样的逻辑的展开，表现在现象形态上就是人类或个体由感觉的无意识状态到有意识

---

① 谢林：《先验唯心论体系》，商务印书馆1977年版，第76页。

状态的时间上的发展,逻辑和历史是一致的。

那么,怎么从逻辑层次上说明无意识状态到有意识状态的过渡呢?谢林的基本思想是,观念的自我是一个不可限定性,所以它不能老是停留在感觉状态的限定中,它必然要超越限定而把"它在进行感觉"这种活动变为直观的对象。在这种直观中,观念的自我作为一种能动的先验的想象作用,便不再表现为简单的象形作用,而是表现为一种想象它在进行感觉的感觉状态的意义的理解作用,谢林称其为规定原始感觉状态的规定作用。这种规定作用,既是主动的,又是被动的,因为它受原始感觉状态的制约。在原始的感觉状态中,观念的自我在限定、感受作为客观活动的自我的主观活动里,已与被感觉的东西在合二为一中浑然为一体了,它仅是一个被动的忍受性;而观念的自我作为直观其自身的自我,又不知道它忍受的正是与它具有同一性的在原始客观活动中的自我。所以,现在观念的自我在规定、想象它的感觉状态的意义时,它首先必然把在感觉状态的忍受性中的自我外化为一个脱离自我的自在之物——观念自我规定原始感觉状态的规定作用转化为自在之物,而把感觉状态作为统一的印象,想象为、理解为是这外在的自在之物作用于它的结果,于是结果便是与自在之物相对立的自在之我。现在,观念的自我通过它的想象作用,规定了它的原始状态,它便以这样的规定,把原始感觉状态接纳入自身之中:这个接纳不是现成的接纳,而是否定、扬弃,把感觉状态转化为意义的觉知。这样,观念的自我在其意义觉知的新限定状态中,由主动转化为被动,但这种被动性已经不再是一个单纯感受性,而是在意义觉知的制约下,提高为"我感知到自在之物",并伴随着"我在进行感觉"的自觉意识。这便是人的意识起点——普遍的原始意识。谢林的唯心主义在于,他不但把自在之物说成是观念自我的规定活动的产物,而且认为这个产物的基础就是在感觉状态的忍受性、被动性中的自我,自在之物是这个自我在观念活动中的外化。事实上这不是什么自我本身的外化,而是观念自我的规定活动作为一种理解作用对客观世界的正确的意义觉知。

但在谢林有关原始意识的演绎中，也有其不可否认的合理思想：

首先，谢林阐述了思维的本质。思维是人心的一个统一的精神作用作为一种能动的、生产的、先验的想象力呈现把握感官对象或感性状态的意义的理解作用。这种思维的理解作用和感性作用虽然都是人心统一精神作用的表现，但二者有本质区别，后者只呈现形象，而前者则呈现形象的意义。

其次，谢林从单纯的原始感觉状态中，演绎出了思维规定感性状态的思维作用，这也就从原则上说明了思维发生学的实质问题。谢林的演绎，除了他的唯心主义之外，还缺乏对思维产生的外在条件的说明，他没有考虑到作为感性主体的人的实践活动对思维产生和发展的推动作用。这一点是谢林的一大缺陷。但是，我们也不能由此而否认谢林有关思维发生学的合理思想。

人们都承认"世界自本自因"这个古老命题的真理性，这个真理性可以表述为：

在以物质本体为基础的整个世界的规律体系中，只要有设定某一现象出现的规律，则为这规律所设定的使某一现象所以可能的条件总和，便必然能在这一规律体系展开为宇宙存在过程的动变性里形成起来。

这就是世界自本自因定律，从这个定律中我们可以看到，以物质为本体的规律体系不仅为任何现象的产生提供了可能性，而且也为它的实现提供了条件。思维的发生也是这样。由感觉到思维的过渡作为一种精神的规律性，实质上包含在物质本体为基础的规律体系中。这样一个以物质本体为基础的精神规律性，作为逻辑先在性，它本身就设定思维发生的全部条件，当这种条件总和具备了，物质本体就在这就条件总和的制约作用下，由它自身显现出思维产生的现象过程。所以，我们不能脱离以物质本体为基础的思维规律性来谈人的活动对思维产生的作用，因为人的活动是思维规律所设定的使自己实现出来的条件，表面上看，思维是由活动产生的，但实际上却是在原始感觉状态中就有的统一的精神作用在活动这个外在条件制约下自身实现出来的。活动不能创造规律性，当然更不能创造由感觉到思维的过渡这个规律性。从这个角度上来看，谢林有关原始意识的演绎，无疑地包含有不容忽视的合理性，而且这个合理性是基本的，不是无关大局的细节。

再次，谢林演绎出了由原始感觉到思维的过渡，他便由此演绎出了思维与感性的相互关系的发生学。自此以后，思维与感性的关系作为思维规律，对现实的意识说，便都是一种逻辑先在性，在第五章我们曾经说过，从普遍性上说，思维对感性的关系实质上是思维在感性的制约下规定感性、理解感性的意义这样一种规律性。从特殊性上说，思维会依据感性形象的深度、广度的不同，而产生各种相应不同的规定作用。这就产生在内容上不同层次的思维对感性的固有关系，思维对感性的固有关系的层次，在历史上是由低到高依次出现的，与它相应的是人们认识的由低到高的不同阶段，人们在这些认识阶段中，认识到包含其中的思维与感性的不同关系，从而形成各种思维范畴的改进和发展。所以，现实认识的发展，范畴的变化和更替，都是思维规律的普遍性作为一个逻辑先在性在不同历史阶段上所展开的现实。

从以上三点中可以明显地看到，谢林继费希特之后，从我们所谓主观辩证法与客观辩证法的统一性上，高度发展了康德的先验演绎的思想。谢林的演绎中的合理思想，较为合理地揭示了思维的本质，揭示了所谓思维发生学的实质。这样一个合理思想，与黑格尔唯心辩证法中的合理内容一样，是无关于唯物主义与唯心主义对立的。

现代完形学派心理学家苛勒，通过对黑猩猩的实验，结果表明，在谢林所说的原始感觉到原始意识的过渡中，还存在一个仍然属于无意识状态的中间环节。统一的精神作用（谢林所谓观念的自我），在超越原始的感觉状态而直观其自身时，它不一定立即就会使它的想象作用转化为意义觉知的思维理解作用，它仍可停留在感性的形象阶段上，而表现为一种感性的自由想象力作用。为了全面地考查这个问题，我们必须指出，人在活动或实践中，或人在单纯的周围环境的制约下，体内外各方面的刺激作用于人的各种感官——现代心理学所谓内感官与外感官（为了方便起见，我们把运动感官也归在内感官中去了），引起广义的所谓向内的神经运动，它在大脑中转化为各种神经中枢的神经兴奋的相互制约，由此产生原始的感觉状态，这种感觉状态，并不是通常人们想象的那样，是个别的感觉状态，而是各种感觉的综合作为混沌不清的复杂感觉现象。按照完形学派心理学的观点，这种感觉现象作为统一的形象或完形，不管它处在怎样的混沌状态中，都不能归结为一些感觉的单纯相加和集合，它们似乎在一种内在联系，内在关系的统一性中，形成了一个完全不同于各种感觉单纯相加和集合的新质——一个统一的感觉形象。这种观点是正确的。它在向我们表明，我们所直接感受到的感觉现象，不是一些感觉因素的机械集合，它们是有内在联系和内在关系的，因而它们是一个内在统一的整体。在认识论上坚持这一点是很重要的，它可以防止人们走入现象论和机械论。我们所感受到的任何感觉现象作为一种最初的混沌状态，其中总会有某一感觉形象占优势，并且转为清晰和明确，而其余的感觉形象则仅仅在自发的联想作用中形成模糊的背景或边缘，但这两个方面仍然是一个不可分割的统一体，一个在模糊情景中的统一形象。关于这一点，詹姆士的心理学有很清楚的论述。在这种条件下，所谓统一的精神作用（谢林所谓观念的自我）作为潜在力量起而超越其原始感觉状态的限制的过程，正确的解释应该是，在某一感官的感觉状态中的精神作用的潜能或潜力对它自身的感觉状态的超越过程。在这个超越中，它（精神作用）转化为以某一感官的感觉状态为基础的自由想象力，这个自由想象作用，可以完全停留在以某一感官的感觉状态为基础的纯粹感性直观上。这种感性直观，在自由想象力作为康德所谓再生想象作用的前提下，把原先混沌不清的复杂感觉形象，综合为一个轮廓清晰的、以某一感官的感觉为基础的统一感性形象。而在这个综合过程中，再生的想象力同时伴随着结合其他感官的感觉状态的联想作用，表现为不同的感觉在其固有关系中的化合、分解过程，这样就使以某一感官的感觉状态为基础的感性形象突出地显现出来，而这个并现的同时也就是它与广大背景或边缘的相对排斥和分离。由此产生了轮廓清晰的统一感觉形象。由于以某一感官为基础的自由想象力仍是纯粹显现形象的表现作用,所以它在它的结果中,亦即在它所呈现的轮廓清晰的统一感觉形象的自身制约中,仍要与形象合而为一,只产生"我感受到什么"的忍受性或感受性,而不能产生"我意识到什么"的意识状态。这便是在纯粹感性状态中的注意。这种注意的延续,必然导向在被统一的感性形象所限定的自由想象力的潜能或潜力,起而超越它的感性状态,表现为对这感性状态加以感性直观的延续。在这个感性直观的延续中,自由的想象力可以表现为一种能动的改组面临的情景和形象的创造性,使改组了的情景和形象恰恰是制约有机体如何行动的指导原则。在这个过程中,虽然自由的想象作用已产生某种意义的领悟,但意义仍与形象没有分离,即仍然没有出现以分离了的意义觉知去把握形象的综合过程,所以仍不能把单纯的自我感受性提高为"我意识到什么"的自我意识状态。精神作为一个想象力的作用,还只是单纯感性的,它还只停留在单纯的呈现形象的运动过程之中。自由的想象力作为能动地改组形象的创造作用,是纯粹的感性作用的最高环节。我们可把纯粹感性的全部作用,列成下表。

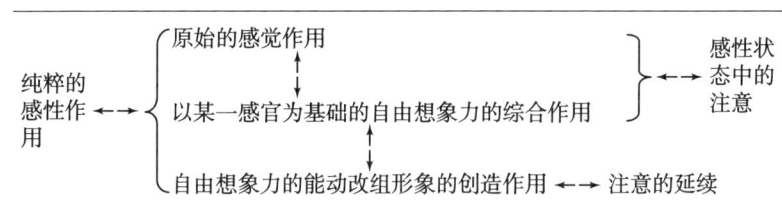

对于谢林而言,原始的感觉作用是观念的自我与在客观活动中的自我相互作用、相互限制的结果。如果观念的自我一开始便是一个先验的、生产的、能动的想象力的想象作用,谢林便提出了一个值得我们深思的问题。我们可把谢林所谓客观活动的自我去掉,代之以人体与外界相互作用中的各种感官向内的神经运动,这神经运动在脑神经中枢中,转化为各种神经中枢的神经兴奋的相互汇合。如果这种在相互汇合中的神经兴奋的物质运动，难以说明与其相对应的感觉状态的产生，那么是否可以这样设想：这些作为神经兴奋的物质运动，只是一些表现人体内外的信息，其中与形体相对应的信息是团聚其他信息的核心。当然，这些信息是机体在对外界的相互作用中产生的，它们服从使它们所以可能的先在的物理规律。这些包含客观世界规律性在内的信息，刺激起各种神经中枢在其相互制约的统一性中的物质实体所固有的精神作用——生产的想象力的作用。在这些信息模式的制约下，生产的想象力便想象出或显现出和信息相对应的各种感觉形象，继而又在与这些感觉形象的相互制约中出现为谢林所说的原始感觉状态。问题是否就是这样，虽还不都确定，但我认为这种想法是有道理的。

上表的整个过程，都是以脑中各种神经中枢的兴奋之间的相互制约这个生理过程为基础的，我们没有必要一一地为每一感性过程都设想一种生理过程，也没有必要为在感性基础上出现的思维过程另设定一个新的生理过程。这种做法，对于把精神作用归结为物质运动的表现的机械论来说，是必要的；而对于把精神作用看成是物质的固有性能在一定物质运动形态制约下的能动表现的辩证唯物论来说，则是不必要的。这一系列精神过程，可以看作是在脑的各种神经中枢的兴奋的相互制约下，开始表现出来的精神过程的延续。但是，人的心理机制和非人的动物的心理机制是不同的。对动物来说，精神过程单纯表现为感性在起作用。而对人来说，感性过程在现实上是不能单独存在的。人对原始的感觉状态的注意，不是一个纯粹的感性，它作为以某一感官为基础的自由想象力会在其感性综合中立即转化意义觉知的理解作用，甚至这种理解作用已经被已有的经验、认识所充实，会立即表现为用已有的经验、认识去综合、统辖感性的一种同化作用。所以，人的注意总是在思维与感性相统一中的一个有意识的过程。这个超越人的原始感觉状态的、以某一感官为基础的自由想象力的想象作用，乃至它转化而成的已有经验、认识的同化作用，就是整个思维作为理解作用的机制。我们在第三章中说过，思维是理解作用与想象力的统一体，现在我们又可以补充说，二者是同一个精神作用作为以某一感官为基础的自由想象力的表现。这种自由想象力自身分化为象形的或感性的表现作用（想象力）与意义觉知的理解作用（概念的规定活动）的相互制约和转化，思维就是这个相互制约和转化本身，而其中的意义觉知的理解作用只不过是自由的想象力在想象感性形象的意义而已。思维的发生学，无论就个体而言，还是就人类而言，主要就在于揭示这一思维的实质是如何以单纯的感性作用为前提发生的。这是因为，想象力作为感性的表现作用虽然是思维作用中的一个环节，但它离不开想象力作为理解作用的制约，如果离开了，就不会有人的思维作用，所以思维的理解作用是构成思维本质的关键，而思维作用的全面性则是想象力作为理解作用与感性表现作用的对立统一。我们可以把纯粹思维机能的各环节及关系列成下表：

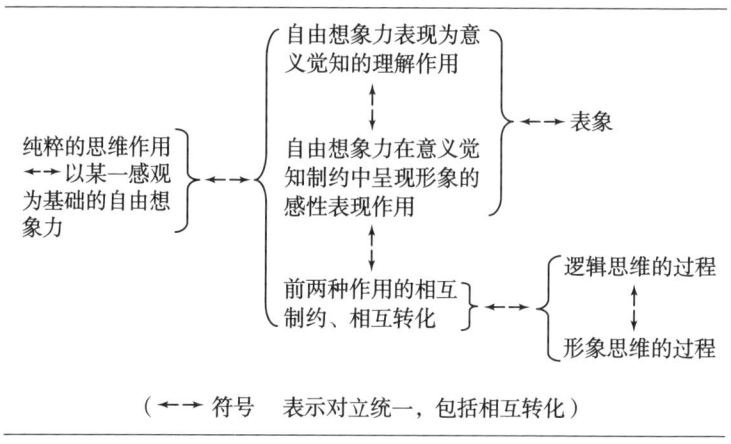

（⟷ 符号　表示对立统一，包括相互转化）

自由想象力发端于感性，所以它总是以某一感官为基础的自由想象力。就这个自由想象力作为思维的作用来说，它就是一个具有思维性能的先验的、生产的想象力：它所固有的能动生产作用，一是表现对象时空关系的意义，二是表现对象的形象，这是它的两种原始作用。但光有这些原始作用还不行，因为它仅仅生产形象或意义等对象，但并不能把这些对象延续下去，而要把这些对象延续下去，就需要它所固有的另一种功能——再生的想象作用。以某一感官为基础的自由想象力，无论它是停留在单纯的感性作用里,还是已表现为思维的作用,它都是原始的生产作用与再生作用的统一。并且任何感官的内在精神作用,都可转化为自由的想象力,从而表现为纯粹的思维作用,就看在原始的感觉状态中何种感官的感觉状态占优势。做了这些简单说明之后,我们结合谢林的合理思想,说明一下上表的基本内容。

呈现为纯粹思维作用的,总是一个以某一感官为基础的自由想象力。这个自由想象力作为纯粹的思维作用,总要指向对象,而它的最初的思维对象,总是或者是原始的感觉状态所提供的,或者是感性作用在其表现为感性直观的注意中所提供的。我们承认,由于人的实践活动的制约,注意甚至从原始感觉状态起都是有侧重的,但我们现在不是谈论这一点。我们的问题只在于:人的统一的精神作用,在我们看来,只是一个以物质为本原、为基础的能动的生产的想象力。这个能动的生产的想象力。在它所提供出的感性对象的感性状态的制约、限定和刺激中,起而超越这种感性的限定状态,表现为以某一感官为基础的自由想象力作用,而这种自由想象力作用由于超越了感性,达到了思维,它便根据对象的时空关系的形象来想象形象的意义,产生意义与形象相分离的意义觉知,并以意义去综合、把握当前的对象。这里,我们暂不管"综合""把握"等概念,对康德、费希特和谢林来说是意味着什么,而对黑格尔说又是意味着什么,所有这些细节问题,我们现在全都不论。我们所要关心和指出的只是,这种自由想象力的作用,便是思维的理解作用,是能够在意义觉知中产生人的"我意识到"的思维统觉作用。思维统觉作用的普遍规律,便是根据对象时空关系的形象想象形象的意义,并以意义去综合、把握对象的思维规定活动。这种规律为人的思维统觉作用所固有,是一种逻辑先在的先天性,不是为人的实践活动临时所造成的后天性。实践活动所以必要,是因为它是为这种普遍规律所设定的必要条件。规律要发生作用,而表现为现实思维、意识,就必须有活动或实践,只有活动或实践,才能使机体或人与对象各方面发生全面的相互作用或接触,因而只有活动或实践才会提供有关对象的全面刺激作用及其相互连续中的不同关系的信息。但是活动或实践除了提供这种信息的刺激之外,它本身既不能产生感性作用的感性形象,更不能产生思维作用的意义觉知。所有这些,都要靠机体或人内部的统一精神作用分化为思维与感性的固有关系的规律来起作用了。从猿到人的活动,只是促使这种分化现实发生的基本条件。在这种规律起作用的过程中,有时或常常需要从属于这种过程的活动来支援,这是皮亚杰的"发生认识论"所再三强调的,但这一点仍是为精神起作用的规律所设定的一些条件,它们代替不了精神起作用的内部过程。

思维的统觉作用,造成了人的"我意识到"的原始意识状态,它便随之处在这种状态的制约、刺激之中。我们可以说,这种制约或刺激,必为人的实践需要——从一般目的性到如何行动的意图之间的过渡的需要所强化,从而唤起思维的统觉作用在其原始意识状态中的精神潜力,使它产生超越限定状态,直观在其"我意识到"的意义觉知中的对象形象的内在冲动。正是这种内在冲动,使思维的统觉作用,再度转化为显现对象形象的表现作用,但这个显现对象形象的表现作用作为思维机能中的想象作用,自此以后就始终是一个为统觉的意义觉知所制约的想象作用,从而形象的表现作用与在人的"我意识到"中的意义觉知相统一,这便形成所谓人的生动直观,亦即人的表象世界。我们在第三章中已经提到,这个以人的活动或实践为前提条件的生动直观——人的表象世界,是人的"我意识到"的意识对象界,它是人的逻辑思维与形象思维的共同出发点。从这个出发点出发,思维的统觉超越表象的限定状态的直观作用,便分为两种意识过程——逻辑思维与形象思维。前面说过,这两种思维的实质都是理解作用与表现形象的想象作用的对立统一,但结构不同:前者是一个表现形象的想象作用制约理解作用的意识过程,最后落实到理解上面;后者是一个理解作用制约表现形象的想象作用的过程,最后落实到想象上面。由此我们可以说,在表现形象的想象作用中的理解作用就是逻辑思维,在理解作用中的表现形象的想象作用就是形象思维。虽然二者又可以各在自身中包含对方,但它只使对方成为从属于自己的一个内在环节。由于思维的本质是趋向于真、善、美统一的普遍客观性，所以它在其理想状态下，便是荀子所谓实事求是的"虚静守一"的状态，这种状态，在逻辑思维便表现为趋向于真善统一的理论态度，在形象思维则表现为审美直观的鉴赏态度。在这两种不同形式的思维过程中，当然始终离不开一种人的活动或实践，但活动或实践的作用，代替不了二者作为不同形式的精神过程。

所谓纯粹的思维作用，始终是一个以某一感官为基础的自由想象力，它作为先于经验的精神先在性，是为物质本体所固有的、以其本身为基础的规律体系，活动或实践作为条件，是为这个规律体系所事先设定的，是这个规律体系中的环节之一。这个想象力，并不是如像经验心理学所单指的那样，只是一个为人所能意识到的事后想象。它可以表现为这样一个事后的想象作用，但它同时也是人面对其感官对象的现实呈现人的一切"我意识到"的先验过程。在这个先验过程中，以某一感官为基础的自由想象力，在其为一个能动的生产作用与再生的想象作用统一的前提下，又始终是一个理解作用与表现对象形象的想象作用的内在统一。

总之，谢林关于原始意识的演绎，包含有思维与感性相互关系的发生学的演绎，就其中所包含的合理思想而言，它的确提出了有关感性机制和思维机制的内容的一系列正确观点。这些观点与现代心理学的那些现象概括毫无矛盾之处。谢林强调，原始意识的出现，是观念的自我的一种能动创造作用的结果。这种创造作用的延续，便是谢林所谓的创造性直观。

第三，创造性的直观，说的是我们前面提到过的表象世界的形成过程。在这里，谢林做了从创造性的直观到反思、从反思到意志活动等一系列演绎。对这些演绎过程。我们不想一一陈述。在此我们只想指出，谢林这一系列演绎，同样也包含了人的"我意识到"或意识的各个环节的发生学的演绎在内。尤为重要者，谢林在整个演绎中发挥了费希特、康德有关意识的先天规律的思想。从发生学的观点看，人的意识的各个发展阶段形成一个前后相继的，由低到高的动变发展过程，但这个动变过程却为意识所固有的先天规律所支配——意识的进化论，并不排斥意识的规律这样一个逻辑先在性。可见，从康德到费希特、谢林所提出的意识规律问题，确是一个极其合理的思想。形而上学的现象主义历来只把意识的发展史看成一个单纯的前后相继的动变过程，而看不到贯穿这个动变过程中的思维发展的规律性。实际上在辩证法看来，意识发展的动变过程和不变的意识发展规律是统一的，前者是意识发展的现象，后者是这现象过程的内在本质。当然，这里所谓本质，只是在相对意义上讲的。人的意识发展过程的绝对本质是以物质本体为基础的足以能表现人的一切精神现象的规律体系。人的统一的精神作用作为物质本体的固有属性，是一个相对的起点。从这个相对起点出发，有关这个起点的一切逻辑先在的规律性，便都可说是以这个起点为本源、为基础的。

这便可以看到，人类的意识原理，在黑格尔的哲学先驱——康德、费希特和谢林那里，是一个主观辩证法与客观辩证法的对立统一体，它所表达的内容是一个足以把皮亚杰发生认识论原则包容在内的意识规律的心理—逻辑结构。虽然他们仅停留在普遍性上，没有具体地论述这个心理—逻辑结构的历史形式，但他们对这个结构的普遍性的论述却有不少的贡献。不过我们应该看到，由于他们都处在特定历史条件的制约中，所以他们用以表达这个结构的普遍性的理论形式，却只是人类的心理—逻辑结构的一种历史表现形式。在这种历史表现形式中，康德基本上停留在包含有辩证的或否定的理性思维在内的知识性意识上，而费希特、谢林却迈入了思辨的或肯定的理性思维的更高领域。另外，在这里我们也需要说明一点，我们所谓主观辩证法，是有其固定领域的。并不是说只要提到例如感觉、表象等等规定，便是触及主观辩证法的问题了。这些规定，包括黑格尔在《精神哲学》中所演绎出来的那些细致的区分和统一，仍然是我们所谓客观辩证法领域之中的问题，是感性和思维的主观心理行为所呈现出的一些逻辑规定的主观形式。只有触到这种主观心理行为**如何呈现**这些不同层次上的逻辑规定的主观形式及其逻辑内容的问题时，这才进入主观辩证法的领域。

从这一点上看，逻辑规定都是由心理产生的，所以客观辩证法以主观辩证法为本源和基础，但是，最终表现人类的心理——逻辑结构这个主客统一性的意义觉知的，却主要在于人类的心理——逻辑结构的逻辑一面。它之中的种种逻辑规定的辩证法，实际上体现了人类意识发展过程中的辩证内容，把这个内容揭示出来，这便形成一个逻辑学、认识论、世界观三位一体的哲学理论体系。黑格尔正是继承了他的哲学先驱关于人的心理——逻辑结构学说中逻辑一面的合理内容，进而把它发展成了他的辩证理性的逻辑科学体系。所以，我们也必须舍弃人的心理——逻辑结构的心理一面，亦即抽去主观辩证法问题，而仅就其逻辑一面的客观辩证法方面，从总体上揭示从康德中经费希特、谢林到黑格尔的哲学发展的内在逻辑联系。

我们所说的心理——逻辑结构，是人的思维机能和感性机能的统一，所以从规律上说，它也必然是两个规律体系（思维的与感性的）的内在统一，而这个统一性从思维一面直，它实质上就是思维对感性能动的理解作用的规律性。所以，思维规律的体系中便包含它的对方——感性规律的环节在内。从这个观点出发看问题，人类的心理——逻辑结构，便是思维在其对感性的固有关系中的心理——逻辑结构。单就它的逻辑一面说，康德总是认为，无论是思维的普遍规定，还是这个普遍规定在人的实践理性中表现出来的伦理——道德规定，都是外在于感性的东西。思维与感性相互外在，而未达到内在统一，这是康德哲学的基本矛盾。为了达到思维与感性的联系，康德只能借助于外在的综合：在理论理性上，是思维的范畴对感性材料的外在综合；在实践理性上，则是思维据普遍的道德法则对人的苦乐之感的好恶心进行挫抑和平伏，最后达到思维与感性的外在结合。康德的这个基本矛盾，在费希特、谢林那里已有所克服，只有黑格尔，在绝对唯心主义前提下彻底克服了康德的矛盾，从而在哲学史上第一次实现了思维与感性的唯心主义的内在统一，从人的心理——逻辑结构的逻辑一面，实现出了一个唯心主义的人类意识原理。

由康德哲学基本矛盾所致，他的理论理性与实践理性也是相互分离的。

理论理性的思辨确立不了上帝作为世界最高根据的存在，但实践理性的内在要求，却必须把上帝作为世界最高根据的一个公设肯定下来。费希特在《知识学基础》中，把上帝作为一个精神活动性的自我，本体化为一切个人意识的内在基础。这个在人的意识之内活动着的，并表现为个人意识的自我，内在地设定非我作为它自身的对立面。这样，费希特就用非我代替了康德的物自体，使它作为自我内部的一个对立面包含在绝对自我这个本体之中了。自我在设定非我中与非我发生相互作用，便呈现为人的意识与意识对象之间的相互联系。对通常的人说，意识的对象是现成地出现在面前的，但这个出现的过程却是一个意识过程，在这个意识过程中，自我在设定非我的同时又受动于非我，非我便在自我的反作用中表现为感觉对象，而后自我又受动于感觉对象，感觉对象便又在表现为思维综合作用的自我（相当于康德的统觉）的反作用中，表现为"人意识到什么"的意识对象或经验对象。在费希特那里，非我是为自我设定的、在自我的绝对本体之内的意识对象，所以，整个世界都是：自我 = 自我，非我可以复归到自我这个绝对本体的根据中去。这样看来，似乎费希特完全解决了康德的基本矛盾，其实不然，他在具体论述现实的自我与非我的关系时，又陷入了和康德同样的困境。他认为，自我在其自身区别中作为思维的自我与非我两个对立面，永远处在相互作用、互相对立的抗衡之中，二者不能达到对立统一，所以，自我和非我的绝对同一在现实中是做不到的。费希特哲学产生这个矛盾的原因就在于，他没有把自我以范畴规律综合感性对象的作用看成是在表现以非我为基础的感官对象的内在规定，反而把范畴规律看作是在非我之外的、只属于自我一方的内在性。所以，在绝对自我基础上的自我与非我两个对立面，虽然都可归结为绝对自我，但它们之间不能相互包含，边到你就是我、我就是你这样一个同一性。费希特哲学中的自我与非我的对立，实质上是思维与感性的对立。这种思维与感性的对立，表现在他的伦理——道德哲学上，则是作为道德律的伦理原则与作为伦理实质的人的自然本性的避苦趋乐的好恶心之间的对立。费希特既然把上帝作为一个无人格的精神活动性，本体化为人作为意识的内在基础，那么，在费希特看来，这个被称为绝对自我的精神本体的本性便是它的道德本性；但他认为出自这种道德本性的道德规定，却永远出现在思维或理智的自我这一方，而不是感性的自我那一方的内在规定，所以，前者总是以道德规定限制后者，而后者也经常与前者相对抗，于是二者便相互外在，永远处于无限的抗争之中。

继费希特之后，谢林把绝对自我的实在性看成是一个自我意识的实在性，人的意识便是这个绝对自我的存在形式。绝对自我要意识自己，必须先要把自己对象化。在谢林看来，非我不仅是非我，而且也是绝对自我的自身对象化，它本身是以非我形式存在的理性。这种绝对自我对象在自身的活动是客观活动，在此同时，绝对自我要超越自身，恢复为对自身的直观，这是观念的活动。这种活动有如下几个逻辑层次：

a. **理论的或认识的**。绝对自我直观其自身的活动，首先表现为感觉及变自我在进行感觉本身为直观对象的活动，其次表现为创造性直观及变自我在进行创造性直观本身为直观对象的活动，最后是自我面对它创造性直观的直观对象的自我反思的活动。谢林所说的变自我某种活动自身为直观对象，意思是说，把自我某种活动结果的内在实质再变为直观的对象，从而结果便归属在它的内在实质中，成为新的意识对象。要变自我某种活动自身为直观对象，当然自我要超越它这种活动本身，而相对地变成直观它自身的观念自我。费希特的非我作为谢林所说的绝对自我的最为原始的客观活动，在自我超越这种活动而直观其自身的观念自我中，作用于观念的自我，而观念的自我在受动中的反作用便呈现为感觉对象。但感觉对象的实质是什么，这只有变自我在进行感觉活动本身为直观对象才能显示出来，从而自我便又超越它进行感觉的活动而变成更高的观念自我，这时，前面说的感觉主体和感觉对象便同作为这个观念的自我直观其自身的对象。结果是，观念的自我在直观中转化为彼岸的自在之物，而感觉对象则表现为以这种外在于自我的自在之物为本源、为基础的东西，这便形成在人们日常经验意识中的感性意识——知觉表象。但这种感性意识形成的实质却正好说明，彼岸的自在之物无非就是在进行直观的那个观念的自我，而感官对象则是被直观的自在的自我，二者本质上同是自我。这种呈现在日常经验意识中的感性直观，谢林称为创造性直观。要把创造性直观的实质明白地揭示出来，便又必须变这种创造性直观为对象，以便对它进行认识和直观。为此，自我必须再次超越自我的创造性直观活动，成为更高等级的观念自我——理智的自我，而对自己进行直观。这个直观所要说明的课题是："自我怎样的以直观它自身为创造性的。"这种理智自我的直观活动，相似于康德所谓先验自我统觉以范畴综合对象的先验综合过程。但谢林与康德不同，他认为感官对象是自我的原始客观活动造成的，所以感官对象的内在本质实际上是自我。理智自我的直观活动的任务就在于超越感官对象的直接性，而深入到它的本质，直观到它的本质——自我。在谢林看来，这个过程从本质上把对象显现在实体与属性、原因和结果、交互作用等等逻辑关系中，这就形成了具有种种逻辑关系于自身的自然对象的总和——自然界。但谢林同时认为，这样一个过程是一个先验的、无意识的过程，所以对人显现着的自然是一种无意识的理性发生作用的产品。这就表明，自然是在客观性中的自我，是自我对象化自己的原始客观活动。既然客观的自我（自然）和观念的自我（意识）都是普遍自我的变形，那么普遍自我本身的种种逻辑规定——范畴关系就既是自然的道或理，也是人的经验意识本身的普遍本质。理智的直观以这种逻辑去显现感性对象，同时它也以这同样的逻辑去反思对象，因而形成有关对象的反思概念，这就是理智自我的反思活动。

由此更进一步的过程，便是理智自我变自身为对象的过程，谢林认为这个过程已经超出了理论哲学的范围，而进入实践哲学的领域了。因此，自我在客观化、对象化其自身中直观其自身的自我意识过程，便表现为

b.**意志的或实践的**。理智的自我是自我在对象化自身为客观性中直观其自身的活动。从感觉到创造性直观（包括变创造性直观为对象的过程在

内），实际上都是自我把自身对象化为自然界的过程，而理智的自我则是在它对象化的自然界中反思自身的观念过程中的自我或主观性的自我，即人的思维。现在，理智的自我（思维）要把自身变为直观对象，它就只有表现为意志活动。意志活动在实践中既是主观的又是客观的，并且它作为可以被直观的对象，正是表现了理智自我的自我决定的性质，因而它是理智自我的对象化。这就表明，理智的自我的内在本性，便是一个意志活动的实践性。而理智的自我在自然界中就是那个在客观性中的自在的自我的发展，二者都是绝对自我的形式，所以理智的自我的实践本性正好说明绝对自我的本性也是一个意志活动的实践性。绝对自我在它对象化的自然中直观、反思自身的理智活动，正是为了表现或实现自己的实践本性。因此，前面提到的从感性到创造性直观，从创造性直观到反思的一切意识过程，正是自我表现其实践本性的条件，而自我的实践本性则是这些条件的内在根据，所以真正说来，自我的实践本性表现为理智自我的意志活动，是人所以能有意识的开端。

然而理智的自我在现实性中总是表现为一些个人的理智的自我，它所反思、直观的自然界也是表现在一些个人意识之内的自然界。这样一来，理智的自我的意志活动，一方面必须以自我为根据，另一方面它作为个人的理智自我，又必须以别人的理智自我为条件：以别人的理智自我为条件，并不是以它为根据，意志活动仍然是自我根据，这便是自我作为一些个人的理智自我的先验和谐，其中当然也包括了个人意识中的自然界之间的先验和谐。这种先验和谐所以是可能的，就因为个人的自我意识是绝对自我作为一个自我意识的表现形式，它们全部都统一在绝对自我这个基础上面。个人的理智自我的意志活动在这种先验和谐中，一方面提供个人的意志或实践内容，另一方面又提供这些实践内容在人对人关系中所应有的行为准则，即所谓的伦理原则的制约性。意志或实践内容与行为准则的统一，是一个社会实践性，而这个社会实践性是人作为自然人的自然本性中所应然、所固有的东西。而个人的理智自我，在自然界的客观性中正就是个人作为自然人在它的、自然本性中的那个自我,从而个人的理智自我的意志活动对这个自我的限制,实际上是理智自我在限制它自己,也是自然本性中的自我在限制它自己,二者的统一,正就是人的自然本性作为伦理实质在其社会实践内容中与其伦理原则的内在统一。我们可以看到,康德哲学中的本质与现象的矛盾,以及他伦理—道德哲学中的基本矛盾,已为谢林在其唯心主义的前提下初步克服了。谢林所谓个人作为理智自我之间的先验和谐,并没有什么神秘,它只不过在表达人的理智自我是一个普遍的、人的本善之性。这个本善之性,同时也就是人作为自然人的自然本性的本善之性,因为个人的理智自我,无非是自我(作为一种精神活动性)在对象化为自然人的直接自我表现中,直观、反思自身的那个主观性的现实存在形式。在谢林看来,自然界的人,是自我在以原始客观活动为基础的创造性直观中的自身表现,并且是能直接代表自我自身的表现。

理智自我的意志活动,是一个有意识的过程,因而它是一个主观理性,自我把自己对象化为自然界的无意识过程,则是一个客观理性,两个理性相互对立并同出于一个绝对自我的原始理性,这个原始理性作为二者共同的内在基础,便是绝对。这个绝对作为二者的基础,同时又超越二者,它既不是主观理性,又不是客观理性。它究竟是什么呢?这只有在它变自身为直观对象的过程中,才能显示出来。这个绝对自我在它对象化自身中的自我意识过程,便是

c. **艺术创作的**。谢林所谓绝对,就是作为一个精神活动性的那个原始的绝对自我。主观理性与客观理性是绝对本身的两种对立的表现。但谢林认为,绝对如何呈现这两种对立表现的相互制约这个内在实质,是无法认识到的,也是无法用逻辑加以陈述的。只有天才的艺术创造此过程,才能够模仿绝对如何创生这两种对立表现的相互制约过程。艺术的形象,正是绝对自我创造的,所以种种艺术形象中就表现了绝对自身。因此,在谢林看来,艺术才是人类最高的意识形式,是全部知识体系的拱顶。

在这里,谢林背离他开始提出的绝对自我是个自我意识的实在性的观

点，陷入了思想混乱。他脱离自我意识设想绝对，这样，绝对就成了没有自身区别的抽象同一性了，并且具有了时间先在的倾向。他没意识到，所谓绝对，在他的先验唯心论的意义上，只是贯通在现实的自我意识（自我与其以感性直观为基础的意识对象的对立统一）中的一个共相。既然他设定了绝对自我的原始客观活动（它产生对象或自然）以及在客观活动基础上的直观自身的观念活动（它产生意识），而且二者的道理或规律又是一个在对立统一中的同一性，那么这个对立统一性就是这个普遍的精神活动性作为一道、一理的总体性本身了。绝对的这种总体性作为基础和本质，同时便表现自身成为各种自然事物和精神事物的现象存在。既然如此，怎么能说只有艺术形象的创造才能表现绝对呢？实际上，艺术形象只表现绝对在其道或理中的各方面的个别感性表现，并不表达绝对作为道或理的概念，它怎么能是人类的最高意识形式呢？这种错觉产生的原因就在于，谢林对主观辩证法领域中的生产的想象力作用这个心理行为的普遍基础，没有做明确的内在区分。他没有意识到，统一的精神作用作为一个生产的想象力作用有两种不同的想象作用：一是表现为呈现形象的想象作用，一是表现为意义觉知的理解力的想象作用。谢林虽然对揭示人的意识的心理—逻辑结构的心理行为一面有很大贡献，但它却没有看到任何意识形式都是前两种想象作用的内在统一，而这种统一性又基本上可区分为逻辑思维与形象思维两种类型，艺术只是形象思维的表现作用的产物。既然形象思维的前提是理解作用，则前提有多高，它在前提制约下的同一个表现形象的作用也就相应地有多高。因此，如果逻辑思维不能表现绝对的话，那么形象思维也同样不能表现绝对。从心理行为或主观辩证法方面看，人类的正确思维要求在应该想象力作为意义觉知的理解作用起作用时，决不能代之以表现形象的想象作用，否则不能把概念的规定活动坚持到底，以至于出现非概念的表象意识。反过来说，在应该是表现形象的想象作用起作用的时候，也不能用意义觉知的理解力的想象作用来代替。谢林对生产的想象作用这个内在区分，没有明确的察觉，再加之他本人热情奔放，所以，当应该用意义觉知的理解作用、即用逻辑概念去把握对象的时候，他总是错误地代之以表现形象的想象作用，这便既没有达到逻辑思维的顶点，也没有达到抬高艺术的地位的目的。相应地，谢林也既没有完成人的心理——逻辑结构的心理行为一面的辩证法，也没有完成其逻辑一面的客观辩证法。以至于最后没有从逻辑上意识到绝对本身就是自我意识原理的总体性，相反却把绝对想象成了一个超脱自我意识的、只可意会不可言传的神秘的东西。

但无论如何，谢林总算达到了这样一种思想：对人显现着的一切事物或自然，无论就其感性基础说，还是就其作为意识对象说，都是包含在人意识中的意识事实，对人显现着的自然是无意识的、盲目的意识事实或理性，而它与反思理性乃至实践理性同作为理性的一切规定，都是绝对自我的客观活动作为一道、一理的自我意识，二者同为自我是对立统一的。只是谢林没有自觉地表达出这种对立统一的辩证法。所以黑格尔说，在谢林那里一个伟大的思想产生了，这就是主客统一作为精神的思想产生了。因为谢林承认了对人显现着的自然是观念自我的对象化，所以他认为，从观念的自我出发的知识体系最后能达到自然，从自然出发的知识体系最后也能达到观念的自我。前者是先验唯心论的任务，后者是自然哲学的任务。在谢林那里，绝对自我的客观活动作为道理或规律，只能显现在观念自我的意识规定中，人的意识作为主客统一性之中包含了绝对自我的道理或规律这个客观内容在内，可见，谢林已经接近了黑格尔的天道与人道或人性统一，思维与存在的统一的思想。但应指出，谢林的主客统一性只是在绝对自我的精神之内的主客统一性，所以它是一种唯心主义的东西。这种唯心主义否定了不依人的意识为转移的客观世界，从而也就否定了思维与这个客观实在的关系。

谢林的哲学思想，为黑格尔哲学的出现奠定了基础。黑格尔对谢林哲学所做的改造，只在两个方面。首先，黑格尔批判了谢林坚持的绝对是一个没有内在差别的空虚的同一性的观点。他认为，主观理性与客观理性本来就是绝对自身的两个相互区别的规定，所以绝对的最高原理作为自我意识原理，就是主观理性与客观理性的对立统一，黑格尔称其为绝对理念。既然各种范畴是适用于表现在意识界中的一切事物的普遍规定，则它们也便是绝对作为精神活动性呈现自我意识过程的内在规定，从而各种范畴组成的有机的逻辑体系，便是对绝对本身的逻辑陈述。具体而明确地说来就是，绝对以普遍的范畴规律外化为自然，所以自然的本质是范畴，更确切地说，自然是绝对以直观的形式表现出来的潜在的范畴，因此，当绝对通过认识自然而认识自己本身的时候，这种认识必然是一种以范畴去综合、理解对象（自然）的逻辑过程，这种逻辑过程的内容和在自然中潜在的作为自然本质的范畴内容是对立统一的——这种主观性与客观性的统一，就是绝对作为绝对理念的实在性。其次，黑格尔在批判和纠正谢林的绝对同一的基础上，批判了谢林提出的哲学认识绝对的方法，这个批判集中在谢林对研究哲学所提出的特殊要求——理智直观上面。黑格尔认为，谢林这种要求完全是不合理的。绝对作为一个绝对原理是思想或概念，所以，把握绝对的方法也应该是思想或概念。黑格尔把哲学一般地定义为对事物的思想或概念的考察，亦即以思想或概念的方式，去把握作为事物本质的潜在的思想或概念。但黑格尔所说的思想或概念，不是通常人们所说的如人、树、动物等等的特定概念，而是康德所谓思维的先验自我统觉的一般活动，这种一般的思维活动表现为以范畴的逻辑方式把握对象的过程，所以它是逻辑过程，这个过程也就是思想和概念一般。黑格尔非常明确地，比谢林更加突出而集中地把康德的先验自我统觉的综合原理本体化，成为贯穿其整个哲学体系的基本精神。在黑格尔哲学中，先验自我统觉的综合原理首先是绝对呈现感性对象的内在原理，继而它又是绝对把握对象的主观逻辑方式。由于对象本质上是思想或概念，所以先验自我统觉的综合性作为这样一种主观逻辑方式，便不仅是主观的，它同时也是深入到对象本质（思想或概念）的认识，从而它不需要康德所谓与感性对象的先天综合才获得客观性和真理性。人的思维运动在自身中，也就是运动在绝对的真理性中、绝对的内在规定中：思维对感性现象的综合，只不过是在揭露感性现象自身之为思想或概念的本质而已。基于这种认识，黑格尔把康德的先验自我统觉活动作为思想或概念一般，进一步发展为一种概念辩证法：概念在其每一范畴规定中，都内在地包含有过渡为另一范畴的否定性，但它在这种否定性中同时又是它自身，因而二者的统一，形成新的把二者作为因素包含于自身中的一个更高的范畴，而这个范畴又作为概念运动的新起点照样运动下去，最后直到足以表达绝对的绝对理念为止。这种概念的辩证法，便是把握绝对的科学方法，它不但是把握绝对作为绝对理念的科学方法，而且也是把握绝对理念外化为自然及在自然中认识自身的科学方法，因为在绝对理念中内在包念着绝对作为本质、作为根据呈现后者作为现象的内在统一的原理。所以黑格尔与谢林相反，他把哲学看成是绝对自我意识的最高形式，而把艺术看成是低于哲学乃至宗教的表现绝对的初级形式。

　　黑格尔这种对谢林的批判和纠正，无疑是对谢林哲学的一个重大发展。但他对谢林的批判和态度，却有过分和欠公正的地方。这主要表现在他全面地否定了自费希特以来所提出的理智直观的观点。我们已经说过，费希特、谢林有关理性直观的特定含义，在揭示人的心理行为如何呈现把握对象的思维规定这一主观辩证法问题上，是有其不可否认的合理意义的。黑格尔只过问人的心理——逻辑结构的逻辑一面，即客观辩证法一面，而不过问其心理行为一面，即主观辩证法一面，所以他不需要费希特、谢林所说的理智直观，只靠思维逻辑规定的辩证推演便可以了。黑格尔斥责谢林不能坚持对绝对这个自我意识的原理进行概念式的把握，说他总是陷入非概念的表象意识。这种批评是完全正确的。但谢林产生这种错误的原因并不是像黑格尔所认为的那样，起源于理智直观，也不是起源于谢林、费希特坚持的统一的精神作用是一生产想象力的观点，而只是起源于谢林对思维作用的两种表现形式——（理解作用与表现形象的作用）的乱用。同样，由于黑格尔不过问主观辩证法问题，所以他对这两种表现形式的区别和联系也是模糊不清的。不过，不管怎样说，黑格尔毕竟从人的心理——逻辑结构的逻辑一面、客观辩证法一面，继承了谢林所谓绝对是一个自我意识的道或理的主客统一性的合理思想，批判了谢林的背离这个合理思想的一切不合理因素，完成了一个更为合理的唯心辩证法体系，一个唯心的人类意识原理。

黑格尔对谢林的批判和纠正，也就是黑格尔在费希特、谢林的唯心主义立场上对康德哲学的彻底改造和发展。

黑格尔把康德哲学中的知性与理性、先验与超验、理论理性与实践理性的种种对立，全都统一在他的辩证思维着的理性之中了，而这个理性的本质则是作为主客统一性的绝对理念。绝对理念的客观性一面，就是指绝对理念把自己感性化、对象化的客观活动，由此绝对理念表现为客观存在。而绝对理念的主观性一面，则是指绝对理念在其感性化中直观其自身的主观活动，由此绝对理念表现为思想或理性。这种主观活动作为自我意识的最初发动，必然依靠意志、欲望，所以主观活动作为自我意识一开始便是一个处于激发状态的以欲望为基础的统一意志。黑格尔说："感性世界对自我意识说来是有持存性的，不过只是**现象**或异于自我意识而**本身**没有存在的东西。然而自我意识的这种现象和真理性的对立只是以真理性，亦即以自我意识和它自身的统一为它的本质。自我意识必须以这种统一为本质，这就是说，自我意识就是**欲望**一般。"① 这就是说，由于自我意识即为在感性世界中的绝对理念的自我意识，它必须与它在感性世界中作为客观性存在的真理（绝对理念）相统一，这是自我意识的本质，所以它的最初发动就是一般的欲望，亦即是一个普遍的以欲望为基础的统一意志。这一点黑格尔在其《逻辑学》中说得更清楚，他说："主观的理念首先是**冲动**。因为它是概念的矛盾，以自身为对象并使自身成为实在，然而却没有作为**他物**，对概念独立的对象，或者说没有自身与自身相区别而又同时具有**差异性**和漠然实有的本质规定那样的区别。冲动因此具有下述的规定性，即扬弃概念自己的主观性，使它最初的抽象的实在成为具体的实在，并以其

---

① 黑格尔：《精神现象学》上卷，商务印书馆1962年版，第116—117页。

主观性事先建立的世界的**内容**来充实这种实在。——从另一方面说，概念由此而规定自身，是这样的：概念诚然是它自己的绝对确定性，但它事先建立的一个**自在之有**的世界却与它的**自为之有**对立，而这个世界的漠然的他有对于它本身的确定性说来，又具有仅仅是一个**非本质的东西**的价值；在这种情况下，它就是要扬弃这个他有并要在客观中直观其自身同一的那个冲动。"①这个冲动就是以欲望为基础的一个意志，主观理念作为概念的规定活动，在其起点上就是这样一个统一的意志。康德所说的理论理性或一般认识的理性，也是以这个统一意志为基础的，因而，理论或思辨理性也是一个实践理性。黑格尔所谓的感性世界——自然作为绝对理念的外化，并不是人与其他现象的机械集合，而是二者的对立统一构成的整体。在这个整体中，人是主导的一面，其他一切自然现象在与人的关系中都与人的规定分不开，所以，自然这个整体是一个活生生的生命的实在性。黑格尔说："对自我意识是否定的东西的那个对象就它那一方面说来，**在它本身**或者**对于我们**而言同样是返回到它自身，正如就另一方面说来，意识是返回到它自身一样。通过这种返回到自身，对象就成为生命。那被自我意识当作异于自己而存在着的东西，就它之被设定**为存在着**的而言，也不仅仅具有感性确定性和知觉的形态在它里面，而它也是返回到自身的存在，并且那当下欲望的对象即是**生命**。……一个绝对**自为地**存在的自我意识，立刻就会赋予它的对象以否定的特性，或者说，如果自我意识首先是**欲望**，因而它就会经验到它的对象的独立性。"②这就是说，感性世界作为自我意识的对象，异于它自身，但却是它自身的一个"事先建立的自在之有"：绝对自我在客观活动中感性地直观自身，它自身变成了被直观的对象，即作为感性世界的自我意识中的对象。但这种对象的本质却是理念，它与主观理念的自我意识是统一的，所以它呈现为一种活生生的生命。这个活生生的生命，是以具有自我意识的自然人为中心的，是人与其他自然现象的

---

① 黑格尔：《逻辑学》下卷，商务印书馆1976年版，第483—484页。
② 黑格尔：《精神现象学》上卷，商务印书馆1962年版，第117页。

对立统一体。由于自然人是绝对自我在外化形态中的复归,是绝对自我回归为精神、回归为自我意识的主观性的外在现象表现,所以自然人与其他自然现象的对立统一、相互规定组成的整体,就是以人为核心的一个生命。自我意识作为这个生命的自我意识的最初表现,它就要认识这个生命内部包含的真理性内容,所以称它为一个趋向自身内在真理性的欲望,一个以欲望为基础的统一意志。

但欲望的内在本质是一个主观的理性,黑格尔称其为主观理念。因此,它在欲望中必然要转化为把握对象的概念规定活动。这种概念规定活动作为一个主客统一性(一个与其对象的自在性相统一的主客统一性),就其普遍性说,首先它是一个真理的结构。而事物作为现象在与它的真理性的统一中,归结为它的真理的实在性,这就是普遍所谓善。这个普遍所谓善,在与它的感性形象的统一中,归结为形象的实在性,这便是黑格尔所说的理念的感性表现——美的实在性。从而理念的主客统一性的逻辑体系就是一个普遍的真、善、美统一的逻辑结构。但在这个逻辑结构的外化——自发的自然现象中,必然包含有一种理想性不能为外化的自然所表现,因而自我意识作为趋向于真、善、美统一的以欲望为基础的统一意志,又必然要在其这种真、善、美统一的认识中,去认识这种理想性,这便是黑格尔所谓相对于人而言的善之认识;这种善的认识,也就是人在其对自然的相互关系中,即在生命中的真的认识,这种真、善认识的统一,在其感性表现中就是人之为生命现象的美。此三者的统一作为在理想性中的真、善、美认识的统一,以人的自我意识的最初动力——欲望为基础的统一意志为出发点,这便是一个实践理性。所以实践理性也是一个思辨理性,因为它不是停留在欲望这个出发点上,它由此要转化为在真理的逻辑体系作为普遍的真、善、美统一中,去思辨地认识存在于这个统一性中的有关人作为生命现象的理想性。思辨理性是一个普遍性,一个以意志为出发点的有关普遍真、善、美统一的概念规定活动的主客统一性。实践理性则是这个主客统一性的一个特定方面,一个核心的环节,它要在这个主客统一的真理性中认识其中的理想性,而使自我意识达到理想的、完满性的思辨理性。二者的统一又同作为实践理性,与其思辨的概念规定活动的内在统一,就是一个自我意识作为人性的道或理的主客统一性。在黑格尔的《精神现象学》中,这个主客统一性被表述为理论精神与实践精神的统一——自由精神。这个自由精神的规律,本应是心理——逻辑结构的主客统一性,但黑格尔仅论述了它的逻辑一面,即客观辩证法一面,从而通过他的《精神现象学》《逻辑学》《自然哲学》《精神哲学》乃至美学原理,完成了一个唯心主义的人类意识原理之为一真、善、美统一(其中犹以人在其与其他自然现象的相互关联、相互规定的自我意识的理想性之为一真、善、美统一体为核心)的哲学体系,完成了一个以思维与存在同一性为基础的逻辑先在性的真理体系,其中包含了真理发展的历史形式在内。

  自由精神的道或理,就是人的自我意识作为绝对理念在其外化自然中意识自身的规律性,是人性作为一道,一理的实在性。这个道或理在自由精神这个环节上,便再通过人的实践活动外化为人的社会——伦理——客观精神。而前者作为主观精神与客观精神的统一,就是绝对精神。绝对精神作为绝对理念(主客统一的道或理)在其外化自然中的自我意识,是一个道或理的全体性。就这个全体性内在的普遍逻辑形态说,它就是一个主客统一性,即绝对理念本身。

  本体作为精神活动性的道或理,是一主客统一性,这统一性即是贯通天地万物(之为人在其对其他自然现象的相互关联、相互规定中作为生命现象)的内在之理——绝对理念。因而绝对理念在其主观性一环节中表现为人的自我意识,而自我意识的道或理的顶点就是绝对精神。这个绝对精神就是作为主客统一性的绝对理念的主观性一环节的展开。它作为一能够表现绝对理念在其客观活动中的道或理的主客统一性,其客观内容就是这个道或理本身。绝对理念与绝对精神的统一,就是天道与人道的统一:绝对理念作为天道只能表达在绝对精神作为人道或人性的主观性中,绝对精神作为人道原就是绝对理念——天道作为一主客统一性的自身存在的现实性。就这个现实性的抽象逻辑形态说，它就是绝对理念本身即为一主客统一性的、其客观性一面只能为其主观性一面所表达的逻辑理念本身。而这个逻辑理念作为一主客统一性，就是绝对理念自身。所以，绝对理念作为本体，本质上是一贯通天地万物，即贯通在人与自然现象的对立统一作为生命之中的内在伦理实体。这二者的统一，正好就是人心作为一道、一理的客观实在性。黑格尔正是从这道或理的逻辑一面，即客观辩证法一面建立了它的客观唯心主义的人类意识原理。

这个唯心主义的人类意识原理，从逻辑方面描述出了谢林所提出的绝对的内容。绝对是什么？绝对就是绝对之为一精神活动性本身分化的客观活动作为客观性与直现其自身的主观性作为主观理性的对立统一。这个对立统一性正好就是普遍的"人心"之为一道、一理的实在性。在德国古典哲学家中，费希特就开始把上帝作为绝对的自我，放在人心之内了，在此同时，他又把康德所谓的与人心外感现象相对应的物自体，看成是这个绝对自我设定的非我。在谢林那里，非我变成了绝对自我在其客观活动中的客观理性，而绝对作为客观理性的实在性，便只能是它的自我意识的实在性。黑格尔则从逻辑上完满地揭示了这个自我意识规律作为封闭在人心之内的绝对理念、绝对精神是一个主客统一性。

但是，黑格尔的这个人类意识原理，除了它的唯心主义之外，还有一个很大的缺陷。这就是我们以前提到的，它仅从人心的普遍本质之为一个心理——逻辑结构的逻辑一面，即客观辩证法一面表达了这个意识原理，而没有涉及它的主观辩证法，即心理一面的内容。这不能不说是一件遗憾的事情。

第七章　马克思主义哲学与思维规律

马克思主义哲学作为辩证唯物主义，是彻底的唯物论。它在唯物主义的基础上，承认人的统一的精神作用，有其表现为人的一切精神现象的固有规律和原理。对此恩格斯说："在自然界里，同样的辩证法的运动规律在无数错综复杂的变化中发生作用，正像在历史上这些规律支配着似乎是偶然的事变一样；这些规律也同样地贯穿于人类思维的发展史中，它们逐渐被思维着的人所意识到；这些规律最初是由黑格尔全面地、可是以神秘的形式阐发的，而剥去它们的神秘形式，并从它们的全部的单纯性和普遍性上把它们清楚地表达出来，这就是我们的目的"。[①] 按照恩格斯的看法，哲学就是研究这种思维规律的科学。[②]

马克思主义哲学，吸收了从康德开始的德国古典哲学关于思维规律的研究成果。它包含康德的先验论的合理思想，但不归结为康德的先验论；它包含黑格尔的思维与存在的同一性学说，但不归结为黑格尔的唯心主义的思维与存在的同一性。由此看来，马克思主义并没有脱离人类的意识原理，而另辟蹊径来实现自己彻底的唯物主义学说。这个学说的一切唯物主义的规定，都只能作为思维的规定，包含在人类的意识原理之中，成为这

---

① 恩格斯：《反杜林论》，《马克思恩格斯全集》第20卷，人民出版社1995年版，第13—14页。

② 马克思，恩格斯：《马克思恩格斯全集》第21卷，人民出版社1995年版，第352页。

个原理的最后基本规定。

对人而言，为人所称道的一切，都是意识的规定，思维的规定。人脱离了意识或思维的规定，便不能意识到任何事物。正因为如此，哲学才是关于思维规律的科学。所谓思维规律的原理，也就是思维与存在的辩证统一的原理。这样的原理本身是一个严格的逻辑体系，所谓意识是不以意识为转移的客观存在的反映、存在决定意识，以及实践是检验真理的标准和认识发展的现实基础等等原理，都是这个逻辑体系的规定和环节。辩证唯物主义之所以是彻底的唯物主义，就在于它自觉地把这个思维规律的逻辑体系放在物质性基础上，并通过这个逻辑的陈述而证明出这个物质性就是不以人的意识为转移的客观存在。

有一种观点认为：既然意识是存在的反映，那么认识或意识的规律全为存在的规律作为"反映"由人的活动或实践所决定，认识或意识本身没有它的固有规律——意识的能动性，或者说意识的能动性本源全在于实践的能动性。

实际上这种观点是对马克思主义认识论的一种误解。它没有认真地考虑恩格斯把全部哲学归结为有关思维规律学说的教导的深刻含义，而用人的活动和实践完全取代了意识内部过程的能动性。诚然，马克思、恩格斯针对旧哲学脱离人的活动或实践环节而抽象地谈意识内部过程的缺点，强调了实践环节在认识中的作用，说直观并不单纯是直观，同时也是人的活动或实践——直观始终是在人的活动或实践中的直观。但马克思、恩格斯却从来没有想用人的活动或实践去代替人的意识的内部过程，去否认这个内部过程的固有规律，说意识的规律完全由人的活动或实践后天造成的。人的活动或实践对认识的关系，是意识的固有规律所设定的，它本来就是意识的客观规律的固有环节。正因为如此，现实的实践活动才能够作为意识发展的现实基础和基本条件而起作用。反之，如果活动不为意识的固有规律所设定，它只能是一种外在的活动，不能对意识起任何作用——太阳系的行星天天在围绕太阳活动，为什么它却不能使这些天体有意识发展的现实过程呢？为了更为正确地理解马克思主义的认识论，我们就必然详细地分析人的活动或实践在人的认识或意识中的作用究竟是什么，从而说明它与人的思维的固有规律的关系，并在此基础上消除以上所说的那种对马克思主义认识论的误解。

人的一切"我意识到"或意识的现实过程，一开始都需要有人体内外的刺激。刺激是意识本身所固有的内在环节。而人体内外的刺激，离不开人的活动或实践，人只有在活动或实践中，才能与对象相接触，从而产生体内外在其相互联系中的全面刺激及这种刺激的不断重复。我只有围绕一座大楼走一周，才能得到有关这座大楼的全面视觉刺激；我只有在活动中，才能产生我的身体各方面的动作之为一个统一整体的动觉刺激；光的刺激，映现在眼中的物象是倒立的，人只有在活动中与这些物相接触，才能提供纠正这种倒立的视觉刺激，等等。由此看来，既然刺激是意识的内在环节，那么提供这个刺激的人的活动或实践也就必然是意识的一个内在环节。人在实践活动中，不仅获得了关于外物的内容的刺激，而且也获得了有关人和外物关系的内容的刺激，由此我们说实践提供了认识的现实基础和必要的条件。但是，人的意识并不能停留在刺激上，它要产生感性形象来表现刺激的内容。那么这样的感性形象是怎样产生的呢？显然，仅仅用活动或实践来解释这个问题就显得不够了，这就需要我们承认人的以内外感官为基础的感性作用，承认贯穿在感性作用中的固有客观规律。是它使人在实践活动的条件下自身形成了反映刺激，内容的感性形象。所谓感性作用的固有规律，也就是感性作用对刺激的固有关系。这种固有关系，也和其他事物的规律一样，对它自己的一切现实表现说，是逻辑先在的。它既不是人的活动或实践造成的，也不是活动或实践所提供的刺激单独造成的。相反，倒是感性作用的固有规律，内在地设定了刺激作为它的固有环节，由此也间接地设定了人的活动或实践也是它的固有环节。人的活动或实践在感性作用呈现感性形象过程中的作用在于，它提供了人体内在各方面在其相互制约中的比较全面的刺激，因而它是使感性作用对刺激的固有关系得以更适应内、外感上的感官对象的基本条件。感性作用对刺激的固有关系作为一种客观规律，也包含了感性对刺激内容的适应过程的环节在内，在这一点上，我们可以说刺激的内容决定产生的感性形象，由此对感性作用也产生制约作用，而刺激是由实践提供的，由此我们又可以说实践对感性作用也起着一种决定性作用。这就是实践活动、刺激作用的固有规律。但是我们承认这一点，并不构成否认感性作用固有规律的理由。按辩证唯物主义观点，两个规律是一致的，也就是说，实践的决定作用和感性规律的作用是对立统一的，不能抛弃一方而片面地坚持另一方。

从人的活动或实践这一方面来看，则以活动或实践为基础的刺激对感性作用的固有关系，就是使感性作用产生表现刺激的感性形象的规律，因而亦即是活动或实践决定感性作用及其感性形象的规律。但是，在以活动或实践为基础的刺激对感性作用的固有关系中，包含不包含感性作用对刺激的固有关系——感性作用的固有规律在起作用呢？前者脱离后者能否还能成立其自身呢？回答当然是否定的。于是我们看到，活动或实践决定感性作用及其感性形象的规律，内在地设定感性作用对刺激的固有关系、设定感性作用的固有规律为其内在所固有的环节：活动或实践决定感性作用及其感性形象的决定性，通过感性作用对刺激的固有关系、固有规律而起作用。在这里活动或实践便由能动者、制约者，内在地转化为被动者、被制约者，这个能动者变成了它的对方——感性作用对刺激的固有关系的客观规律的实在性。不过，这仍是活动或实践在其固有环节中的自身规定、自身制约，它仍不失其为一个活动或实践决定感性作用及其感性形象的规律。这个规律也是逻辑先在的和先天的，它为活动或实践所固有，不是为活动或实践所造成的——看起来是造成，实则这是现象，是活动或实践固有的规律性的显现。规律的人道主义在任何条件下都是不能成立的。

一般地说，人的活动或实践在人的意识中的作用，基本上可归结为它对感性作用及其感性形象的这个决定作用的规律。从这个规律中，我们便可清楚地看到，活动或实践决定人的意识的规律，脱离了人的意识在感性作用这一环节上的固有规律，便不能成立其自身了。活动或实践对意识的决定性，要通过意识本身的规律起作用，如果只说实践决定意识，但却不承认或反对讲意识的固有规律，那么这就无异于否认了活动或实践决定意识这个马克思主义认识论的基本规律。

从人的感性作用这一方面看，则感性作用对以活动或实践为基础的刺激的固有关系，就是使感性作用呈现其表现刺激的感性形象的固有规律，不管这规律在原始感觉状态中，是否如费希特、谢林所说的那样，是一种生产的先验想象力的作用，反正这规律性不问是什么，它总是存在的。但是在感性作用对以活动或实践为基础的刺激的固有关系这个规律中，也同样内在地包含有活动或实践通过其所提供的刺激对感性作用的固有关系——活动或实践决定感性作用及其感性形象的先在规律在起作用。前者脱离了后者同样也不能成立其自身。于是我们看到，感性作用呈现其感性形象的规律，也内在地设定活动或实践对感性作用的固有关系、设定活动或实践制约感性作用的客观规律为其内在所固有的环节：感性作用呈现其感性形象的决定性，通过为活动或实践所提供的刺激对它的固有关系、固有规律而起作用，在这里感性作用便由能动者、制约者内在地转化为被动者、被制约者，这个能动者变成了它的对方——活动或实践制约或决定感性作用及其感性形象的固有规律的实在性。不过，这仍是感性作用在其固有环节中的自身制约、自身规定，它仍不失其为一个感性作用以活动或实践为条件而表现其感性形象的固有规律。因此，当谈到感性作用的固有规律的时候，我们切不可忘记这规律中包含有活动或实践的决定作用这一内在环节。

进一步看，这两个规律——活动或实践与感性作用的规律，又是一个活动或实践与感性作用各以其本性而相互制约的规律，是一个规律的内容整体。这个规律的内容整体一分为二，分为活动或实践制约感性作用及感性形象的规律和感性作用的规律。二者又各在自身中包含对方，并且就是对方，从而二者便都是以自己为核心的一个固有规律的内容整体。二者的区别仅在于，一是以活动或实践为中心而在表现这个固有规律的内容整体，一是以感性作用为中心而在表现这个固有规律的内容整体。所以，这二者是对立统一的，以至于我们可以说，活动或实践制约感性作用的那个固有规律，也就是感性作用呈现其感性形象的那个固有规律。反过来说，也是一样。

这便是由辩证的方法看问题所得出的结论。

这样的辩证方法纠正了知性或形而上学的片面性，使我们看到，承认活动或实践是主导的方面，它也取消不了感性作用的固有规律。二者之中谁占主导地位，这要取决于我们看问题的角度；如果我们从感性作用的角度出发看问题，则感性作用的规律便是主导的，活动或实践制约感性作用的规律，只是包含于其中的一个内在环节。反之，这种关系便要倒转过来。活动或实践与感性作用同为人的两个方面的固有关系，一为外在的，一为内在的，就这一点说，我们毋宁说感性作用作为人的内在的一个方面，却应该永远处在能动的主导地位，就是说，它作为内因，永远是产生感性形象的内部根据。

感性作用的规律与实践的决定作用的规律作为整个物质世界总规律的环节，都是先天的。那么这里所说的先天性与后天性的概念含义是什么呢；所谓先天性，就是规律的逻辑先天性。一切事物或对象（不管是经验的还是超经验的）的固有规律都是一个逻辑先在性，而这种先在性就是在普遍意义上的先天性。如果我们把我们所从而出发的一切事物或对象，都把握为一个"点"，不管这点是经验领域意义上的，还是超经验领域意义上的，则先天性便可定义为：**一个点所固有的对其他一切事物的内在关系的总和，这个总和是以点为逻辑起点的一个内在统一的规律体系**。

把这个定义运用到绝对本体作为超经验的点时，则本体的先天性，便是它所固有的对宇宙存在过程的一切事物的内在关系的总和之为一个统一整体的规律体系。过去人们曾嘲笑遗传学上所谓的基因，说它包容不了生物进化的个体丰富性。这实际上是用知性的经验主义观点看问题，基因作为一个生物学上的点，它理应是一个对其他一切事物所固有的关系总和，是一个以基因作为点为核心的规律体系，包括使它毁灭的关系在内。因此，基因在其现实的展开或发展过程中，处在什么条件的总和的制约中，它便有什么样的现实表现：现实表现再丰富、再多样化，它也总是基因这个规律体系在一定关系中表现出来的现象形态，它永远逃脱不了基因这个如来佛的掌心。一切事物都有其以自己这个"点"为中心地对其他事物的固有关系，这些固有关系作为事物的规律体系在相互渗透对立统一中，便都包容在物质本体之为一点的普遍规律体系的道或理中。至于一个事物之为一点的规律体系，在其某一时刻的现实过程中，到底是处在什么条件总和里，这又要以物质本体的规律体系呈现其世界存在过程的总体来设定。

那么，什么是与先天性相对立的后天性呢？从先天性的意义中，可以看出，所谓的后天性只是适用于现象领域的一个范畴。物质本体的现实存在过程表现为一些事物（包括精神现象在内）相互制约的链条，如果截取其中的任何事物作为考察对象，它都会是先前的一些事物在相互作用中所产生的结果：结果总不是现成就存在于那里的先在物，而是发展变化的产物。在这个意义上，任何事物作为在先事物的发展、变化的结果，便总是一个后天性。世界上任何事物就其现实性说，都是一个后天性，绝没有压根就是先天的现实存在物。人一下生便能生而感之，并像皮亚杰所说的那样，具有一定模式的原始感知—运动，如果把这种现象定为先天性，说除了人生而能者之外，余者便都是后天性，那仍然是在用现象论的经验主义观点看待先天性与后天性问题。实际上，人生而能者，如感知—运动等等，仍是一种后天性，它是在先的胎儿在母体中长期发展的产物。如果说在普遍意义上的先天性就是逻辑先在的意思，就是逻辑先在的那个先在性，那么在普遍意义上的后天性就是现实过程中的时间后在的意思，就是时间后在的那个后在性。凡属时间后在的东西，总要有一个时间在先的起点，并由一个过程来形成，所以它是后天的。一出生的婴儿的自发感受运动，不仅是胎儿在母体中长期发展的产物，而且就当下来说，它也是有婴儿体内外相互作用、神经运动过程先行于前的一个结果。这同婴儿在经过一段成长之后表现出来的学说话、学走路等等学习过程一样,都是时间上前后相继的发生过程。我们没有理由称先发生的感受运动为先天的,称后发生的那些学习过程为后天的。前者与后者,都是婴儿在既定条件下天然所能者,二者因为天然所能,却又都是先行过程的产物。在这个意义上,二者都是后天的。由此可见,天然所能并不能成为划分先天性与后天性的原则。划分先天性与后天性的真正原则,只能是非时间的逻辑关系与在时间中的现实关系相区别的原则。这就是说,先天性在任何时候都是一个逻辑先在性,而后天性在任何时候都是一个被产生的、在时间关系中的后在性。据此,我们可把后天性定义为:**在现实过程中,一切由时间在先的起点和过程所形成的事物或现象的存在。**

然而在时间关系中的现实过程,正是逻辑先在性所必然能包容的后在性。但是这个后在性作为逻辑先在性这个规律体系所表现出来的现象形态,它不能作为直接性包含在规律体系之中,而是对这个规律体系的超越。所以它对整个规律体系这个逻辑先在性说,整个地都是后在性。如果我们追随亚里士多德和黑格尔的说法,承认这个后在性同时又是逻辑上居先或最先的,我们就需要注意,这话的正确含义并不是断言这个后在性本身可以先于逻辑先在性而存在,而是说这个后在性作为现实过程的直接性,作为对人的直接呈现,是包容在逻辑先在性里的一个预先被设定了的必然环节,是逻辑先在性所趋向的自身存在。存在的直接性仍是一个后在性。相对于逻辑先在性整体而言的后在性——一切在时间关系中的直接性的现实过程,本身不能转化为居先于逻辑先在性的东西。从这种关系里,我们便可演绎出先天性与后天性的辩证关系。

先天性便是本体(绝对的)或一事物(相对的)之为一个"点"所固有的对其他一切事物的全部关系总和的统一体。这个统一体便是一个规律体系。这个规律体系作为本质性的东西,必然表现出它的现象,这现象就是它自身存在的现实性。这个现实性,不管从绝对的观点看,还是从相对的观点看，它总是一个在时空关系中的存在过程。在这个存在总过程中的每一个时空关系中的存在片段，都是它前面过程所产生的结果，是前面过程的时间后在性，因而每一片段都是后天性。由于这种后天性的过程本身就是规律体系的自身就是一个后天性。而这个后天性作为先天性规律、本质的现实表现，又内在地和先天性相统一，所以后天的过程同时又是一个先天性。无论是人一下生就有的感受—运动，还是后来的"学习"过程，都是后天性，但二者所固有的内部规律，又都对二者之为后天性说，是逻辑先在的先天性。因此二者作为这种先天性与后天性的统一，它们的每一个后果也必然是一个先天性与后天性的内在统一。通常我们总是说，人只有通过学习才能获得知识，这是正确的，但我们绝不能因此而断定这个获得知识的能力只是一个后天性，其中没有先天的因素，这样看显然就走入片面性了。学习和获得知识的过程必有其固有规律，而这个规律并不是在这个过程中产生的东西，所以它是一个逻辑先在性，是一个先天性，这个先天性因素就属于前述的后天性之中。

形而上学观点认为，世界就是一个动变的现象过程，每一动变过程的结果是一新的事物，而这一新的事物在动变过程中又会产生另一新的事物，所以每一事物都是后天的，没有先天的东西。这实际上是只看到了现象，没看到本质，只看到了世界的现象的因果联系，而没有看到这种联系内部包含的然性、规律性。虽然，事物都是由动变过程生成的，但是事物的规律却绝不是由动变过程生成的东西，规律是永存不变的逻辑先在性或先天性。可见，无论在什么事物中，后天性总是脱离不了先天性，先天性也脱离不了后天性，二者是不可分割的统一体。有知于此，绝对的动变性同时又是一个绝对的永存不变性的道理也就十分清楚了。

从这种后天性与先天性的对立统一出发，我们可以说，任何感性形象当然都是后天性，它们是活动或实践的产物或者说是感性作用的产物，但无论彼此，它们总是遵循着一个逻辑上先在的规律。这个逻辑先在的规律，从活动或实践一面来看，便是活动或实践制约感性作用及其感性形象的规律；而从感性作用一面来看，便是感性作用呈现其感性形象的规律。我们在前面说过，活动或实践制约感性作用及感性形象和感性作用呈现其感性形象二者是对立统一的，是同一个过程。而所谓过程就是不同因素所固有的相互关系。既然如此，那么在关系中的任何一方必在其自身中包含对方或就是对方，因而它在对方中也就是它自己。这就是一切相互关系的普遍先天性。在这个普遍先天性中，一方的先天规律也就是对方的先天规律。据这个道理，我是可以说，活动或实践制约感性作用及其感性形象的先天规律，也就是感性作用呈现其感性形象的先天规律。

如果说，活动或实践制约感性作用及其感性形象的先天规律，这只不过是说，活动或实践提供比较全面的刺激，而这刺激对感性作用的固有关系即为一种先天规律，从而刺激必须通过感性作用对刺激的固有关系——先天规律而起作用，抽象的刺激本身不能呈现任何感性形象；那么，当我们谈到思维与感性的固有关系时，思维规定感性的概念活动，便更不能由活动或实践所提供的抽象刺激本身产生了。不管这刺激是多么全面或重复多少次。正像感性作用的规律性不是由活动或实践造成的一样，思维的规律性也不是由活动或实践造成的。所谓思维的规律性，就是思维对感性的固有关系。这是思维与感性的面对面的直接关系。在这种关系中，感性作用所呈现的感性形象转化为刺激或信息，它刺激起限定在它（作为某一感官为基础的感性形象）之中的精神潜力，起而超越限定状态，表现为自由想象力的理解作用。这个理解作用的实质，也就是它对感性所呈现的种种感觉形象的固有关系或先天规律的实在性。否认了这个实在性，也就等于承认一切表象、概念、知识都是由感觉形象中现成拿出来的东西，这就否认了思维的能动性而陷入了洛克的白板论。而洛克的白板论把思维的理解作用或统觉作用完全看成一种被动的容受性和抽象概括作用，这是难以说明思维对感性的概念式的规定活动的。对这种经验论的原则，马克思、恩格斯曾做过严厉的批判。所以，马克思主义的能动的反映论并不等于白板论。我们不能这样用经验论观点来理解马克思主义的认识论，错误地断定：

感性形象是存在的摹写,思维的概念活动又是感性形象的摹写,把能动的认识关系看成是摹写关系。如果这样的话,就把马克思主义认识论中的思维能动性原则全部抹杀了。

以洛克为代表的经验论,难以说明人的一切知识的产生,难以阐明和解释人的意识过程。洛克的经验论原则,把思维的逻辑规定混同于感性的感觉形象,认为颜色、硬度、运动、广延等我们现在称为可感性质的东西,也就是与其相对应的种种感觉形象,所以它断定简单观念起源于感觉,思维的作用仅仅在于在被动的容受性中将感性形象从对象中概括出来,形成种种的简单观念,所以洛克把简单观念叫作"在理智中的感觉或知觉"。实际上可感性质并不等于感觉形象,如若它等于感觉形象的话,那么从对象的种种感觉形象中抽象概括的仍然是形象,如此从形象到形象,便无对形象的意义觉知的理解可言了。没有意义觉知的理解,怎么能说有人的"我意识到"的自我意识的形成呢?那么,感性性质作为思维的逻辑规定,与单纯的感觉形象之间的区别是什么呢?区别在于,前者是对应感觉形象的规律性。说对象有白的、硬的、方的和运动等等可感性质,就是说对象内在地具有呈现为白的形象、硬的形象、方的形象、运动着的形象等等的规律性。这规律作为对象所固有的一种逻辑先在性或先天性,相对于对象说,是一种普遍性和必然性。一切在感性认识水平上的人的"我意识到",也都指向对象的这种规律性。所以不能把感性认识混同于感性作用的感性形象。凡属思维的逻辑规定,都是超感性的,只是超越的远近不同而已。近者如上面所说的可感性质,它们比较容易在为思维的理解作用所制约的想象力表现形象的想象作用中,立即同与它相对应的感性形象联系起来,所以我们可称它们为对象的直接规定;远者如实体、因果、本质、现象等,则不能直接和感性形象联系起来,所以称它们为对象的间接规定。可见,可感性质作为思维的逻辑规定与感性形象之间的区别是严格的,它不能直接从对象的感象形象那里现成地接受、概括出来。那么它们作为思维所指向的可感性质,是从何起源的呢?一般地说,它们不会从别处而来,而只能来自思维的理解作用对感性的固有关系、固有规律——思维的理解作用也有其固有规律，这些逻辑规定表示的就是思维的理解作用根据形象而想象形象之意义的规律本身。也就是说，针对着对象的各种感觉形象，思维就必然要呈现出以这些逻辑规定去理解和把握感觉形象的规律性。

如果说有关对象的一切可感性质都不能从感性形象那里现成地接受而得，现成地概括而出，那么有关对象更深层次的规定——亦即能把可感性质有机统一起来的作为对象本质的逻辑规定，便更不能现成地得之于感性、出自感性了。前者作为对象的直接规定出自思维对感性的固有关系、先天规律，后者作为对象的间接规定则出自思维对可感性质的固有关系、先天规律。何谓思维的先天性？思维是思想；人有思维，也就是说人能思想，而人能思想首先必须这个"能思"本身就是思想，就是说它必有所以能思想的先天规律。这便是思维的先天性。何谓思维的先天规律？思维的先天规律既非天赋观念，也非存于思维中的一些固定不变的模式，它只是一个相对于它的一切思维表现及其现实发展过程的逻辑先在性。这个逻辑先在性，可以归结为思维对感性的一切直接与间接的固有关系总和的统一体；这个统一体，诚然是一些关系在统一性中的不变性，但它却是对感性的固有关系的不变性，因而它在现实中正好表现为变动不居的可变性——不变性就是一个可变性。不变呈现变，这是一个辩证法的真理。思维以感性表现的直接与间接的不同现实性为转移，便有其理解对方的不同固有关系，此关系发而为思维的现实性，就显现出变动性，但这个变动性归根封底又是思维对感性固有关系这个不变性。

思维以可感性质的逻辑规定把握对象、理解对象，这是思维对感性的直接关系；思维进而以反思的间接性把握可感性质、理解可感性质，这是思维对感性的间接固有关系。无论是直接关系还是间接关系，它们同作为思维对感性的固有关系，是思维作为理解作用的规律。既为规律，就绝不可能是为什么东西造成的后在性，而是一个逻辑先在性。

在思维对感性的直接与间接的固有关系中，包含了皮亚杰所谓思维要借助活动而实现其对感性的理解作用的环节在内，只要这个环节在现实上成为必要，它表现于思维现实的理解作用的过程之中。所以，活动有时成为思维理解作用的一个必要环节而包含在思维作为一个理解作用的道理之中，这是思维的先天规律所固有的，我们不能脱离思维规律去设想一个外在的活动进而用这种活动来创造思维模式。辩证唯物主义所说的实践决定意识，并不是要否定意识规律，不是要用实践去代替思维规律，或用实践创造思维规律，而是说，实践必须通过思维规律的能动作用而起到对意识的决定作用。

在人的意识中，一切被意识到的有关对象是什么和怎样的逻辑规定，都不是思维现成地从感性那里接受来的，而是思维对感性的能动理解作用的结果。能动的理解作用，这是思维的本质。当然，思维的理解作用，离不开思维之为一个以某一感官为基础的自由想象力的表现形象的想象作用，所以我们说思维的机制是这个自由想象力分化成的理解作用与表现形象的作用的相互依存、相互转化，而它的表现形式则是逻辑思维和形象思维，无论是逻辑思维还是形象思维，其本质都是理解：逻辑思维是在形象中理解、把握意义，形象思维是在意义中理解、把握形象，在这里思维理解作用的意义觉知仍然是基础——这是审美的直观区别于单纯感性直观的地方。

人们通常谈到思维的本质时，总是把它仅仅归结为比较异同、抽象概括及其逻辑演算等等作用，这是一种片面观点。实际上，思维在感性所呈现的感官对象中，只能比较它所理解的，抽象概括它所理解的，然后以抽象概括为基础逻辑地运算它所理解的——所有这一切，都是从属于思维的基本机制即思维理解作用的派生环节，它们的规律也是为思维所固有的先天规律，是理解展开其自身的规律。没有思维的理解作用，便没有在人的意识中的比较异同、抽象概括、逻辑运算等等的思维作用。经验主义在反对唯理主义把思维理解作用的先天性归结为天赋观念的前提下，把思维的先天性又归结为单纯对感性的容受性（单纯的容受性也是一种先天规律的先天性)、比较性、抽象概括性和逻辑运算的过程，从而把人在其意识中的对象全部都还原为感官印象，认为在人意识中的对象的一切逻辑关系或逻辑规定，既然都是在感官对象中，那么它们就只能是一个单纯来自感性的容受性。这种思想在休谟那里达到了顶点，休谟一方面在人所意识到的对象中看到了因果性、实体性等逻辑关系或逻辑规定，另一方面他又脱离思维能动的理解作用，单纯从感官对象的感性形象中去探求这些逻辑关系的起源，结果当然确定不了它们在对象中的客观性。同时，休谟从彻底的经验主义出发，又把对象的可感性质的逻辑规定（如白、方等）混同于感觉形象，所以，他甚至没有意识到，在经验论前提下是难以确定这些逻辑规定在感性形象中的客观性的。实际上，在人的意识中，感官对象的直接性只是一些形象。只有通过思维对感性的能动理解作用，感官对象的内在规定才能作为与形象既相分离又相联系的意义觉知对人显现出来，同时这个显现过程便呈现为人的"我意识到"的意识过程，这样，在这个意识过程中的对象便一开始在不同程度上对人显现为是具有种种逻辑关系于自身的对象。它已有了思维理解作用的规定体现其中了。思维理解作用的规定本质上就是思维如何思想对象，把握对象的固有规律，它归根到底是思维对感性的固有关系。如前所提到的那样，思维的固有规律作为逻辑先在性，可定义为**思维对感性的一切直接与间接的固有关系总和的统一体**。

在这里，便涉及现代心理学的一个有趣的问题。现代心理学家表明，不但思维能显现对象的关系，而且感性作用也能显现对象的关系。只是现代心理学家由于没有从实验上达到德国思辨哲学那样的理论高度，还不知道思维区别于感性的本质，所以便不知道在思维中所显现的有关对象的关系和在感性中所显现的有关对象的关系之间，具有质上的区别。实际上，前者是逻辑的，后者则是单纯形象的：它是在感性作用呈现其感性形象的过程中，从其背景上所闪烁着一些不同感觉形象之间的一些同时并存、前后相续、相互合一、大于、前于、在上、在左等等的时空关系形象。但在思维的理解作用所显现的对象中，这些时空关系形象都被内在化了，变成对象的客观存在的统一性及在统一性中的种种可感性质。例如当我们说A大于B时，这命题的纯粹感性内容，在感性作用中只是：A与B都是一些特定感觉形象的统一体，就其中二者的核心——形体的形象而言，A对我们显现着大于B的形象。但是所有这一切，亦即命题的感性内容，在思维所显现的对象中，都发生了本质的变化：A与B之为一些特定感觉形象的统一体，在统一体之为一种客观存在物的意识中，使它们的各种感觉形象变成它们的一些可感性质的内在性；其中二者的形体的时空形象，变成外延之量——广延的量的规定，二者在这量上对我们显得是A大于B。在这种逻辑内容中，A与B的广延之量的概念，及由此而来的A在量上大于B的性质，脱离思维理解作用的能动性，是不能从感官对象的感性形象中现成被发现的。它们本身便是思维的理解作用对其相应的感觉形象进行理解的规律性，是思维对感性的一切固有关系总和的统一体中的一些内在环节。这些环节与它们的统一体的总体性一起，都是万劫不损自身的永恒性、不变性。

这样一个不变性，在现实性中表现为一个人的意识或认识的不断动变性，并且它作为这个动变性的规律起着支配作用。我们现在把思维的先天规律推广：第一，我们使它包含以理解为基础的比较异同、抽象概括及其逻辑运算的规律在内；第二，我们把它看成既是逻辑思维的规律，又是形象思维的规律。那么它在思维表现的逻辑思维与形象思维的不同形式中，也有如下不同形式的固有规律：

1. 逻辑思维：在形象中把握、理解形象的意义，并在意义的基础上比较异同、在抽象概括的基础上进行概念的逻辑运算，形成各种认识或理论的逻辑结构。

2. 形象思维：在意义中把握、理解意义的形象，并在有意义的形象基础上比较异同、进行典型概括，在典型概括的基础上进行形象运算，形象各种形式的美学形象的逻辑结构。

从主观辩证法上看，这两种思维过程的普遍本质、普遍规律，都是以某一感官为基础的自由想象力所分化出来的理解作用与表现形象的想象作用之间的相互依存、相互转化。这两种思维过程，虽有区别，但各在自身中包含对方，并且最后都必须从对方中返归到自身。二者的内在统一作为思维的全体过程，又同归于在人的"我意识到"中意识到对象是什么和怎样的客观辩证法：这个辩证法是一些普遍适用于一切的逻辑规定——一些范畴的辩证统一。这个统一体作为一般概念或认识（真理）的逻辑结构，它又是一个真、善、美认识的统一体，它为逻辑思维与形象思维两种**思想行为**所支撑，而表现出人的意识的全部实在内容。所有这一切，归根到底都可归结为思维对感性所固有的关系。在这里，思维作为"点"是相对的基础，这个基础是它在对感性关系中的**一切固有关系的总和**——思维作为相对的基础在对感性关系中的一切固有关系的总和，就是它相对于人而显现着的世界一切其他事物所固有的关系总和的一个关系体。这便是思维的道或理。所以我们说，思维规律是思维对感性的固有关系的总体，从而是思维对人显现着的存在的固有关系的统一体。这个思维规律是不变的，但它却支配或适应万变的思维现象。我们可以把它进一步规定如下：

1. 在纯粹的原始起点上，它是思维对感性所固有的一切直接关系的总和。

2. 这种关系在其现实性上，便呈现为人的"我意识到"的原始意识，以此为起点又有了思维对人的"我意识到"的对象所固有的一切关系总和——从形象的意义深入到意义的意义。

3. 后一关系的总和体，归源于前一个总和体，二者的内在统一，就是思维规律作为一个逻辑先在性体系的道或理。

然而，这个道或理既然为思维所固有，是思维的先天规律，那么它又是怎样和我们所说的不依意识为转移的客观存在的规律相一致的呢？它所制约的意识又是怎样能够反映存在规律呢？这个问题归根结底是说，先天规律说怎能与反映论相一致呢？

我们说，既然思维的先天规律是思维对感性的固有关系，则思维的先天规律便内在地设定了感性是它自身中的一个环节，一个规定。所谓思维的先天规律，并不是说，它脱离对其他事物的关系而孤立地在其自身中有现成的思维模式，康德、费希特、谢林和黑格尔也从来没有这样的主张过。思维有先天模式，但这先天模式归根到底是思维对感性、对其他事物的固有关系：模式怎样，随着关系如何而定——思维的先天规律不是封闭于自身中的僵死之物，它本身就是对它物的关系。这它物归根到底便是感性。但在思维对感性的固有关系中，内在地包含有感性对思维的固有关系，并且前者在与后者对立统一的同一性中，也就是前者那种关系本身。没有感性对思维的关系，也就不会有思维对感性的固有关系。感性对思维的固有关系就是感性对思维的先天规律，这个规律也就是使思维理解作用所以可能的先天规律。它表明，感性内在地具有使思维成其为显现感性内在意或规定的理解作用的可能性。这种可能性是：

感性作用所呈现的感性形象，如完形学派所言，它不是一些不同感觉形象的集合体，而是一个在不同的感觉形象同时并又相互合一、不同感觉形象前后相续而又相互合一（击桌有声，声则与被击之桌相合一出现桌子发声的形象），以及前者与后者相合一（声与被击之桌相合一，即为与桌子之为颜色与形体、形体的硬度相合一的形象相合一）等等时空关系的常定统一形象。

这个统一体的形象与原始感觉状态的忍受性相结合，在对思维显示它是独立存在的、有自己特定内容的一个事物统一体，不管这事物存在是外感上的，还是内感上的——常定的统一感性形象，在对思维显示它之为一个事物存在的内在意义或规定。

在这个事物统一体中的每一感觉形象，都在对思维显示着它是这个统一体的一个有规律性的表现。

同时，在这个事物统一体中存在着那些常定的不同感觉形象的同时显存、前后相续的形象，又都在对思维显示其为交互作用、因果关系等制约性的内在意义或规定。

这样一个统一形象，在感性显现中并不是孤立存在的，它总是在它与其他常定的感性形象的同时并存或前后相续的时空关形象中才能被显现出来。这情形便对思维显示为这是一些不同事物的交互作用或因果关系等制约性的内在意义或规定。一个统一的感性形象，虽然它本身即是不同感觉形象的统一体，但它总是和其他的统一感性形象相联系而存在的。例如击桌的统一感性形象包括击桌的运动形象和继之而起的桌子发声的形象，但它又总是和击桌之物这个统一感性形象相联系而存在。可见，一个统一感性形象中不同感觉形象的同时并存而相互合一，虽然可以限定在这个统一的感性形象的界限之内，但在界限上却又总是与其他统一的感性形象的同时并存相联系的。

纯粹的感性作用所呈现的感性形象，在对思维的关系中而显示它的内在意义或规定，使思维把统一的感性形象在统一的意义中理解为各个事物的存在；把统一感性形象中的不同感觉形象理解为事物表现出来的可感性质——事物由此便转化为各种可感性质的综合统一体的知觉对象；把知觉对象中的不同感觉形象作为不同可感性质的同时并存、前后相续的恒常性，在内在关系、内在联系的意义中，理解为交互作用、因果关系的相互制约性；把以上这些作为一个统一的感性形象与其他统一感性形象的同时并存、前后相续的恒常性，理解为不同事物之间的在交互作用，因果关系中的有规律的、有逻辑联系的统一过程。

统一的感性形象在其为一个事物的不同可感性质的统一体的意义中，不同的感性形象在其为一些不同事物的相互制约的时空关系统一体的意义中，便内在地设定了不同时空深度上的相对实体——属性关系的统一性，而这种统一性又内在地设定了以本体为基础的绝对实体—属性关系的穷根到底的统一性。感性作用所呈现的感性形象，通过它在其为思维理解作用所呈现出的固有意义或规定中，进一步显示它的不同深度上的更为内在化、深化的意义，显示意义的意义，因而它在对思维的这种固有的间接关系中，又使思维展开为一种更高的理解作用——反思理解作用。反思理解作用，就是从对象的意义显示中理解意义的意义，它的最高逻辑层次，便是指向以本体为基础的道或理的普遍规律体系、康德说，形而上学（以本体论为基础的哲学体系）是思维之为一个理性的固有本性，这本性从感性对思维的固有关系一面看，它是这关系之为感性对思维的一系列意义显示的制约性的必然表现。

总之，感性作用所呈现的感性形象是在显示一系列意义，以至于可以说它本身就是一个意义显示的逻辑结构。它作为这样一个意义显示的逻辑结构，制约思维理解作用所以可能的内在性，而这个制约性就是感性对思维的固有关系，就是感性对思维的先天规律。

然而感性对思维的固有关系，内在地便包含了思维对感性的固有关系在内，并且它与这个关系在对立统一的同一性中，形成一个整体关系。从而我们可以说，它是在思维对感性固有关系中的感性对思维的固有关系。感性对思维的固有关系作为感性的一种先天规律，脱离思维对感性的固有关系的先天规律，也同样不能成立其自身。因此，感性对思维的先天规律，也内在地设定思维能动的理解作用作为它本身所固有的环节：感性作用所呈现的感性形象是意义的显示，但这个显示需要思维理解作用来揭穿。如果没有这个揭穿的过程，它会永远只是显示，只是感性形象。所以显示必得进入它对思维的固有关系中，它才成其为感性对思维的先天规律，思维的理解作用，是这个先天规律的固有环节。感性对思维的先天规律就是说，感性表现作为一个意义显示的逻辑结构，是使思维成其为揭穿显示的面纱、据显示中的意义而理解对象的理解作用的先决条件。然而这个感性对思维的先天规律，也正是思维一极上那个指向感性对象并能据感性形象的意义显示而思维其意义的先天规律。感性形象之为其内在意义或显示，是一个成体系的逻辑结构，所以思维理解作用能够按显示来思维显示之意义的固有规律，亦即先天规律，也是一个完全与显示相一致的逻辑结构的内在同一性。思维与感性的内在同一性，就是说，在思维与感性的对立统一的同一性中，思维对感性的固有关系或规律，就是感性对思维的固有关系或规律。

于是，两个固有关系，两个先天规律，一句话，也就是两个逻辑先在性，实质上是一个固有关系，一个先天规律，一个逻辑先在性。这个合二为一，便是一个思维与感性内在所固有的相互制约关系。这个相互制约关系，从思维一极上看，是思维对感性的先天规律；从感性一极上看，又是感性对思维的先天规律。两极的对立统一，就是一个思维与感性内在所固有的相互关系的先天规律。不过，这个统一性的全体内容，在一极上由思维来表现，表现为思维的先天规律；在另一极上由感性来表现，表现为感性的先天规律。这种思维与感性的内在统一，在现实中便表现为人的意识。所以，思维与感性内在所固有的相互关系的先天规律，就是人类意识的先天规律。

前面已述，思维总是一个以某一感官为基础的自由想象力，它作为理解作用就是要根据形象而想象形象的意义。那么它怎样想象呢？实际上，它是根据感性形象在其作为显示中所显示的意义而想象，从而在感性显示中的意义便是思维如何把握、理解对象的规律性。这是思维作为理解作用的普遍本质。

仅就思维与感性这种内部联系而言，仅就意识本身而言，我们说上述就是辩证唯物主义的思维与感性的同一性，就是辩证唯物主义的意识论。只有先弄通了思维与感性的同一性这个辩证唯物主义意识论的内容，才能最后达到唯物主义的思维与存在的同一性，才能最后达到所谓意识是存在的反映这个马克思主义的反映论。

辩证唯物主义认为，感性作用所呈现的感性形象，是不依人的意识为转移的客观实在的直接映象。感性作用呈现感性形象的先天规律，正是它显现存在的直接映象的固有规律。所以我们说，感性对存在的反映性有其固有规律，坚持反映论并不排斥这个反映的规律。相反，只有在了解了这个规律的基础上，才能真正说明感性是存在的"直接映象"那个反映性的真理。

思维的先天规律作为思维对感性的固有关系，正是要显现感性作用所呈现的感性形象的意义，就是说，它根据意义的显示而理解其意义，同时在意义中把握对象，做出有关对象的规定。既然感性形象是存在的直接映象，那么思维所呈现的意义或规定，则是在反映独立于意识之外的客观存在的内在本质。由此看来，思维与感性的内在统一的同一性，也就是辩证唯物主义反映论上的思维与存在的同一性。说思维是存在的反映，并不排斥思维本身的固有规律，而这个规律恰恰是思维对感性，感性对思维的固有关系。脱离了这个规律性，难以说明思维能动的反映性。德国古典哲学所谓思维的先天性、先验性，主要是指思维规律的逻辑先在性。这点是它们的合理因素之一。它批判了以前哲学的天赋观念的先验论，认为，所谓思维的先天性、先验性，并不是说生而有知，也不是说思维能够脱离对感性，对其他一切事物的关系而在自身封闭中有现成的思维模式。思维的先天性、先验性毋宁说是思维规律，它不是先天存在于思维中的某种现实性，而是思维对感性的一切直接与间接的固有关系。此种固有关系是永恒不变的，但它的现实表现却是一个变动性。

辩证唯物主义的认识论反对用天赋观念论的先验论排斥反映论，同时也反对用消极的反映论排斥能动的思维先天规律的错误观点。科学的意识论，只能是承认思维规律的先天论与反映论的辩证统一。二者的统一，为人的活动或实践所确立，并且统一在实践之上。所以，思维或意识的先天规律问题，最后便归结到人的活动或实践与思维或意识的相互关系问题上去了。

首先我们要明确，从辩证唯物主义的基本观点看来，人的思维对感性的固有关系所呈现出的人的"我意识到"的意识，不但不能本原于活动，而且人的活动还受控于人的意识能动性。二者的统一才构成人特有的能动实践活动。马克思谈到人的劳动过程时说："我们是在这个形态上考察劳动，在这个形态上，劳动是专属于人类的。蜘蛛的工作，与织工的工作相类似；在蜂房的建筑上，蜜蜂的本事，曾使许多以建筑师为业的人惭愧。但最劣的建筑师都比最巧妙的蜜蜂更高明的，是建筑师以蜂蜡建筑蜂房以前，已经在他脑中把它构成了。劳动过程终末取得的结果,已经在劳动过程开始时,存在于劳动者的观念中,已经观念地存在着了。他不仅引起自然的一种形态变化,同时还在自然物中实现他的目的。他知道他的目的,并以这个目的,当作法则,来规定他的活动的样式和方法,并使他的意志,从属于这个目的。这个从属,不单是个别分散的行为。劳动器官要紧张起来,固不待说。在劳动全历程中,他须有有目的的意志,当作注意,表现出来。"[1]这就是说,人的意识能动性,是制约人的实践活动所以可能的内在原则。人的实践活动只是人实现其目的的活动。在第三章中,我们已经阐明了思维把握对象(感性)的概念规定活动,在其呈现为人的意识中的普遍规定的整体性,是一个真、善、美认识的统一性。这个统一性本身便是一个指向人的活动的社会实践性:从真善认识的统一性那里,产生人的以生产实践为基础的各种实用生活的实践活动以及实现"真"本身即为"好"的宗教、哲学、科学的创造活动;从以真善认识统一为前提的审美直观里,产生人的文娱生活过程以及满足此种需要的艺术创造活动。人的社会实践性,不能只从外部的表面活动上去理解,而应从它和人的意识能动性的辩证统一上去理解。在人的实践活动里,是人的意识能动性统摄、指挥活动,而不是人的活动统摄、指挥人的意识能动性,活动只是人的意识能动性作为社会实践性的现实性。通常人们说认识为实践服务,这是正确的,但也不能忘记,归根到底实践要为认识所指向的目的服务。在认识中的目的性,正是人的生存需要的自身表现。人的生存需要如没有其目的性的主观表现,就不会成立其自身。

唯因人的活动或实践是人的意识能动性作为一个社会实践性的现实性,它是连接主观性与客观性的中介,所以人的意识能动性作为主客统一性,便能够由活动或实践确立起来。说思维能动性与反映性的统一、主观与客观的统一是统一在实践上,这显然说的是实践确立主客统一的确定性,而并没有意识本源于实践的意思。无论是马克思、恩格斯,还是列宁,都

---

[1] 马克思:《资本论》第1卷,人民出版社1975年版,第192页。

强调实践在认识中的作用,但他们强调的都是**实践的**这种确定性。马克思说:"人的思维是否具有客观的真理性,这个问题并不是理论的问题,而是实践的问题。人应该在实践中证明自己思维的正确性,即自己思维的现实性和力量,亦即自己思维的此岸性。"① 马克思这里说的正是实践的这个确立主客统一的确定性。而列宁的"生活、实践的观点,应该是认识论的首先的和基本的观点"这一论断,也是在他谈到"认识论中的实践标准"时做出的,它强调的也是实践确立主客统一的确定性。恩格斯在驳斥不可知论时强调的实践的作用,也是这个意思。经典作家,包括毛泽东在内,都没有做出过"人的意识能动性本源于实践"的结论。经典作家在其他意义上强调的实践的作用到底是什么意思我们在后面马上就会谈到。

在这里会出现这样一个问题:人的意识能动性是从哪里来的呢?很简单,它的出身门第,就是大家所熟悉的"物质第一性,意识第二性"的那个"第二性"。所谓意识能动性,无非就是指意识对存在的那个反作用。只有人这种物质形态才有意识属性,所以意识的反作用首先要作用于人自己,使人体活动起来,然后以人的活动为中介,反作用于其他事物的存在。人的意识能动性就是这个反作用本身。可见,意识的能动性思想,正本源于辩证唯物主义的物质原理。应该强调指出的是,"实践第一性"与"物质第一性"这两个"第一性"是不能等同的。辩证唯物主义把实践定义为人们有意识、有目的地改造世界的活动。没有人的意识能动性,便无所谓人的实践活动,那种先于人的意识能动性的实践是不存在的。因此,不能在物质决定意识的意义上,把实践当作第一性的东西,而断定实践产生和决定人的意识能动性。应该看到,还有一个更深刻的东西在支配人的活动和实践,这就是马克思所说的目的性——实践是为了人而存在的,是为人的目的服务的。

有一种观点认为,人的意识能动性不是直接源于实践活动的现象,而是本源于实践的客观规律。这种观点也是不能成立的。所谓实践的客观规

---

① 马克思,恩格斯:《马克思恩格斯选集》第2卷,人民出版社1995年版,第401页。

律是什么呢？它无非是在存在规律中的人的道理，是存在规律在对人关系中的真、善、美统一的客观规定。它在对人的关系中，同时就是人类意识的一个指向人活动的真、善、美认识统一的社会实践性。而这个社会实践性恰恰是意识的能动性。这个意识能动性，对物质来说，当然是第二性的东西，但对人的活动来说，始终是第一原则。

由此看来，人的意识能动性，或者说这个能动性作为一个真、善、美认识统一的社会实践性，它对人的活动来说，是一个前提和基础，实践只是它在人体中的延续。

这就是说，意识能动性作为一个社会实践性，它不能自身现实地存在，它要在现实中表现自己，就必然指向活动，必然发展为人的实践，实践是这个能动性自身存在的现实表现。因此，在现实中没有脱离实践活动的意识能动性。既然实践是意识能动性的现实表现，那么意识能动性便必然处于实践的制约之中。在这个前提下，才可以进一步确定实践对认识的巨大作用。但这里实践的作用并不是对意识能动性的本原作用，而是对意识能动性的反作用或促进作用。马克思在其《资本论》中对这个实践的作用做了深刻的说明。马克思写道："劳动首先是人与自然之间的一个过程，在这过程中，人由他自己的活动，来引起，来调节，来统治人与自然之间的物质变换。人以一种自然力的资格，与自然物质相对立。他因为要在一种对于他自己的生活有用的形态上占有自然物质，才推动各种属于人身体的自然力，推动臂膀和腿，头和手。但当他由这种运动，加作用于他以外的自然，并且变化它时，他也就变化了他自己的自然。他会展开各种睡眠在他本性内的潜能，使它们的力的作用，受他自己统制。"①

这段话中所说的人在其劳动的制约下，"会展开各种睡眠在他本性内的潜能"，首先是指展开人的认识能力的潜能。只有这种潜能的展开，才能使人体内的别种潜在力量的展开受人自己统一统制。这就是人的活动或实践是人的意识能动性发展的条件和现实基础的原理。除了实践是认识的

---

① 马克思：《资本论》第1卷，人民出版社1975年版，第191—192页。

标准之外，经典作家都是在这个意义上强调实践对认识的作用的。但是，坚持上述原理并不等于说人的意识能动性本原于实践，意识能动性反过来又变成促进实践发展的动力。这样会导致错误地断定实践能够脱离意识的能动性而先行于意识之前。实质上，人的意识能动性归根到底本原于物质，它本身是物质固有的属性。所以，它的规律作为必然性便包含于整个物质世界的总规律之中。在这里，我们必须把人的意识能动性，把意识之为一个真、善、美认识统一的规律性，与通常所说的"社会存在决定社会意识"那个社会意识明确区别开来。与社会存在相对立的社会意识，指的是艺术、宗教、哲学、科学和国家及其政治—法律制度等社会意识形式说的，所有这一切体现的都是人的社会精神生活过程。而人的社会精神生活过程，当然要由人的社会物质生活过程——社会存在过程来决定。但无论是前者，还是后者，都是为人所创造的，二者同为人的社会实践，都是通过人的意识能动性建立起来的。而人的意识能动性，又在其社会实践的制约中发展自己。所以，我们说，实践是认识发展的现实基础。

强调意识能动性的作用，是完全符合马克思主义"社会存在决定人的意识"这一基本原理的。"社会存在决定人的意识"这一命题的精神实质是：人的社会存在及其发展的规律决定人的意识，人的现实意识则是人的社会存在及其发展规律的反映和表现。但是，人的社会存在及其发展的规律，本身并不是一开始就存在于一个现成的，无须人来创造的社会存在中，而是作为一种潜在性存在于以物质本体为基础的人与自然的统一性之中。这种潜在性，决不能脱离人的意识能动性对它的反映作用而变为社会存在。从类人猿变成人那天起，人的意识就在其生成过程中，同时便在体现其这种反映作用，而使人形成为原始共产主义的社会存在。此后人的意识便以人的这个社会存在为基地，永远是在反映它的发展规律了。这就是"人的社会存在决定人的意识"这一命题的精神实质。这种精神实质，就体现在人类意识发展之中的思维与存在的同一性里。这一命题绝非是说，能有一种脱离意识能动性的社会存在先行于前，然后它再决定人的意识。人的社会存在及其发展的规律，必须要由人的意识能动性所表现、所反映，这样，它便不能不首先作为两种意识规律在人创造、发展其社会存在的过程中起作用。但意识这种能动性是一种主客统一性，它所表现、所反映的客观内容归根到底还是不以人的意识为转移的客观规律。所以，强调意识能动性正是强调了辩证唯物主义的基本原则。

这样，我们便可看到，人的意识能动性的发展本身，内在设定实践是它所必要的一个固有环节，没有实践这个条件，人的意识能动性便不能发展。然而这个内在环节，这个条件，又是怎样出现的，又是怎样变成现实性而起作用的呢？这个必然性便在于：人的意识能动性本来就是一个指向人的活动的社会实践性，它必然要把自己表现出来，即转化为人的社会实践。因此可以说，人的意识能动性在现实性中自身表现为它自身发展所必要的内在环节或条件。

综合前述，结论便是：实践是人的意识能动性的现实表现。是人的意识能动性作为一个推动人活动起来的社会实践性的自身存在的现实性；同时，意识的能动性受它自己的现实——实践的制约，从而表现为实践对意识的能动作用（包括实践是意识的现实基础、实践是认识的标准在内）。现在的问题就是，实践对人的意识能动性的全部作用，与人的意识能动性本身的具体联系或关系是什么呢？这个问题不明确，前面所说的一切便会陷入空谈。

思维对感性所固有的一切关系总和作为思维的先天规律，内在设定感性是它所固有的一个环节。感性对思维的固有关系、先天规律——显示意义使思维理解作用成为可能的先天规律，从思维一极上看，也就是思维的能够显现感性形象的意义那个理解作用的先天规律。但感性自身呈现其感性形象的先天规律，是感性对人体内外刺激或信息的固有关系，而刺激或信息的各种因素的全面性和关系，只有在人的活动或实践中才能被提供出来。因此，感性自身呈现其感性形象的先天规律，内在地设定人的活动或实践为其所必要的内在环节——人的活动或实践制约感性所以可能的先天规律，从感性一极看，也就是感性以人的活动或实践为条件而呈现其感性形象的先天规律。于是思维通过设定感性为其内在环节，也便间接地设定了人的活动或实践为其所必要的内在环节。这样，思维的先天规律，便是这样一个全体性：**思维通过感性对人的活动或实践的固有关系，而在实现其对感性的一切直接与间接的固有关系总和的统一体。**

但这同一个思维的先天规律的全体性，从人的活动或实践一极上看，它又变成人的活动或实践制约人的思维理解作用所以可能的先天规律的全体性了：**人的活动或实践通过它对感性的固有关系，而在间接地实现其对思维的一切直接与间接的固有关系总和的统一体**——感性对思维的一切直接与间接的固有关系总和的统一体，间接地也就是人的活动或实践对人的思维的一切直接与间接的固有关系总和的统一体。

两个先天规律的全体性，各在对方中就是自身，二者的对立统一，是思维与人的活动或实践在其相互制约、相互关系中的一个先天规律的全体性，只不过在一极上由思维来表现，在另一极上由人的活动或实践来表现而已。但是不管那一极上的表现，亦即不管是作为思维先天规律的全体性来看，还是作为人的活动或实践制约人的思维理解作用所以可能的先天规律的全体性来看，二者的实质或内容，却都是：人的活动或实践只是一个前提条件，人的意识能动性之为人的"我意识到"的现实性和发展，全都是由思维在其对感性的固有关系中直接呈现出来的。所以，这个实质或内容，归根到底是一个思维能动性的原则。而思维能动性的原则，就是一个思维以人的活动或实践为条件，而实现其对感性所固有的一切直接与间接的关系总和的先天规律的原则。这个原则是意识能动性表现其自身、发展其自身的基本原则。它包含着人的活动或实践对思维的固有关系在内。所以，承认实践对认识的作用，和上述的原则是一致的。实践对认识的作用，首先是制约人的思维理解作用所以可能的一个先天规律，而这个规律，从思维一极上看，就是思维以实践为条件而实现其对感性固有关系的先天规律。唯因实践是思维先天规律的一个内在环节，所以它在它的这个内在环节中，本身就有确定自己的一个主客统一的内在必然性：所谓实践是认识的标准，只是思维本身这一内在必然性的现实表现。前面说过，如果我们取消了感性呈现其感性形象的规律，也便等于取消了实践制约感性作用所以可能的规律，等于取消了这个规律所承认的实践对感性的作用。同理，取消思维的固有规律，仅仅谈实践对思维能动性的决定作用，这也难以说明实践的正确地位和重要作用。实质上，实践的这个决定作用只是一个包含在思维客观规律中的作为意识前提条件的决定作用，而非思维本原的决定作用。思维本原的决定作用，只能是"物质第一性"那个第一性，那个穿根到底的第一性。总之，实践只是思维理解作用所以可能的一个前提条件，并且同时又是一个思维确定其自身之为一个主客统一性的前提条件。

这里似乎出现了一个使我们不能自拔的循环论证：实践源于意识能动性，意识能动性又是思维实现其对感性的固有关系的现实表现，而实践则又是使思维理解作用所以可能的前提条件。实践源于意识能动性，它又怎能作为思维理解作用的前提条件而起作用呢？对这个问题，我们的回答是：全面地说，我们总是提人的活动或实践是思维理解作用所以可能的前提条件，后来我们所以单提"实践"，只是为了确立实践在认识中的作用。谈到人的活动，我们便要说，在广义上的人的活动，它的起点是从人体对外界的相互作用开始的，但真正严格地说来，人的活动却应该只限定在这种相互作用中，经过内化了的外界作用而产生的包括反射作用在内的一切反馈作用的范围之内。从这个意义上说，并且就人类的个体发生学而言，无论是感性作用，还是思维作用，一开始便和人的活动结成了一种不解之缘。单纯的感性作用也是一种指向活动的能动性：人一下生便能以天然的方式发生某些心理学所谓"感受——运动"（皮亚杰称其为感知——运动），在这感受——运动中，运动作为人最初的活动，便是源于婴儿最初的原始感觉状态的感受性。人的活动的概念，还不等于人的实践的概念，它可包容后者，并且后者又起源于前者。当初生的婴儿经过一段成长之后，他的生理机制成熟到能使以某感官为基础的自由想象力开始表现为思维理解作用的时候，他便面对周围环境开始发生"我意识到什么"的自我意识过程，即产生意识的过程，从而单纯的感受——运动便发展为意识——运动。在这里，运动作为人的活动是源于意识的能动性。很难判明是在什么时候的哪一次，从这意识——运动的发展中，会产生人的第一次为大人所教导的、所支配的意识——实践过程。意识——实践过程，来源于人的非实用性的意识——运动。在这里，人的活动作为实践，仍源于人的意识能动性。我们有理由这样说，自从人有了意识——运动之后，运动作为人的活动或实践，便总是源于人的意识能动性。而人的活动或实践，又在意识——运动的整体过程中，作为人的思维能动性的一个内在环节，起着进一步使人的思维理解作用所以可能的前提条件的作用。因此，从人一出生到其成人的整个链条来看，说人的活动或实践源于人的意识能动性，而人的活动或实践又必成为思维实现其对感性的固有关系的前提条件，并且是思维确立自己的客观性的前提条件，这是完全可以成立的，并不是一种循环论证。

人的活动或实践作为思维能动性的前提条件，源于思维能动性本身：思维在实现其对感性的固有关系中，表现为人的"我意识到"，而人的"我意识到"总是一个指向活动或实践的能动性，从而它必自身发展为人的活动或实践。至于前思维的活动，它源于人的感性作用，这活动是思维开始发生作用的原始前提条件。

所以，人的思维作用，就其在现实性中的整个过程说，它是一个意识—运动的客观实在性，不论"运动"是作为一般人的活动，还是作为人的实践。无论是人的意识能动性的发展，还是人的实践的发展，就其现实基础说，只能是这个意识——运动。

在人的意识——运动中，它的内在基础——逻辑先在的规律，从思维一极上看，它是思维的固有规律，从运动（人的活动或实践）一极上看，它是人的活动或实践制约思维理解作用所以可能的规律。二者在对立统一的同一性中，是同一个意识——运动的固有规律的实在性。它的主客统一性作为不以人的意识为转移的客观实在的固有规律的反映，其本原就在于物质的统一基础,这就是辩证唯物主义思维与存在的同一性。这个思维与存在的同一性,包含了黑格尔所谓思维与存在的同一性的合理内核在内。一般地说,这个合理内核就是:思维所固有的规律(黑格尔称其为思维的自身规定)必然和存在的规律是同一个普遍的规律体系。所以恩格斯说:"我们主观的思想和客观世界都服从于同一的规律,因而两者在自己的结果中不能互相矛盾,而必须彼此一致,这个事实绝对地统治着我们整个理论思维。它是我们理论思维的不自觉的和无条件的前提。十八世纪的唯物论,由于它在本质上是形而上学的性质,所以只就这个前提的内容去研究这个前提。它只限于证明一切思维和知识的内容都应当起源于感性经验,而且还复活了下面这个命题:凡是感觉中未曾有过的东西,即不存在于理智中。同时也从形式方面去研究这个前提的,只有现代唯心论的但同时也是辩证法的哲学,特别是黑格尔。……不管这种哲学的结果——思维和存在的统一——是采取了唯心论的颠倒的形式,我们却不能否认:这个哲学在许多场合下和在各种极不相同的领域中证明了思维过程与自然过程和历史过程是类似的,反之亦然,即同一的规律支配着这一切过程。"①恩格斯这一段话,最为深刻、最为集中地说明了辩证唯物主义与历史唯物主义的统一作为马克思主义哲学与德国古典哲学之间的内在联系,说明了恩格斯所谓德国社会主义以"继承了康德、费希特和黑格尔而感到骄傲"②的实在内容。我们不能将马克思主义哲学从康德、费希特、谢林和黑格尔那里继承下来的一些相互联系的非经验论的内容和精髓全部从我们的理论中抛出去。我们可以说,迄今为止本文的论述和发挥,也正是在阐明恩格斯上段论述的实在内容。

总而言之,从恩格斯这一段话中可以看出:

康德认为,在人的经验中,有不是来自经验感性内容的,而是来自思

---

① 恩格斯:《自然辩证法》,人民出版社版,第223—224页。
② 恩格斯:《社会主义从空想到科学的发展》德文第一版序,新华书店1949年版,第9页。

维（理性）在其与感性关系中的体现于经验里的先验因素，亦即体现在经验中的思维规律或范畴，这是有其合理因素的。因为恩格斯否定了来自洛克及十八世纪唯物论者的这样一种观点：凡是感觉中未曾有过的东西，即不存在于理智中。实际上，存在于理智中并且不能直接见之于感觉的东西，也就是思维对感性所固有的关系或规律。

思维把握对象，并在把握对象中理解对象的规定。这个过程的主观行为或心理行为方面，构成主观辩证法或发生认识论所研究的对象。对这一点，辩证唯物主义应该加以阐明。这样一个问题，德国哲学家费希特和谢林都做过详细的描述。他们认为，所谓思维是自我摆动于它和对象之间的一个想象力的先验过程，它设定或规定对象的逻辑规定，并在这逻辑规定中呈现其"我意识到"的意识现象。这种观点虽然是唯心主义的，但有很多合理因素值得我们结合现代生理学、心理学加以深思。这个想象力的先验过程，从合理的意义上说就是我们所谓作为理解作用而在产生意义觉知的、以某一感官为基础的自由想象力的作用。

诚然，黑格尔是简单地抛弃了这种有关心理行为、主观行为的主观辩证法，但他把主观辩证法提高到了客观辩证法，从逻辑方面指出了思维设定或规定对象的逻辑规定是在表现对象的本质作为概念的内在规定，从而思维的自身规定作为一系列逻辑规定的辩证统一，就成了一个由实践所确证着的主客统一的真理性，一个思维与存在的同一性。这其中的合理内核，正如恩格斯所言，更不能为我们简单地加以否定。因为在这里，黑格尔的辩证法"证明了思维过程与自然过程和历史过程是类似的，反之亦然，即同一规律支配着这一切过程"。如果我们把思维显现对象的内在性的一系列逻辑规定之间的辩证法，看成是思维作为以某一感官为基础的自由想象力的心理行为、主观行为的一系列表现，而这一系列表现在其体现思维与感性的内在统一性中，则又是在表现辩证唯物主义所谓"不依意识为转移的客观实在"的内在本质和规律，并且归根到底它也本源于这客观实在的统一物质基础，这就是辩证唯物主义所谓思维与存在的同一性，这就是辩证唯物主义所谓逻辑、认识、存在三者在规律层次上的同一性。

辩证唯物主义所说的"不以人的意识为转移的客观实在",只能通过人的感性作用,作为人的感性形象才能对人显现出来。而思维在实践活动的前提条件下,实现它对感性的规定作用,由于感性是客观实在的表现,所以思维对感性的规定作用也就是思维对不以人的意识为转移的客观实在的内在本质、内在规律的反映作用。实际上,这客观实在的内在本质、内在规律,只有通过思维在其对感性的固有关系中而呈现为人的"我意识到",才能对人显现出来,即才能在人的"我意识到"的发展作为人的经验意识所固有的先验规定中,由这经验意识对人显现出来。这就是为什么恩格斯把作为人的一切经验的最高概括的哲学看成是有关人的思维规律的科学的根据:对经验意识的最高概括,也就是对体现于其中的先验因素——思维规律的概括,而思维规律的逻辑体系作为一个主客统一性,却又正是辩证唯物主义所谓"客观实在"的普遍规律的反映。十八世纪的唯物论,只研究思维的经验内容,而不过问思维的形式本身。它们认为思维形式只是起源于感性经验或经验的直接感性内容,而完全否认思维形式作为规律是一个逻辑先在性,所以这些唯物主义没有超出洛克心灵白板论的经验论原则。

思维对存在的关系问题,直接表现为思维对感性的关系问题。因为存在不通过人的感性作用而呈现为人的感性形象或感官印象,就无法与思维发生任何联系,当然也就无所谓它与思维的关系问题产生了。如果我们做进一步的思考,会看到,思维对存在的关系问题,在现实性上也就是思维在对感性所呈现的意义的显示的固有关系中,而揭示这个"意义的显示"的全部固有关系问题。这种关系作为思维与感性的内在统一的规律性,正就是意识在实践的前提条件下反映客观存在的本质的内部机制、内部规律。

黑格尔在哲学上并不否定康德所谓思维作为统觉的先天规律的观点,只不过黑格尔把注意力集中于揭示这个先天规律作为一个逻辑先在性的体系的不同层次、不同环节的辩证联系上了。他认为,这种辩证联系的统一性,必然与他所谓感官对象的内在实体即客观概念的统一性相一致:前者是后者的自身规定，自在自为的早现，从而实体在它的这种自我意识的自身规定中，就是主体。马克思、恩格斯创立的辩证唯物主义，也并不否定康德有关统觉的合理内容，只是它比康德进一步，承认了黑格尔实体即主体的辩证性，并站在唯物主义立场上承认，这个辩证法的合理意义在于它表明了思维与感性的内在统一是一个统一的精神性，而这个统一的精神性只是人心外面的客观实在的普遍本质、普遍规律的反映。就这个统一的精神性的内部层次讲，它首先是感性的表现刺激的感性作用、在感性主义中的想象综合作用，其次则为显现形象意义的、以某一感官为基础的一个自由想象力的理解作用。后者对前者所固有的直接与间接的普遍关系，即思维对感性的关系，便是普遍的、通用于意识的一切过程的规律，而这规律的真正主体，只能是贯通于人与自然统一性中的那个物质实体——这个物质实体，在认识中也就是意识的主体。

如果我们从辩证唯物主义体系中把继承来的德国古典哲学的合理因素都当成唯心论驱逐出去，那么，剩下的就会只是一种不讲思维规律的直观反映论：感性是存在的直接映象，思维则是完全直接本源于感性的间接映象。从而，这便又复活了法国唯物论所坚持的这样一个命题：凡是感掌中未曾有过的东西，即不存在于理智中。这个命题的反命题是：凡是理智中所曾有过的东西，也必直接地存在于感觉中。这样一种唯物论的逻辑，认识论基础，是恩格斯所反对的。因为它从本质上破坏唯物主义原则。法国唯物论所以能是唯物论，就是因为它没有彻底贯彻这种经验论的逻辑，认识论基础。只要这个经验论的逻辑，认识论基础被哲学思维所自觉坚持，它便必然首先表现为贝克莱式的主观唯心主义，其次在最彻底的形态上表现为休谟的近代怀疑主义。

德国古典哲学肯定思维规律的先天性、先验性，这种先天性、先验性本是一个逻辑先在性，它本身不是自身存在的现实性。它的现实性只能表现在人的"我意识到"的一切经验形态里。所以它比天赋观念论式的先验论有更大的合理性。按照黑格尔《精神现象学》的观点，这所谓的"经验形态"是广义的,它包括人的"我意识到"的一切超感性的意识形式在内。我们说过,人的自觉的反思,只能比较它所理解的,抽象概括它所理解的。所以人的不同等级的自觉的反思,只能以人的不同等级的经验形态为基础、为出发点。思维理解作用的先天性因素,体现在我们的经验形态之中,但这个体现是通常的意识难以发现的,甚至连想也想不到。只有在哲学反思的发展中,由于哲学疑难的重重逼迫,人们才开始想到它,才开始设法认识它。这个开端,我们不能不说应归功于康德。因此,承认思维规律的先天性、先验性,并不等于否认人的不同等级的理论认识,必须在实践的前提下以现实的经验为基础而形成。在康德以前,人们对思维规律的认识是很肤浅的。经验论认为它仅以经验为基础,而且它的内容也只能出自感觉;唯理论则把它作为先天观念来看待,或者把它看成先天存在于头脑中的一种现成思维模式。康德第一个合理地提出了思维规律的先天性、先验性问题,指出我们对思维规律的认识,虽然要以经验为基础,但它不是出自经验的感觉内容,而是出自思维的意义觉知的理解作用在经验中的体现。康德演绎思维理解作用所具有的种种规定性——范畴体系,也是从经验一般作为普遍的判断机能出发的。他认为在经验的普遍形式的分类里,亦即在普遍的判断形式的分类里,可以从形式所固有的内在内容中,看出有哪些思维规定体现其中。对思维先天规律的更高的演绎,是费希特提出的。他要从纯思里面演绎出思维的一切规定来,包括思维的心理行为,主观行为在内。这看来有些完全脱离现实、脱离经验了,其实不然,我们有一个为我们的感性作用所呈现的感性世界,这个感性世界在它脱离感性的自在形态中,与对我们呈现着的感性世界,既有同一性,又有区别性。费希特在唯心主义立场上,把这个感性世界的自在形态看作是为自我所设定的非我。他在自我与非我的相互制约、相互制限的关系中,演绎出了人的感觉和思维作用。所以,费希特的演绎仍没有脱离一般的经验和这个经验的一般意义显示。黑格尔从最抽象的思想——纯有开端演绎它的一系列逻辑规定。实际上,黑格尔所说的纯有作为哲学开端的一个逻辑范畴,是泛指一切感官印象同为感官印象、一切事物同为事物的普遍性说的。它是一个事物作为一般的对象的概念，黑格尔是从一般的事物（更原始地说，应该说一般的感官印象）作为一般的"对象是……"出发，演绎对象是的一系列逻辑规定的。这种演绎，仍然没有脱离感性或经验之为意义的显示的一般经验基础。

思维的普遍规律，作为一种思维对感性的固有关系，本身是制约人的意识的一切形式及其发展的普遍根据。这种普遍性，必然其本身就是一个体系，这是因为，人的活动或实践，不管处在怎样的发展水平上，它所提供的刺激，都是在多样化联系的普遍直接性中，暗示它的间接性，因而刺激的普遍性是一个直接性与间接性的统一的系统。

唯因刺激是一个直接性暗示间接性的统一系统，所以感性作用在它对刺激的固有关系中所呈现的感性形象作为意义的显示，也不管是处在怎样的发展水平上，它总是一个直接的意义显示在暗示间接意义的统一系统。

唯因感性作用所呈现的感性形象，不管在怎样的情况下，总是一个直接的意义显示在暗示间接意义的统一系统。所以，思维在把握对象时，总是首先以感性形象所显示的直接意义作为把握对象的思维规律，继而又必以直接意义所暗示的间接意义作为把握对象的思维规律。可见思维规律的普遍性也是一个直接性规定与间接性规定的对立统一系统。

然而，思维规律的普遍性作为一个不同层次、不同环节的统一体系，是思维对感性的固有关系。由于实践发展的高度不同，由实践所提供的刺激体系的水平也不同，由此，感性作用在对刺激的固有关系中所呈现的感性形象作为意义显示的系统的水平也不同，所以，思维对感性固有关系的普遍性，在这不同水平的实践、刺激和感性形象的制约下，会有不同的表现形式。思维规律的普遍性和它的不同表现形式的对立统一，同作为思维所固有的规律，可以全部归结为思维对感性所固有的一切直接与间接的关系总和的统一体。这个统一体在现实性上便表现为人的一切意识形式及其发展的动变过程。这便直接触及所谓认识和概念（包括哲学认识在内）的进化论，与思维规律的关系问题了。

前面说过，这个包含其各种特殊表现在内的规律体系，无论从人的活动或实践一极看，即它作为使思维所以可能的规律体系，还是从思维一极看，即它作为思维本身的规律体系，都是一个不能改变的不变性。这个不变性是个逻辑先在的东西，而不是一个现实的过程，所以它不存在现实的发展，变化问题。如果它能发展变化，那么它就不是一个规律性，而是一个无规律性了。不过，这个规律性在被认识时，可以有逻辑上地从一个环节到另一个环节的过渡和发展，不过这过渡和发展，不是在实践过程中的现实性，而是在逻辑先在性之内的逻辑进展。这个逻辑进展的现实表现就是现实人的意识的发展变化过程。

为了比较系统地阐明这个问题，我们先要提出一个普遍的基本原则来。

如我们早已经说过的那样，思维在其心理上的主观性，总是一个以某一感官为基础的自由想象力。这个自由想象力根据感性形象作为意义的显示而想象形象的意义，从而它总是以在感性显示中的意义作为把握对象的思想规律，表现为一个在形象中理解形象、在意义中理解意义的形象的理解作用。这是思维的普遍本质、普遍规律。思维正是在它这种活动中，为它的意义觉知所制约，而同时产生人的"我意识到"的意识过程。

在人的意识的发展中，无论是个体的，还是人类的，我们都可从中截取任何一个片段，把它作为一个意识现象来考察。就这个意识现象而言，它的出现取决于它的全部条件的总和。但这全部条件的内在联系、固有关系，正是这一意识现象所以可能出现的必然性或规律。所以说，意识所以可能的规律本身设定了意识产生的全部条件的总和。规律的设定性以及在其中的全部条件的总和，相对于这一意识现象来说是不能改变的。

但意识现象的普遍条件总和是思维、感性和人的活动或实践。从思维一极看，这三者的关系是：思维通过感性对人的活动或实践的固有关系，而实现它对感性所固有的一切直接与间接的关系总和体。（意识现象出现的思维条件，可以作为一切条件的主体，而归结为思维对感性的直接与间接的关系。因为这关系是为思维所固有，是它的先天本性。）因此，在人的意识发展过程中，从中截取任一意识现象的片断，它的全部条件总和超不出下列范围：

1. 人的活动或实践的不同发展水平。
2. 由前者所制约的感性作用所呈现的感性形象的不同发展水平。
3. 思维对这不同发展水平的感性形象的固有关系（思维对感性的直接关系）。
4. 思维对它在前述关系中所呈现出的一切作为人的"我意识到"的意识现象的固有关系（思维对感性的间接关系）。

在这四者中，前二者都是现象，未涉及支配它们存在的规律性，所以它们都是在时间、空间中的可变性。唯独后二者涉及的是思维的固有规律性，它们都是不能改变的不变性：这些不变性作为在一个思维规律体系中的不同环节，它们之间存在着逻辑上的对立统一关系。

任何个人的意识现象，总是在一般人的活动或实践的特定发展水平的制约下，以他个人的活动或实践的特定水平为前提产生的。在这个前提下，他的思维对他的感性作用所呈现出的特定感性形象发生关系而呈现出一种"我意识到"的意识，进而他的思维又对他的特定的"我意识到"发生关系而呈现出一种意识的发展。这就是这个意识现象所以出现，所以可能的全部条件的总和。在这个全部条件总和中，不管从思维方面看还是从活动或实践方面看，他的思维总是中心的环节。这是因为，他的那个意识现象，总是以他特定的实践和感性表现为条件而直接由他的思维能动性实现出来的。实现的规律，实质上便是他的思维对他的特定感性、特定意识的固有关系。其余的条件，总是由这个规律性、这个固有关系所设定的。说一个意识现象的出现或所以可能的全部条件的总和由它的规律所设定，实质上便等于说，这个全部条件的总和由思维这个中心条件对其余条件的固有关系或规律所设定。

这样一个意识现象作为个体的意识现象，如果从它与一般人的活动或实践的特定发展水平的关系上看，它便具有了表现特定时代的一般人类意识的特征。在这个意义上，这个个体意识现象也就是特定时代的一个人类的意识现象。

现在的问题是，这个意识现象的全部条件的总和，在规律中还只是一种逻辑上的理想性，而非是它们存在着的现实性，那么它们的现实存在又由什么来造成呢？只有这些条件总和现实地存在着，规律作为它们的内在联系才能现实地发生作用，才能由此形成这个意识现象的出现或存在。在这个意识现象的出现或存在中，含蕴它的全部条件总和的现实性，表现它所以可能的规律的现实性。因此，它的所以可能的全部条件总和的形成，就是当前的一个根本问题。在这个问题上，必须记住，我们的出发点是一个相对的出发点，而不是从物质本体出发的绝对起点，这就是说我们的起点是人。人一下生便能生而感之，能出乎自然地具有"感受——运动"，并且这感受——运动的发展，总是一种遗传的特质在既定环境制约下的现实表现。人在下生后经过一段成长，当他的思维开始发生作用时，他的感受——运动的发展便在基本上让位于他的意识——运动的发展，而这也总是一种遗传的特质在既定环境制约下的现实表现。从此之后，他便在他所特有的意识—运动中，展开它由思维对感性固有关系呈现的"我意识到"的意识过程的发展。如果的某个时刻，前面说的那个意识现象在他的意识发展过程中出现了，那么它的所以可能的全部条件总和，便是由他的意识发展过程本身所造成。这就是说，由他在其自幼年以来的意识——运动发展过程中的、一系列思维对感性的直接与间接的固有关系的规律体系所造成。由此得出的结论便是，这个意识现象的出现或所以可能的全部条件总和，便是**出自人在其意识发展过程中的思维先天规律本身**。

这个意识现象的出现或所以可能的规律性，或者说这个特定的思维对感性的直接或间接的固有关系，只是一个特殊的思维先天规律。但思维的普遍本质、普遍规律，却是以某一感官为基础的自由想象力，以感性形象所显示的内在意义为规律而从形象中理解形象的意义，并从意义中理解意义的形象的一个理解作用。所以，**制约这个意识现象的特殊思维规律，总是思维的普遍本质、普遍规律作为这样一个理解作用的一个表现形式。二者的内在统一，以人的意识——运动为条件，作为普遍性与特殊性相统一的一个思维先天规律，便是我们所要确定的、用以阐明人的一切意识现象及其发展的普遍基本原则**。人的任何意识现象，都为这样一个普遍性与特殊性相统一的思维规律所制约，意识现象只是它的自身存在现实性。

从这个基本原则出发，人的一切意识现象及其发展，作为思维在其意识——运动条件制约下的，对感性的一切直接与间接的固有关系总和统一体的规律体系的展开，其大概的情景可论述如下：

无论就个体的意识发展而言，还是就一般人类的意识发展而言，它的各个发展阶段，都为一个普遍的思维规律所制约。这个思维规律是意识发展的普遍内在根据。普遍的思维规律，在人的意识发展中，便呈现为意识或认识的普遍规律。

但思维的普遍规律，如我们所已经阐明的那样，它是一个不同层次、不同环节的统一体系。这便是黑格尔所谓思维的自身规定的统一体。思维本身，贯通它的自身规定的一切不同层次、不同环节，所以它是普遍中的普遍：这个将思维的普遍性中的一切不同因素归而为一的普遍性、同一性，便是思维作为以某一感官为基础的自由想象力，在实现它对感性固有关系中，呈现其把握对象的理解作用的一切规定性的普遍性。从客观辩证法上看，它也就是思维的一切逻辑规定作为它的自身规定的普遍性。这个普遍性在与其各个规定相统一的统一性中，也是一个在最普遍意义上的普遍与特殊的统一体，是这样一个思维规律的逻辑先在性。它在人的一切意识现象中，表现为一切意识现象同为意识现象的"意识一般"的特定阶段的规律性。因此，从思维的普遍规律体系出发，考察它的"意识一般"的普遍表现，也同样适用于我们前面所确立的基本原则。

思维的"意识一般"的普遍表现，无论就个体的意识发展而言，还是就一般人类的意识发展而言，它都以不同的形式，不同的广度和高度体现在意识发展的不同阶段上，尽管这种体现在有的环节上最初是萌芽状态的、粗野的和不完善的。不管怎样，它总是一个思维所固有的"意识一般"的普遍表现，它为思维的普遍规律体系所制约，是这规律体系的自身存在着的现实性的普遍共相。"意识一般"作为这个普遍的共相，也要表现为不同的阶段性。

于是我们看到，仅就思维规律的普遍性一环节而言，它在人的意识发展中作为意识一般的普遍表现，便已经可以显身为不同阶段性的动变过程了。"意识一般"的意识过程是在不断动变着，是在动变中的一个连续性。但其中的每一意识现象，从它可能的规律上说，都是思维作为理解作用这个普遍性与其特殊规定的统一。所以，它的相对的本源可以归结为思维对感性所固有的直接关系，或者归结为思维对"意识一般"的特定意识表现所固有的间接关系。但应明确的是，这个意识现象绝对不会本原于这个动变的意识过程。在这里，我们立即又可以对"意识一般"的动变过程确定如下一个基本原则：

表面看来，在这个动变过程的连续性中，后起的意识现象是由时间在先的意识现象产生的。实质上不是这样。从规律上看，后起的意识现象仍然是思维以在先的意识现象为前提，由它自身的理解作用的能动性呈现出来的。任何意识现象都是思维规律的表现，所以任何意识现象都本源于思维规律。用一种意识现象去解释另一种意识现象的做法，是徒劳的。休谟要求在"意识一般"的不同阶段性的连续性中，揭示出前后相继的不同意识现象之间的因果关系的实质内容来，现在我们可以看到这个实质内容就是思维规律。**"意识一般"的不同阶段性上的因果性，只是思维规律作为逻辑先在性本身的表露或显示，因而前者在与后者相统一中，也是一个出自思维理解作用的逻辑先在的规律性。**

这就是一个在"意识一般"的不同阶段中的因果关系的实质性原理，简称意识的因果关系的实质性原理。

在意识的因果关系的实质性原理连续起作用的过程中，每一个这样的作用,都是思维作为以某一感官为基础的自由想象力在想象先行意识阶段的意义显示的理解作用。它表现为思维在意义中理解意义的意义,并在意义的意义中理解意义所指向的感性形象的活动。二者的统一可以有不同的结构形式,由此分为呈现、把握对象逻辑规定的逻辑思维和呈现、把握对象审美规定的形象思维。这些作用与其所呈现的规定的对立统一,形成一连续的整体。对此,我们可以把它表述为其一到其他的逻辑发展过程。但是,这种发展是包含在思维普遍规律体系作为一个逻辑先在性的永恒不变性之中的发展。它的现实存在,它的现实表现,才是"意识一般"的不同阶段的动变过程。

从这里我们就可以从原则上理解康德的先验统觉原理与黑格尔自我意识普遍原理的异同了。一般地说,康德的先验统觉原理就是黑格尔自我意识普遍原理的雏形。不过二者的本质区别是:第一,康德把他先验统觉原理的不同规定,即范畴的类属区别只作为范畴表列举出来了,但未阐明它们在一个逻辑先在性中的辩证联系的统一性,而黑格尔则阐明了这种辩证联系的统一性;由此便产生了第二个区别:康德的先验统觉原理只是主观的,他未从统觉的不同规定的辩证联系里考察和看到这些规定与对象规律相一致的客观真理价值,但这一点恰恰是黑格尔自我意识原理的核心;由此又产生了第三个区别:康德的先验统觉原理是与他所谓本体界的最高本体——上帝分裂为二的,前者不表现后者的实在性和存在,而黑格尔却把二者作为一个逻辑先在性的自我意识的普遍原理内在地统一起来了。在黑格尔看来,上帝作为普遍的概念是一切事物的普遍本质,因而它在现实事物中作为内在的实体,其本身就是主体——在普遍的自我意识中的普遍自我。在黑格尔那里,上帝就是这样一个主客统一性。在这个统一性中,上帝作为概念是事物的本质或实体,同时也是它自在自为的显现——它在其自我意识中的主体,亦即那个作为"我思"的能动性。

要站在唯物主义立场上吸取黑格尔的"实体就是主体"所包含的合理思想,我们就必须承认,所谓意识的因果关系的实质性原理,同时也是不依意识为转移的客观实在的固有关系的实质性原理。在"意识一般"的不同阶段性中起作用的因果关系的实质内容，是思维理解作用对当前意识状态（前面说过，这个意识状态在继起的意识状态之前，作为继起意识状态产生的前提和条件）的固有关系的规律性。这规律性所呈现的一些规定，即为体现在一些意识状态中的先验内容（逻辑的和审美的）。但"意识一般"的起点是思维对感性的关系。因而这些先验内容作为思维的规定，是在显现感官对象的直接与间接的内在意义或规律。感官对象在对人的直接性上作为印象，据辩证唯物主义的观点看来，又是不依意识为转移的客观实在的直接映象。所以，思维这些显现感官对象的内在意义的规定，也就是在显现不以意识为转移的客观实在的内在规定。而这些规定的相互依存、相互制约所形成的逻辑体系，也正是表现客观实在的内在规定的主客统一的真理体系。这里又出现一个问题，即最后一个问题；我们怎能知道一般的感官印象是在反映一种独立于精神的感性作用之外的客观实在呢？马克思主义经典作家引入了实践，从而为我们解决这个问题奠定了坚实的基础。虽然人的活动或实践已经确立了感官印象是在反映不以人的意识为转移的客观实在。但这个确立所固有的理论内容。却很少有人揭示和阐发。这个揭示和阐发是一个更为复杂的、艰巨的任务。

在"意识一般"的不同阶段性的意识过程中，产生的是一些表象、一些抽象的经验概念，乃至一些作为知识的、进入人的意识中的通用范畴。这些作为认识结果的表象、概念、范畴和作为规律性来看的概念规定活动是有区别的。前者是认识的现实性，后者是思想活动本身。在现实的认识发展过程中，这些表象、抽象的经验概念（各种特殊概念）、作为知识的通用范畴，都具有同化与其相对应的广大经验事实的同化作用。并且在经验事实与它们相矛盾时，它们还似乎自动地表现为一种现代发展心理学所谓顺应、整合的作用。同化、顺应或整合这些概念，是皮亚杰用以描述儿童意识发展的普遍支柱。但这个只是从表面看问题。从表面看来，同化、顺应或整合的作用是作为认识结果的表象、经验概念、通用范畴所固有的，

但实质上这仍是思维的理解作用在其所呈现的已有表象、经验概念、通用范畴的自身制约中,亦即思维在其所呈现的已有经验的自身制约中,以这种制约性为条件,而由它自身在实现它对广大经验事实和新事实的固有关系,并且由此表现出一种同化、顺应或整合作用。在"意识一般"的不同阶段性的意识过程中,的确存在着已有经验同化广大经验事实的意识现象,存在着以已有经验为基础而去适应新的经验事实的顺应、整合的意识现象。但这两种现象的内在实质,仍然可以归结为一般的思维理解作用在其已有经验条件下,实现它对广大经验事实和新的经验事实的固有关系这样一个规律性。前者只是后者的表现,从前者在与后者相统一的过程中,也同样是一种现象的规律性,是后者作为内在规律的外部表露。此二者的内在统一,才是在"意识一般"的发展中的同化、顺应和整合等作用或规律的实质性原理,简称意识的同化、顺应和整合的实质性原理。

这个实质性原理,事实上就是我们对已有经验的运用原理,对已有经验的改进原理。这里所谓"经验"是广义的,它包括出现在人类一切意识中的、包括一切超感性和超自然的意识内在的经验。这个实质性的原理,也既可以是逻辑思维的,又可以是形象思维的。在逻辑思维中,这个原理表现为:思维在出形象而理解形象意义的过程中,以其比较异同、抽象概括出来的一般经验为条件、为基础,进而实现它对广大经验事实(包括与已有经验相矛盾的新事实)在意义方面的同化、顺应和整合的作用。在形象思维中,这同一个原理又表现为:思维在由意义而理解意义形象的过程中,以其比较异同、抽象概括作用所产生的一般艺术或审美形象为条件、为基础,进而实现它对广大感性形象(包括与已有形象的经验相矛盾的新形象)在形象方面的同化、顺应和整合的作用。逻辑思维和形象思维的同化、顺应和整合作用,本质上都是思维以它自己已有的经验为条件对感性事实的一种理解作用。二者在人的意识中,则表现为意识的真、善、美认识统一的普遍逻辑规定对感性事实的广泛运用(自觉或不自觉的)和这些普遍逻辑规定自身改进(自觉或不自觉的)的意识过程。

意识的因果关系的实质性原理，说的只是思维对先行的意识状态的直接固有关系的规律性，它显现为"在理解中的再理解"，即"理解的理解"（对逻辑思维说是意义的意义，对形象思维说是在意义的意义中的形象的形象）。而意识的同化、顺应和整合的实质性原理，却涉及思维在它已有的理解的制约中，以已有的理解为中介对感性事实的固有关系，它表现为对已有理解的推广或对已有理解的改进。但是，二者在"意识一般"的动变过程中，可以表现为意识的前后相续的意识状态，所以二者又同归为后起意识状态为先行意识状态所产生这样一个因果关系，而这个因果关系的**实质内容，又可普遍归结为思维对先行意识状态的不同形式的固有关系。**这便是一个可以包容同化、顺应和整合的实质性原理在内的普遍的意识因果关系的实质性原理。

从这个原理出发，我们就可以阐明，"意识一般"的不同阶段性的动变过程，只不过是在思维普遍规律支配下的一些普遍思维理解作用与其特定规定相统一的规律，亦即一些思维以感性为起点的对其先行意识状态的固有关系的展开而已。

第一，在任何时代，包括原始社会在内，意识的产生只能以思维对感性的固有关系为起点。这个起点包含在每个时代儿童的意识——运动的发生过程中，但它作为每个时代的成人意识固有环节，所以可以把它抽象出来，单独对它进行考察。单纯的感性作用呈现人的内外感上的感性形象，而感性形象作为意义的显示，首先是形象的统一性与内外感上的"忍受性"相结合，在显示它是一个不依"感受性"为转移的自在之物。这个论断也适用于说明内感上的感性形象。内感上的感性形象，也不以人对它的感受性为转移，感性形象是作为感性的精神作用对实践所提供的人体内部刺激的固有关系的表现，而感受性只是人的感性作用受这种感性形象制约时的产物。这里所说的自在之物，还不是近代哲学所谓的抽象的自在之物，而是一个与感性形象相联系的具体性的东西。因此，思维对感性的固有关系，第一步就在于思维在理解作用中以感性形象的这个意义显示作为思维对象的规律，而从一般空泛的统一性和自在的意义上，把感性形象显现为一些同时并存和前后相续的个体表象——感性形象作为自在之物的意义显示，便在表象中对人显现为一些自在之物，一些个体的客观事物。同时，思维在其这种理解的显现作用中，为这种显现所制约，从而表现为人的"我感觉到什么"的最初意识状态。

"意识一般"的最初起点，便是这样一个最初的原始意识。在这个原始意识中，人们所意识到的只能是一些在时空关系中的自在之物的表象。不管这些表象，是外感上的物象和它的运动过程的表象，还是内感上的情态和它的运动过程的表象。

从主观辩证法与客观辩证法的对立统一性来看，思维这个显现过程作为思维对感性的固有关系是：以某一感官为基础的自由想象力，在感性产生的感性形象制约下，首先表现为想象形象意义的理解作用，而将感性形象之为自在之物的意义显示把握在自在之物的意义中，然后它又在这个意义的制约下，转化为表现这个意义的形象的想象作用，形成有关感性形象的个体表象。通常，我们只能意识到这些表象，却意识不到这个形成表象的过程。这里面集结着一系列复杂关系：（一）体现于表象中的感性形象作为自在之物的意义，对这个"我意识到"说，是一个逻辑的先在性；但（二）这个"我意识到"的先验过程，是时期在先的；不过（三）这个"我意识到"与它的时间在先的先验过程相联系，作为一个意识过程，可以同归为思维对感性的固有关系这个逻辑先在性。它是这个逻辑先在性作为一个思维规律性的现实性。我们早已提到，思维是一个理解作用与想象作用的统一。而它的想象作用又是一个生产的想象作用与再生的想象作用的统一体。再生的想象作用，不仅在形成有关实际存在物的表象过程中起作用，而且以它为基础又能形成脱离实际存在物直接限制的内化表象，这便是在思维机能中的、为人能意识到的记忆、想象过程。从表象到记忆、想象，是一个意识发展的连续过程。表面看来，好像后者是由前者产生出来的，但实质上，它的内在本质仍然是思维在其再生的想象作用中对前者（现实对象的表象）的一种固有关系或固有规律。所以后者仍然是思维规律本身的现实表现。

在表象中，已经体现了思维之为意义觉知的理解作用在内了，因而人的精神作用作为思维作用，便会以它所呈现的表象为对象，从而产生人的"我意识到一些个体自在之物"的自我意识。有了这种最初的意识，思维对其这种最初的意识表现的固有关系、固有规律便开始起作用了。思维的能动性在它这种最初的意识表现的制约中，必然要产生要去表现对象（作为个体表象的对象）的冲动。这个表现，在儿童那里则是儿童最初从内部所兴起的语言表达的冲动性，而在成人那里便是黑格尔所谓的感性确定性。

黑格尔所谓感性确定性，就是人想要表现出或说出他们所意识到的作为个体表象的对象是什么的企图。但思维在这个阶段上只能用一些普遍的规定如"这里""那里""这个""那个"去指谓对象。每一个存在的对象作为个体表象，都可以说是"这个"或"那个"、"这里"或"那里"，从而"意识一般"的发展，以此为起点便有了普遍规定的中介。在这个中介中，思维不再是单纯的直接的感性确定作用了。思维所要过问的问题，不再是对象作为个体表象本身是什么的问题，而是个体表象作为"这个"或"那个"、"这里"或"那里"到底是什么的问题。这便开始了思维对它的感性确定性的固有关系、固有规律起作用的意识过程。这个意识过程，也就是伴随有人的"我意识到"的自我觉态或意识表现的知觉过程。这种知觉过程不同于在纯粹感性作用中的单纯"感和"即心理学所谓的感知。

在知觉过程中，思维对感性确定性的固有关系、固有规律的内容，就在于表现出"这个"或"那个"、"这里"或"那里"的具体规定性。然而凡属"这个"或"那个"、"这里"或"那里"的具体规定性，在其接性上就是一些个体表象，而个体表象是在一般自在之物的意义中的感性形象。如果我们用"它或对象"来代替"这个"或"那个"、"这里"或"那里"，那么思维理解作用现在对这种感性形象的固有关系就在于：思维必然要揭示"它或对象"作为在一般自在之物意义中的"感性形象"的内在意义，这可简化为"它或对象是"，思维现在就是要揭示"它或对象是"的逻辑规定。

"意识一般"发展到这个程度，还只是提供了能为人所意识到的意识对象。这个意识对象还只是个体表象，我们用"这个"或"那个"、"这里"或"那里"这些普遍逻辑规定去指谓它。从这里开始，思维理解作用便进入以知觉为起点的一般认识的逻辑过程。所以，在这些以前的意识过程，我们可称其为"意识一般"的前逻辑阶段。

仅就"意识一般"的前逻辑阶段而言，它已经是一个在连续性中的中断性、区别性了，或者说它已经是一个现代发展心理学所谓以感性为起点的不断构造过程了。前面说过，这构造过程是一个因果关系过程，所以它是这个阶段上的意识规律，而这意识规律也就是相对于现实意识而言的逻辑先在性。但这还不是最终的规律，支配这个过程的最终规律是思维对感性的关系，即思维规律。这个思维对感性的关系，又表现为如下环节：在这个阶段上，由于思维或思维理解作用对感性的固有关系的现实性是表象，所以同一个思维或思维理解作用对感性的固有关系，含蕴这个思维或思维理解作用对表象的固有关系；因为思维或思维理解作用对表象的固有关系的现实性是感性确定性，所以同一个思维或思维的理解作用对表象的固有关系，含蕴这个思维或思维理解作用对感性确定性的固有关系；又因为思维或思维理解作用对感性确定性的固有关系的现实性是"它或对象是"，所以同一个思维或思维理解作用对感性确定的固有关系，又含蕴这个思维或思维理解作用对"它或对象是"的固有关系。同一个思维或思维理解作用这一系列的固有关系，在先的含蕴在后的，归根到底都含蕴在思维或思维理解作用对感性的固有关系中,而形成一个思维规律体系——"意识一般"的前逻辑阶段的规律体系。

最后，我们还要对这个前逻辑阶段做几点补充说明。

"意识一般"的前逻辑阶段，虽然是在严格意义上的前逻辑阶段，但它已经含有逻辑过程的萌芽了。在第一章中我们说过，表象是逻辑思维与形象思维的共同出发点。现在我们又可以补充说，唯因"意识一般"的前逻辑阶段包含有思维作用的逻辑过程的萌芽，所以它不仅作为逻辑思维的意识过程，而且也必包含有形象思维起作用的萌芽，亦即包含有审美意识的萌芽。人的最初的"我意识到"的原始意识，在逻辑思维的制约下，意识到的是一些作为直接的自在之物的表象，那么思维就又可在其表象的意义觉知的制约下，转向以纯粹鉴赏的态度、由想象作用直观和表观对象形象的形象思维过程。由这种思维过程所制约的人的意识的逻辑规定，是有关对象美丑的美学规定：凡属不同形式的协调的形象，便对意识显现为美，反之则显现为丑。从逻辑思维一方面看，思维在其最初的意义觉知中的表象，既可以是有关感性形象是什么的真的表象，也可是这个表象在对人关系中的好、坏（即广义的善、恶）表现，二者的统一是在表象中的真、善认识的统一。因此，表象的意义觉知制约审美直观，这其中也体现了在表象形式中的真善认识统一体对审美直观的制约。

我们要阐明"意识一般"的前逻辑阶段，只能求助于儿童意识发生学。人下生后，从无意识状态到有意识地发展，最初便处在纯粹的"意识一般"的前逻辑阶段上。在这个逻辑阶段上，儿童就已经能够在表象的制约下以鉴赏的态度直观对象的美和丑了。人的意识中的有关对象的美丑规定，是形象在其不同形式上的协调性与非协调性对思维或思维理解作用的固有关系，或者说是后者对前者的固有关系。这关系具体说来就是：在形象思维中呈现出不同形式上的协调与非协调的形象，在这些形象的制约中，思维理解作用对协调的形象产生愉快的内感情态，而对不协调的形象则会产生不愉快的内感情态。这些情态反射到形象上与形象合而为一，那么，使人产生愉快感的形象则被意识为美，而使人产生不愉快感的形象则被意识为丑。其所以如此，这乃是因为：制约形象思维的前提是一个真、善认识的统一性。思维或思维理解作用的本性，首先是一个趋向真、善认识的统一性。而真、善认识的统一性是一个高度的协调性——协调、完满始终是思维或意识的本性所必然指向的一个一贯的理想，从而当它面对协调形象时，必然产生趋向或吸引的愉快感，而当它面对非协调的形象时，必然产生排斥和分离的不愉快感。所以，人的意识的美丑规定，不是对有关对象本身道或理的感性表象的认定，而是有关人本身的理想性在对象形象中的对象化：任何时代人的合理行为的形象，本身是真善统一这个协调性的对象化、客观化其自身的感性表现，所以它必对人的思维或意识显现为美。这个论断既适用于作为艺术作品的审美对象，也适用于作为自然及人的行为的审美对象。在有艺术对象的审美直观中，形象思维不是在显现实际存在东西的协调与非协调形象，而是显现艺术作品本身表达其内容时的协调与非协调形象。不管这艺术作品所表现的对象是美的还是丑的，只要这个艺术作品在表现对象时是协调的，那么这个作品对思维或意识能表现为美，反之则表现为丑。那么，思维或思维的理解作用如何会在协调或非协调的感性形象制约下产生愉快或不愉快的内感情态呢？这是因为思维本身是一个以某一感官为基础的自由想象力，它同在感性中那个精神作用是同一个先验的生产想象力。既然感性精神作用在感性表现制约下能产生苦或乐的内感情态，当然思维在感性表现制约下也会产生愉快或不愉快的内感情态。

然而，人在意识中的美、丑规定，不仅是意识的本性在形象思维所呈现出来的有关对象（这个对象既可是存在物，又可是艺术作品）形象中的对象化，而且它也是对象这种形象在意识本性中的对象化。就前者而言，对象的美、丑规定，是意识本性对"对象"的形象所固有的关系，是意识以形象为条件而自己表现出来的规定性，所以它是主观的。就后者而言，对象的美、丑规定，是对象的形象对意识本性的固有关系，是对象形象以意识为条件表现出来的自己的规定性，所以它又是客观的。可见，意识中的美、丑规定是一个主客统一性，这种主客统一性产生的原因在于意识与对象形象的相互对象化。这种相互对象化的关系，在客观现实中表现为人与自然，自然与人之间的相互对象化的关系。马克思仅就人与自然之间相互对象化的关系写道："人直接地是**自然存在物**。作为自然存在物，而且是有生命的自然存在物，人一方面赋有**自然力**、**生命力**，最**能动的**自然存在物；……另一方面，作为自然的、有形体的、感性的，对象性的存在物，人和动物一样，**是受动的**，受制约的和受限制的存在物，也就是说，他的情欲的**对象**是在他之外存在着的，但这些对象是他的**需要的对象**……。说人是有形体的、赋有自然力的、有生命的、现实的、感性的、对象性存在物，这等于，人是有**现实的、感性的对象**作为自己的本质、自己生命表现的对象……太阳是植物的对象，是植物所不可缺少的、保证它的生命的对象，正像植物作为太阳的唤醒生命的力量的表现、作为太阳的**对象性的**本质力量的**表现**而是太阳的对象一样。"①马全部问题，最后归结到太阳与植物的相互关系的比喻上去了：把植物换成人，关系就变成人与自然的相互对象化关系。这种相互对象化的关系，也就是人的情欲需要与自然之间的相互对象化关系。其中也可包括人的审美本性与自然之间的相互对象化的关系。我们可以说，不管什么存在物，它作为人的情欲或本性所需要的对象，人的情欲需要或本性也同时是它借以表现自己本性的对象，所以，它在这种相互对象化的关系中，就是一个主客统一体。

非人的动物在感受性中，也伴随有对协调与非协调的情景的愉快和不愉快的内感情态。这一点也间接说明了人类意识的美、丑规定是一个主客统一性。只是非人的动物不能把这种内感情态投射到协调与非协调的感性形象上去，从而产生有意识的美、丑规定。科学界有所谓音乐能促进植物生长的说法。从哲学上看，这种说法也并非没有道理。感性作用的最初萌芽，只是一种呈现内感情态的表现作用，还不能提供任何外在对象的形象。植物各部分的细胞也有一种刺激感应性的选择作用，这作用只是一种类似于苦和乐、愉快和不愉快的内感情态。音乐的协调形象的客观基础，是空气振动的协调性，这种协调性作为刺激，可能刺激起植物的一种舒适的内感情态，而有助于它的成长。所谓真、善统一的协调性，发源于人体作为一个生命协调体的内在需要。这种需要既可是自然的需要、社会的需要，又可是自然和社会统一的需要。真善认识统一的协调性正是这种需要的主

---

① 马克思：《1844年经济学哲学手稿》，人民出版社1979年版，第120—121页。

观表现。为这种主观表现所制约的美、丑规定，最后根源于作为物质实体表现的人体这个生命协调体的规律性。而这个规律与在人之外的其他自然现象的规律相统一，又是一个在质的多样性中的对立统一的体系，它也是一个协调体。所以我们可以说，人的真、善统一的协调性，根源于宇宙万物的协调统一性。美便是真、善统一性的感性表现。

在第三章中我们已经提到，在真、善认识统一性中的真本身，也是一个真、善、美的统一体，这是就在对人关系中的有关一切事物的真、善、美统一的普遍性说的。而现在我们所说的美是真、善认识统一的感性表现，则是针对有关人自己的在社会生活中的真、善、美统一说的。但前者体现在后者之中，二者相互联系。

在第三章中我们也已提到，人心之外的自在之物无所谓真假、善恶、美丑的规定，这些规定是自在之物在对人关系中由人的意识所产生的。因此，凡是人能直观到感性事物与它的规律性或真理性的内在统一，并且前者能够归结为后者的实在性，就是普遍的善，反之则为普遍的恶。凡是人能在它所意识到的规律性或真理性中，直观到这真理性和它的感性表现的内在统一，并且前者归结为后者的实在性，就是普遍的美，反之则为普遍的丑。在两种情况下，善和美都是在意识中的协调性，恶和丑则是在意识中的非协调性。所以前者在内感上引起喜悦和愉快，后者在内感上引起憎恶和不愉快。这是人的内感意识对其意识表现的自身协调和非协调的一种自我觉态。所以，普遍的真、善、美统一，也是一种人的意识上的规定。人的意识本性就在于在不断趋向真、善、美统一过程中，去认识实现在现实中的人本身的真、善、美的统一。这也就是人类意识的发展过程，即思维与存在统一的现实展开过程。就此而言，我们要补充一下第三章所说的一切事物在其表现上的协调与非协调的说法。这里说的事物不是指人心之外的自在之物，而是指在人心之内的作为意识对象的事物。因为人心之外的一切自在之物作为宇宙存在的体系，一切都是协调的。只有对这种协调性从内到外、从外到内的意识，却不能立即就能完全实现出来。在第三章中我们说，非协调的形象也有其道或理，这道或理现在便可归结为人类意识本身的规定性。当意识不能在其概念的真理性中直观到概念与其感性表现的统一性时，这就显示出了感性形象的不协调状态。但人的意识的这种真、善、美统一的规定，同时也是人心之外的一切自在之物在对人关系中的固有规定，因而它本身也是一种主客统一性。它表明，真、善、美统一同为认识，在发展中与存在是同一的。

"意识一般"在前逻辑阶段上，已经含蕴着逻辑思维与形象思维的基本原理在内。

就逻辑思维而言：**感性作用所呈现的感性形象作为意义的显示，有不同的高度。而它的每一高度与揭示它的意义的思维理解作用的高度是一致的。感性形象作为意义显示的最初层次，是在显示它自己作为在表象中的自在之物的各种抽象的逻辑关系，在这个层次上的思维或思维理解作用，便只能以这种停止于表象中的抽象逻辑关系为内容。**

这是逻辑思维的基本定律。

就形象思维而言：**思维理解作用有不同层次，所以它的意义觉知也有不同高度，它的每一高度是同表现它的形象的形象思维的想象作用的高度一致的。为表象所制约的形象思维的表现形象的作用，只能达到形象是作为表象的形象那种高度。**

这是形象思维的基本定律。

这两个定律都是在"意识一般"的前逻辑阶段的定律。它们的共同基础是：感性作用所呈现的感性的形象，是一个形象表面，它内含不同层次上的不同高度的意义，而不同高度的意义也内含不同高度的形象，作为形象表面的内在形象含蕴。因此，感性形象的不同高度的意义含蕴，可以制约思维理解作用作为逻辑思维呈现不同高度的意义觉知或概念，也可以制约思维理解作用作为形象思维呈现不同高度的美学形象。相对于意义觉知或概念的每一高度，便有不同的形象含蕴，这些形象含蕴必然在审美直观中辐射出来，这就造成了具有不同高度理解作用的人对同一事物的评价不同。同一个竹林七贤，一般人看到的是反礼教的倾向，而鲁迅看到的却是一个忠于礼教、在一把辛酸泪中反抗已被流入形式的"礼教"的形象。这种在直观上所见的不同，原因在于一般人和鲁迅对竹林七贤的感性形象的理解不同。

我们坚持这两个定律的真理性，并不是承认，凡是科学家、哲学家，由于具有高水平的理解能力，他们便具有像艺术家、作家那样的高水平的形象思维。但不是说凡是艺术家、作家，由于他们具有高水平的形象思维的表现作用，他们便具有像科学家、哲学家那样的高水平的逻辑思维。它只是说，表现形象的想象作用，是哲学家、科学家逻辑思维所固有的一个环节，它的表现作用不同层次的意义显示，会制约科学家、哲学家不同高度的意义觉知。并且，思维意义觉知的理解作用，是艺术家、作家形象思维所固有的一个环节，它的不同层次上的意义觉知的高度，会制约艺术家、作家的美学形象的高度。当然，在表现形象的想象作用方面，艺术家和作家无疑要高于科学家和哲学家；在不同层次的意义觉知的理解作用方面，科学家和哲学家无疑要高于艺术家和作家。就是说，在意义中理解意义的形象方面，艺术家和作家比科学家和哲学家要高；在形象中理解形象之意义的方面，则反之。在同一个意义觉知的思维理解作用的基础上，思维分化为逻辑思维与形象思维两种理解形式，表现形象的想象作用和意义觉知的理解作用，在二者中的地位是不同的，因而二者对两种作用所需要的高度也各不相同。

这两个定律，是思维在逻辑思维与形象思维的不同形式中，对感性固有的普遍基本关系。因此，它们也是思维在前逻辑阶段的普遍规律性和逻辑先在性。

纯粹形态上的"意识一般"的前逻辑阶段，从个体发生学来看，只能表现为儿童的意识。儿童的思维就能够在各种表象的制约下，自觉或不自觉地（无意识地）发生一种对表象的比较异同、抽象概括的作用，从而形成一般的表象。于是儿童的思维就可以在它产生的一般表象的制约下，实现它对广大表象世界的同化、顺应和整合的先天作用了。这样一个过程，也可以形象思维的审美直观的形式表现出来，这一系列以思维理解作用为基础的派生作用（包括同化、顺应、整合等），由于是思维对表象的固有关系，所以也是思维规律的逻辑先在性。可见，"意识一般"的同化、顺应和整合的实质性原理，在意识的前逻辑阶段已经发生作用了。但从这个阶段的整体上看，我们可以说，整个这个前逻辑阶段的意识过程，都可归结为意识在其前后相继中的普遍因果关系的实质性原理。

在这个阶段的最高层次上，思维的理解作用开始要揭示对象作为感性形象的意义，即揭示对象的逻辑规定，由此便进入意识一般的逻辑过程。

第二，在"意识一般"的逻辑过程中，思维对对象的固有关系，可以简单表述如下。

在作为思维对象的表象中，感觉形象已经形成了一个统一体，在这统一体中的各种感觉形象，作为直接的意义显示，是在显示它们在这个统一性中的一些规律性，所以这时思维对这种感性对象的固有关系，便表现为思维把感性形象内化为一些可感的性质或质，从而使感性对象归结为这些可感性质或质。于是对象便不再是单纯表象了，而成了这些可感性质或质的统一体。

具体说来，这个过程可概述如下：凡属在对象作为表象中的不同感觉形象的同时并存而又相互合一的常定时空形象，作为直接的意义显示，是在显示它们在对象的统一性中的这样一种规律性，即它们是同时并存、相互渗透在一起的交互作用，从而思维便把它们作为同时并存而又相互渗透的交互作用来理解——一些不同感觉形象作为可感性质或质，便是一些处于这种相互作用中的可感性质或质；凡属在对象作为表象中的不同感觉形象的前后相继而又相互合一的常定时空形象，是在显示它们在对象的统一性中的这样一种规律性，即它们是前后相继的因果关系，从而思维便把它们作为前后相继的因果关系来理解——一些不同感觉形象作为可感性质或质，便是一些处于这种因果关系中的可感性质或质。

这样，对象作为一些可感性质或质的统一体，便总是在这种交互作用和因果关系中的一些可感性质或质的统一体。

但是，对象作为这样一个统一体，它的感性形象总是在与其他感性形象相联系，而处于与其他形象的同时并存或前后相继的联系之中，并且其他的感性形象也是一个统一体。这种情况，作为意义的显示，实际上是在显示不同的感性形象作为不同的对象，进而作为不同的"一些可感性质或质的统一体"，也是处于交互作用或因果关系的普遍联系之中的。思维在它对对象的固有关系中，一旦据这种意义显示而进行理解，就会产生有关不同广度上的一切对象或存在的普遍联系的观念。

这一系列思维对对象的固有关系，呈现为一系列的"我意识到"，这就是"意识一般"的知觉过程。知觉过程是"意识一般"的逻辑阶段的最初直接意识过程。从这直接的意识过程，产生直接的感性认识。感性认识是直接的概念认识，它生起于思维对知觉过程中的任何对象（一些可感性质或质的统一体）的固有关系。

在知觉过程中的任何不同的知觉对象，都是一些不同的个体，这些不同的个体个个都是一些可感性质或质的统一体。思维作为一个以某一感官为基础的自由想象力的理解作用，它在自己这种理解的限定和制约中，转化为被动，被它自身的理解所作用，因而它的精神潜力便起而超越限定，由受理解的限定转化为对理解的能动直观，这种直观表现为日常不自觉的反思。人的反思总是在不知不觉中完成的。

这种自发的反思所想的是理解自身。而这个理解自身所呈现的是一些个体作为在不同形式中的一些可感性质或质的统一体。这些统一体作为直接的意义显示，在向思维显示它们既是同一的，又是有区别的，即在向思维显示它们是同和异的统一（在不同中相同，在相同中又不同）。因此，在这种自发反思中的思维对它这种对象（作为思维理解自身的可感性质的统一体）的固有关系便是：它首先在相同中区别不同，同为同，不同为不同；其次它又在不同中进行比较，在不同为相同的知觉里，概括出、抽象出不同为相同的各种共同可感性质或质的统一体来，形成感性认识阶段的抽象概念——概念在感性认识的阶段上，只是在不同为相同中的一些共同可感性质或质的统一体。在这种统一体中，那些同时并存而又相互合一的可感性质或质，是基本的多那些在前后相续而又相互合一的因果关系中的作为结果的可感性质或质，是派生的和非基本的。这便产生从两个方面而来的概念关系：①概念作为不同为相同的同，与那些在不同为相同中的个体之间的联系，这联系是包含在概念中的固有环节；②概念作为共相的统一体与其不同方面的直接与间接的联系。从这两方面的概念关系中，便可产生各种不同形式的感性认识的判断和推理。感性认识的判断和推理，来自思维理解作用对感性认识阶段的概念的固有关系。

我们可以说，所谓感性认识，它的起点是人的知觉过程。从这里出发，感性认识首先是思维理解作用在对知觉过程的固有关系中所呈现的一种"我意识到"——意识到的是对象的感性概念，其次，感性认识由前者转化为思维理解作用在对感性概念的固有关系中所呈现的另外一种"我意识到"——意识到的是不同形式的感性认识的判断和推理。这二者的统一便是感性认识的基本内容。

在感性认识中的思维理解作用的规律，也具有普遍的、必然的客观实在性。

这种普遍的、必然的客观实在性，奠基于知觉过程的知觉对象本来就是一些个体作为可感性质或质的统一体。而它之所以是这样的统一体，又是因为感性作用的感性形象本是一些不同感觉形象的统一体。我们已经说过，据现代心理学成果，任何感性形象都不能被设想为一些不同感觉形象的集合体，而只能被设想为一些不同感觉形象的统一体。对于一个感性形象说，它既然是一些不同感觉形象的统一体，那它必是普遍的、必然的客观实在性：只要它之中有了一点改变或变化，它就不会再是它本身了。一切感性形象都是如此。在它们这种统一体中的每一可感性质，都是一种呈现与其相应的感觉形象的规律性。所以它对作为杂多性存在的这些感性形象的统一体来说,是一种普遍性和必然性。

在这种感性认识的逻辑阶段上,思维规律的能动性,是思维在对知觉对象的固有关系中的一种自生的理解作用。这种理解作用既可表现为逻辑思维的形式,又可表现为形象思维的形式。由于这时的逻辑思维和形象思维处在感性认识的逻辑阶段中,所以它们一方面服从各自的基本定律,另一方面又与感性认识的高度相适应。具体表述如下:

在感性认识阶段上,制约理解作用的那个知觉表象的形象有多高,则思维理解作用在其意义觉知中的逻辑认识也就有多高。

在感性认识阶段上,制约表现形象的形象作用的逻辑认识有多高,则思维理解作用以鉴赏态度为基础的审美认识也就有多高。

在感性认识中,原来作为单纯表象的直观对象便转化为由此种感性认识所表现、所规定的意识对象。思维只要不是到此停滞不前,思维便必然在它与这种对象的固有关系支配下产生它对这种意识对象的理解作用,产生以实体——属性为基础的一切间接性的逻辑规定去把握对象。思维为何恰恰以这些逻辑规定去把握对象呢?这是因为,在感性认识阶段上的意识对象,只是一种不同可感性质的统一体,这个统一体本身作为意义的显示,在显示不同可感性质在统一性中必有一个统一的基础贯通其中,而不同的可感性质只是这个基础的不同属性。这便可以看出,一切可感性质作为一些呈现对象感性形象的规律性,是有普遍性、必然性的实在性。间接认识中的思维理解作用,就是要把握这种实在性的内容本身。而这种实在性的内容本身就是以实体——属性为基础的一切逻辑规定。这种逻辑规定,是由思维在对感性认识阶段上的意识对象的固有关系中的能动理解作用显示出来的。直接的感性认识便由此过渡到"意识一般"的间接性——理性认识了。

理性认识阶段上的思维规定的主要支柱,是实体——属性的范畴。这里所说的实体,是一个在最抽象意义上的普遍性,它可以指对象的内在不同因素的结构,也可以指穷根到底的本体。儿童就已有了理性认识的萌芽。

他总觉得在对象的直接性中有某种被隐藏着的东西。所以儿童见了东西总是要把它拆开，这就预示了儿童有要了解对象直接性内部的间接根据的意识了。与此相对应，原始人也有自己原始形态的理性认识，这就是原始人的宗教——巫术和神话。这些在原始形态中的理性认识，也服从在最抽象意义上的思维规定，即实体——属性规律的普遍性。

在间接的理性认识阶段上，思维便可以产生以实体——属性的普遍思维规定去规定在直接认识中的可感性质的认识活动，以至于达到从抽象上升到具体概念的逻辑推论的认识过程。在感性认识阶段上，思维理解作用也可以根据对象在与其他对象同时并存的相互关系形象中的不同可感性质的经常前后相续、经常同时并存的形象，产生把握对象的各种类型的因果关系的规定。但在间接的理性认识的逻辑阶段上，因果关系的直接性都被统一在对象的实体——属性规定之中了。在这个认识阶段上的思维理解作用的两种形式——逻辑思维与形象思维的意识表现，也同样在服从各自基本定律的基础上，而与理性认识的高度相适应。具体地说，这就是：

在理性认识阶段上，制约理解作用那种在感性认识中的感性形象有多高，则它在其意义觉知中的逻辑认识也便有多高。

在理性认识阶段上，制约表现形象的想象作用的逻辑认识有多高，则它的其以鉴赏态度为基础的审美认识也便有多高。

然而，理性认识在它的前身——感性认识中，就是它自身，是它自身的潜在性。从而思维在其感性认识中的思维规定，也就是思维在其理性认识中的思维规定的潜在性。同样，感性认识在它的继起阶段——理性认识中，也就是它自身，是它自身作为一种潜在性的实现。从而思维在其理性认识中的思维规定，同时也就是思维在其感性认识中的思维规定（作为一种潜在性）的展开。此二者的统一，就是一个普遍思维的逻辑先在性，它的现实表现就是"意识一般"在其不同逻辑层次上的动变性。这种意识动变性所以能发生，就是因为思维在对以感性为基础的不同层次上的意识对象的固有关系中，会产生不同的理解作用。这些理解作用源于思维对感性的固有关系，它们构成一个思维规律的统一整体。在这个统一整体里，思维在其一切环节中的动变性，只是一种逻辑关系上的动变性。这种逻辑关系动变性的现实表现，则是现实意识的动变过程。前者在后者中就是它自身，二者是对立统一的。但对立统一不等于混二为一，决不能把后者混同于前者。前者在后者之中呈现为意识发展规律，而意识发展规律则是不可变的。有了这个规律，才有意识的发展过程，没有这个规律，就没有意识的发展过程。

然而，这个意识发展过程的不变规律性，是思维普遍性与其不同环节的对立统一，这个统一性就是思维普遍性的整体性，由于历史条件不同，人们在不同历史条件下接受的刺激——感性的特定高度也不同，因此，思维的普遍性也会因它与特定高度的感性的固有关系不同而产生不同层次的理解作用。这就形成了思维普遍性的整体性的各种特定历史表现形式。这便过渡到：

第三，思维普遍性的特殊历史规定。思维的普遍性在它的特定历史规定中就是它自身，二者的统一，也是一个统一的逻辑先在性。所谓思维普遍性的特殊历史规定，不仅可以指人类意识的发展，而且也可以指在不同时代中的个体意识的发展。二者同为思维普遍性的特殊历史规定，是这样一种规律性：人类或不同时代的个体在其原始起点（对人类说是人的生成，对人体说是婴儿诞生后的成长）上，有其以原始起点为基础的特定水平的刺激——感性，而思维普遍性在对这种刺激——感性的固有关系中产生特定的理解作用，因而产生它特定的思维规定；此种特定的思维规定作为思维普遍性的整体性的一种特殊历史形式，它的特定的意识表现的能动性，形成原始起点上的意识——实践和意识——活动（对儿童说），而这种过程提供刺激——感性的发展，从而出现更高的刺激——感性。思维普遍性在已有认识的制约下，对这种刺激——感性的固有关系作为一种理解作用，产生更高的特殊思维规定，这便形成了人类或个体意识及其意识——实践或意识——活动的发展。因此，思维普遍性那个整体性的种种特殊历史表现形式，便归结为：思维普遍性在其对人类或个体意识不同发展阶段上的意识对象所固有的关系中的一种自生的理解作用。思维普遍性的整体性，针对着不同的对象，产生不同的理解作用，这便是形成思维普遍性的不同历史表现形式的原因。据黑格尔的合理思想，这些历史形式不管具有怎样的多样性，归根到底都归结为知性思维、辩证的或否定的理性思维，思辨的或肯定的理性思维三种基本形式。人类和个体意识的发展，不管多么复杂，都不外是这三种基本思维形式的意识表现。而这三种基本形式，都统一在思维普遍性那个整体性之中，而这个整体性在其对不同发展阶段上的人类和个体意识中的意识对象的固有关系中，有其不同的理解作用。此二者的统一，就是一个作为人类和个体意识发展的规律体系。其中，越是高级的历史形式，越能充分而完美地表现思维普遍性那个整体的合理意义。

这便可以看到，在人类和个体认识发展中那种作为认识结果的概念的进化，决不等于支配这种概念进化过程的思维规律本身。概念的进化过程只是思维规律的意识表现。我们既不能把思维规律归结为它的表现，更不能认为作为思维规律表现的概念进化过程创造了思维规律本身。这样就会本末倒置了。在这种概念或认识的进化中，思维的普遍性也必表现为逻辑思维与形象思维两种形态，并且每种形态各自会有自己不同的历史形式。但这些历史形式都服从二者的普遍定律，是这普遍定律自身表现的不同历史形式。

人的一切确定性，都是以感性为基础的意识确定性，因而从本质上说，都是客观的思维规律表现其自身而产生的确定性。因此，哲学，包括马克思主义哲学，都是有关思维规律的科学。马克思主义哲学之所以能超越旧唯物主义，是同他承认思维有其固有的客观规律分不开的，因而也就是同他承认人类的意识有其固有的意识原理分不开的。这个意识原理必然是逻辑、认识、世界观三统一的一个心理——逻辑结构。任何认识发展和概念进化论的学说，都不能取消人类思维规律，意识原理的逻辑先在的客观实在性。同理，马克思主义哲学之所以能超越黑格尔哲学而进入科学的境地，就在于他在承认客观物质第一性的唯物主义基本原则的基础上，在承认思维规律与客观世界规律一致的前提下，辩证地阐明了思维规律表现其自身的确定性的客观真理性问题。它把"意识通过实践反映存在"这一唯物主义命题看作包含在整个客观思维规律之内的固有环节。所以人心作为一理，同时又是一个超越意识的主客统一性，它在表现一个在人心之外的、以物质本体为基础的物质世界。

读者须知

　　本书已接入版权链正版图书查证溯源交易平台,"一本一码、一码一证"。扫描上方二维码,您将可以:

　　1. 查验此书是否为正版图书,完成图书记名,领取正版图书证书。

　　2. 领取吉林人民出版社赠送的购书券,可用于在版权链书城购买吉林人民出版社其他书籍。

　　3. 领取数字会员卡,成为吉林人民出版社读者俱乐部会员。

　　4. 加入本书读者社群、有机会和本书作者、责任编辑进行交流。还有机会受邀参加本社举办的读书活动,以书会友。

　　5. 享受吉林人民出版社赠予的其他权益(通过读者俱乐部进行公示)。